徽学与地域
文化丛书

明清徽州灾害与社会应对

吴媛媛 著

北京师范大学出版集团
BEIJING NORMAL UNIVERSITY PUBLISHING GROUP
安徽大学出版社

图书在版编目(CIP)数据

明清徽州灾害与社会应对/吴媛媛著.—合肥：安徽大学出版社，2014.9
(徽学与地域文化丛书)
ISBN 978-7-5664-0442-8

Ⅰ.①明… Ⅱ.①吴… Ⅲ.①灾害-历史-安徽省-明清时代 ②救灾-研究-安徽省-明清时代 Ⅳ.①X4-092 ②D691

中国版本图书馆 CIP 数据核字(2012)第 093299 号

本书为中央高校基本科研业务费专项资金项目(项目批准号 JUSRP10913)

明清徽州灾害与社会应对
吴媛媛 著
Mingqing Huizhou Zaihai yu Shehui Yingdui

出版发行：	北京师范大学出版集团
	安 徽 大 学 出 版 社
	(安徽省合肥市肥西路 3 号 邮编 230039)
	www.bnupg.com.cn
	www.ahupress.com.cn
印　　刷：	安徽省人民印刷有限公司
经　　销：	全国新华书店
开　　本：	152mm×228mm
印　　张：	25.25
字　　数：	352 千字
版　　次：	2014 年 9 月第 1 版
印　　次：	2014 年 9 月第 1 次印刷
定　　价：	49.00 元

ISBN 978-7-5664-0442-8

策划编辑：朱丽琴　刘　强		装帧设计：知耕书房	
责任编辑：刘　强　马晓波		美术编辑：李　军	
责任校对：程中业		责任印制：陈　如	

版权所有　侵权必究

反盗版、侵权举报电话：0551—65106311
外埠邮购电话：0551—65107716
本书如有印装质量问题，请与印制管理部联系调换。
印制管理部电话：0551—65106311

徽学与地域文化丛书
编委会名单

编委会主任: 吴春梅

编委会副主任: (按姓氏笔画为序)

　　卞　利　　张子侠　张能为　鲍　恒

编　　委: (按姓氏笔画为序)

　　卞　利　　王国良　王达敏　王天根

　　王成兴　　江小角　李　霞　张子侠

　　张能为　　张崇旺　张爱冰　张金铣

　　吴春梅　　吴怀东　吴家荣　陆建华

　　陈　林　　宛小平　徐国利　鲍　恒

安徽大学徽学研究中心"徽学研究文库"
出 版 说 明

　　自 1999 年 12 月获准成为教育部首批人文社会科学重点研究基地以来,安徽大学徽学研究中心高度重视徽学资料的整理和徽学研究成果的出版工作。当时,徽学研究中心确立的发展战略思路是:创办《徽学》集刊,做好徽学研究基础资料的整理与出版工作,集中推出重大标志性研究成果。目前,三项工作都已全面展开,先后出版完成了《徽学》集刊 7 卷、《徽学研究资料辑刊》8 种、"安徽大学徽学研究中心学术丛书"6 种和《徽州文书》4 辑 40 册,在海内外学术界产生了良好的影响,有力地推动和促进了徽学研究的健康发展。

　　为适应徽学研究日益繁荣的形势需要,安徽大学徽学研究中心将继续支持海内外的徽学研究事业,加大对高水平徽学研究成果的组织与出版力度,集中推出"徽学研究文库"学术丛书。本丛书坚持学术至上的原则和宗旨,凡是以徽州为研究对象的徽学学术著作和博士论文,均可由作者本人申请列入"徽学研究文库"。著作不限数量与种数,作者不限国别和地域,一切以学术质量为标准。按照程序,先由作者提供著作的电子文本和书面文本,再由徽学研究中心邀请和组织专家进行匿名评审,提出书面意见和建议。凡是被评审专家认可达到较高学术水平,或经专家建议修改完善后,符合徽学学术著作出版质量要求的,即可作为"安徽大学徽学研究中心自设项目",纳入丛书资助计划,予以公开出版,出版资助经费由安徽大学徽学研究中心负责筹措。这是解决目前学术著作出版困难、促进徽学繁荣发展的一项重要举措。

我们把本丛书命名为安徽大学徽学研究中心"徽学研究文库",主要是根据教育部对人文社会科学重点研究基地建设的要求确定的。教育部《普通高等学校人文社会科学重点研究基地管理办法》明确规定,人文社会科学重点研究基地实行"带(给)课题和经费进基地、完成课题后出基地"的动态管理机制。因此,丛书的作者工作单位和人事关系不一定在安徽大学徽学研究中心,只要是安徽大学徽学研究中心的专、兼职研究人员或愿意携带自己的研究课题进入徽学研究中心进行研究的专家学者,其研究成果经评审专家审定认可的,均可列入"徽学研究文库",由安徽大学徽学研究中心予以资助出版。

作为教育部人文社会科学重点研究基地,安徽大学徽学研究中心愿意竭诚为从事徽学研究的专家和学者搭建一个高水平徽学研究成果的发表平台。同时,也希冀通过这一平台,更好地推动徽学研究事业向更高的目标迈进。

本辑"徽学研究文库"由安徽大学"211工程"三期重点建设学科"徽学与地域文化"和安徽大学徽学研究中心共同资助出版。

教育部人文社会科学重点研究基地
安徽大学徽学研究中心
二〇一二年九月

目 录
CONTENTS

001　序

001　导言
001　第一节　选题意义
009　第二节　学术回顾
018　第三节　关于本书资料与思路

029　第一章　徽州水旱灾害统计与分级
029　第一节　资料处理方法
033　第二节　明清以来徽州水旱灾害级别表
038　第三节　基于水旱灾害统计表的分析
044　小结

046　第二章　水旱灾害与农业相关问题
046　第一节　徽州地理概况与农业种植的自然条件
051　第二节　水旱灾害引发的农业环境变迁
055　第三节　种植时令与结构及农业品种调适
063　小结

064 第三章　其余各类灾害及其社会应对
- 064　第一节　火灾
- 074　第二节　瘟疫
- 078　第三节　虎患
- 095　第四节　蝗灾与虫灾
- 104　第五节　雹灾
- 109　第六节　冷灾、风灾与地震
- 116　小结

119 第四章　灾害背景下的徽州粮食问题
- 120　第一节　徽州的粮食运输、自给与米市
- 139　第二节　饥荒与救荒食物
- 147　第三节　灾荒年份粮食"遏籴"的应对
- 158　小结

161 第五章　明清徽州的仓储备荒
- 163　第一节　明代的预备仓、廉惠仓和社仓
- 170　第二节　清代的仓储制度
- 183　第三节　民间与宗族救济
- 193　小结

195 第六章　水利治灾工程与民间水利合作规则
- 197　第一节　农田水利与其他工程设施
- 201　第二节　昌堨——明代的例证
- 206　第三节　吕堨——清代的例证
- 223　小结

226 第七章　灾害与城乡生活
- 226　第一节　应对灾害的公共事务
- 238　第二节　乡村环境——棚民的迁入
- 248　第三节　契约文书所见徽州林木保护之变迁
- 257　小结

- **259** 第八章 赈灾个案研究：晚清徽州社会救济体系探微
  ——光绪三十四年大水灾
- **260** 第一节 灾害的空间分布
- **267** 第二节 水灾的赈济机构
- **272** 第三节 赈灾程序
- **277** 小结

- **281** 结语

- **290** 附录 明清时期徽州地区一府六县灾害一览表

- **354** 参考文献

- **383** 后记

序

　　灾害与社会应对是涉及传统时代人地关系的重要问题之一，近数十年来，愈益受到学术界的高度重视。其中，笔者所在的复旦大学中国历史地理研究所，对此一领域的关注由来已久。1992年春，笔者毕业留校之初，就曾参与业师邹逸麟先生主持的国家自然科学基金研究课题，并于当年参加由中国水利学会水利史研究会、江苏省水利学会联合主办的学术研讨会，提交了有关苏北自然灾害与社会应对、河政与清代淮扬社会变迁的论文。1996年1月，福建人民出版社出版了笔者的学术专著《近600年来自然灾害与福州社会》，该书较为系统地探讨了传统时代自然灾害与地方社会的诸多问题。及至21世纪初，复旦大学中国历史地理研究所还组织召开过一次灾害与社会的专题会议。在那次会议上，邹先生宣读了《灾害与社会研究刍议》一文，从自然灾害的时空分布、灾害与人口、灾害与社会经济、灾害与社会政治、灾害与社会文化等诸多方面，对灾害与社会应对的相关问题作了多侧面、长时段的概述，提出了相关研究的基本内涵及其学术发展方向。2001年，复旦大学出版社出版了此次会议的论文集——《自然灾害与中国社会历史结构》。该文集除总论之外，分别就灾害的过程与规律、灾害与人口、官僚系统与地域社会的作用、水灾与地域社会、灾害与社会风俗等，作了多角度的探讨，既有宏观的总体把握，又有微观的实证性研究，其成果在学术界有一定的反响。

　　迄至今日，在学界同仁的共同努力下，有关灾害与社会应对的研究可谓方兴未艾。不过,就总体而言,以特定区域为研究对象的探讨,仍有极大的开拓空间。

徽州地处皖南的低山丘陵地区,地理条件多样,自然环境复杂,在传统时代各类灾害层出迭现。与此同时,徽州又是一个历史文献极为丰富的地区,有关灾害与社会的史料不仅丰富,而且具体而微、生动翔实,这无疑是我们探讨灾害与社会应对的一个绝佳区域。

吴媛媛先前毕业于安徽大学历史系,后考入复旦大学中国历史地理研究所,攻读硕士、博士学位。由于她对徽学有着浓厚的兴趣,我遂建议她以"明清时期徽州的灾害及其社会应对"为题,作为学位论文的研究方向。吴媛媛为人踏实,入学以后刻苦攻读,并努力拓展自己的学术视野。此前完成的这篇博士学位论文,在前人研究的基础上,对明清时期徽州的灾害与社会应对相关问题,首度作了较为系统的探讨。全书以灾害为主线,涉及徽州地区的种植制度、水利设施、仓储备荒体系、灾害与城乡生活等诸多方面的内容。在引证史料方面,除了利用常见文献(如方志、文集等),还广泛搜集国内博物馆、图书馆、档案馆收藏的珍稀文书,这些,都为此项研究的展开奠定了扎实的史料基础。在研究上,她立足于历史地理学的学科本位,并借鉴相关学科的研究方法,在一些方面颇有独到之处。虽然在复旦求学的六年时间很短,有关灾害与徽州社会的史料又较为零散,相关的研究在一些方面尚可进一步深入,但仅就目前的研究成果而言,它所涉及的方方面面,对于历史地理及徽学研究均有一定的学术价值。

区域历史地理以区域的综合性研究为对象,重视人类活动的区域特色,探讨空间结构的发展过程。其中,有关徽州历史地理的研究,便是一个亟待深入的研究领域。南宋以来,特别是明清时代,徽州在全国具有极大的文化辐射能量,这是区域历史地理研究绝佳的范例。近数十年来民间文献的大批发现,更为区域历史地理的研究打开了一扇新的窗口。利用徽州民间文献的深入探讨,不仅可以充实区域历史地理研究的内涵,而且,也将拓展徽州文书研究的领域,凸显民间文献新史料在中国历史地理研究中的学术意义。利用这些资料,可以研究各历史时期各地人群的形成、分布及其变迁,研究地理因素对社会文化现象的影响,探讨地名嬗变以及基层社会的变迁,透过细致的分析,在一定程度上复原南宋以来(尤其是明清时代)的土地利用状况,从地名演变的轨迹探讨地域文化的特征和地理环境之嬗变。特别是从人地关系的角度,对明清以来灾害与社会的关系作较为系统、全面的探讨,对灾荒时期的社会应对机制,从当时的棚民经济、粮食供应系统、民众救济机制以及民间信仰等,较为深入地探讨灾害与社会的诸多侧面。而充分利用徽州丰富的历史文献开展区域历史地理研究,这对于具有深厚学术积累的历史地理和徽学两个学科的进一步发展,均具有重要的学术意义。

行文至此,我很自然地想起去年一月自己曾为史地所同事邹怡博士的新书《明清以来的徽州茶业与地方社会(1368—1949)》撰写序文,今年则在几乎相同的日子,又逢吴媛媛的博士论文即将出版,我颇感欣慰地写下上述这段话,如实地记录自己与该书的一段缘分,就权且作为新书的序言吧。

王振忠
二〇一三年春节前夕

导 言

第一节 选题意义

"明清徽州灾害与社会应对"的研究对象是历史时期的灾害。所涉及的"社会应对"包括防灾、减灾的日常应对措施和灾后救助措施,以及与灾害相关的社会问题及社会应对。其选题意义可以从历史社会地理、环境史、灾害史和徽学研究等角度加以考量。

首先,灾害研究属于历史社会地理学的范畴。历史社会地理是历史人文地理的重要组成部分,是在历史地理学和社会地理学两个母体中孕育和发展起来的学科,其研究对象是历史时期的社会。这里的"社会"不是一般的与"自然"相对的"人类社会",而主要指由享有共同地域和共同文化的、彼此之间相互联系和相互作用的人们组成的"人类共同体"。历史社会地理学的研究内容即构成社会这个人类共同体里的各种社会集团与社会环境的关系,具体可分为以下几个部分:历史时期的社区研究、不同区域人群兴衰的地理背景、不同区域人群的空间结构及其时空演变规律、不同区域人群的社会行为和历史时期社会问题空间研究。① 社会问题是社会运行过程中使社会系统失调的障碍因素,是影响社会运转和多数人的生活并需要社会群体力量共同加以改进的问题。历史社会地理学试图从空间角度对这些问题加以分析,为解决现存的社会问题和预防出现新的社会问题提供借鉴和参考。

灾害是过去和现在、城市和乡村都存在的社会问题。说灾害是一个社会问题,是因为灾害可分为自然灾害和人为灾害,人为灾害显然属于社会问题,而自然灾害在具有自然属性的同时,也有社会属性。自然灾害的自然属性就其本身而言,是自然界部分物质以特殊方式进行的自然运动,这种特殊方式的自然物质运动可称为"事件";其社会属性即所说的事件会对它所能及范围内生存和活动的人员、生物和已存在的资产产生一定的损害,这种损害称为"灾害"。② 也就是说,与人类社会联系起来,并对人类造成一定损失的"事件",我们才称其为"灾害"。自然灾害的社会属性和人为灾害的内涵与中国古代"灾荒"的"荒"颇为类似。

其次,历史时期的灾害研究同时又是环境史关注的一个重要方面。环境史研究 20 世纪 60 年代崛起于美国,目前"环境史"的概念仍在发展变化中,其研究范围不断扩大。虽然各个研究者对"环境史"的概念及外延的说法不尽相同,但有些理念是大家所公认的。美国学者唐纳德·沃斯特认为,环境史是研究自然在人类生活中的角色与地位的历史,应包括三项内容:一是自然在历史上是如何组织和发挥作用的;二是社会经济领域是如何与自然相互作用的,即生产工具、劳动、社会关系、生产方式等与环境的关系;三是人类是如何通过感知、神话、法

---

① 王振忠:《社会史研究与历史社会地理》,载《复旦学报》(社会科学版),1991 年第 1 期;袁书琪、郑耀星:《论当前中外社会地理观》,载《人文地理》,1994 年第 1 期;吴宏岐:《历史社会地理学的若干理论问题》,载《陕西师范大学学报》(哲学社会科学版),2004 年第 3 期。
② 杨达源、间国年:《自然灾害学》,北京:测绘出版社,1993 年,第 14 页。

律、伦理以及其他意义上的结构形态与自然界对话的。① 而伊懋可教授认为"中国古代环境史"包含这样几层意思：第一，环境史研究人与社会和环境的相互作用的关系，这里既涉及单个的人、广义的人类，也包括由人组成的社会。这里的环境也可分为三个系统，依次为生物系统、化学系统和地质系统，粗略地可以理解为有机界、无机界和非社会时间的地质界；第二，人只是环境中的一部分，环境内各因素之间是相互影响的。这种相互作用有时是友好的、支持性的，有时是致命的、破坏性的，另外还是动态的、一直变化的；第三，人类社会的经济、政治和文化都与环境发生了不可分割的关系，这是人类历史发展的动力之一。如果不研究这一部分，就不能写出完整的历史。反过来，如果研究了这一部分，写出来的历史肯定不是现在的这种纯粹以人为中心的历史；第四，结合伊懋可在其他地方表达的观点，可以看出他要从对人与自然环境的相互作用的研究视角发现我们所处的世界为什么、如何变成了现在这个样子。②

对于中国史学界而言，以往关于区域经济发展与环境变迁之关系、古代都城与生态环境之关系、动植物变迁与区域沙漠化、灾害与疾疫问题、气候变迁等许多历史地理的课题，都可谓在新的意义上促进了环境史的发展。③ 按照张岂之、张国旺、佳宏伟等人在环境史综述中的分类，灾害疾疫作为环境变动的具体表现，其研究内容属于环境史的一个方面。

再次，灾害史和灾荒史又是不可分的。灾害史偏重于从灾

---

① 包茂宏：《环境史：历史、理论和方法》，载《史学理论研究》，2000年第4期。唐纳德·沃斯特一直倡导有关环境问题的历史研究取向，他的美国环境史名著《尘暴：1930年代的美国南部大平原》于2002年由读书·新知·生活三联书店出版，关于他本人的介绍，还可见包茂宏：《唐纳德·沃斯特与美国环境史研究》，载《史学理论研究》，2003年第4期。
② 包茂宏：《中国环境史研究：伊懋可教授访谈》，载《中国历史地理论丛》，2004年第1辑。
③ 张岂之：《关于生态环境问题的历史思考》，载《史学集刊》，2001年第3期；张国旺：《近年来中国环境史研究综述》，载《中国史研究动态》，2003年第3期；佳宏伟：《近十年来环境变迁史研究综述》，载《史学月刊》，2004年第6期；刘翠溶、伊懋可：《积渐所止：中国环境史论文集》，"中央研究院"经济研究所，1995年。

害学的角度探讨灾害发生的规律,较少涉及社会领域的相关问题,而且大多是自然科学工作者从事该领域的研究工作,而灾荒史从某种意义上来说则是社会科学工作者的优势领域,灾荒史的研究对象不仅包括灾荒本身,还包括与之密切相关的备荒、救荒的思想、实践,灾荒造成的社会影响等等。目前中国灾害灾荒史方面的成果大致可以分为三大类:一是专题的研究论文,二是工具书类,三是资料汇编。① 这里讨论的是专题论文。如果从环境变迁的视角进行分析的话,这些论文一般呈现以下几种模式:其一,从灾害暴发的成因着手分析灾害与生态环境变迁之间的内在联系,通常指出灾害的暴发与生态环境变迁之间存在着密切联系,常常出现恶性循环,即生态环境失衡→灾害频发→生态环境恶化→自然灾害进一步加剧;其二,对某一区域,不同灾害、不同时间的时空规律研究。空间上有按自然流域分的,有按行政区划的,有按王朝更替的断代研究,也有按时段或具体到年的,研究者根据自己的专业背景和优势,结合资料的情况,或为专著或为论文;其三,对某一次具体灾害事件或某一类灾害的研究;其四,对荒政的研究。包括统治者的荒政思想,具体的赈灾制度、程序,荒政弊端,赈灾的演变(官赈、义赈等),赈灾领域的官绅关系等。

这些研究成果中自然不乏史学功底深厚的大家力作,并且

---

① 灾荒史方面的综述文章有:李文海:《论近代中国灾荒史研究》,载《中国人民大学学报》,1988 年第 6 期;史培军:《国内外自然灾害研究综述及我国近期对策》,载《干旱区资源与环境》,1989 年第 3 期;吴滔:《建国以来明清农业自然灾害研究综述》,载《中国农史》,1992 年第 4 期;余新忠:《1980 年以来国内明清社会救济史研究综述》,载《中国史研究动态》,1996 年第 9 期;阎永增、池子华:《近十年来中国近代灾荒史研究综述》,载《唐山师范学院学报》,2001 年第 1 期;卜凤贤:《中国农业灾害史研究综述》,载《中国史研究动态》,2001 年第 2 期;朱浒:《二十世纪清代灾荒史研究述评》,载《清史研究》,2003 年第 2 期;邵永忠:《二十世纪以来荒政史研究综述》,载《中国史研究动态》,2004 年第 3 期;苏全有、王宏英:《民国初年灾荒史研究综述》,载《防灾技术高等专科学校学报》,2006 年第 1 期;汪志国:《20 世纪以来安徽自然灾害史研究综述》,载《池州师专学报》,2006 年第 1 期。此外关于某一类型灾害、某一省份或某一区域的灾害史研究的综述文章尚有若干,此处不赘。

总体来看,人们对历史时期灾荒的认识逐渐丰满和具有全局性,①当然这和整个 20 世纪以来史学的发展是相一致的。20世纪以来,中国史学研究范式逐渐从传统的政治史范式向经济史、社会史范式转变,从自上而下看历史发展到自下而上看历史,②这些很大程度上源于近年来后现代主义思潮对史学领域的侵入。后现代主义强调事物的复杂性、相对性、多样性、特殊性和无结构。③"二战"后,受美国新史学观点的影响,西方史学界热衷于社会发展道路、历史一般走向的"宏大叙事",但从 20 世纪 70 年代后,在后现代主义的影响下,微观历史学兴起,日常生活、底层人物、突发事件、妇女、性行为、精神疾病、食物等微观现象,都成为史学领域的研究对象。这些基于社会方方面面的实态考察并没有流于琐碎,而是从更令人信服的论据出发,对以往的宏观论题提出了修正与补充,"中国中心论"、"白银时代"、"大分流"等等即是代表性观点。近年来,西方学者还试着改变人类中心历史的写作方法,把人类活动放在平衡的、综合的自然种类、生物,以及政治发展过程中考察。目前这方面至少有两部力作:美国学者罗伯特·B. 马尔克斯(Robert B. Marks)1998 年出版的《老虎、稻子、丝绸和淤泥:中华帝国晚期中国南方经济》④一书,和伊懋可 2004 年 4 月由耶鲁大学出版社出版的《象之退隐:中国环境史》。⑤ 如果以这种微观历史学

---

① 例如在对灾荒成因的认识上,就由 20 世纪 90 年代之前多将灾荒的发生归咎于"政治腐败"发展到是"经济发展落后和生态环境的破坏"综合作用的过程。
② 李晓英:《21 世纪中国史学学术研讨会纪要》,载《史学月刊》,2001 年第 4 期。
③ 仲伟民:《后现代史学:姗姗来迟的不速之客》,载《光明日报》,2005 年 1 月 27 日。
④ Robert B. Marks, *Tigers, Rice, Silk, and Silt : Economy in Late Imerial South China*. New York: Cambridge University Press, 1998. 评述文章见李德英:《生态环境、乡村社会与农民经济》,载《中国经济史研究》,2004 年第 3 期。
⑤ Mark Elvin, *The Retreat of the Elephants: An Environmental History of China*, London: Yale University Press, 2004. 评述文章见包茂宏:《解释中国历史的新思维:环境史——评述伊懋可教授的新著〈象之退隐:中国环境史〉》,载《中国历史地理论丛》,第 19 卷第 3 辑,2004 年 9 月。

的认识论来审视灾荒史,以日常生活史的方法论来研究灾荒史,灾害研究的成果将会更接近真实。

最后来看本课题在徽学研究中的意义。"徽学"的"徽"字指的是位于安徽南部的古徽州地区,明清时期徽州下辖六县:歙、休宁、绩溪、黟、祁门和婺源,由于长期隶属于同一个统县政区,并且六县格局长期保持稳定,故而基本上即为当代安徽所辖同名五县和江西婺源的空间范围。那里秀峰叠翠,村落绵延,粉墙黛瓦,是一个具有独特民俗特征的区域社会。生活于这片黄山白岳(休宁的齐云山)之间的徽州人以经商为第一等生业。"海内十分宝,徽州藏三分",歙县的盐商、休宁的典当商、婺源的木商、祁门的茶商,以其巨额的财富和鲜明的地域特征而闻名遐迩。而在群山环峙的徽州本土,则"千年之冢,不动一抔;千丁之族,未尝散处;千载谱系,丝毫不紊;主仆之严,数十年不改"。①

就是在这样一个独特的区域单元,从 20 世纪开始不断发现大量民间文书,使得对于该区域在传统社会的实态研究成为可能。② 迄今为止,徽学研究在不少方面都取得了丰硕的成果,尤其是近 30 年来,徽学研究的学术团体和研究机构纷纷成

---

① 赵吉士:《寄园寄所寄》,清康熙三十五年(1696 年)刻本,"四库全书存目丛书",子部第 155 册,影印本。
② 这些材料分藏于国家图书馆、中国社会科学院历史研究所和经济研究所图书馆、中国历史博物馆、安徽省图书馆、安徽省博物馆、黄山市博物馆以及黄山市属各县和绩溪县、婺源县博物馆等处。一些大学或其院系图书馆也收藏了颇多徽州文书,如北京大学、北京师范大学和南京大学历史系图书馆等,另外在徽州民间和私人收藏家手中也散存不少。资料的内容涉及土地买卖、典当、租佃关系、宗法制度、捐税、徭役、司法诉讼、盐政、科举考试、宗教、寺院等等。种类有各种契约、文书、账簿、分家书、置产簿、合同、字据、案卷、税契、书信、谱牒、鱼鳞图册,甚或时人写的日记、自传性质的小说等(徽州文书的分类和作用可参阅周绍泉:《徽州文书与徽学》,载《历史研究》,2000 年第 1 期;栾成显:《徽州文书与历史研究》,载《徽学》2000 年卷,合肥:安徽大学出版社,2001 年)。

立,①学术活动频繁开展,②资料的系统整理和出版成绩斐然,③学术研究开始朝纵深方向拓展。从专著、论文的出版、发表来

---

① 先后成立了中国社会科学院徽学研究中心、教育部人文社科重点研究基地安徽大学徽学研究中心、安徽师范大学徽商研究所、安徽省徽学研究中心、黄山市徽学研究协会、黄山高等专科学校徽学研究所等专门研究机构。
② 1990年在安徽芜湖联合召开"徽州社会经济史学术讨论会",1993年在安徽黄山市屯溪区召开"全国徽学学术讨论会暨徽学研究与黄山建设关系研讨会",1994年在安徽黄山市屯溪区召开"首届国际徽学学术讨论会",以后又相继于1995、1998、2000、2004年分别在安徽省黄山市屯溪区、安徽省绩溪县、安徽大学和安徽省黄山市屯溪区召开了国际徽学学术研讨会。
③ 20世纪80年代中期以后,安徽省博物馆、中国社会科学院历史所等机构先后对所藏的文书进行整理,陆续出版了一些资料汇编,也校注了一些特别有史学价值的徽州文书簿册单独整理出版,同时还包括一系列的工具书:首先是安徽省博物馆整理了馆藏的徽州文书,编辑出版了《明清徽州社会经济资料丛编》第一辑(排印本,北京:中国社会科学出版社,1988年),收录了该馆所藏的洪武二年至宣统二年间的契约文书;中国社会科学院历史研究所徽州文契整理组编辑了该书的第二辑(排印本,北京:中国社会科学出版社,1990年),收录了该所收藏的宋元明时代的土地买卖契约;不久,又影印出版了《徽州千年契约文书·宋元明编》与《徽州千年契约文书·清民国编》(第一编,20卷,第二编,20卷,石家庄:花山文艺出版社,1991年);之后,又有周绍泉《窦山公家议校注》(合肥:黄山书社,1993年),张海鹏、王廷元主编《明清徽商资料选编》(合肥:黄山书社,1985年),张传玺主编《中国历代契约会编考释》(北京:北京大学出版社,1996年,该书收录了1402件中国历代契约文书,其中明清时代的有793件,占56.6%。包括了洪武八年至崇祯十七年和南明弘光元年的361件明代文书,以及顺治二年至宣统三年的432件清代文书,其内容大部分与徽州有关),严桂夫主编《徽州历史档案总目提要》(合肥:黄山书社,1996年),中国社会科学院历史研究所收藏编纂的《徽州文书类目》(合肥:黄山书社,2001年),朱万曙等点校《新安名族志》(合肥:黄山书社,2007年),刘伯山主编《徽州文书》第一辑(桂林:广西师范大学出版社,2005年,共10卷,影印了安徽大学徽学研究中心"伯山书屋"和黄山市祁门县博物馆所藏徽州文书5000余份)等。与此同时,海外的有关徽学的资料也有出版,尤以陈智超先生考释的美国哈佛燕京图书馆藏明代信件为著,此书为三册本,安徽大学出版社2001年出版,书名为《明代徽州方氏亲友手札七百通考释》;当然,由于徽州文书遗存很多,一些历史文书的影印册中也包含了相当数量的徽州文书,如2002年北京图书馆出版社出版的鲍传江先生收藏的《故纸堆》一书。所有这些对综合研究中国传统社会后期的社会实态具有重要的史料价值,同时由于许多基础文献整理的工作陆续展开,也方便了学者对于这些史料的利用,这些都大大推进了徽学的发展。

看,已有成果集中在徽州佃仆制、土地关系、徽商研究、徽州宗族问题、徽州历史人物和徽州文化艺术等方面,近来,有关徽州社会生活的研究成果也不断问世。① 依托于当地丰富的民间文书,徽学在明清史学界具有越来越重要的地位。

也就是说,自 1910 年以来出现的关于徽州学术人物的考释,②延至 20 世纪三四十年代徽学研究迎来一个高潮,历经五六十年代的学术沉寂之后,现代意义上的徽学研究自 80 年代开始形成。在徽州社会经济、土地制度和徽商研究取得极多成果的同时,我们注意到以往学者对当地生态、历史时期的灾害

---

① 关于徽学研究概述的文章,可参阅:叶显恩:《徽州学在海外》,载《江淮论坛》,1985 年第 1 期;畅民:《建国以来徽商研究综述和前瞻》,载《安徽史学》,1986 年第 5 期;张健:《徽商研究评介》,载《中国史研究动态》,1992 年第 7 期;周绍泉、赵亚光:《徽学研究系年》,阿风:《历史研究所"徽州学"研究综述》,均收于黄山市社会科学联合会、《徽州社会科学》编辑部编《徽学研究论文集(一)》,内部发行,1994 年;曹天生:《本世纪以来国内徽商研究述论》,载《史学月刊》,1995 年第 2 期,《本世纪以来国内徽学研究概述》,载《中国人民大学学报》,1995 年第 1 期;[日]臼井佐知子:《徽州文书与徽州研究》,载[日]森正夫等编:《明清时代史的基本问题》,东京:汲古书院,1997 年;阿风:《徽州文书研究十年回顾》,载《中国史研究动态》,1998 年第 2 期,《八十年代以来徽州社会经济史研究回顾》,载《中国史学》第 8 号,1998 年 12 月,《1998、1999 年徽学研究的最新发展》,载《中国史研究动态》,2000 年第 7 期(2000 年卷,1—7 页);陈学文:《徽学研究刍议》,载《黄山高等专科学校学报》,2000 年第 4 期(2000 年卷,8—10 页);周绍泉:《徽州文书与徽学》,载《历史研究》,2000 年第 1 期(2000 年卷,55—64 页);卞利:《20 世纪徽学研究回顾》,载安徽大学徽学研究中心编:《徽学》2002 年卷;唐力行:《徽州学研究的态势和前瞻》,载《黄山高等专科学校学报》,2002 年第 2 期;周晓光:《国内徽学研究的现状与前景》,载《黄山高等专科学校学报》,2002 年第 2 期;许文继:《2000、2001 年徽学研究综述》,载《中国史研究动态》,2003 年第 2 期;王世华:《徽商研究:回眸与前瞻》,载《安徽师范大学学报》(人文社会科学版),2004 年第 6 期;刘伯山:《徽学研究的历史轨迹》,载《探索与争鸣》,2005 年第 5 期;邹怡:《徽州佃仆制研究综述》,载《安徽史学》,2006 年第 1 期,其余尚有关于 1994、1995、1998、2000、2004 年召开的国际徽学学术讨论会的综述文章,在此不一一赘述。

② 黄质:《滨虹屧抹》,载《国粹学报》,1907 年第 3 期第 7 册;熊鱼山:《金正希先生年谱》,载《神州丛报》,1913 年第 1 期,1914 年第 2 期;古欢:《金正希与基督教》,载《进步杂志》,1916 年第 6 期。

状况、灾害与社会的关系的关注明显不足。

基于以上三方面的考虑,笔者以为,对明清以来徽州地域社会灾害及其社会应对的研究在历史社会地理、环境史、灾荒史与徽学领域均具有一定的学术意义。同时,历史时期的灾害研究也可以为今天皖南地区的减灾、防灾工作提供一定的借鉴,相关问题的解决经验对更好地促进今天的经济发展和社会的和谐进步也具有一定的现实意义。

第二节 学术回顾

从上节徽学研究综述中可知,受资料和学者关注点等因素的影响,目前徽学成果中尚没有系统、全面论及明清时期徽州灾害的。换言之,对于徽州灾害的考察并没有进入徽学研究的主流,不过这并不意味着没有对徽州灾害某一方面的关注。

本书在内涵上包括两方面:一是对当地灾害本身的讨论,包含灾害种类、灾害发生的原因、灾害发生的一般过程、灾害造成的后果;二是社会对灾害的反应,包括当地官府的荒政措施、民间的应对方式与组织、灾害相关的信仰。已有的研究大体可分为以下几种:其一,包含徽州地区,或与徽州地区有关的灾害资料汇编;其二,对徽州某次灾荒的个案研究;其三,对徽州灾荒救助,如宗族、仓储的相关研究;其四,与灾害相关的民间信仰与民俗的研究;其五,减少灾害、保护环境的研究,如林业保护、棚民、民居防火等。

资料整理是学术研究中的基础性工作。对自然灾害史料的系统整理工作发端于20世纪三四十年代,兴盛于五六十年代,80年代后在新史学思想指导下、新研究手段运用下的资料整理汇辑工作进入高峰期,产生了一批参考价值较高的资料汇编,它们或为全国性的,或为区域性的,或为专题性的,其中蕴含与徽州相关的灾害史料。

民国时期的有李清初《汉代以来中国灾荒年表》、[1]陈高傭

---

[1] 李清初:《汉代以来中国灾荒年表(一)》,载《新建设》,1931年第14期。

《中国历代天灾人祸表》。① 新中国成立后的20世纪五六十年代有一批成果。1954年,在著名地质学家李四光、中国科学院南京地理研究所研究员徐近之的倡议下,中国科学院地震工作委员会、中国科学院历史研究所第三所(现中国社会科学院近代史研究所)、地球物理研究所和南京地理研究所等机构在20世纪50到70年代之间主持开展了我国地震、旱涝、霜冻、巨雹等历史灾异资料的整理工作。总的汇编成果地震方面的有《中国地震资料年表》、②《中国地震资料汇编》、③《清代地震档案史料》、④《中国古今地震灾情总汇》,⑤气候方面的有《气候历史记载初步整理》⑥等。事实上这些全国性的资料汇编中包括安徽省的情况,但关于徽州地区的内容则很少。

各地气象局、文史馆、水利局或农科院,也因兴办农田水利的需要,掀起有关旱涝灾害记载文献资料的整理高潮。安徽省文史研究馆自然灾害资料搜集组经搜集、整理,在1957~1959年之间陆续发表5篇关于安徽旱、蝗、地震、水灾和风雹雪霜灾害记载初步整理的文章,分别是:《安徽地区历代旱灾情况》、《安徽地区地震历史记载的初步整理》、《安徽地区蝗灾历史记载初步整理》、《安徽地区风雹雪霜灾害记载初步整理》、《安徽地区水灾历史记载的初步整理》。⑦ 这些文章将安徽省划分为淮河流域、长江流域和新安江流域,其中的新安江流域,即指徽州地区。资料的时间跨度大约为从宋至新中国建立之间千余年的时间,但没有完整摘录方志中的记载,只是在文中给出基

---

① 陈高傭:《中国历代天灾人祸表》,10卷,上海国立暨南大学,1939年。
② 《中国地震资料年表》,上下册,北京:科学出版社,1954年。
③ 《中国地震资料汇编》,5册本,北京:科学出版社,1983~1987年。
④ 国家档案局明清档案馆编写:《清代地震档案史料》,北京:中华书局,1959年。
⑤ 楼宝常主编:《中国古今地震灾情总汇》,北京:地震出版社,1996年。
⑥ 徐近之:《气候历史记载初步整理》,江苏省地理研究所,1976年。
⑦ 安徽省文史研究馆自然灾害资料搜集组:《安徽地区历代旱灾情况》,载《史学工作通讯》(《安徽史学通讯》前身),1957年第2期;《安徽地区地震历史记载的初步整理》,载《安徽史学通讯》,1957年第10期;《安徽地区蝗灾历史记载初步整理》,载《安徽史学通讯》,1957年第10期;《安徽地区风雹雪霜灾害记载初步整理》,载《安徽史学通讯》,1959年第2期;《安徽地区水灾历史记载的初步整理》,载《安徽史学通讯》,1959年第4、5期合刊。

于原始资料的统计表格,对于本书专门针对徽州地区的研究来说,资料失之于简。而且所引方志只用该府、县存世县志中较晚的一种,这样做固然减少了大量貌似重复的工作,但在引用其结论之时,总难免令人心存疑惑。又因为历史时期安徽省境内淮河流域和长江流域的灾荒情况远远重于新安江流域,流域面积也相对大得多,所以资料搜集者将研究目光更多地投向淮河与长江流域诸县,结果是徽州地区的资料所占比重很小。

20世纪七八十年代,以史学研究人员为主的社会科学工作者开始新一轮对自然灾害史料的整理。

1978年1月,由上海、江苏、安徽、浙江、江西、福建省(市)气象局和中央气象局研究所合编的《近五百年气候历史资料》"华东卷"出版,该资料选取若干代表点,将旱、涝程度共分为5级,"1级"涝,"2级"偏涝,"3级"年成丰稔,或无水旱可记载,"4级"单季旱或局部旱,"5级"持续数月或大范围严重干旱。这种五等级法是目前历史灾害研究中应用较广的一种等级量化方法和标准。虽然依据中国传统的历史记载来判断等级时会有模糊和不确定之嫌,但较之于以往社会科学工作者的定性描述的灾害研究法,仍有其显著的优越性。在拥有一定等级区分的数据量后,便有可能做出一个历史灾害的模型,从而实现灾害研究领域自然科学和社会科学的合作。该资料自明成化以来逐年分级,时间跨度为1470~1975年,资料来源有地方志、明清实录和清史稿,各省民政资料及各省气象局有关旱涝灾情调查、分析材料和其他相关材料。本书关于徽州灾害的研究时间为明清时期,稍向后延及民国初年,因此诸如各省新中国成立后的民政资料及各省气象局有关旱涝灾情调查、分析材料对本研究用处不大。另外,虽然《近五百年气候历史资料》"华东卷"中皖南地区以屯溪为站点,但站点辖区是以当代行政区划为准的。也就是说,屯溪站点的资料由绩溪、旌德、歙县、休宁、黟县、祁门和宁国七县组成,①并非明清时的徽州一府六县的范围,这样以屯溪为站点得出的旱涝等级年表就会与以本书研究的地域范围所得出的结论有所出入。同时,或许鉴于古代方志存在"后代传抄前代"之习气,这本资料集的方志部分也仅以各县较晚版本为准,例如歙县地区仅参照石国柱编纂的民国《歙县志》和清道光年间马步蟾《徽州府志》,并不论及其余之方志,这固然因后来之方志内容大多涵盖了前修方志——至少在时间上是这样,但毕竟不太符合史料应用的有关原则——前后方志的记载难免没有繁简之别,但全然不提及现存其余之方志,以及诸如《岩镇志草》、《橙阳散志》之类的乡镇志,相关灾害的记载或定级难免有疏漏之处。

1981年,中央气象局对有关史料进行考证、分级和制图,编成《中国近五百年来旱涝分布图集》,②第一次勾勒出近500年来中国旱涝变化的主要特征,史料处理方法与《近五百年气候历史资料》"华东卷"一致,不再赘述。

1988年,中国社会科学院历史研究所资料编纂组编写了《中国历代自然灾害及历代盛世农业政策资料》,③此书第一部分是从汉至清代重大自然灾害的原始资料。1994年,西北农林科技大学张波主编《中国农业自然灾害史料》,④收集农业自然灾害十余种,起于远古,讫于清末。

水利水电科学研究院水利史研究室自1981年开始编写《清代江河洪涝档案史料丛书》,1991年出版了《清代长江流域

---

① 1934年7月,婺源县划属江西省,1947年6月,婺源县划回安徽省,1949年,成立徽州专区,婺源县再次划属江西省,专区领屯溪市和绩溪、旌德、歙县、休宁、黟县、祁门六县。1952年,宁国县划属徽州专区。1971年,改徽州专区为徽州地区。(参阅《徽州地区简志》,合肥:黄山书社,1989年,第55页)《近五百年气候历史资料》"华东卷"出版于1978年,故而屯溪站点的资料由绩溪、旌德、歙县、休宁、黟县、祁门和宁国七县组成。

② 中央气象局科学研究院主编:《中国近五百年来旱涝分布图集》,北京:中国地图出版社,1981年。

③ 中国社会科学院历史研究所资料编纂组主编:《中国历史自然灾害及历代盛世农业政策资料》,北京:中国农业出版社,1988年。

④ 张波:《中国农业自然灾害史料》,西安:陕西科学技术出版社,1994年。

西南国际河流洪涝档案史料》。由于史料来源于中国第一历史档案馆所保存的乾隆元年至光绪三年(1736～1911年)的清代档案,编纂者将奏折中有关雨情、灾情、河道变迁等资料汇编成册,其中有关于徽州府的水灾记录,由于是档案资料,真实性高,相对更接近客观,有助于研究人员对事实的把握,但记载畸轻畸重,往往仅对个别年份的洪水有较为详细的记录,覆盖面窄,而且这本汇编只涉及水灾,未提及别的灾害类型。

1985年,中国人民大学李文海教授牵头组建"近代中国灾荒研究"课题组,做了大量资料收集出版工作。课题组搜罗的资料范围显著扩大,除了传统史料,还查阅大量的文集、笔记、碑文、民国的调查报告、新闻报道等,编有《近代中国灾荒纪年》和《近代中国灾荒纪年续编》。① 但由于资料也是着眼于全国,而且上限自1840年开始,因此对于本书的可参考处亦为有限。2004年,李文海、夏明方主编《中国荒政全书》第一、二辑,② 系统收录了我国宋元明清时期的各类救荒文献。这些古籍文献分散于各公私藏书机构,结集出版为人们了解与研究历史时期重大灾害实况、荒政制度的变迁提供了极大的便利。

另外,吴柏森等编纂《明实录类纂·自然灾异卷》、宋正海等编《中国古代自然灾害和异常年表总集》等史料汇集中也有零星记载。

总体而言,虽然资料整理工作开展得如火如荼,但多从宏观入手,或全国或全省或流域,小范围区域或受灾程度较轻的灾害记载在统一的宏观口径下集体流失,对于徽州地区的灾害研究而言,与之相关的非常少。

徽学研究的兴起缘于当地数量庞大的文献资料的存世与发掘,呈现出与别的区域不同的研究特色。历经对徽州商人、商业、土地关系、宗族、诉讼的大规模研究之后,近年来徽学研究的旨趣更多转向了区域实态的社会文化史考察。透过相关的村落文书、宗教科仪和信件尺牍,解读基层社会的日常生活,

---

① 分别出版于1990年和1993年,均由湖南教育出版社出版。
② 李文海、夏明方主编:《中国荒政全书》,北京:北京古籍出版社,第一辑出版于2003年2月,第二辑出版于2004年10月。

资料内容的多样性在一定程度上导致了研究专题的多元化。在这些研究中,有部分成果与本选题颇为相关。

复旦大学历史地理研究中心王振忠教授有两篇关于灾害与民间习俗的论文:《清代徽州民间的灾害、信仰及相关习俗——以婺源县浙源乡孝悌村文书〈应酬便览〉为中心》(以下简称《应酬便览》)和《徽州文书所见种痘及相关习俗》(以下简称《种痘》)。① 这两篇文章主要利用作者新近发现的徽州文书,其中,《应酬便览》一文以清道光以前婺北凰腾村为中心,讨论了当地水、旱、瘟疫、虫灾、兽灾等六种灾害及与之相关的民间信仰和习俗;《种痘》一文则专论徽州民间的针对天花的种痘习俗。

另有四篇较为相关的研究论文:南京大学历史系孔潮丽的《1588~1589年瘟疫流行与徽州社会》,②李自华的《清代婺源的水旱灾害与地方社会自救》,③陈伟的《徽州地区自然灾害与防灾技术措施》④,和周致元的《明代徽州官府与宗族的救荒功能》⑤。孔文从疾病史的角度,利用徽州方志和有关荒政文献探讨了明万历年间徽州瘟疫暴发的背景和原因,瘟疫引起的社会问题以及社会各阶层的应对。李自华关于婺源的分析,利用的主要是方志资料,重点在于社会自救措施,李文首先对水、旱灾害作出次数统计,然后就统计数字进行了简单量化与比较,对水旱灾害的论述仅是作为婺源地方社会自救的背景而展开。陈伟的角度略有不同,他主要通过对徽州地区自然灾害现象分析,总结徽州传统聚落在规划设计中的防灾意识、营建活动中的防灾技术,以及水利工程中的防灾措施,以期为当代减灾防

---

① 王振忠:《徽州文书所见种痘及相关习俗》,载《民俗研究》,2000年第1期;《清代徽州民间的灾害、信仰及相关习俗——以婺源县浙源乡孝悌村文书〈应酬便览〉为中心》,载《清史研究》,2001年第2期。
② 孔潮丽:《1588~1589年瘟疫流行与徽州社会》,载《安徽史学》,2002年第4期。
③ 李自华:《清代婺源的水旱灾害与地方社会自救》,载《农业考古》,2003年第1期。
④ 陈伟:《徽州地区自然灾害与防灾技术措施》,载《自然辩证法通讯》,2000年第3期。
⑤ 周致元:《明代徽州官府与宗族的救荒功能》,载《安徽大学学报》(哲学社会科学版),2006年第1期。

灾研究提供借鉴,所用的资料主要是方志、家谱和相关古籍。周致元探讨了明代灾害背景下徽州地方官府与宗族组织的社会调控功能。以上6篇文章关注了徽州地区较为常见的水、旱灾害,明代的仓储、与当地民众生息相关的小儿种痘和明末的一次瘟疫,对当地灾害发生的状况和社会应对进行了一定层面的勾画。

除此之外,也有一些文章对徽州地区其他类型的灾害问题进行了研究。

对徽州火灾的关注主要表现在从建筑学角度对当地民居建造中防火设施的探讨。徽州传统时代的民居多木质构架,加之当地房屋密集,火灾发生较为频繁。对民居设计中的防灾保护功能,1986年汪双武就撰文提及。① 20世纪90年代徽州民居也引起国外学者的关注,但大多是从环境与村落的角度论述。② 进入21世纪以后,亦有多篇小文从建筑构造及村落布局

---

① 汪双武:《试论黟县古民居的特点、渊源、变迁和保护作用(上、下)》,载《徽州社会科学》,1986年第3~4期。
② [日]沟口正人著,赵晓征译:《新安江流域民居调查表》,载《民俗研究》,1995年第3期。刘敦桢著,田中淡、沢谷昭次訳:《歙县西溪南郷・黄卓甫氏の家》,载《中国の住宅》,SD选书第107种,东京:鹿岛出版会,1976。李桓、重村力:《水系との関わりからみた集落空間の構成に関する研究:中国安徽省徽州集落事例研究》,载《日本建築学会近畿支部研究報告集》第31回・計画系,1991年5月。长沢基一、重村力、李桓:《水系との関わりから見た集落空間の構成に関する研究:中国安徽省徽州集落事例研究その2》,载《日本建築学会大会学術講演梗概集 E.农村計画》,1991年度,1991年9月。荒川朱美、大西国太郎等共著:《中国"徽州民居"における集住空間と町并み景観の変化および保存再生手法に関する日中共同研究》,载《トヨタ財団研究報告書》,东京:トヨタ財団,1996年11月。倪琪、菊地成朋:《中国徽州地方の伝统的住居の空間構成とその形態の特徵——安徽省黄山市徽州区"呈坎村"の調査研究その1——》,载《日本建築学会計画系論文集》第575号,2004年1月30日。Li Hong, *the Quintessence of Huizhou Temple Architecture: Baolunge Ancestral Shrine*, Orientations, Jan., 1994; Margarett Loke, *Chenkan: A Ming Village*, Orientations, Feb., 1999; Shan Deqi(单德启), *Hongcun Village, Anhui: A Place of Rivers and Lakes*", Ronald G Knapped., *China's Old Dwellings*, Honolulu: University of Hawaii Press,2000年。

方面论及徽州的火灾防治,如蒋祥荣的《略谈徽派建筑中的防灾艺术展现》,徽文的《徽州消防文化特色初识》,洪志成、姚光钰的《徽州古民居防火措施探讨》,刘文海的《徽州古民居防火体系》等。① 此处尤应提及黄山市消防局支队的李俊先生一直以来对徽州民居防火消防持久的关注,②虽然李的许多文字不能算作严格意义上的学术论文,③但他确实做了许多实地调查工作,并在一定程度上得到学术界的认可。④ 2002年末,李出版了《徽州古民居探幽》,选择了18处古村落,着眼于消防历史文化的建筑痕迹,可算作是对其以往关于徽州消防思考的总结。

林业是徽州地方经济的一个重要方面,如何在林业经济与维护生态、减少水旱等灾害的发生之间寻找一个平衡点,是徽州社会一直不变的努力。⑤ 当地有着悠久的护林传统,卞利《明

---

① 蒋祥荣:《略谈徽派建筑中的防灾艺术展现》,载《徽州社会科学》,2002年第5期;徽文:《徽州消防文化特色初识》,载《黄山学院学报》,2003年第1期;洪志成、姚光钰:《徽州古民居防火措施探讨》,载《工程建设与档案》,2005年第1期;刘文海:《徽州古民居防火体系》,载《家具与室内装饰》,2006年第5期。
② 李俊陆续发表的相关文章有:《徽州古民居消防探源》,载《上海消防》,2002年第1期;《从徽州消防文化谈起》,载《黄山高等专科学校学报》,2002年第2期;《徽州消防文献发微》,载《徽学》2002年卷,合肥:安徽大学出版社;《万安水龙庙会》,载《上海消防》,2002年第2期。
③ 《安徽消防》从2000年第1期起,连续3年系列推出了李俊撰写的一些关于古徽州火文化方面的小短文,如《千年江村 探踪消防》,载《安徽消防》,2001年第11~12期;《大山深处的厨房"活化石"》,载《安徽消防》,2003年第1期;《漫步徽州古民居消防历史博物馆(上、下)》,载《安徽消防》,2003年第2~3期。
④ 李俊被教育部人文教育基地安徽大学徽学研究中心聘为兼职研究员。
⑤ 张雪慧:《徽州历史上的林木经营初探》,载《中国史研究》,1987年第1期;陈柯云:《明清徽州地区山林经营中的"力分"问题》,载《中国史研究》,1987年第1期;《明清山林苗木经济初探》,载《平准学刊》第4辑上册,1989年;《从〈李氏山林置产簿〉看明清徽州山林经营》,载《江淮论坛》,1992年第1期;陈瑞:《明清徽州林业生产发展兴盛原因探论》,载《中国农史》,2003年第4期。

清时期徽州森林保护碑刻初探》一文对此有所揭示。① 棚民是明中后期开始出现的一个特殊的山区移民群体,目前几乎所有关于徽州棚民的文章都认为:清中期以后徽州外来棚民的活动造成当地生态环境的严重恶化,是引起当地灾害,尤其是山洪暴发的重要诱因。② 日本学者涩谷裕子通过对休宁县龙田乡浯田岭村和江田村、源芳乡幸川村和里芳册村的调查,认为棚民的被驱逐与被接纳是同时并存的,其中关键的问题在于棚民垦山是否损害了当地宗族的利益。棚民的遭遇因所迁入开垦的区域而不同。③ 在徽州的土客冲突中,其真正的原因究竟是棚民在山区的开发果真造成当地无法承受的环境破坏,还是土客在开发中的经济利益的无法协调,似乎仍需进一步挖掘资料。毕竟已有的成果多依据官府告示和诉讼文卷,对这些史料是需要小心解读的。片面、静止和孤立的理解都可能导致与事实的相差甚远,而留下这些记录文字的文人所采用的那个特定时代的叙事方式,是要研究者来加以鉴别的。

---

① 卞利:《明清时期徽州森林保护碑刻初探》,载《中国农史》,2003年第2期。
② 关于徽州棚民,早在20世纪70年代末就引起有关学者的关注,近年来更有一些相关成果发表,如冯尔康:《试论清中叶皖南棚民的经营方式》,载《南开大学学报》,1978年第2期;方家瑜:《徽州历史上的棚民》,载《徽州社会科学》,1985年第1期;刘秀生:《清代闽浙赣皖的棚民经济》,载《中国社会经济史研究》,1988年第1期;杨国桢:《明清土地契约文书研究》,北京:人民出版社,1988年,第149~155页;曹树基:《中国移民史》第6卷第6、7章,福州:福建人民出版社,1997年;谢宏维:《生态环境的恶化与乡村社会控制——以清代徽州的棚民活动为中心》,载《中国农史》,2003年第2期,《清代徽州棚民问题及应对机制》,载《清史研究》,2003年第5期,《清代徽州外来棚民与地方社会的反应》,载《历史档案》,2003年第2期;陈瑞:《清代中期徽州山区生态环境恶化状况研究——以棚民营山活动为中心》,载《安徽史学》,2003年第6期;卞利:《清代中期棚民对徽州山区生态环境和社会秩序的影响》,华南农业大学农史研究室提供,中国经济史论坛于2003年12月3日发布。
③ [日]涩谷裕子:《清代徽州休宁县における棚民像》,载山本英史编《传统中国の地域像》,第211~250页,东京:庆应义塾大学出版会,2000年6月5日;涩谷裕子:《安徽省休宁县龙田乡浯田岭村における山林经营方式の特徵——清嘉庆年间と现在を中心として——》,第39~74页,《史学》第71卷第4号,2002年11月。

20世纪90年代以后,陆续有从灾荒救济着眼的荒政史研究成果,其中有涵盖或是涉及徽州方面的。① 近来疾病医疗史兴起,在学者论及某次疫灾时,疫灾范围包括徽州。② 针对当地的社会救济举措,有学者论及义仓、基层保障制度和官绅之间关系。

第三节 关于本书资料与思路

一、资料说明

关于灾异现象的记载与社会的灾害应对的史料多散布在历史文献中,对于明清时期徽州一府六县的灾害研究而言,所涉及的灾害资料除了与研究其他区域一样所需的地方志、正史、实录、档案、官箴书资料、笔记小说、碑刻、文集、日记,契约文书与宗族谱牒中的相关资料是研究徽州灾害与社会的特色所在。下面对这几类资料作一简要说明。

1. 方志

方志篇目中,一般都设有"灾异"、"灾祥"、"礼祥"、"祥异"、"杂记"、"杂志"等项,专门记载本地区发生的灾害和异常现象,因为是本地人记本地事、当时人记当时事,所以大致可信。另外,方志中的"蠲赋"、"赈济"等项中的记载亦是关于灾情描述

---

① 例如李向军:《清代荒政研究》,北京:中国农业出版社,1985 年;《试论中国古代荒政的产生与发展历程》,载《中国社会经济史研究》,1994 年第 2 期;张建民:《中国传统社会晚期的减灾救荒思想》,载《江汉论坛》,1994 年第 8 期;罗丽馨:《明代灾荒时期之民生——以长江中下游为中心》,载《史学集刊》,2000 年第 1 期;[韩]金胜一:《近代中国地域性灾荒政策史考察——以安徽省为例》,载《北京大学学报》(哲社版),1997 年第 4 期。
② 谢高潮:《浅谈同治初年苏浙皖的疫灾》,载《历史教学问题》,1996 年第 2 期;余新忠:《咸同之际江南瘟疫探略——兼论战争与瘟疫的关系》,载《近代史研究》,2002 年第 5 期。

重要的线索和资料。徽州一府六县自宋迄民国各时期都编有县志,虽然在时间和地域的分布上存在一定的不均衡性,有些方志还存在抄袭的现象,但作为"东南邹鲁",徽州当地的方志总量相对其他区域社会来说是比较丰富的,因此方志中所记载的灾害资料得以形成较长的时间序列,资料性质前后均一,具有可比性。基于以上原因,方志资料成为附录中灾害资料表格的主要资料来源。①

借助《中国古方志考》《中国地方志综录》《中国地方志联合目录》等综合性方志工具书,各种公私藏书目录(如上海图书馆目录索引)、民国《安徽省通志稿·艺文志》、《安徽省志·附录·修志资料整理》等书目,②对现存徽州新中国成立前方志整体梳理后,其年代分布如下表所示:

表0-1 徽州地区现存方志年代分布表

	宋	明	清	民国	合计
省志			12	4	16
府志	1	3	6		10
歙县志		2	8	4	14
休宁县志		3	4		7
绩溪县志		1	4	5	10
祁门县志		2	6	1	9
黟县志			6	2	8
婺源县志			8	1	9
合计	1	11	54	17	83

书后附录《明清时期徽州地区一府六县灾害一览表》按修志的先后顺序对本书中引用灾害史料的方志编列序号,以简化灾害统计表格中灾害资料出处的标注,具体见附录说明。所用方志资料主要包括府、县志书,志书补遗、考辨的补志、乡镇志等,记山水、人物、金石、文献、杂事等的专志因资料性质不同,

---

① 张丕远:《中国历史气候研究》,济南:山东科学技术出版社,1996年。书中第五章第二节"500年以来中国地方志资料中气候信息的提取",认为地方志资料具有地方性、连续性、广泛性和真实性的特点,是明清历史气候史料的一个重要来源。
② 安徽省地方志编纂委员会编:《安徽省志》,北京:方志出版社,1998年。具体见第451~463页"皖志概观"、第561~576页"皖志索引·徽州地区"。

涉及不多。①

2. 明清正史、实录与清代档案

正史中的资料主要来自《明史》、《清史稿》中的《本纪》和《五行志》、《灾异志》。由于属于撰述性正史,着眼在全国,故作为小区域灾荒史研究,其资料存在很大的局限性,撰述者受到主客观多方面因素的影响、制约,于灾害之空间分布、灾情记述等方面,难免有脱漏或笼统带过的地方。因此,正史中的材料基本用作对地方资料的查补和参考。

明清实录中的灾害史料主要为官方蠲免、赈济情况以及农业被灾情况,可以在一定程度上反映出灾情的严重程度。但实录记载存在和正史记载中相似的问题,首先,很多记载为府州,甚至全省的情况,受灾的范围对于小范围的政区来说不够明确;其次,关于蠲免的记载往往水、旱、雹、霜等灾混杂在一起,难以确定受灾程度。甚至仅有蠲免记载而不交代原因,以致无法判断某次蠲免是属普蠲钱漕,还是偏隅蠲缓,或是因何逋赋的。② 对比与徽州地方史料细至某乡的受灾记载,亦只能作为辅助参考资料,用于佐证其他资料记载的可靠性。

---

① 刘道胜做过一系列关于徽州方志的编纂源流、编纂特点、编纂理论及其对徽学研究的资料价值等方面的相关研究,具体见其 2003 年硕士论文《徽州旧志研究》(未刊);《明代徽州方志述论》,载《安徽师范大学学报》(人文社会科学版),2002 年第 4 期;《论传统方志修纂与官方主流学术的统一——以徽州方志编修为中心》,载《安徽师范大学学报》(人文社会科学版),2005 年第 3 期;《正统化的学术活动与地方性的知识积累——以徽州方志编修为中心》,载《历史档案》,2005 年第 4 期;《略论清代徽州方志的发展》,载《中国地方志》,2005 年第 7 期。
② 常建华:《清代的国家与社会研究》,北京:人民出版社,2006 年。该书第二章"民生问题的对策"之"乾隆朝蠲免钱粮问题试探"(第 120~140 页)指出:"乾隆六十年(1795)工部尚书彭元瑞奉敕撰《孚惠全书》一书,总结本朝蠲纾赈贷的情况,把蠲免钱粮分为普蠲钱漕,减除旧额,巡幸蠲免,差役蠲免缓,偏隅蠲缓,蠲除积逋六类,这种划分是切合实际的。偏隅蠲缓,主要指灾蠲……恤灾,采取蠲赋、减征、缓征、免逋欠等措施。蠲赋或蠲当年田赋,或蠲上年与下年田赋。灾蠲的规定,突破了前朝被灾六分以上准蠲的规定。逋赋是多年积欠,或因灾害,或由赋重,或自差役,三者往往交织在一起。蠲逋欠常是在缓征、带征等措施仍不能解决问题的情况下,一笔勾销。"

清代档案指现存于中国第一历史档案馆内,包括原清内阁大库档案、清军机处方略馆大库档案、清史馆大库档案、宫中各处档案以及清代宫外各衙门和一些私人所存的档案,其总藏量约有 1000 万件(册),①现在结集出版的有宫中档朱批奏折,但因为徽州区域狭小,其中相关资料不多,且存在和实录相似的问题,故亦不是本书重点使用的史料。

3. 文集、日记、年谱与笔记小说

相比于方志与正史,文集、日记、年谱与笔记小说中的关于灾害的资料要少,但是由于灾害的社会应对往往涉及社会生活的方方面面,故而往往能发现比较有价值的史料。但是其收集的难度却要大得多:一方面是因为其中有用的史料总量少,又分散,常常一本文集中找不到一条有用的资料;另一方面是文集、日记、年谱和笔记并没有相关的目录索引,其全面收集本身就存在较大的困难。本书中所用的文集主要来自于影印出版的四库系列丛书,日记、年谱与笔记小说主要是安徽省图书馆古籍部、安徽省博物馆、上海市图书馆、歙县档案馆、休宁县档案馆、祁门县档案馆、婺源县档案馆、绩溪县档案馆、黄山学院徽学研究中心等机构的相关藏书。

4. 契约文书、村落文书与碑刻

现今存世的大量明清时期的契约文书是徽学得以形成的资料基础,除公私机构所藏的文书原件外,20 世纪 80 年代中期以后,安徽省博物馆、中国社会科学院历史所等机构先后对所藏的文书进行整理,陆续出版了一些资料汇编,也校注了一些特别有史学价值的徽州文书簿册单独出版,同时还包括一系列的工具书:首先是安徽省博物馆整理了馆藏的徽州文书,编辑出版"明清徽州社会经济资料丛编"第一辑(排印本,北京:中国社会科学出版社,1988 年),收录了该馆所藏的洪武二年至宣统二年间的契约文书;中国社会科学院历史研究所徽州文契

---

① 台北故宫博物院内现在也保存着一部分清代档案,部分已经编辑出版,如《宫中档乾隆朝奏折》和《宫中档光绪朝奏折》。

整理组编辑了该书的第二辑(排印本,1990年),收录了该所收藏的宋元明时代的土地买卖契约;不久,中国社会科学院历史研究所又影印出版了《徽州千年契约文书·宋元明编》与《徽州千年契约文书·清民国编》(第一编,20卷,第二编,20卷,1991年);之后,又有周绍泉编《窦山公家议校注》(1993年),张海鹏、王廷元主编《明清徽商资料选编》(1985年),张传玺主编《中国历代契约会编考释》(1996年,该书收录了1402件中国历代契约文书,其中明清时代的有793件,占56.6%。包括洪武八年至崇祯十七年和南明弘光元年的361件明代文书,以及顺治二年至宣统三年的432件清代文书,其内容大部分与徽州有关),严桂夫主编《徽州历史档案总目提要》(1996年),中国社会科学院历史研究所收藏编纂的《徽州文书类目》(2001年),郑秦主编《田藏契约文书粹编》(2001年),朱万曙、胡益民主编"徽学研究资料辑刊"之《新安名族志》(2007年),刘伯山主编《徽州文书》第一辑(2005年,共10卷,影印了安徽大学徽学研究中心"伯山书屋"和黄山市祁门县博物馆所藏徽州文书5000余份)等。与此同时,海外的有关徽学的资料也有出版,尤以陈智超先生考释的美国哈佛燕京图书馆藏明代信件为著,此书为三册本,于2001年由安徽大学出版社出版,书名为《明代徽州方氏亲友手札七百通考释》。当然,由于徽州文书遗存很多,一些历史文书的影印册中也包含了相当数量的徽州文书,如2002年北京图书馆出版社出版的鲍传江先生收藏的《故纸堆》一书。在这些契约文书的出版物中,直接记载灾害的非常有限,此处不厌其烦罗列出来,乃是因浩如烟海的资料库中,有诸多与灾害相关的反映社会现象的文书。

本书所用契约文书除了来自这些或影印或点校的出版物,还有不少的重要资料来自安徽省图书馆古籍部、安徽省博物馆古籍部、上海图书馆古籍部和歙县档案馆等公立机构的收藏,如对本书的述论起到支撑作用的《歙纪》、《歙地少请通浙米案呈稿》、《祁米案牍》、《昌堨源流志》、《吕堨南北两渠图》、《徽属义赈征信录》等文书资料,均是笔者多次前往上述机构查阅资料得来的。书中用到的碑刻资料亦主要来源于此,另有少量为笔者在实地考察访谈时收集、抄录。

5. 宗族谱牒

由于徽州地区特殊的经济、文化和地理环境,徽州地区留下了数量可观的家谱。在上海图书馆家谱室所藏的 14000 余种家谱中,徽州家谱因其数量多、质量高而成为馆藏家谱的重要组成部分。上海图书馆收藏的徽州家谱包括徽州(新安)地区和休宁、祁门、绩溪、黟县、歙县、婺源六县,共计收藏 1949 年前的家谱 467 种,其中统谱、总谱 35 种,家谱、族谱、宗谱 422 种,祭祀谱 10 种。徽州地区及各县收藏家谱数量分别为:徽州地区 74 种、祁门 47 种、绩溪 43 种、黟县 18 种、婺源 63 种、歙县 105 种、休宁 117 种。① 另外,安徽省图书馆和博物馆、黄山市下辖各区县博物馆、档案馆等机构中亦藏有不少家谱。②

家谱是记载一个家族(统宗或支系)源流、世系血缘关系、人丁、先世功绩、居住地、茔墓、族产、族规和家族文献的综合性载体。体例完备的家谱除了卷首有历代谱序、目录、世系图、考(如山川考、迁徙考、村景考、丘墓考、桥梁考等)、先世文翰说、传、记、赋、诗、词、行状、赞等,③某些族谱有《社会记》,④家谱还有《杂记》《外记》之属,内中具有灾害方面的详细资料,可以作

---

① 王鹤鸣:《上海图书馆馆藏徽州家谱简介》,载《安徽史学》,2003 年第 1 期。
② 如黄山市博物馆所藏家谱亦属不少,其内容可参见翟屯建:《黄山市博物馆藏家谱提要》,连载于《徽州社会科学》,1996 年第 3~4 期,1997 年第 1~4 期,1998 年第 1 期。
③ 翟屯建:《徽州私撰家谱与公修族谱的差异》,载《安徽史学》,2006 年第 6 期;陈瑞:《明代徽州家谱的编修及其内容与体例的发展》,载《安徽史学》,2000 年第 4 期。
④ 如(明)吴子玉:《茗洲吴氏家记》,12 卷,其中有《社会记》一卷,内有社日、岁候、时事等的记载。全国图书馆缩微文献复制中心(据抄本拍摄),索书号:胶片 DJ0481。

为对灾害定级的资料补充以及家族应对灾荒的措施说明。①如嘉靖十八年(1539),康熙《婺源县志》卷十二《通考外志·祅祥》记:"夏六月,大水山崩,水高三丈余,淹死男妇三百余人,漂民庐舍二千余所。"而在婺源《济溪游氏宗谱》卷二十七《外纪·祅祥》中则记有:

> 嘉靖十八年己亥六月大水,山崩川溢,坏田庐、伤人畜,沿溪尽圮。大木拔宗祠,两庑倾,堂上涨高四尺。盖是岁自春入夏,连雨不止。六月初五日卯时水发,辰时水再大至,遂皆颓荡云。处士清溪程顼《纪灾》诗云:"嘉靖年己亥,月未日辛丑。万山野涨发,拍天抹高阜。鬼啸阴崖崩,雨急蛟龙吼。灭没矶头树,卷拔门前柳。须臾剥及肤,临溪屋已走。屋中人亦随,四五男与妇。村中骇澎湃,墙上聚鸡狗。浮梗入回廊,逸鱼跳虚牖。巨鳌恐折足,三辰疑失守。性命托高阁,戒慎号老叟。涌涌势稍定,洸洸又复骤。已幸脱鱼腹,再释谢高厚。逾时始干涸,满壁泥涂垢。蔬圃毕撩鲜,家巷人横留。我家水云堂,漂割几解纽。垣颓池既空,诗书亦何咎?旋涡翻石骨,藏云幽洞口。病涉断往来,隔溪讯亲友。芙蓉南北村,汪叶家世旧。济源进士家,浯溪春坊后。峨峨凌云栋,三一成荡掊。永川仅存半,湖山尤运帚。岭南兜率桥,历来大唐久。同日付虚空,人家一齐剖。西溪子荇族,祸惨无出右。从兹七十里,平陆为渊薮。瓯娄埋砂石,污邪失畎亩。流尸暴不收,无复辨石玖。荡柩乱无纪,何能认牝牡?休祁祸颇同,广远莫之究。只闻衢五邑,四邑经拉朽。饥民啸相聚,攘夺分首

---

① (婺源)《济溪游氏宗谱》,卷二十七《外纪·祅祥》云:叙曰:祸福之来,虽曰人事,岂非天命哉?然天定可以胜人,而人定亦能胜天。祥无必庆,灾无必咎,惟在人修省以畏天耳。采耳目所见闻,作《祅祥志》。其下记有明弘治年间至清乾隆时期的水、旱、饥、冷、震等灾荒现象。此谱为乾隆丙戌(1766年,即乾隆三十一年)叙伦堂刻本,全27卷共12册,上海图书馆谱牒部藏。又如(婺源)《磻溪汪氏家谱》卷之末《杂记》中即有"水灾"条,记有此族所遭受的乾隆十二年(1747)、嘉庆十九年(1814)两次大水灾的情形。此谱20卷,首末各一卷,清同治木活字本,上海图书馆谱牒部藏。

丑。计从禹功来,此祸应未有。野老纪天变,吞声心血呕。"

这段记载较婺源县志提供的史料更为详细,关于发水的时间、水灾情形、水灾损失的记载,都弥补了县志的不足。

二、书稿思路与结构

在人文社会学科已有的灾害灾荒史研究中,受记载灾害史料所限,多用定性描述的方式和做简单的次数统计,而后在灾害与社会关系的研究中,又大多有"灾害→环境恶化→人民生活困苦→社会矛盾激化→天灾人祸"的循环论点。而在重大灾害例举中,也往往由于资料的原因,难以开展微观细致的个案研究。

本书选取的区域是地处皖南的徽州地区,对该区域研究的一个重要优势就在于该地区除了留存有大量的明清方志,更有相对丰富的明清契约和村落文书传世,这就使得对社会微观的研究和某种程度的复原具有可能性。

本书第一章是对明清以来徽州水旱灾害实态的复原。由于水旱灾害对徽州地区的农业和社会影响最大,且可以降水量为指标对灾害作定级处理,因此书中第一章对徽州地区明清以来的水旱灾害资料进行定级量化处理,以期通过相关统计分析,使对灾害状况的描述更为科学与直观。这里需要说明的是,虽然本书也采用了"数字级别法",但由于中国区域之间的巨大差异性,本书所定的徽州地区的灾害级别的标准与中国北方等区域的灾害程度有着明显的差异。具体地说,被定为相同级别的灾害,不论是在灾害本身的强度上,还是在灾害对社会所造成的后果程度上,徽州地区的灾害程度都要轻于北方等区域。采用这样一种不同系统的灾害定级标准,是因为如果按照北方等区域的灾情来对徽州的水旱灾害定级的话,根本无法看出徽州水旱灾害的程度差异来。但是,进行这样一个定级的努力,对于徽州区域史的研究来说还是具有一定的意义的,亦是区域特色的表现之一。

当地水旱灾害从危害程度与成灾范围上来说,都不算严重,但因其发生的频繁性而对当地农业生产和社会有着重大影响。第二章从水旱灾害与农业相关问题入手,梳理了当地种植时令、种植结构以及农产品结构等。

第三章探讨明清以来徽州社会所遭遇的火灾、瘟疫、虎患、蝗灾与虫灾、雹灾、冷灾、风灾和地震等九种灾害。统计了各类灾害发生的次数,并对灾害的表现形式、危害程度和社会的应对措施作了相关分析。

虽然长期以来徽州地区在种植结构上不断调适,但粮食仍难以自给,故而外界粮食的正常足量输入是维持当地社会稳定的重要保证。书稿勾勒了当地的粮食运输网络与方式,描画了地方米市场景,探讨了明清灾荒时期的米价变动,并对粮食运输中的遏籴现象作了个案的探讨。

仓储备荒是社会救济职能的重要体现,第五章基本阐明了明清两代徽州仓储体系的变迁,通过概括、对比与分析明清官私仓储的发展历程,认为徽州仓储具有以下四个特点:一是发展具有连续性,但也具有明显的阶段性。二是转折明显,重大事件、关键人物对仓储发展影响巨大,地方政治对官仓的影响尤为明显。三是商业运营出现早,手段多样。四是民间力量对仓储体系的发展影响明显。

第六章讨论水利形式及组织。当地的水利设施或引水或蓄水或自流或提水灌溉,名目不一,因时因地而异。不论是灌溉或防洪,其设施都具有规模小、兴废无常的特点。而利用两份村落水利文书对歙西昌堨、昌堨水利设施的个案研讨,明确了民间水利的兴治,水利组织的规章、构成、与水相关的权力分配等等问题。

第七章灾害与城乡生活论及面较广。应对灾害的公共事务包括城市排水设施,农田与水利设施,用水矛盾与规则等。乡村环境的变迁则以棚民的迁入及其在徽州的活动为中心展开。契约文书中关于林业保护的规定揭示了明清以来徽州地区林业保护规则的主要变化轨迹。

第八章晚清救济体系的研究是利用光绪三十四年徽州水灾的征信录为主要资料,先大致复原了洪水的受灾范围与重灾区域,继而探讨了晚清徽州灾后赈济方式的变迁。

　　史学研究中的理论创新固然重要与令人兴奋,但相关的基础性工作也必不可少。随着徽学研究从相对集中的徽商、土地关系研究向日益多样化的历史社会研究发展,对该地区明清以来环境、灾害与社会的灾害应对的勾勒一定程度上尚属于起步性的基础工作。同时,各章的谋篇布局随所搜集到的具体史料而定,有些问题因史料较为丰富,可以进行较为深入的论述,但是一本书不可能解决所有问题,有些有意义的问题则因资料有限,难以展开,故而仅作为大章节下的小点加以论述,在此抛砖引玉,以待日后进一步深入探讨。

　　有一点要说明的是,史料是历史研究的基础,然而留存于世的历史资料往往带有一定的随机性,在"论从史出"的学术原则下,本书章节的逻辑安排因资料的原因有时呈现为稍带跳跃式的专题并列,对某一专题的研究深度也因之受到一定的制约。同时,虽然题目为"明清时期",但有时亦会因资料的缘故而略为提及民国初年的情况。

三、相关概念的界定

　　本书所指的"徽州",是狭义的徽州,特指明清时期的徽州一府六县,即歙、休宁、绩溪、黟、祁门和婺源。六县政区在历史时期保持了长期的稳定,其空间范围大致等同于今天皖南、赣北同名六县的空间范围。

　　其次需要界定的是"灾害"及其相关概念。"灾害"最主要的特点是给人类带来损失,并且受害客体(灾害承受体)无法依靠本身能力来恢复其损失。"灾害"又分为"自然灾害"和"人为灾害","自然灾害"指以自然界作用为发生的原动力,使人类社会结构和人类生存环境承受超过极限的承受力而失去固有的平衡和稳定,造成人类赖以生存的基础被破坏或功能失效,以导致人类及其社会损失为特征,并使承受对象在一定时间内难以靠自身力量恢复的突发事件。① "人为灾害"是指人为的因素给人类本身或其生存的空间带来破坏和损失事件,有时简称为"灾难"或"灾祸"。

应该区别"自然灾害"与"灾象"。"灾象"是指原动力来自自然界,对人类社会本身及其存在的条件具有潜在破坏作用的自然事件。只有当"灾象"作用于人类及社会,而且后者又缺乏准备和抵御能力时才会形成所谓的"自然灾害"。因此,自然灾害既具有自然属性,也具有社会属性。也就是说,灾害有两个必需的因素:一是自然界,它是通过非正常、非一般方式释放破坏性自然力的主体;二是人类社会,它是接受这种破坏性自然力的受体。这两个因素是不可或缺的,缺少了任何一个因素,灾害都不可能形成。

本书的研究对象既包括属于自然灾害的水、旱、雹、风、地震等,也包括人为灾害如城镇火灾以及虎患、蝗灾、虫灾等生物灾害。

---

① 汤爱平、谢礼立、陶夏新、文爱花:《自然灾害的概念、等级》,载《自然灾害学报》,1999年第8卷第3期。

第一章

徽州水旱灾害统计与分级

在徽州有文献记载的灾害种类中,水、旱灾害因其发生的频繁性而对当地农业生产和社会生活有着重大影响。

第一节 资料处理方法

国外对灾害一般不划分等级,而常以灾害造成的经济损失来衡量灾害的严重度,国内学者则以等级方式评价灾害的破坏程度。① 灾害等级是表示自然灾害给人类带来损失大小的重要指标,划分的目的在于它不仅表示了灾害给人类及其生存空间带来损失的程度,而且是人类组织救灾行动的依据、衡量灾区恢复能力和灾害管理方式的指标。

历史时期灾害的研究与当代灾害学有着显著的不同。目前,在灾荒史学界也就描述性的灾害史料的参数化与量化做了一定的努力和探索。中央气象局气象科学研究院(现名"中国气象科学研究院")等单位曾用中国的地方志等资料对近500

---

① 马宗晋根据灾害带来的直接经济损失和人员死亡将灾害(灾度)划分为巨灾、大灾、中灾、小灾、微灾五级,见马宗晋、高庆华、位梦华:《自然灾害与减灾600问答》,北京:地震出版社,1990年,第6~7页。徐好民将灾害发生后较短时间内造成的总财产损失(包括直接和间接损失)划分为 A、B、C、D、E 五级,据灾害造成的人员死亡数划分为 1、2、3、4、5 五级,由两者组合起来表示灾害的等级。

年的文献记载的旱涝情况进行等级划分,实践证明这种方法是处理定性描述记载的一种比较理想的方法。从中国历史上的文字演变情况来看,汉代以来关于旱涝事件的描述语言并无重大变化。目前对文献中记载的水旱灾害最常用的处理方法是将其分为五级:①

  旱涝等级的定义和规定以及各级的主要描述语言如下:

  5级　涝　持续时间长而强度大的降水,或大范围的大水灾。如:"自春至夏,淫雨六十余日";"大雨浃旬,城中涨水深及丈余";"夏大雨浃旬,河水溢";"春夏大水,溺死人畜无算";"夏秋大水,禾苗涌流";"大雨连日,陆地行舟";数县"大水";"飓风大雨,漂没田庐"。

  4级　偏涝　单季成灾不重的持续性降水,或单月局地大水。如:"春霖雨伤禾稼";"秋霖雨害稼";"八月大水";"秋,雨水,毁沿河田亩";某县"山水陡发,坏田亩"。

  3级　正常　丰收或庄稼收成正常的年份,或无水旱可记载。如:"大稔";"有年";"大有年"。

  2级　偏旱　单季、单月成灾稍轻的旱、局部地区旱。如:"春旱,禾稼苗有枯死";"秋旱";"旱";"某月旱";"旱蝗"。

  1级　旱　持续数月或跨季度的旱,大范围严重干旱。如:"春夏大旱,赤地千里,人食草根树皮";"夏秋旱,禾尽槁";"四月至八月不雨,百谷不登";"自三月不雨至五月……秋七月至十一月旱……民多饥死";"夏亢旱,饥";"河枯";"塘干";"井泉竭";"大旱,湖干数里"。

---

① 这种分级方法应用于中央气象局气象科学研究院主编:《中国近五百年旱涝分布图集》,北京:中国地图出版社,1981年。上海、江苏、安徽、浙江、江西、福建省(市)气象局和中央气象局研究所合编:《近五百年气候历史资料》"华东卷",1978年。张丕远:《中国历史气候研究》,济南:山东科学技术出版社,1996年。满志敏:《历史旱涝灾害资料分布问题的研究》,载《历史地理》第16辑,上海:上海人民出版社,2000年。张、满两位学者为了使降水量与旱涝等级的标记值大小一致将"5级"定为"涝","1级"定为"旱",与《中国近五百年旱涝分布图集》的标记不同。

现代灾害学研究灾害等级,为了简单明确地给公众一个灾情大小的概念,以便更好地进行灾情评估和分级管理,定级时一般遵循可比性、可操作性和可传递性的原则。① 依据历史文献进行历史灾害的研究是为了更好地掌握历史灾害的实貌,对历史时期水旱灾害的变动和趋势作出分析,同时也要考虑研究成果的相互借鉴,因此对这三个原则也应尽量遵循。

如上章所述,本章的资料以现存徽州府及各县方志为主,同时参照《明史》、《清史稿》中的《本纪》、《五行志》和《灾异志》以作补充和参考,宗族谱牒中《杂记》、《外记》等的相关灾害描述作为对灾害定级的资料补充。"徽州山水清冽,素无大灾",对徽州灾害等级的制定,是就该区域的灾情、灾况在时间上进行纵向比较。不论是与北方赤地千里的大旱,还是与黄河流域的千里无人烟的大水灾相比,徽州的水旱灾害在表现形式上和受灾程度上都有着很大的差异,从这个意义上说,徽州的灾害定级标准在灾荒史研究中并不具有推广性。但作这样一个定级的努力,是希冀能够给徽学其他方面的研究者提供一个背景参考资料,姑且作为聊胜于无的一种尝试吧。

雨情、水情、旱情和灾情反映的都是灾害的强度,②考虑到历史记载中对雨情、水情、旱情和灾情的记载多是定性的描述,各种要素未必齐全,同时考虑到不同要素互补的实际,仍可根据某一个或多个要素对灾害进行定级。③ 对于徽州水旱灾害

---

① 冯利华:《灾害等级研究进展》,载《灾害学》,2000 年第 15 卷第 3 期。三条原则具体是指:Ⅰ.可比性,即不同时间、不同地点、不同灾种之间的灾情大小都能够进行比较;Ⅱ.可操作性,即选用的因子(指标)能够较快、较易地取得,以便确定灾害等级,及时地指导抗灾救灾工作;Ⅲ.可传递性,即建立的灾害等级必须简单易记,从而使灾情信息能够在普通百姓中互相传递。
② 《灾害大百科》第 1092 页:灾强指灾害强度,系在单位区域内,某次某种灾害所造成的损失量。灾强与灾损二者成正比例关系。度量灾强的两个重要指标是成灾比和绝收比。
③ 闵宗殿:《关于清代农业自然灾害的一些统计——以〈清实录〉记载为根据》,载《古今农业》,2001 年第 1 期;张伟兵、史春生:《区域场次特大旱灾划分标准与界定》,第三届中国灾害史学术研讨会论文集,2005 年。

的定级可以设计这样几个灾害指标,[①]具体标准如表所示:

表1-1 徽州地区水旱灾害等级划分标准表(主要灾情描述)

灾害等级	旱	偏旱	偏涝	涝
赋值	1	2	4	5
灾害时间	夏秋旱。	单季旱;春夏旱。	连旬淫雨。	连季淫雨;山洪骤发;蛟水四出。
降水状况	夏秋间,两月不雨;六月至七月不雨。	降水偏少;一月之内无雨。	夏淫雨连旬;自四月至五月雨弥数旬。	三月,淫雨;五月,大雨连旬(两季连雨)。
环境、水文	大旱。	旱。	水、夏大水。	大水山崩,水高三丈余;大水入市,深五尺以上;大水涨高数丈;东北两河洪水暴涨;洪水骤发;山飞入田,田变为阜。
农业状况		灾伤;久不雨,麦半收。	雨,豆味不可食;淫雨害麦,秋陨霜杀黍。	大水漂没田地,虫伤禾稼;久雨,无禾。
饥荒状况	斗米一钱二分以上;民食葛蕨既尽,继以乌蒜树皮;人掘土以食;人相食。	旱饥;岁饥,居民多有菜色。		
人畜伤亡	死者载途;道殍相望。			溺死男女50以上者;淹死人畜;民大瘟疫,僵死载道;道殍相望。
并发灾害	旱蝗;大旱饥疫;旱饥多虎;多恶兽食人。	旱复水。	大风雨雹。	饥疫;大雨水,秋冬疫。
赋税蠲免		蠲本年田租;蠲田赋;大发仓谷赈贷;缓各款银米以纾民力。	蠲本年田赋;蠲田赋;大发仓谷赈贷;缓各款银米以纾民力。	
建筑、房屋损坏			淫雨坏城;大水冲坏田庐道路。	人随屋漂;漂官、民房屋百间以上;山崩石裂;漂荡民庐;坏田园庐舍。
赈济平粜	设厂煮粥,赈饥。	府赈饥;夏旱平粜。	府赈饥;大发仓谷赈贷。	设厂煮粥,赈饥。

[①]《灾害大百科》第1089页:灾害指标是用统计手段来测量灾害给人类社会造成的人员伤亡、经济损失、社会影响的工具,是反映灾害程度的描述和量度。可分为属性指标(灾害的危害程度)和数量指标(灾害所造成的危害的数量表达)。

关于定级的几点说明和标准：

1. 3级表示正常年份。
2. 在历史文献中记载的春、夏、秋三季分别为农历的一至三、四至六和七至九月，相当于公历的2～4、5～7和8～10月。文献记载中连续两季的旱涝不一定是指旱涝实有6个月，而是仅仅跨及两季而已。
3. "春夏旱"定为2级偏旱；"夏秋旱"定为1级旱。
4. 同一年份出现旱涝交发的处理：水后复旱，考虑到旱灾比之山洪对作物的影响面更大，定为旱；春旱夏水，夏旱秋水，则以夏季情况为主；而且既然水旱交发，则水或旱的时间都不会过长。
5. 灾害级别的确定，除水或旱本身的灾度以外，所造成的损失大小是一个重要的评价因子。
6. 资料中有关赈济、蠲赋的记载，凡不知因何灾而赈、蠲的，皆舍而不用。
7. 凡是有并发灾害的皆定为级别较高的1级"旱"，或5级"涝"。如"旱饥"、"旱蝗"、"夏大水，秋冬疫"等。
8. 凡县志中没有记载，府志或正史等其他材料中有记载者，皆作降一级处理，如记载"六邑旱"，则六县皆记为"偏旱"的2级。
9. 遇有连续年份的赈济，则第一年定为较高级别的"1"或"5"，第二年作降一级处理；若能明确第二年的赈济是前一年受灾赈济的续赈，没有水、旱发生，则不作定级。
10. 若方志中的记载在正史中得到相关记载的印证，则作加一级处理。如1448年，歙县"久雨伤稼"，《明史·五行志》中有记载，故定歙县为5级涝。

第二节　明清以来徽州水旱灾害级别表

根据附录《明清时期徽州地区一府六县灾害一览表》，按照上节所定级别标准，对明清以来（1368—1923）徽州六县的水、旱灾害定级如下：

表1-2　明清以来徽州水旱灾害等级列表

公元纪年	年号	干支	歙县	绩溪	祁门	婺源	休宁	黟县
1384	洪武十七年	甲子			4			
1390	洪武二十三年	庚午			2			
1394	洪武二十七年	甲戌			4			
1396	洪武二十九年	丙子						2
1404	永乐二年	甲申	4		4			
1405	永乐三年	乙酉						
1409	永乐七年	乙丑			5			
1416	永乐十四年	丙申				2		

续表

公元纪年	年号	干支	歙县	绩溪	祁门	婺源	休宁	黟县
1418	永乐十六年	戊戌						2
1425	洪熙元年	乙巳			4			
1432	宣德七年	壬子			2			
1438	正统三年	戊午			1			
1445	正统十年	乙丑					2	
1446	正统十一年	丙寅			2			
1448	正统十三年	戊辰	5	4	4	4	4	
1452	景泰三年	壬申			5			4
1455	景泰六年	乙亥						2
1456	景泰七年	丙子			5			
1468	成化四年	戊子	2	2	2			
1472	成化八年	壬辰	2	2	2	2	2	2
1478	成化十四年	戊戌	1	1	1	1	2	1
1480	成化十六年	庚子	2	2	2	2	2	2
1483	成化十九年	癸卯			4			
1485	成化二十一年	乙巳		1				
1486	成化二十二年	丙午	5	5	5	5	5	5
1487	成化二十三年	丁未			4			
1488	弘治元年	戊申					2	1
1489	弘治二年	己酉	2	2	2			
1491	弘治四年	辛亥						1
1492	弘治五年	壬子	2	2	2			
1494	弘治七年	甲寅	2	2	2			
1495	弘治八年	乙卯						4
1503	弘治十六年	癸亥	2	2		2	2	
1504	弘治十七年	甲子	2	2		2		
1506	正德元年	丙寅	4	4	4	4	4	2
1508	正德三年	戊辰			1		4	1
1519	正德十四年	己卯			1		1	
1520	正德十五年	庚辰					5	
1522	嘉靖元年	壬午	2	2	2		2	2
1523	嘉靖二年	癸未	1	1	2	1	1	2
1526	嘉靖五年	丙戌	2	2	2	2	2	2
1527	嘉靖六年	丁亥					5	
1528	嘉靖七年	戊子						4
1534	嘉靖十三年	甲午						4
1538	嘉靖十七年	戊戌			2			

续表

公元纪年	年号	干支	歙县	绩溪	祁门	婺源	休宁	黟县
1539	嘉靖十八年	己亥	4	4	4	5	5	4
1543	嘉靖二十二年	癸卯		4				
1544	嘉靖二十三年	甲辰		1		1	1	
1545	嘉靖二十四年	乙巳	1	1	1	1	1	2
1546	嘉靖二十五年	丙午	2	1		2	2	
1547	嘉靖二十六年	丁未		2				
1550	嘉靖二十九年	庚戌					2	
1552	嘉靖三十一年	壬子		1				
1553	嘉靖三十二年	癸丑		2				
1560	嘉靖三十九年	庚申	1	1	1	1	1	2
1561	嘉靖四十年	辛酉	5	5	4	5	5	4
1565	嘉靖四十四年	乙丑	4					
1573	万历元年	癸酉				4		
1575	万历三年	乙亥		2		2		
1576	万历四年	丙子		4		4		
1580	万历八年	庚辰		4		4		
1581	万历九年	辛巳	4	4		4	5	
1582	万历十年	壬午	5	4	5	5	5	4
1586	万历十四年	丙戌				4		
1587	万历十五年	丁亥				5		
1588	万历十六年	戊子	5	5	5	5	5	5
1589	万历十七年	乙丑	1	1	1	1	1	1
1595	万历二十三年	乙未					1	
1596	万历二十四年	丙申						4
1598	万历二十六年	戊戌			2	2		4
1599	万历二十七年	己亥					2	
1602	万历三十年	壬寅	4	4		5	4	
1605	万历三十三年	乙巳				4		
1607	万历三十五年	丁未	5	5	4	5	5	4
1608	万历三十六年	戊申	5			5		
1609	万历三十七年	己酉	5					
1615	万历四十三年	乙卯			5			
1624	天启四年	甲子				5		
1626	天启六年	丙寅				2		
1632	崇祯五年	壬申					2	
1635	崇祯八年	乙亥				4		
1636	崇祯九年	丙子				5	1	1

续表

公元纪年	年号	干支	歙县	绩溪	祁门	婺源	休宁	黟县
1638	崇祯十一年	戊寅	1					
1639	崇祯十二年	己卯					2	
1640	崇祯十三年	庚辰					1	
1641	崇祯十四年	辛巳	1					
1646	顺治三年	丙戌				1		2
1647	顺治四年	丁亥	1	1		1	1	2
1648	顺治五年	戊子		4				
1650	顺治七年	庚寅		5				
1651	顺治八年	辛卯					5	
1654	顺治十一年	甲午	1	1				
1655	顺治十二年	乙未					4	
1659	顺治十六年	己亥	4	4	4	4	4	4
1661	顺治十八年	辛丑		2				2
1663	康熙二年	癸卯	1	1		1	1	1
1671	康熙十年	辛亥	2	2	2	2	2	2
1672	康熙十一年	壬子	1	1		1	1	2
1679	康熙十八年	己未	2	2	2	2	2	2
1683	康熙二十二年	癸亥				4		
1685	康熙二十四年	乙丑	4					
1688	康熙二十七年	戊辰		4				
1689	康熙二十八年	己巳				2		
1691	康熙三十年	辛未	2	2	2	5	2	2
1692	康熙三十一年	壬申				2		
1693	康熙三十二年	癸酉	1	1	2	2	2	2
1695	康熙三十四年	乙亥	4	4	4	4	4	4
1696	康熙三十五年	丙子	4	4	4	4	4	4
1707	康熙四十六年	丁亥		2				
1708	康熙四十七年	戊子		4	4			4
1709	康熙四十八年	乙丑		1				
1716	康熙五十五年	丙申		1		1		1
1718	康熙五十七年	戊戌	5	5		5	5	
1721	康熙六十年	辛丑	1	1	1	1	2	1
1732	雍正十年	壬子				4		
1733	雍正十一年	癸丑				4		
1736	乾隆元年	丙辰				4		4
1738	乾隆三年	戊午		2				
1742	乾隆七年	壬戌				2		2

续表

公元纪年	年号	干支	歙县	绩溪	祁门	婺源	休宁	黟县
1743	乾隆八年	癸亥			2			
1744	乾隆九年	甲子	5	5	4	5	5	4
1745	乾隆十年	乙丑				4		
1747	乾隆十二年	丁卯	4	5		5		4
1748	乾隆十三年	戊辰	5	5		5	5	
1750	乾隆十五年	庚午			4		4	4
1751	乾隆十六年	辛未	1	1	2	1	1	2
1753	乾隆十八年	癸酉	4	1				
1759	乾隆二十四年	己卯				5		
1765	乾隆三十年	乙酉						2
1766	乾隆三十一年	丙戌		4		2		
1768	乾隆三十三年	戊子		2				
1769	乾隆三十四年	乙丑	4					
1778	乾隆四十三年	戊戌						2
1781	乾隆四十六年	辛丑		2				
1784	乾隆四十九年	甲辰	4	4		4		
1785	乾隆五十年	乙巳		1				
1786	乾隆五十一年	丙午		4	4			
1788	乾隆五十三年	戊申	5		5		5	5
1789	乾隆五十四年	己酉		1				
1792	乾隆五十七年	壬子				5		
1802	嘉庆七年	壬戌	1	1		1		
1803	嘉庆八年	癸亥				1		1
1809	嘉庆十四年	己巳			4	4		
1812	嘉庆十七年	壬申				4		
1813	嘉庆十八年	癸酉			4			
1814	嘉庆十九年	甲戌				5		
1823	道光三年	癸未	4		4	4	4	4
1824	道光四年	甲申		2				
1828	道光八年	戊子	5			4		
1831	道光十一年	辛卯	4	5				
1832	道光十二年	壬辰			5			4
1835	道光十五年	乙未	2		1	4		
1837	道光十七年	丁酉	4					
1845	道光二十五年	乙巳	1					
1849	道光二十九年	己酉	4	4	4	4	4	4
1855	咸丰五年	乙卯			4	4		

续表

公元纪年	年号	干支	歙县	绩溪	祁门	婺源	休宁	黟县
1856	咸丰六年	丙辰			1			
1859	咸丰九年	己未				4		
1862	同治元年	壬戌	4		4			
1863	同治二年	癸亥			1			1
1866	同治五年	丙寅						4
1868	同治七年	戊辰	4		5			
1874	同治十三年	甲戌						2
1878	光绪四年	戊寅				5		
1879	光绪五年	己卯						2
1881	光绪七年	辛巳						2
1882	光绪八年	壬午	4		5			
1885	光绪十一年	乙酉	4					4
1887	光绪十三年	丁亥						2
1892	光绪十八年	壬辰	4					
1896	光绪二十二年	丙申						2
1898	光绪二十四年	戊戌						2
1901	光绪二十七年	辛丑	4					
1908	光绪三十四年	戊申	4	4	4	5	4	4
1911	宣统三年	辛亥	4	4	4	4	4	4
1915	民国四年	乙卯				4		
1923	民国十二年	癸亥				4		

第三节　基于水旱灾害统计表的分析

下面对上节的灾害等级表做一些分析。首先对各县各等级水旱灾害的发生次数进行统计，列成下表。

表1—3　明清以来徽州各县各等级水旱灾害次数统计表（单位：次）

	歙县	绩溪	祁门	婺源	休宁	黟县	合计
1 旱	16	22	11	11	15	11	86
2 偏旱	15	21	17	17	17	29	116
4 偏涝	25	21	26	21	21	24	138
5 涝	13	9	11	24	24	3	84
合计	69	73	65	73	77	67	424

从以上统计表可以清晰地看出从洪武元年（1368年）到民国十二年（1923年）共555年间，歙县发生旱灾31次，水灾38次；绩

溪发生旱灾 43 次,水灾 30 次;祁门发生旱灾 28 次,水灾 37 次;婺源发生旱灾 28 次,水灾 45 次;休宁发生旱灾 32 次,水灾 45 次;黟县发生旱灾 40 次,水灾 27 次。各县水旱灾害发生的间隔年数计算如下表:

表 1—4　各县水旱灾害平均发生年数表(单位:年)

	歙县	绩溪	祁门	婺源	休宁	黟县
旱灾	17.90	19.82	19.82	19.82	17.34	13.88
水灾	14.60	18.50	14.60	12.33	12.33	20.56

为了更直接地看出发展趋势,得用 Excel 软件生成下列线形图和条状图:

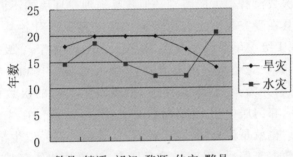

图 1—1　明清时期徽州各县水旱灾害平均发生年数曲线图

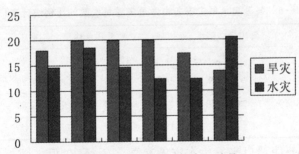

图 1—2　明清时期徽州各县水旱灾害平均发生年数柱状比较图

从水旱连线的走势来看,婺源、休宁两县发生水灾的频率最高,也就是间隔时间最短,水灾发生频率最低的是黟县;但黟县发生旱灾的频率最高,而绩溪、祁门、婺源发生旱灾的频率稍低。

表1-5 各县水旱灾害占相应等级灾害总数的比例统计表(%)

	歙县	绩溪	祁门	婺源	休宁	黟县
1旱	18.05	25.58	12.79	12.79	17.44	12.79
2偏旱	12.93	18.10	14.66	14.66	14.66	25.00
4偏涝	18.12	15.22	18.84	15.22	15.22	17.39
5涝	15.48	10.71	13.10	28.57	28.57	3.57
合计	16.27	17.22	15.33	17.22	18.16	15.80

如表1-5所示,"合计"一行数据显示各县发生灾害的总次数相差不多,说明由于同处于皖南山区,六县面积在纬度上跨度不大,故而往往受同一种气候系统所控制,灾害的性质和发生的次数没有很大的差别。但各县地理微环境的不同,还是使得各县在受灾程度上有所差异。按灾害级别对各县进行比较,发现1级大旱绩溪县最多,其次为歙县和休宁;2级偏旱黟县最多,其次为绩溪。水灾方面,5级大水婺源县和休宁县的次数相同,并为第一,黟县最少,绩溪发生大水的次数倒数第二,歙县、祁门居中;4级偏涝各县差不多,差别仅在4个百分点以内。也就是说,六县相比较而言,绩溪最容易发生旱灾,且大旱次数多于偏旱,程度严重者居多;婺源县和休宁县最易发生水灾,且5级大水发生的次数多于4级的一隅偏灾,水灾损失严重者居多。

表1-6 各等级水旱灾害各占本县灾害总次数的比例统计表(%)

	歙县	绩溪	祁门	婺源	休宁	黟县	合计
1旱	23.19	30.14	16.92	15.07	19.48	16.42	20.28
2偏旱	21.74	28.77	26.15	23.29	22.08	43.28	27.36
4偏涝	36.23	28.77	40.00	28.77	27.27	35.82	32.55
5涝	18.84	12.33	16.92	32.88	31.17	4.48	19.81

徽州明清以来发生水灾的次数多于旱灾,但一隅偏灾的4级水灾远多于5级大水灾,旱灾也是偏旱居多,但偏旱与大旱的次数相差没有水灾那么悬殊。通过对各县发生的各级别水旱灾害占本县灾害的总次数进行分析,歙县、祁门发生偏涝的比例最高,绩溪发生大旱的比例最高,婺源、休宁发生大水的比例最高,黟县则是发生偏旱的比率最高。

从不同的角度进行比较,得出了相似的结论,下面我们就从各县的地理环境上对大旱发生比例最高的绩溪和大水发生比例最高的婺源、休宁三县稍作分析,以期发现其原因所在。

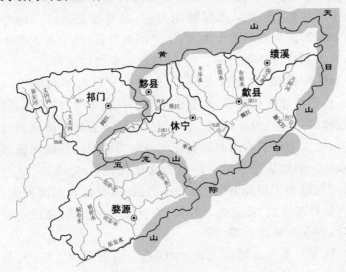

图 1—3　明清徽州六县河流、山脉

出处:邹怡:《明清以来的徽州茶业及地方社会(1368—1949)》,上海:复旦大学出版社,2012年,第88页。

绩溪县是六县中面积较小的县,"俗闻弹丸邑",方志中言,"绩当宣、歙之交,尤为阨塞险绝处"。① 绩溪县古有"岩邑"之称,与其他县相比较,"田畴不逮于婺源,贸迁不逮于歙、休","地瘠民庞,农居十之八九,墙阴悉成艺圃,妇子亦荷耰锄,终年力穑,勤务盖藏。南辕北辙,惟绩鲜挟资之游人,山压水冲,偏绩有难耕之确土"。② 若用现代地理学的语言来概括,则为:黄山山脉自西入境,逶迤东伸;天目山脉由东而至,萦纡西延,两者在徽岭(今称"翚岭")至丛山关一带结合,绵亘绩溪县中部,在县境分为岭南、岭北两部分。北水黄石坑、龙溪水、金沙河、弋溪河等,分注青弋、水阳两江,属长江水系;南水扬之、登源、大源、大障等河流,注入新安江。诸水皆外流,故绩溪又称"徽宣之脊",整个地势由东北向西南倾斜。③ 可见多山的状况使得

① 嘉庆《绩溪县志》卷首《程黟南送揭主簿之官绩溪序》。
② 康熙《绩溪县志》卷首《曹有光序》。
③ 绩溪县地名办公室编:《安徽省绩溪县地名录》(内部资料),1988年,第1页。

绩溪的耕地多为坡耕旱地,从现代土壤学的角度来解释,坡耕旱地土层浅薄,结构不良,尤其是受过侵蚀的土壤有机质含量少,土质沙化,土壤保水保肥能力差,易受旱灾。由于地势陡峻,利用河流灌溉的难度加大,加之不如歙县、休宁商人资本雄厚,在水利建设资金上亦有短缺,故而旱情难以缓解。

休宁与婺源的大水灾最多,也可以从地理的角度得到解释。休南与婺北相毗邻,两县以芙蓉、对镜、羊斗、塔岭和新岭,即俗称的"五岭"为界,又称为"五龙山脉"。五岭是两县的自然边界,也成为休宁境内的新安江流域与婺源境内的饶河流域的分水岭。当地描述五岭之险的诗文比比皆是,随举一首《过五岭》:"蜀道如天世路稀,那知五岭与云齐;登临直上凌霄去,仰视何妨稳步跻;仁杰思亲聊税驾,王尊念国欲报蹄;往还勿谓兹山险,更有无穷万丈溪。"①

休宁县整个地势南北高,中间低。南部即为五岭,北部为范围较小的低中山,中部为相对陷落的山间河谷盆地和河曲平原,横江、率水从休宁县境中部东西向横贯而过,两大水系之间由于地质上升作用而形成一个高度较低的东西横亘的分水高地(东部较窄,西部较宽)。② 休宁县的村庄就星罗棋布地密布在中部河谷地带。故而一遇山洪,顺流而下,一泻千里,令人猝不及防。

婺源境内溪河纵横,集雨面积大于100平方公里的河流有10条,除江湾水由休宁县溪西入境,鳙水东流汇入浙江省钱塘江外,余均发源于境东北和西北山地,曲曲弯弯汇流于境西南,属饶河水系。③ 与休宁接壤区域是婺源地势最高的地区,这一区域山峰林立,冈峦起伏,天然水系发育旺盛,山涧小溪形成叶脉状的水网,最易遭受山洪。相应地,从农业条件来说,"西南

---

① 康熙《婺源县志》卷十一《艺文·题咏》。
② 金民治主编:《安徽省休宁县综合农业区划》,北京:能源出版社,1984年,第1页。
③ 婺源县地名委员会办公室编:《江西省婺源县地名志》(内部资料),1985年,第1页。

稍旷衍,东北则多依山麓垦以为田,层累而上,至十余级不盈一亩"。① 由此来看,休宁县与婺源县发生水灾的气候条件一致,山洪始发的区域一致,村庄分布的规律亦相似,两县的水灾境况也就颇为相似了。

如果将从洪武元年(1368年)至民国十二年(1923)的555年平均分成五段,则每段为111年,分别以洪武元年(1368年)、成化十五年(1479年)、万历十八年(1590年)、康熙四十年(1701年)、嘉庆十七年(1812年)和民国十二年(1923年)为分界点。下面对这五个时间段里水旱灾害发生的状况作一分析。

表1-7 以111年为间隔时段的水旱灾害统计表(单位:次)

	1 大旱	2 偏旱	旱灾合计及占本阶段灾害总数百分比	4 水	5 大水	水灾合计及占本阶段灾害总数百分比	水旱灾合计
1368~1478	6	18	24(63%)	10	4	14(37%)	38
1479~1589	32	48	80(59%)	30	26	56(41%)	136
1590~1700	24	34	58(55%)	32	15	47(45%)	105
1701~1811	21	13	34(43%)	25	20	45(57%)	79
1812~1923	5	7	12(20%)	38	9	47(80%)	59

第一阶段1368~1478年,历经明代八朝,除了天顺朝没有灾害记载,其余洪武、永乐、洪熙、宣德、正统、景泰、成化七朝均有水旱记载,但这一阶段的记载以祁门县比较集中,共有15次,约占总数38次中的40%。从其他各阶段中六县水旱灾害的次数均相差不多的事实,可以推断该阶段由于其余五县资料的相对缺失,造成灾害统计中发生总数的偏少。不过,从该阶段现有水旱灾害发生的比例来看,仍然能够反映出明初至明中期旱灾发生远多于水灾的事实。

第二阶段1479~1589年,除了隆庆朝六年没有灾害记载,其余成化、弘治、正德、嘉靖、万历五朝皆有记录,旱灾的发生仍多于水灾。以发生水旱灾害的绝对次数比较,则该阶段是水旱灾害发生最频繁的时期。但若对水灾与旱灾的次数分别比较的话,则水灾的次数与其他阶段相差不多,惟旱灾的次数大大

---

① 葛韵芬、江峰青:《民国重修婺源县志》卷三《疆域六·风俗》,民国十四年(1925)刻本。

增加。

第三阶段1590～1700年,为明末清初的动乱年代,历经明代的万历、天启、崇祯和清初的顺治及康熙前中期。这一阶段水旱灾分别占总数的比例在数值上开始趋近,旱灾的发生仍多于水灾。

第四阶段1701～1811年,跨康熙中后期、雍正、乾隆和嘉庆前期四朝,这百余年里,徽州当地水旱灾害发生的比例发生了逆转,水灾的发生比例开始超过旱灾,达到57%。这一阶段也是棚民开始成规模进入山区开发的时期。

第五阶段1812～1923年,清嘉庆、道光、咸丰、同治、光绪、宣统及民国初年。最后这百余年的时间,是大清帝国发生巨大变化的时期,也是棚民进入山区开发最为鼎盛的时期。

徽州地处山区,历史上生态环境发生了较大的变迁。森林具有蓄水、拦水、防止水土流失的功能,对水灾的调节作用尤其明显。从上述关于明清以来水旱灾发生的比较分析来看,似乎可以作此推论:雍乾以降,徽州地区的生态开始发生较为明显的变迁,并有恶化的趋势。[①] 原因当然是多方面的,这将在本书的其他章节进一步讨论。

小　结

本章基于对徽州地区明清方志及相关记载中灾害资料的地毯式搜集,借鉴已有的对历史灾害的等级量化方法,根据徽州地区素无大灾,却偏灾不断的特点,制定了徽州地区的水旱灾害等级量化标准,并以此标准对明清以来的徽州地区水旱灾害数据进行了量化处理与分析。这是对以往关于徽州水旱灾害研究的一个推进。

在从洪武元年(1368年)到民国十二年(1923年)共555年

---

① 美国学者赵冈1994年在《中国农史》(1994年第4期)发表《生态变迁的统计分析》一文,提出用自然灾害发生的频率和农业亩产量的变化来推断历史时期的生态变化。本段的分析即受此方法的启发。

的时间里,水灾的次数多于旱灾,但以一隅偏灾的小范围山洪和偏旱居多,偏旱与大旱的次数差别没有偏涝与大水的次数相差那么悬殊。通过对各县发生的各级别水旱灾害占本县灾害的总次数进行分析,得出歙县、祁门发生偏涝的比例最高,绩溪发生大旱的比例最高,婺源、休宁发生大水的比例最高,黟县则是发生偏旱的比例最高。又将555年平均分成五个时间段,则每段为111年,对这五个时间段里水旱灾害发生的状况进行统计分析后发现:第一阶段1368~1478年,也就是明初至明中期,旱灾发生远多于水灾;第二阶段1479~1589年,从发生水旱灾害的绝对次数上来看,是明清以来灾害发生最频繁的时期,再细分比较,发现水灾的次数与其他阶段相差不多,惟旱灾的次数大大增加;第三阶段1590~1700年,为明末清初的动乱年代,水、旱灾发生的比例缩小趋近,但旱灾的发生仍多于水灾;第四阶段1701~1811年,跨康熙中后期、雍正、乾隆和嘉庆前期四朝,这111年里,徽州当地水旱灾害发生的比例发生了逆转,水灾的发生开始超过旱灾发生的比例;第五阶段1812~1923年,水灾的次数占到本阶段灾害总数的80%。也就是说,清中叶以来,水灾的发生呈现明显上升的趋势,旱灾的发生没有明显的变化,显示了雍乾以来,徽州地区的生态环境开始发生较为明显的变化,并有恶化的趋势。

水旱灾害与农业相关问题

就传统中国社会而言,水旱灾害是对社会危害最大的灾害种类。第一章根据徽州的水旱灾害历史文献记载,对水旱灾害发生次数、灾害等级和各县发生水旱灾害差异的统计数据进行比较与分析,然而这种统计仍难以看出历史时期水旱灾害究竟对当地社会产生了什么样的影响,影响的程度如何。虽然水旱灾害对社会的影响和破坏是多方面的,但在历史时期,对于农业生产的影响和破坏是其最重要的表现之一。有鉴于此,本章以水旱灾害与农业相关问题为切入点,以期对历史上徽州社会的特质有所揭示。

第一节 徽州地理概况与农业种植的自然条件

徽州地处安徽南陲的丘陵山区,属中亚热带向北亚热带的过渡地带,气候温暖湿润,四季分明,热量丰富,雨水充沛,3~7月雨热同期,8~10月光温互补;光温资源偏少,日照时数和日照百分率偏低,云雾多,湿度大。①

当地素有"七山一水一分田,一分道路和庄园"的俗语,山多

---

①安徽省徽州地区地方志编纂委员会:《徽州地区简志》,合肥:黄山书社,1989年,第64页。

地少,耕地面积小,①自然条件垂直差异明显。② 境内的主要山脉有黄山、天目山、白际山和五龙山。黄山山脉是皖南山地的中枢,东接皖浙交界的天目山,西南蜿蜒到江西境内,北与九华山相连,南至屯溪盆地,是长江下游与钱塘江的分水岭。天目山脉位于东北部的绩溪县、歙县与浙江省临安县的交界处,由北东向南西带状展布。白际山脉东北端在歙县竹铺乡与天目山交会,西南抵休宁县岭南乡与五龙山相接,最高峰位于歙县金川乡与浙江临安的交界处。五龙山脉西迄祁门县芦溪乡与黄山山脉相接,东至休宁县、婺源县与浙江开化交界,并与白际山脉交会,是祁门、休宁与婺源的主要分界山。③ 分布四境的山脉形成的环状地带是人烟稀少的高山区,其中有64%的高山平均海拔达1332米,其余36%的山地平均海拔也高达1131米。由新安江及其支流冲积而成的屯溪盆地是徽州面积最大的平原,处于高峰环绕之中,地势平缓,土层深厚,宜于耕作,一直是徽州地区人口密集区,也是新安名门望族聚居的地方。盆地东起歙县徽城,向西覆盖岩寺镇、屯溪,直到休宁县治所在的海阳城。

在这样群山环抱的封闭区域中,又因江水流域的不同而划分成三个相对独立的自然区域:新安江流域区,包括歙县和绩溪、休宁、黟县的一部分;阊江流域区,包括祁门、婺源和黟县的一部分;青弋江流域区,主要在绩溪北部。有两条主要对外交

---

① 歙县地方志编纂委员会《歙县志》(北京:中华书局,1995年,第65页):"(徽州)全区土地总面积13,403平方公里,折合2010.45万亩。其中山地1394万亩,耕地(含茶、桑、果园)116.56万亩,水面63.2万亩,其他436.69万亩。"按照这些数据,可以算出徽州的山地面积约占总面积的69.34%,耕地面积约占5.80%,水面面积约占3.14%。
② 安徽省徽州地区地方志编纂委员会《徽州地区简志》(合肥:黄山书社,1989年,第56~59页):具体来说,是徽州中部的断陷区形成两侧的块状隆起带,隆起中心南侧的白际山、天目山、五龙山等山脉和北侧的黄山山脉、九华山山脉,构成从绩溪县、歙县、屯溪市、休宁县等地的河谷平原,向南、向北演变为丘陵、低山和中山的地貌格局,地貌的成层性十分清晰,加上沿着多条深大断裂及其派生的次一级断裂分割的河流发育,不断侵蚀丘陵、山地,又形成大小不同的山间盆地。
③ 安徽省徽州地区地方志编纂委员会:《徽州地区简志》,合肥:黄山书社,1989年,第61~62页。

往的水路:一是由新安江顺流而下到浙江。新安江两大支流在屯溪黎阳汇合,途经屯溪盆地,一路奔涌而下。休宁、歙县和绩溪三县对外交通多仰仗此路;二是流入江西鄱阳湖流域的饶河和婺水。祁门县境的阊江(属于饶河水系)和发源于休宁县南部的婺江在江西波阳会合,注入鄱阳湖。黟县、祁门和婺源三县出徽州多由此路。

徽州这种地理特征在宋代方志中便有详细记载。南宋罗愿《新安志》曰:"郡在万山间,其地险仄而不夷,其土骍刚而不化,水湍悍,少潴蓄。自其郡邑固已践山为城,至于四郊都图则又可知也。……民之田其间者,层累而上,指十数级不能为一亩。快牛剡耜不得旋其间,力耕而火种之。十日不雨则仰天而呼,一遇雨泽,山水暴出,则粪坏与禾荡然一空。盖地之勤民力者如此。……歙之人,每岁以芸三四方,夏五六月田水如汤,父子祖跣膝行其中,掘溪泥低隆日,蚊蝇之所扑缘,虫蛭之所攻毒,虽数苦不得避其生勤矣。"①清初顾炎武曾言"土田依原麓,田瘠确,所产至薄……壮夫健牛,田不过数亩……视他郡人力过倍,而所入不当其半。又田皆仰高水,故丰年甚少,大都计一岁所入,不能支十之一",②这些可以算作徽州地区农业生产条件的总体概况。③

事实上徽州府辖境内因地势不同,各亚区域的农业自然条件颇有差异。

---

① (宋)罗愿:《新安志》卷二《叙贡赋》。
② (清)顾炎武:《天下郡国利病书·第九册凤宁徽》,第75页,"四部丛刊"三编史部第21册。
③ 对于明清徽州当地的农业状况,王社教《苏皖浙赣地区明代农业地理研究》(西安:陕西师范大学出版社,1999年)中有所论及,另有《明代苏皖浙赣地区的水利建设》(载《中国历史地理论丛》,1994年第3期)、《明代苏皖浙赣地区的水稻生产和分布》(载《中国历史地理论丛》,1995年第4期)、《明代苏皖浙赣地区的麦类作物的生产和分布》(载《中国历史地理论丛》,1996年第3期)、《明代苏皖浙赣地区的棉麻生产与蚕桑业分布》(载《中国历史地理论丛》,1997年第2期)、《明代苏皖浙赣地区的杂粮作物及其分布》(载《中国农史》,1997年第3期)、《清代安徽农业生产的地区差异》(载《中国农史》,1999年第4期)诸文。韩国学者姜判权有一文:《清代安徽省徽州府的谷物和蚕桑农业——关于沈炼、仲学辂的〈广蚕桑说辑补〉》(载《中国史研究》,2003年第25期)。

从地貌形态上讲,农业生产条件最好的当属山间盆地和河谷平原,主要有休屯盆地(位于今歙县西部、休宁县东部和屯溪市)、黄山北麓的青弋江上游谷地、歙县境内的练江谷地,以及祁门县盆地、黟县盆地和休宁的五城盆地等。这些地区地势低下,土壤或发育在透水性强的现代河流冲积物上,或为土质黏重、透水性差、抗蚀性强的红色风化物和棕黄色亚黏土,土层深厚,质地黏重,一直以来都是徽州(今为黄山市)最重要的粮食和油料产区。由于水热条件优越,双季稻大都分布在这些地区,粮食单产水平较高,农田水利设施较为完善,农业集约化水平较高,抵御水旱灾害的能力也最强。而徽州地区山间谷地的面积不大,在整个地貌特征中处从属地位。

就各个县而言,农业种植条件略有差异。歙县俗分东、西、南、北四乡,明清以来,"邑南毗连绩溪,俗朴俭,鲜园林山泽之利,农十之三,贾七焉。南分水陆二路,陆南即古邑东也,山多田少,食资于粟,而枣、栗、橡、柿之利副焉。水南则贾善奇赢,士农并厘然错出矣。北擅茶荈之美,民半业茶,虽女妇无自暇。惟西土壤沃野,家号富饶,习尚诸乡较侈"。① 这种西乡水稻,南乡、东乡多旱地、山田,北乡多茶园的农业地理分布,直到民国时期也没有大的改变。民国时期的经济调查记载,歙县"除西乡尚有广辽肥沃平原外,余均坡丘起伏,山谷回绕,鲜有广漠平地,类多确瘠风化岩石。因居民分布不匀,南乡以人口稠密,即山地亦开垦改种农作,东乡水土不宜,居民稀少,即肥沃平地仍多荒废待垦,北乡高山耸陟,峰峦重叠,除植茶桐外,鲜有平地种植禾稻"。② 也就是说,歙县四乡中,西乡的农业生产条件最为优越,水利灌溉发达;而东乡与南乡多丘陵与低山地带,方志中描述"高水湍悍少潴蓄,地寡泽而易枯,十日不雨,则仰天而呼。一骤雨过,山涨暴出,粪壤之苗又荡然空矣",③ 即多指此类

---

① 道光《歙县志》卷一《舆地·风土》。
② 建设委员会经济调查所统计课:《中国经济志——歙县·休宁(1935年8月)》,载《民国史料丛刊》第9种第2册第457页,台北县新店市:传记文学出版社,1971年。
③ 顺治《歙志》卷一《舆地志·风俗》。

土地；南乡地狭人稠，多旱地作物，①农业的集约化程度比较高。明万历《休宁县志》对休宁的农业生产条件亦有类似描述，②到了民国时期，休宁的农业条件并没有本质的改变。

绩溪县，"绩邑于徽称最小，而特当入徽之冲。绩邑与歙为接壤，而独受多山之累……而山压水冲，遍绩有难耕之确土"。大山分隔，物候多有不同。明清绩邑共有15都，以二、三、四、五、六、七、八都为北乡，气候较南每迟半月；七、八都西接大会山，土沃民勤，稍称繁庶。《绩溪杂感诗》中明确描绘了此种差异："翚岭路最长，蜿蜒行百折；新岭崎岖上，磴道更峭绝；过岭气候殊，迥（回）若南北截；岭南零微霰，岭北积深雪；北才腰镰始，南已农事辍；遥遥望大会，山半云明灭；孤高不可状，培塿视一切；其下土沃衍，村野亦星列；坡前犊卧草，舍后鸡栖桀；试看山蒙纡，定知气蟠结；石濠吏不扰，宁与仙源别。"③

祁门县，"山源之田，叠石为塍，如接梯然，几数十级，不盈一亩，牛不可耕，而手锄之"。④ "农夫终岁勤动，仅敷三月之粮，其余皆仰给于江西。……祁门米食为民命第一关键"。⑤

"黟为山邑，田少于山，土地瘠确"，⑥《黟山竹枝词》"下田水向上田分，一亩一层渐入云；利铩快牛施不得，刀耕火种自成群"则更具体地展现了黟县的农业生产。⑦

---

① 许承尧《歙事闲谭》卷七《新安竹枝词》（合肥：黄山书社，2001年）："麦熟端阳饼祀先，秋成角黍庆丰年。芝麻菽粟南乡产，乌麦收时霜满天"，可知南乡产芝麻、菽、粟、乌麦等旱地作物。
② 万历《休宁县志》，载《舆地志·风俗》："高水湍悍，少潴易枯。十日不雨，土燥坼如龟文；骤雨暴涨，粪壤悉已淹没。山限溪隙，肆力堅辟，越十级不盈一亩，犁犊无所施工。"
③ （清）高孝本：《绩溪杂感诗》，第7页，同治八年（1869年）刻本，上海图书馆藏。
④ 同治《祁门县志》卷十六《食货志·物产》。
⑤ （清）刘汝骥：《陶甓公牍》卷十二《法制科·祁门风俗之习惯》，宣统三年（1911年）安徽印刷局铅印本，《官箴书集成》第10册，合肥：黄山书社，1997年，第604页。周绍泉：《明后期祁门胡姓农民家族生活状况剖析》，载《东方学报》第67册，1995年第3期。
⑥ 胡存庆：《黟县乡土地理·物产》，民国十四年（1925）铅印本。
⑦ 《嘉庆黟县志·道光黟县续志》卷十六《艺文·诗》之《黟山竹枝词》第565页，全诗为："层层垦田潴水微，山农求雨五溪归；农家石燕洞前往，不见雨来石燕飞。下田水向上田分，一亩一层渐入云；利铩快牛施不得，刀耕火种自成群。"

婺源，"婺居徽、饶间，山多田少，西南稍旷衍，东北则多依山麓垦以为田，层累而上，至十余级不盈一亩，牛犊不得耨其间，刀耕火种，溪涧之润多不及受，而仰泽于天"。①

第二节　水旱灾害引发的农业环境变迁

依据上章的统计数据，自洪武元年（1368年）至民国十二年（1923年）共555年间，徽州地区共发生水灾209县次、旱灾208县次，平均2.66年发生水、旱灾各一次。考虑到文献记载的灾害次数少于事实发生的灾害次数，尤其是明前期资料的缺失，可以认为徽州地区水旱灾害发生的频率高于这个数字。

就水旱灾害发生的季节而言，水灾以夏季为重，一般发生在5～8月，以6～7月的梅雨季节最为多见，春秋霪雨致灾的不多；旱灾多见于夏秋，尤其是局部秋旱几乎年年出现，至于夏旱或夏秋连旱也多次发生，而春旱则很少见。

徽州地区水旱灾害这种受灾程度不大但频繁发生的特点在历史时期常引发受灾区域局部农业环境的改变。宋代袁甫任徽州知府，在《便民五事状》中记道："本州僻处万山之间，最畏水旱，晴稍久则农田已忧枯槁，雨稍多则山水便见横流。里谚云：三日天晴来报旱，一声雷发便撑船。言其易盈易涸之甚也。"②

在徽州，历史时期水灾对当地农业环境的影响可分为以下几种情况：

一为"淫雨"、"久雨"形成渍涝灾害。长期降水对农作物的影响分两种情况：一是雨量大时，地面积水成涝，妨害农作物的播种和生长。如明万历十五年（1587年）春，婺源县"阴雨两月，贫民不能力作，二麦无收"；二是降水强度不甚大，但持续时间过长，土壤耕作层长期被水分浸渍，使得农作物根系腐烂，甚至造成颗粒无收的现象，当然，这主要是针对旱粮作物而言。

---

①《民国重修婺源县志》卷三《疆域六·风俗》。
②《同治祁门县志补》卷十二。

例如明正统十三年(1448年),歙县"久雨伤稼";明正德三年(1508年)四月,休宁"淫雨害麦";康熙五十五年(1716年),黟县"春淫雨,麦不登",等等。阴雨连绵造成农作物病虫害增多在方志记载中也屡有所见。

二为突降暴雨造成山洪暴发。受高空切变低涡和台风影响以及地形抬升作用,4~8月间徽州往往多暴雨发生,如同治七年(1868年)五月二十二日,祁门县"蛟洪陡发,水由城上扑入城内,水深丈余。试院东文场墙宇俱漂没,城乡毁屋坏桥、溺人畜、坏田亩不可计数"。方志中关于水灾的危害常描述得极为抽象,如"舟行市上"、"平地水深三丈"、"漂没田庐、溺死人畜无算",而明末崇祯年间《张国维陈徽属水灾疏》中有段关于水灾细节的描述,则相对具体、生动许多:

> 各邑霪霖为患,或震霆奔山而破屋,或风雹拔木以扬沙,涛怒若倾,雨飞如注,致方长之麦,泥蟠而杀青;已种之禾,波翻而浥秀。既骧东作,奚望西成。苦终岁之徒勤,叹一饱之无日。①

民间文献《潭渡杂志》记载的是歙县丰乐河边的潭渡村的相关情况,其中的"水灾"条记到康熙年间的大水,亦是徽州山洪暴发的生动写照:

> 康熙戊戌六月二十日,予居去楼上仅三版耳,先日下午雨始大,一夜无少止,次日清晨水即至人家器物,有楼者提挈不及半,无楼者奔骑屋脊,物不暇计矣。及午,四堂皆如湖渎,各寝门室主皆泛滥,其他村落当水之冲者,室为淤池,人为鱼鳖,棺为蓬梗,不啻千百计,家同蛙鼋。吾乡居山中,宜无水患,然万壑奔趋一溪,而渔梁束之。石梁束之,南北二河水駃不能骤泄。②

徽州地区的山洪,来势猛,退洪快,灾害范围往往限定在山洪经过的线上,《休宁碎事》中关于临溪村的记载可为例证:

---

① 许承尧:《歙事闲谭》卷八《张国维陈徽属水灾疏》,合肥:黄山书社,2001年。
② (清)黄克吕:《重订潭滨集志》,第11~12页,清光绪二年(1876年)归化木活字本,安徽省图书馆藏。

休宁县有上下临溪村,皆吴姓聚族而居。己酉某月,山中起蛟,一时雷电晦暝,水高丈余。下临溪村数百家坍坏殆尽,伤人畜无算。上临溪村在对岸,屋舍俨然,无一人伤者。庞遐村姚氏距临溪村数里,水至四五尺,既退,室中淤泥积至尺许,粪除数日不能尽。①

三为暴雨对地面的击溅作用和径流侵蚀而引发的水土流失。土壤类型、地面坡度和坡长是影响水土流失的几个重要地貌特征。现代地质调查显示,徽州当地的坡耕旱地多分布在抗风化能力较弱、风化物厚度较大的花岗岩、浅变质岩和紫色砂岩、红色砂岩的山丘上,方志中诸如"地隘斗绝,厥土驿刚不化"的描述即指此。这种坡地易于耕作,也易发生水土流失现象。由于地狭人稠,"大山之所落,多垦为田,层累而上,指至十余级,不盈一亩",②许多坡耕旱地的坡度大于25度,并由于石料不多和技术水平的限制,梯田有限,加之栽培作物株距较大,无法具备天然植被的保护作用,水土流失现象普遍。《黟山竹枝词》中有记乾隆五十三年(1788年)水灾过后田地砂压的情形:"去年一水小沧桑,数顷山田一半荒;不是农夫开不得,上田砂到下田黄。"③明后期以降,棚民进入徽州山区租山搭棚,从事各种营山活动,至清道光年间,当地士绅感叹"自棚民租种以来,凡埭塏陡峻之处无不开垦,草皮去尽则沙土不能停留",以至于"沿山田亩俱被壅涨"。④

本书探讨的旱灾类型是指由于气候随机波动引起的降水偏少和径流减少偏枯而导致的干旱。干旱对农业环境的影响,首先表现为对植被的严重破坏,其次表现为易引发水土流失,由于土地干化,土壤受雨水冲刷,表土易被水流带走。如果在干旱的土地植被上再进行过量的人类活动,如筑坝、开渠、引水等,有时反而导致水平衡要素中的径流量趋于减少,蒸发量趋

---

① (清)徐卓《休宁碎事》卷五《吹影编》,嘉庆十六年(1811年)徐氏海棠书巢刻本,上海图书馆藏。
② 顺治《歙志》卷一《舆地志·风俗》。
③ 《嘉庆黟县志·道光黟县续志》卷十六《艺文·诗》之《黟山竹枝词》。
④ 道光《徽州府志》卷四之二《营建志·水利》,方椿《楚颂山房杂著》。

于增加,从而增加小区域的干化趋势。

旱灾具有渐进性和成灾面积大的特点,俗语云"水荒一线,旱荒一片"即为此意,一旦成灾,农作物大面积绝收,加之徽州地区严重缺粮,往往引发米价腾涌、人心惶惶的现象,造成社会危机。如嘉靖十七年(1538年),婺源县"久不雨,麦半收";嘉靖二十四年(1545年),徽州六县"亢旱,大饥。民食葛蕨既尽,继以乌蒜树皮,流离饿殍相望";乾隆五十年(1785年),绩溪县"麦不熟,复旱,自五月不雨,至七月始微雨;禾早晚俱不登,斗米三百六十文,秋冬疫"等。

徽州地区的旱灾一般持续两至三个月不下雨,例如:康熙三十二年(1693年),绩溪"夏旱,自四月不雨,至六旬始微雨";康熙六十年(1721年),婺源县"夏秋间两月不雨,旱灾,米价昂"。但也有两季连旱的,如乾隆十六年(1751年),六县"夏、秋、冬大旱二百余日,民皆凿溪汲水。是岁大饥,斗米三百文有零",不过这样的连旱在徽州历史上出现得极少。从灾害并发和灾害的相关性而言,饥荒的发生多与旱灾有关,文献中诸如"旱饥"、"大旱饥"之类的记载比比皆是,当然也有"久雨无禾"、"久雨伤稼"等水灾引起的农作物歉收。根据对方志及有关史料的统计,明清徽州发生饥荒62次,约占灾害总数的17%。不过总体而言,在徽州地区旱灾对农业种植的影响要小于水灾。

水旱灾害对位于丘陵与低山地区的农业垦殖区的粮食生产的影响最大。从现代土壤学的角度来解释,原因在于坡耕旱地土层浅薄,结构不良,尤其是受过侵蚀的土壤有机质含量少,土质沙化,土壤保水保肥能力差,粮食生产率低,易受旱灾;山坞间冷水田和岗丘上侧漂性田等低产稻田,土薄、地瘦、水冷、日照短,地势高峻,水利设施差。加之清中叶以后人口增长带来的环境压力和棚民不合理开山引发的环境问题,加剧了山区的水土流失,加速了土壤肥力的下降。

第三节　种植时令与结构及农业品种调适

一、种植时令

民国《婺源县志》在《星野·候占》中记有当地农业岁时的情形，透过它有助于对传统时代的徽州农业时令产生一个较为全面的印象①：

> 岁首：蒔松秧、插杉苗、栽杂木，谚传"立春前后五日栽木"，木神不知，商人采木植于山，农家芸二麦。二月：种茶种靛，并分移花木，农家浸种（按本草冬月浸谷种，则可免虫灾且耐旱，农家宜知之）。三月：农治田布秧种，采新茗。四月：刈二麦、蒔禾秧、收白苎、种木棉、栽薯芋及姜，收油菜子取为油。六月：上伏种芝麻，中伏种粟，间有收早稻者。制曲蘖、造酱醯，采木槿。七月：凉风至白露降，寒蝉鸣，早稻登，农家种豆及荞麦。八月：收靛起染，收木棉，农刈中禾。九月：收姜芋及粟、枣，剥桐实，晚稻乃登。十月：农种二麦，栽油菜及冬蔬，藏姜、芋种，取桕油，亦可移栽花木。十一月：收芜菁；治木棉，取薪炭。②

从岁首到岁末，各类农业活动不断。和绝大多数的农业区一样，春末夏季是农家最为繁忙的时段，乾隆年间的乡镇志《沙溪集略》中有《田家行》诗一首，即描绘了一幅传统农家在农忙五月的生活画面：

> 田家五月真劳苦，刈麦绕完便栽稌；连雨浃旬既忧潦，方晴数日即望雨；昼□桔槔不得休，夜间频起饭黄牯；昨□纳租上街市，市上酒家芬且旨；老翁无□不肯赊，懊恼归来

---

①事实上，康熙《婺源县志》卷一《分野·候占》中即有这份关于农业岁时的记载，此后历代县志传抄，但比对之下，民国志最为详尽，故此处引民国志。
②《民国重修婺源县志》卷三《疆域三·星野·候占》。

叹无已;今年闻得秋风早,七月初旬可获稻;秋来先春却酿好,陶然一醉消前恼。①

《歙事闲谭》所记《新安竹枝词》同样表现了这一时段的春季农忙与风俗像:"油菜花残麦穗长,家家浸种办栽秧。社公会后汪公会,又备龙舟送大王。"②《黟山杂咏》也反映了徽州的农令时节:"早稻登场晒谷新,山粮收足饱山民;秋来雨亦知时节,荞麦花开白似银。"③

二、种植结构

虽然有种种不利的因素,但徽州地区也存在发展农业的优势,如总体雨量丰沛、光照充足、雨热同季、农作物生长期较长等。同时由于地形起伏,高低悬殊,复杂的地形地势对光、热、水资源起着再分配的作用,从而在优越的大气候条件下,形成了复杂的局地小气候,为发展立体农业系统提供了良好的适生条件。

结合各县方志中关于物产的记载和新中国成立后有关当地农业的相关书籍,④以及笔者在当地的实际考察,大致可以得出如下结论:在农作物种植结构上,徽州的粮食作物有稻谷、玉米、小麦、山芋,以稻谷为主;油料作物有油菜、芝麻、黄豆、花生,以油菜为大宗;绿肥作物以红花草为主,柽麻、苕子、饭豆等零星种植;经济作物则有茶叶、蚕桑、麻类、甘蔗、果木、蔬菜、烟草、药材等,尤以茶叶为大宗。⑤

---

① (清)凌应秋:《沙溪集略》卷一《古迹·田家行》。
② 许承尧:《歙事闲谭》卷七《新安竹枝词》,合肥:黄山书社,2001年,第205页。
③《嘉庆黟县志·道光黟县续志》卷十六《艺文·诗》之《黟县杂咏》。
④ 新中国成立后的有关当地的农业书籍主要参阅金民治:《安徽省休宁县综合农业区划》,北京:能源出版社,1984年;歙县农牧渔业局编:《歙县农业志》,1991年。
⑤ 自明清直到民国,当地棉花种植都很少,民国时期的歙县经济调查记载当时歙县"农作物各类都备,惟织维作物除大麻尚有少数种植外,棉花田绝无仅有,全县所需,均赖外埠运入"。(见《中国经济志——休宁·歙县》,第460页)究其原因,茶与桑生长同期当为重要原因。

水田根据地力、水利条件的不同,主要有单熟制和两熟制两种,水稻单熟制主要限于山坞田、冷水田,种植品种均以中熟籼型品种为主,或为早接口粮,种植早熟籼型品种。单季稻田冬闲沤水,土壤养多用少,利用率低。两熟制主要为稻—麦、稻—油等形式,正如《新安竹枝词》中所载:"油菜花残麦穗长,家家浸种办栽秧。"①稻麦两熟即秋熟作物为一季水稻,夏熟作物为一季小麦。稻油两熟制则是于清明边播种水稻,立夏边栽秧,至寒露前种油菜。另外,也有少量早稻—晚稻、早稻—晚玉米的两熟制。

徽州地区旱地面积不大,但利用率较高,如歙县南乡一带,长期形成的一年三熟的传统耕作制度,即小麦、六月黄豆、玉米或杂粮三季套种,两熟制主要种植小麦或油菜,后茬为薯类或八月豆、杂粮,屋后、道边亦会遍种各类蔬菜以自食。《新安竹枝词》可提供相关佐证,如:"麦熟端阳饼祀先,秋成角黍庆丰年。芝麻菽粟南乡产,乌麦收时霜满天。"又如:"红苋调灰种塝田,落苏扁荚竹篱边。枯松高架北瓜络,羊角签排豆蔓牵。"②

山林经济是徽州农业经济的重要特点之一,同治年间的《绩溪杂感诗》即是这种山林经济的生动写照:

> 广袤无百里,冈岭相连属;四顾尽濯濯,封之颜频颟;
> 人言山最瘠,土不盈一掬;种植恐非宜,遂令茂草鞠;
> 兼亦守望难,童竖日蹋蹴;樵采孰谁诃,以是但薧目;
> 尔曹计左矣,思之曾未熟;天地利自然,雨露所长育;
> 大者松与杉,用可栋梁卜;椅桐及梓漆,拱把成最速;
> 阳坡宜栽茶,阴崖宜种竹;既可赋税供,兼使俯仰足;
> 攘别贵以时,勿滋藤蔓族;果能勤栽培,岂必土膏沃;
> 巡获须邻比,实由素亲睦;折柳亦樊圃,宁有牛羊牧;
> 蕃庑应早计,艾及三年蓄;三制禁槎蘖,山虞亟相勖。③

---

① 许承尧:《歙事闲谭》卷七《新安竹枝词》,合肥:黄山书社,2001年,第205页。
② 许承尧:《歙事闲谭》卷七《新安竹枝词》,合肥:黄山书社,2001年,第207页。
③ (清)高孝本:《绩溪杂感诗》,第13页,同治八年(1869年)刻本,上海图书馆藏。

此诗的前八句描述了绩溪丘陵地形,农业种植非宜的地理状况,接着讲到当地山上的林业资源。首先便提到当地主要的林木松树与杉树,"椅桐及梓漆,拱把成最速"中的四种落叶乔木,当来自《诗·鄘风·定之方中》"树之榛栗,椅桐梓漆"一句,"椅"即"山桐子",大风子科落叶乔木,果实为红色球形浆果;"桐"叶大,开白色或紫色花,木材可做琴、船、箱等物;"梓",《说文》:"梓,楸也。"干高叶大,夏天开黄绿色细花,木材质地致密,可做器具;漆树,从其树皮可割取天然漆,这四种乔木成材都比较迅速。除了木材,又主张山的阳坡栽茶,阴坡植竹。诗的作者认为应在山上因地制宜栽种合适的树种,同时遵循相应的社会规则,如"禁槎蘖"即是说不要砍伐幼苗,"巡获须邻比,实由素亲睦"是说宗族、村邻之间应当和睦。

在徽州,树木的种植也像蔬菜一样,遍及家家户户的门前屋后,《新安竹枝词》中有一首:"门前乌桕翻红叶,溪上垂杨覆白蘋。结子煎膏成蜡炬,分枝截段佐柴薪。"①桕树为落叶乔木,种子外面包着一层白色蜡层称"桕脂",可制蜡烛和肥皂,种子可榨油,叶可制黑色染料,树皮和叶均可入药,在徽州极为常见,《黟县志》中"田畔多桕树,叶醉染红霜"②一句亦可为证。杨柳树是常见树种,据诗中言,桕树与杨树皆可截为柴薪。

三、农业品种的调适

徽州当地人因地势高下,分植各类旱地或水田作物。如黟县地方,"高地种菽麦,低地种粳稻、芝麻芦穄,各适土宜";③祁门县,"邑之田高者,宜旱籼……低而沉者,宜粳、宜糯;仰于陂塘溪堨者,宜寒籼、早糯"。④

就水田与旱地作物来说,针对当地的气候条件选择合适的

---

① 许承尧:《歙事闲谭》卷七《新安竹枝词》,合肥:黄山书社,2001年,第205页。
② 嘉庆《黟县志》卷十六《艺文·诗》。
③ 胡存庆:《黟县乡土地理·物产》,民国十四年(1925)铅印本。
④ 同治《祁门县志》卷十六《食货志·物产》。

作物品种,以及进行合理的田间套种,是有效降低水旱灾害影响的重要举措。

1. 水稻

首先,来看一下当地粮食种植结构中最重要的作物——水稻。

《农政全书》载:"南方水稻,其名不一。大概为类三:早熟而紧细者,曰籼;晚熟而香润者,曰粳;早晚适中,米白而粘者,曰糯。三者布种同时。"也就是说,籼稻、粳稻和糯稻播种时节相仿,生长时间长短不一。晚稻由于生长季节长,大多收获量较高,米质好,在水热条件配合较好的地区种植面积比较大;早稻,尤其是早籼稻,大多米质坚硬,产量较低,但因其早熟,可以避免长江流域普遍出现的伏旱,所以在广大丘陵山地种植面积较广。

徽州地属山区,水稻品种以早稻为主。现存最早的徽州方志宋代徽州歙县人罗愿所撰《新安志》卷二《物产·谷粟》中就记载:"新安之谷,大率宜籼而不甚宜秔。"到明弘治《徽州府志》和清康熙年间,以至道光年间编修的《徽州府志》中依然如此描述,可见徽州地区种植籼米多于粳米的情况从明到清变化不大。休屯盆地是徽州最大的水稻种植区,因此,位于休屯盆地的歙县和休宁的水稻种植在很大程度上可以看作是徽州水稻种植的代表。民国《歙县志》卷三《物产》中详尽列举了歙县的水稻品种,介绍的籼稻品种就有22种之多,粳稻和糯稻品种仅各4种。

徽州的粳稻主要分布在婺源和绩溪两县。明嘉靖《徽州府志》记载:"新安不甚宜粳,惟婺源、绩溪多入。谓秔为大米……"至清康熙和道光年间《徽州府志》仍皆云:粳,多艺于婺、绩,而四邑为少。[①] 其余各县的粳米种植呈点状分布,如休宁县的"苏田米、临溪米,四都万安米炊饭易熟,入口质软,他米

---

① 嘉靖《徽州府志》卷八《物产》,康熙《徽州府志》卷六《物产》,道光《徽州府志》卷五之二《食货志·物产》。

多不及此"。①

  籼稻生长期只有2～3个月,最短60日,最长120日,大多农历六月(阳历7月)就能收割,这些稻品由于生长期短,收获量很低,故其栽培多是为了春夏之交青黄不接时的接食,所以一般农家皆都种植,却又种植很少。如"籼之最早者,六十日熟,名六旬稻,一名拖犁归。粒小获薄,人罕种。或与山间奇零之田莳之";②"红归生,米粒呈红色,成熟早",然亦"不广种,少莳以粮耳";其珠子稻、乌须稻、婺州青、斧月出白、赤芒稻,"并早而易成,皆号为六十日。然不丛茂,人不多种"。③

  从农作物的生长过程来看,频发的水旱灾害往往打断或破坏农作物的正常生长过程,水量过多或过少,对水稻产量影响很大,尤其在返青、孕穗(花粉母细胞减数分裂)、开花与灌浆四个生长阶段。如每年的7～9月,正是双季晚稻需水季节,降水量偏小,又是蒸发的主要季节,故极易遇到"夹秋旱",晚稻往往因缺水而歉收,造成旱灾威胁。④

  当地双季稻只在部分水热条件良好、灌溉便利的地方种植。从双季稻全生育期4～10月需水量大于800毫米的要求来看,在常年情况下,早稻供水有余,晚稻供水不足。种植双季稻一定要有灌溉条件,否则难以保证晚稻稳产高产。⑤

---

① (清)刘汝骥:《陶甓公牍》卷十二《法制科·休宁民情之习惯》,宣统三年(1911年)安徽印刷局铅印本,《官箴书集成》第10册,合肥:黄山书社,1997年。
② 民国《歙县志》卷三《食货·物产》。
③ 康熙《徽州府志》卷六《食货·物产》。
④ 返青期缺水,秧苗不易成活,即使成活,对分蘖及以后各生育时期器官形成都有影响;幼穗发育期,叶面积大,光合作用强,代谢作用旺盛,蒸腾量也大,是水稻一生中需水最多的时期,初期受旱抑制枝梗、颖花原基分化,每穗粒数少,中期受旱使内外颖、雌雄蕊发育不良。减数分裂期受旱颖花大量退化,粒数减少,结实率下降。抽穗开花期,水稻对水分的敏感程度仅次于孕穗期,缺水造成"卡脖子旱",抽穗开花困难,包颈白穗多,结实率不高,严重影响产量。灌浆期受旱,影响对营养物质的吸收和有机物的形成、运转,从而使千粒重、结实率降低,青米、死米、腹白大的米粒增多,影响产量和品质。
⑤ 张秀宝、吴生发:《皖南山区农业气候资源及其评价》,载南方山区综合科学考察专辑《安徽省南部丘陵山区国土开发与整治研究》论文集,上海:华东师范大学出版社,1987年,第295页。

2. 旱地作物

旱粮作物有小麦、玉米、大豆、油菜以及其他杂粮。如歙县境内,"山农盛于东南,种不宜稻,多植玉蜀黍(俗名苞芦,即玉米)及菽(即豆类)与粟(即黄小米)号曰'秋粮'。泽农盛于西北,分秧而后,莳艺如绣,夏霖不给,桔槔从之,昼夜不少休。平地农,则畦町、场圃、舍旁、路侧大在在有之,女妇亦事耕锄,工校晴雨,辛勤所得聊给饔食"。① 1933年的经济调查记录的当地主要粮食农产品有:谷(产西乡一带,亩产约3石)、大麦、小麦、黄豆、绿豆、豌豆、高粱、芝麻、玉蜀黍(南北两乡最多)、油菜子(西南乡最多)、山芋、蔬菜等。②

在这些丰富的旱地作物种类中,小麦是当地重要的夏熟作物之一。麦秋种夏熟,具四时中和之气,兼寒热温凉之性,有小麦、大麦、穬麦(大麦之早者)、荞麦、雀麦等品种。《黟县志·物产》中引有农书《氾胜之书》和《四民月令》中关于麦作的农谚:"无雨莫种麦;又云:麦怕胎里旱;又云:要吃面,泥里缠。春雨更宜,若三春有雨,入夏时有微风,此大有之年也。"这似可以看作天旱对麦类作物影响的生动概括。除仰给于天时,历代流传的农书中早有浸种防旱方法的记载,清中叶徽州当地的方志将其载入,或可说明这些方法也为当地所使用,如云"种须简成实者,棉子油拌之,则无虫而耐旱","日若天旱无雨泽,则薄渍麦种,以酢浆并蚕矢夜半渍,向晨速投之,令与白露俱下。酢浆令麦耐旱,蚕矢令麦忍寒"等。③

徽州地区开春至初夏阴雨天多,湿度大,对于当地的夏熟作物来说,其实水灾的危害大于旱灾。以小麦为例来看:其生育在11月至次年5月,这一阶段既需水(约350~450毫米)又怕水,而当地这一阶段的自然降水多在700~900毫米左右,远

---

① 民国《歙县志》卷一《舆地志·风土》。
② 建设委员会经济调查所统计课:《中国经济志——歙县。休宁(1935年8月)》,载《民国史料丛刊》第9种第2册,台北县新店市:传记文学出版社,1971年,第459~460页。
③ 《嘉庆黟县志·道光黟县续志》卷三《地理·物产》。

远超过需求。特别是3～5月正值小麦拔节成熟期,这阶段需水200～300毫米,而实际降水量往往达到400～600毫米。过多的降水形成涝渍,加之湿度大光照少,小麦多病害。油菜稍耐湿,但3～5月相对较多的降水,亦易涝渍为害。①

表2-1 小麦生长期需水量与降水量对比表

作物	生长阶段		需水量(毫米)	自然降水量(毫米)
小麦	总体生育期	11月～次年5月	350～450	700～900
	拔节成熟期	3月～5月	200～300	400～600

玉米又称苞芦。棚民进入徽州山区种植的主要粮食作物即为耐旱的苞芦。玉米的大量种植在有效缓解了当地粮食压力的同时,也引发了一系列山区环境问题。由于农作物株距较大,加之玉米属深根作物,当有暴雨或山洪时,裸露的表土易遭雨水冲刷,水土流失,地力下降。相对而言,大豆则为养地作物,固氮能力强,可培养地力。徽州历来有利用田埂种植大豆的习惯和经验。油菜是徽州的主要油料作物,腾茬早,又可育苗移栽,六县之内都有相当面积的种植。

旱地,尤其是坡耕旱地的水土保持是有效缓解水旱危害的途径之一。皖南山区的暴雨主要集中在5～8月,5～8月正是植物生长旺季,在这期间如能在旱地增加地面作物覆盖度,便可大大减少暴雨和径流对地面的侵蚀作用。实行套种时,两种作物在同一田间种植,可以起到增加地面覆盖度的作用,由于收获期不同,又可延长作物覆盖时间。如在清明前后,小麦(油菜)行间套种大豆,夏种前后收获小麦(油菜),小暑前后再在大豆地里套种芝麻,这种套种既可改善地面作物覆盖,又可做到"根不离土,土不离根"。②

---

① 张秀宝、吴生发:《皖南山区农业气候资源及其评价》,载南方山区综合科学考察专辑《安徽省南部丘陵山区国土开发与整治研究》论文集,上海:华东师范大学出版社,1987年,第296页。
② 钱宗麟等:《皖南山区水土流失及其治理途径》,载南方山区综合科学考察专辑《安徽省南部丘陵山区国土开发与整治研究》论文集,上海:华东师范大学出版社,1987年,第225页。

小　结

　　徽州的水旱灾害从危害程度与成灾范围上来说，都不算严重，但因其发生的频繁性而对当地农业生产和社会有着重大影响：

　　从生态环境的角度来看，水旱灾害造成徽州地区局部农业生产环境的恶化。徽州地区地形坡度大，河流众多，河道坡陡流急；山地土层浅薄，涵养水分能力差，一遇暴雨，山洪夹泥沙一泻而下；洪峰大而历时短，洪水猛涨猛落，水土流失严重；河床逐年淤积，泄洪能力下降，洪涝灾害严重。由于小型陂塘蓄水量有限，雨后又易在山丘区域形成旱灾，尤其是坡耕地遭雨水冲刷，土层变薄，加之部分地区的坡耕旱地一年三季的高强度利用，养分仅靠自然风化提供，本身地力已经消耗严重，在夏季暴雨冲刷下，地力进一步下降，甚至出现土壤沙化的现象。

　　针对当地的气候和降水特点，徽州地区长期以来在种植结构与农作物品种上不断调适。盆地与谷地多种植水稻，当地水稻品种丰富，多数人家都会种植籼稻，以避开伏旱和早接口粮，但因其产量低，种植面积并不占水田的绝对优势。徽州水田的复种轮作一般为早稻与晚稻、水稻与麦、豆或油菜等夏熟作物的二熟制；旱地的复种则视地力与生产条件有一年三熟或两熟；豆类等绿肥作物栽培面积有限。受当地地势所限，作物多种植在分散的小块土地上，产量不高，一般用来自食，不作商品交换。

第三章

其余各类灾害及其社会应对

除了水旱灾害,徽州历史上遭遇的灾害种类还有火灾、瘟疫、虎患、蝗灾与虫灾、冷灾、风灾与地震等。本章就从文献出发,对这几类灾害的发生频率、表现形式、危害大小,以及当地社会的应对方式作一分析。

第一节 火灾

徽州文献中的火灾记载颇为常见,这与当地的气候条件、风俗习惯、居住方式、建筑形式等都有一定的关系。

一、文献中所见徽州市镇火灾

从资料选取标准一致的角度考虑,本节主要以徽州现存方志中的火灾记载为准,辑成下表:

表3—1 明清以来徽州地区火灾统计

公元	年号	灾情描述	资料出处
1384	洪武十七年	八月郡城火,延烧学门两庑。(歙县)	康熙《歙县志》卷一
1386	洪武十九年	八月,灾自北隅延南隅及税课局。(祁门)	道光《祁门县志》卷三十六
		烧民庐一百五十余家。(歙县)	嘉靖《徽州府志》卷二十二

续表

公元	年号	灾情描述	资料出处
1400	建文二年	春祁门灾。火由洗马巷延美俗坊,毁民舍千余间。(祁门)	道光《祁门县志》卷三十六
		秋八月,郡城火,延学门两庑。(歙县)	嘉靖《徽州府志》卷二十二
1440	正统五年	文公庙宅灾。(婺源)	道光《婺源县志》卷十二
1473	成化九年	九月火起养济院至一都止,烧民居八百余间及儒学征输库。(祁门)	道光《祁门县志》卷三十六,嘉靖《徽州府志》卷二十二
1479	成化十五年	郡城火。(歙县)	康熙《歙县志》卷一,嘉靖《新安志补》
1485	成化二十一年	七月,火毁民居六百及钟楼察院仪门。(祁门)	道光《祁门县志》卷三十六,嘉靖《徽州府志》卷二十二
1490	弘治三年	郡城火。(歙县)	康熙《歙县志》卷一,嘉靖《新安志补》
		城中民居自城西至牧民坊俱灾。民居延烧儒学文公祠。(婺源)	嘉靖《徽州府志》,康熙《婺源县志》卷十二
1492	弘治五年	东关火延烧东门城楼及儒学。(歙县)	康熙《歙县志》卷一,嘉靖《徽州府志》卷二十二
		四月,火烧民居二百余家。(祁门)	道光《祁门县志》卷三十六,嘉靖《徽州府志》卷二十二
1495	弘治八年	儒学灾。(祁门)	道光《祁门县志》卷三十六,嘉靖《徽州府志》卷二十二
1496	弘治九年	九月,(婺源)民居火及儒学。(婺源)	嘉靖《徽州府志》卷二十二
1501	弘治十四年	察院火延及税课司东廊。(歙县)	康熙《歙县志》卷一,嘉靖《徽州府志》卷二十二
1513	正德八年	火灾频见,县市尤甚。(休宁)	康熙《休宁县志》卷八
1515	正德十年	九月,火烧鼓楼及县署阴阳医学总铺、县署、旌善申明亭、察院外门及民居三百余家。(休宁)	康熙《休宁县志》卷八
1518	正德十三年	火灾。县市延烧三百余家。(休宁)	康熙《休宁县志》卷八
1529	嘉靖八年	文公庙灾。(婺源)	康熙《婺源县志》卷十二
1538	嘉靖十七年	张家失火,延烧民居四百余家。(婺源)	康熙《婺源县志》卷十二

续表

公元	年号	灾情描述	资料出处
1541	嘉靖二十年	四乡火灾频见。(休宁)	康熙《休宁县志》卷八
1560	嘉靖三十九年	正月十八夜,登源忠烈庙灾。(绩溪)	嘉庆《绩溪县志》卷十二
1570	隆庆四年	二月初八夜,城隍庙灾。(绩溪)	嘉庆《绩溪县志》卷十二
1592	万历二十年	九月,火毁季墩街民居二十家。(祁门)	道光《祁门县志》卷三十六
1595	万历二十三年	五月,民居失火,延百余家。(婺源)	康熙《婺源县志》卷十二
1613	万历四十一年	城北白鹤观内演戏,火灾烧毙一百七人。(绩溪)	嘉庆《绩溪县志》卷十二
1632	崇祯五年	火及环带门城楼。(歙县)	康熙《徽州府志》卷十八
1633	崇祯六年	明伦堂左廊灾,延烧教谕廨。(歙县)	康熙《徽州府志》卷十八
1641	崇祯十四年	夏大火,四月十九日邑东北延烧一千三百余家,谯楼毁。(休宁)	康熙《休宁县志》卷八
1656	顺治十三年	四月雷电交作,霞山塔心神柱不火自焚。(歙县)	康熙《歙县志》卷一
1658	顺治十五年	八月,火民居百余。(歙县)	康熙《徽州府志》卷十八
1670	康熙九年	十月,明道坊民居灾。(婺源)	民国《重修婺源县志》卷七十
1675	康熙十四年	县治谯楼灾。(歙县)	康熙《歙县志》卷一
1686	康熙二十五年	八月,明道坊灾,延毁环带城楼及民居五十余家。(婺源)	民国《重修婺源县志》卷七十
1705	康熙四十四年	冬十一月二三日,太平坊火,钟鼓楼、廉惠仓、阴阳学、申明亭俱毁。(婺源)	民国《重修婺源县志》卷七十
1724	雍正二年	冬十一月初二日,民居失火延烧朱文公庙。(婺源)	道光《婺源县志》卷三十八
1735	雍正十三年	城隍庙火。(婺源)	民国《重修婺源县志》卷七十
1751	乾隆十六年	十月,西关外居民失火,延烧百数十家。(婺源)	道光《婺源县志》卷十二
1784	乾隆四十九年	冬十二月初八日,火烧十字街铺舍六十余间,伤人。(祁门)	道光《祁门县志》卷三十六
1809	嘉庆十四年	冬十月火毁仁济桥东铺舍二十余家。(祁门)	道光《祁门县志》卷三十六
1814	嘉庆十九年	十一月火毁十字街铺舍四十余家。(祁门)	道光《祁门县志》卷三十六
1816	嘉庆二十一年	八月,火毁三里冈铺舍二十余家。(祁门)	道光《祁门县志》卷三十六
1826	道光六年	三月,郡城试院东街火延烧几二百家。(歙县)	民国《歙县志》卷三

续表

公元	年号	灾情描述	资料出处
1862	同治元年	十一月十字街火。(祁门)	同治《祁门县志》卷十四
1867	同治六年	二月二十七夜,秀墩街铺舍火。(祁门)	同治《祁门县志》卷十四
1868	同治七年	八月初八中阜街铺舍火。(祁门)	同治《祁门县志》卷十四
1883	光绪九年	郡城火延烧税务上店铺五六十家。(歙县)	民国《歙县志》卷三
1892	光绪十八年	北城城楼灾,北门内店铺失慎,对面延烧十余家,殃及城楼,焚其一角。(黟县)	民国《黟县四志》卷一
1895	光绪二十一年	北门内店铺又灾,前年被灾之处未复旧观,兹又接焚七八家。(黟县)	民国《黟县四志》卷一
1901	光绪二十七年	三月郡城火,延烧税务上店铺六七十家。(歙县)	民国《歙县志》卷三

二、历史时期徽州市镇火灾发生时间与地点分析

首先依据上表,对徽州市镇火灾发生的季节作一统计:

表3-2 火灾发生季节分布表

火灾发生季节			火灾发生年份	合计
季节	农历	公历		
春季	正月	2月	1560	5
	二月	3月	1570、1867	
	三月	4月	1826、1901	
夏季	四月	5月	1492、1641、1656	4
	五月	6月	1595	
	六月	7月		
秋季	七月	8月	1485	12
	八月	9月	1384、1386、1400、1658、1686、1816、1868	
	九月	10月	1473、1496、1515、1592	
冬季	十月	11月	1670、1751、1809	8
	十一月	12月	1705、1724、1814、1862	
	十二月	1月	1784	
不明季节			1440、1479、1490、1495、1501、1513、1518、1529、1538、1613、1632、1633、1675、1735、1883、1892、1895	17

就29次有明确月份记载的火灾来分析,发生频率最高的

是农历八月份,就季节而言,干燥的秋冬季节是火灾的易发期。

表格中统计共发生火灾 46 年次,明代 25 年次,清代 21 年次。对明、清分别单独进行分析,17 次不明季节的火灾有 12 次发生在明代,5 次发生在清代。那么明代 14 次有明确月份记载的火灾,七月发生 1 次,八月发生 3 次,九月发生 4 次,秋季三个月发生的火灾次数占到总数的一半以上。清代共有 16 次明确记载,其中八月 4 次,十月 3 次,十一月 4 次,十二月 1 次,印证了干燥的秋冬季是火灾的高发区。

再来看火灾发生的地点。明代留下的记载多是关于公共设施的火灾,如税课局、文公庙、养济院、钟楼察院仪门、城楼、鼓楼及县署阴阳医学总铺、旌善申明亭、察院外门、忠烈庙等,再有就是损失重大的民居失火,我们来看下面明代关于民居火灾的 10 次记载:

> 洪武十九年(1386 年),烧民庐一百五十余家。(祁门)
>
> 建文二年(1400 年)九月,火起养济院至一都止,烧民居八百余间及儒学征输库。(祁门)
>
> 成化九年(1473 年)春,祁门灾。火由洗马巷延美俗坊,毁民舍千余间。(祁门)
>
> 成化二十一年(1485 年)七月,火毁民居六百及钟楼察院仪门。(祁门)
>
> 弘治五年(1492 年)四月,火烧民居二百余家。(祁门)
>
> 正德十年(1515 年)九月,火烧鼓楼及县署阴阳医学总铺、旌善申明亭、察院外门及民居三百余家。(休宁)
>
> 嘉靖十七年(1538 年),张家失火,延烧民居四百余家。(婺源)
>
> 万历二十年(1592 年)九月,火毁季墩街民居二十家。(祁门)
>
> 万历二十三年(1595 年)五月,民居失火,延百余家。(婺源)
>
> 崇祯十四年(1641 年)夏,大火,四月十九日邑东北延烧一千三百余家,谯楼毁。(休宁)

只有万历二十年损失稍少,其余 9 次延烧民居全部在百家以上,甚至有两次殃及千家。

在清代的 21 次记载中,关于民居失火的有 5 次,关于公共场所失火有记载 3 次,分别是谯楼、文公庙和城隍庙,自乾隆四十九年(1784 年)之后,失火的记载几乎都与商业街、店铺有关,共有 12 条。失火的处所从政府的相关机构、民居向商业店铺的变化,也反映了徽州社会商业风气的逐渐盛行。

三、公共设施与民居火灾的原因探析

首先,火灾的发生和自然条件不无关系。秋冬季节天气干燥,易引发火灾,这点从火灾发生的时间上可以较为清晰地看出来。另外火灾的发生和天气也有关系,有因雷电引起火灾的,如顺治十三年(1656 年)歙县"神柱不火自焚";光绪五年(1879 年),婺源县"六月十六日雷火焚常平仓"即为例。

其次,当地民间频繁地祭祀、演戏和迎神赛会,也是引发火灾的原因之一。如万历四十一年(1613 年),绩溪县"城北白鹤观内演戏,火灾烧毙一百七人"即是一次惨痛事故。

再次,火灾易发生,且往往损失重大,更与当地房屋的内部构造、建筑材料和房屋布局有关。康熙《休宁县志》即言:"邑以人稠地狭,故图得架屋而居,构一庐得倍庐之居。非能费财而高也。"① 徽派老房子的内部为木架构,上下两层,下层稍高,上层低矮,空间局促,从两侧由木质楼梯连接。且因为地狭民繁,"间舍鳞次而集,略无尺寸间隙处,其于郭外与各都图亦然。所最虑者,火患耳"。② 由于地狭人稠,徽州各县不仅民居稠密,店铺、栈房也是"但讲门面,街道不开阔,则火政未修也"。③ 在传

---

① 康熙《休宁县志》卷一《方舆·风俗》。
② 《德政碑》之正面《徽郡太守何君德政碑记》,此碑现在歙县新安碑园碑廊,碑文转引自李俊:《徽州消防文献发微》,载《徽学》2002 年卷,合肥:安徽大学出版社,2002 年。
③ (清)刘汝骥:《陶甓公牍》卷十二《法制科·休宁风俗之习惯》,宣统三年(1911年)安徽印刷局铅印本,《官箴书集成》第 10 册,合肥:黄山书社,1997 年,第 589 页。

统时代，每家每户为了能相互照应，建房时往往隔窗相望，有的每幢之间距离不足 2 米，给火灾蔓延开辟了一条通道。建筑之间毗连通达，街巷通衢中有冗巷，死巷里有活路，形如迷宫，道路不通，一进去就不易出来，一旦着火，灭火和人员、物资的疏散都不方便。

最后，徽州火灾的发生与当地的居住习惯也有一定关系。徽州盛行聚族而居，大房子通常分住着几个小家庭，彼此之间或为兄弟，或为叔侄，或为邻居拼屋而居。如清同治十一年(1872年)十月(立典约妇)《项门汪氏立典屋约》，项门汪氏"缘因取赎屋内东边下厅房屋，居住无措，自情愿将承祖遗下土名瑜村，坐北朝南四合楼屋壹所，氏家内得上厅东边屋一半，上厅房一间，楼上念一间，厅至厅中心阁楼开厢廊，廊东边厨房、厕所均壹半。以上概行通脊大耳门出入路道，并项姓前进三间屋，大门口出入通行无阻。今将前项载明，上厅东边屋内之业一概凭中立约，尽行出典与邱名下为业"。[①] 这份契约中，项汪氏将承祖遗下的四合楼屋的上厅、阁楼、走廊、厨房、厕所各一半典于邱姓为业，形成事实上的两姓共用一套房屋的混住现象，平日利益的冲突或公共责任分配的不均，个人责任不明确，存在相互依赖和侥幸心理，使得对萌芽状态的火警缺乏警惕，都有可能引发火患。

四、民居火灾之防范

在明代其余 8 次延烧民居超过百家的火灾中，数量分别是"八百余家"、"六百余家"、"四百余家"不等，最少的也有"一百五十余家"，而清代的 3 次延烧过百家的火灾最严重的也只有"二百家"。从这样一个数字对比中，我们可以感觉到徽州民居的火灾损失情况清代要轻于明代。

火灾损失渐轻的趋势可以从徽州民居的变化与发展角度解释原因。徽派民居建筑总体构造采用传统的二层或三层结

[①] 刘伯山主编：《徽州文书》(第一辑)第一册，桂林：广西师范大学出版社，2005 年。

构式样,以四周砌筑封火墙和中设天井为基本特征,这种建筑特色源于古代山越干栏式住房和中原的四合院两种风格的综合与统一。皖南原是山越人居住,山越人为避山区瘴气、蛇虫和山洪,将住房建在桩柱之上。从东晋南朝开始,大批逃避战乱的中原士族迁入徽州,土著文化和外来强势的中原文化融合,发展为有特色的皖南民居。明清时期,随着徽商势力的发展壮大,徽派建筑在细节和功能上都进一步与当地的自然与经济状况相适应,防火部件也日趋完善。

在徽州单体古民居中,采用小青瓦、方砖等不燃材料封闭木结构,使之不外露,同时可防外火入侵,成为防火门窗。外墙在砌筑时,常采用"一顺一顶一眠"的空斗墙,并且外墙与内部木构架之间留有一定的空隙,砖墙的外表面涂刷白垩(石灰浆),其做法为"用纸筋石灰,有好时取其光腻用白蜡磨打……并上好石灰少许打底;再加少许石灰盖面……自然明亮鉴人"。① 形成四周封闭的耐火保护层,用来保护内部木构架,一方面避免屋外火攻,烧着内部木构架;另一方面,即使一户室内木构架着火,也不会发生火烧连营的危险。

徽州民居的典型特征是白墙青瓦,马头墙、高门脸不光有美学价值,更有防火的内涵蕴于其中,这是徽州人民在火灾频发之后不断吸取经验和教训的验证。这里的"马头墙"即"封火墙",发明与推广封火墙的是明代徽州知府何歆。康熙《徽州府志·名宦》中载:"何歆,字子敬,广东博罗人,弘治进士,由御史出守(徽州)……郡数灾……歆至,思所以御之,乃下令郡中率五家为墙。里邑转相效,家治崇墉以居,自后六七十年无火灾,灾辄易灭,墙岿然。"马头墙对于阻挡火灾蔓延起到了重要作用。歙县新安碑园中所存《德政碑》文详细记述了何歆推广"防火墙"的史实,李俊将其作为消防文献在有关文章中予以披露,笔者将有关部分转引如下:

> 一日,烈焰又作,君驰救之。时风猛火炽,不可向迩,君竭诚祷天,望而拜之……风忽反,民之救之者犹痴视,君

---

① (明)计成:《园冶》卷六《墙垣·白粉墙》,民国二十年(1931年)影印本。

趣(促)之,复自引大绳拽屋,民感动奋救,火遂扑灭。诘朝,君乃召父老骈集于庭,喻之曰:"吾观燔空之势,未有能越墙为患者。降灾在天,防患在人。治墙,其上策也。五家为伍,觉以高垣,庶无患乎。"或曰:"富家固优为谋矣,如两贫不相朋,两强不相下何?"君乃下令:"五家为伍,其当伍者,缩地尺有六寸为墙基;不地者,朋货财以市砖石、给力役。违者罪之。"民虽奉令,犹或悋地争伍不定。君复叹曰:"百姓可与乐成,不可与图始,固尔也。"日于政稍暇,辄偕僚佐出里巷经营之,申其规画,譬以利害,定伍劝地,各得其情。道里稍远涉者,君不能以遍,则属通守陈群性之分理之,各得次第,民乃踊跃从事。不期月,城内外墙以道计者二千有奇。其各都图亦奉令惟谨,随所在俱不下千有余道。至如岩寺一镇,富庶尤多,服义化从为速,其墙垣道数与城内外等。先是已自立石纪实矣。然是役也,浅识者或惜劳费,龃龉于其间。未几,通衢又告灾,灾不越五家而止,邻里各暇为据,索利乘机攘夺者举袖手无措,民乃知筑墙以御火者,太守德政,真不可忘也。①

明清时期从中央到地方都没有专门掌管火灾防治的官吏,"火之患作,惟守土之官是赖"。从这段史料可以看出明中叶徽州当地的火政极为依赖于官府的权威,并且集中体现在地方官的个人威信上。不过封火墙的推广也因地而异,岩寺镇由于财力、物力基础雄厚,推广封火墙成绩斐然,"其墙垣道数与城内外等"。

到了晚清、民国,民间力量则成为地方火政的主要推动者,表现为民众自发组织防火乡约、水龙会等组织,婺源县即有水龙会、水筹会,以"拯火灾为目的",②至今休宁县万安镇仍有一座水龙庙旧址,并残存有珍贵的《复办水龙碑志》,表明光绪年

---

① 《德政碑》正面《徽郡太守何君德政碑记》,转引自李俊:《徽州消防文献发微》,载《徽学》2002年卷,合肥:安徽大学出版社,2002年。
② (清)刘汝骥:《陶甓公牍》卷十二《法制科·婺源民情之习惯》,宣统三年(1911年)安徽印刷局铅印本,《官箴书集成》第10册,合肥:黄山书社,1997年,第594页。

间是由镇上各商号共同捐资筹办的。除此之外,婺源县沱川乡也留有两座水龙庙,是民国年间旅沪的婺源同宗商人捐修的。

除了各家户房屋的建筑具有防火功能,徽州村落在选址时比较重视是否有充足水源,在村庄整体布局时,注重设计、修建完善的防、灭火水利系统。以黟县宏村为例,宏村地处羊栈河、吉阳河之滨,北枕雷岗山。明永乐元年(1403年)"引西溪以凿圳绕村屋,其长川九曲,流经十弯,串于人工池塘(月沼)……以潴内阳水而锁朝中之火"。此后汪氏子孙又于明万历八年(1580年)开凿数百丈水圳,扩建月沼,集资征集秧田数百亩,开辟南湖。除了村庄的公共水源,宏村种种引水入宅的手法也给今天前往观光的游客留下深刻的印象。有的村民家中水圳暗道沿宅穿行,流过厨房内的小水池,掀起水池上石盖板即可用水;有的则将水圳通过暗道引入宅内,和天井内的水池相沟通,并环流院落后重新汇入屋外的水圳。这种对村内水系的组织改造,很好地解决了民宅屋舍消防防火的需要。

除了选择临水坡地,以保证有充足的水源满足生活、洗涤、灌溉和消防的需要,村庄建筑群在布局时利用纵横交错的大街小巷对全村进行防火分隔,称为"防火巷"。以歙县呈坎村为例,呈坎的村落布局,呈二圳三街九十九巷。长街呈南北向纵贯全村,是主要的交通要道,一般宽2～2.5米不等,短巷呈东西向,宽1米左右,又称"一人巷",边门、后门或朝北或朝南开向小巷,小巷在过去是妇女、仆人进出宅第的主要通道。横街、横巷自然穿插在长街之间,把古村切割成一个个大小不等的地块,形成大小不等的消防分区。在火灾发生时,高墙对峙的横街、横巷就成了防火隔离带和居民逃离火场的安全通道。呈坎村的许多十字路口还建有更楼,更楼上放置有铜锣、水枪、水龙、水篓等消防器材,一旦发现火警,就鸣锣报警。

而一旦发生火灾,民间善士捐钱募人救助也是救火方式之一,如明万历年间,绩溪白鹤观夜戏失火,市西人周启学,"性慷慨……募力士救火,全活甚众"。①

---

① 嘉庆《绩溪县志》卷十《乡善》。

第二节 瘟疫

"疫"在古代是内涵颇为宽泛的一个词,大致对应于现代医学中的"传染病"或"流行病(epidemic)",①在传统史籍中,对流行病的记载比比皆是,所用的名称有"疫"、"疾疫"、"疠"等,而一般统称为"疫",合称"疾疫"。从现代疾病分类学看,疾疫包括瘟疫、瘴气、痢疾、流行性感冒、麻风病等,是一个较为广泛的概念。根据明代吴有性《瘟疫论》的说法:"疫者,以其延门合户如徭役之役,众人均等之谓也。"由此可知,在中国古代,凡是具有高传染性的疾病都被归为疫类。②《左传·昭公元年》有"山川之神,则水旱疠疫之灾,于是乎禜之"之说,可知很早古人便将疠疫与水、旱并称为灾。邓云特在他的灾荒研究中提出:"灾荒之继起性,在我国所表现者尤较任何国家为甚。……水旱灾害常随以疫疠等。"③但关于历史上瘟疫的记载史料相对不足且分散,且传统社会中政府也没有像对待水、旱等其他自然灾害一样建立一套完整的救济制度,使得我们今天得以知晓的有关历史上瘟疫发生的情况较之实际发生的要少得多。

对于徽州瘟疫的发生,研究成果不多。有个案研究,如孔潮丽论述了徽州社会对万历十六年至十七年(1588~1589年)瘟疫的应对。对于当地出痘的研究见于王振忠的相关文章。目前还未见对于徽州地区明清以来瘟疫发生状况的整体描述,下面以方志为主要资料,略加探讨。

徽州方志中关于疫灾的记载共有14年次。辑录为下表:

---

① 余新忠:《清代江南的瘟疫与社会》,北京:中国人民大学出版社,2003年,第5~10页。
② 张文:《中国古代的流行病及其防范》,载《光明日报》,2003年5月13日。
③ 邓云特:《中国救荒史》,北京:商务印书馆,1993年,第60页。

表 3-3 明清以来徽州地区瘟疫发生统计表

公元	年号	灾情描述	资料出处
1513	正德八年	秋大疫。(婺源)	康熙《婺源县志》卷十二
1524	嘉靖三年	大疫。(休宁)	康熙《休宁县志》卷八
1588	万历十六年	大饥,斗米一钱八分,民大瘟疫,僵死载道。知县彭好古劝民煮粥赈济。(歙县)	康熙《歙县志》卷一
		水,大疫。(黟县)	嘉庆《黟县志》卷十一
		六邑饥,又大疫,僵死载道。(徽州六县)	康熙《徽州府通志续编》
1642	崇祯十五年	大疫。(歙县)	康熙《歙县志》卷一
1644	崇祯十七年	大疫。(徽州六县)	康熙《徽州府通志续编》
1648	顺治五年	疫。(婺源)	康熙《婺源县志》卷十二
1650	顺治七年	秋,东乡大疫。(婺源)	康熙《婺源县志》卷十二
1708	康熙四十七年	大雨水,秋冬疫。(绩溪)	嘉庆《绩溪县志》卷十二
1709	康熙四十八年	大旱,饥,大疫,死者无数,且民多举家疫死者。(绩溪)	嘉庆《绩溪县志》卷十二
1785	乾隆五十年	麦不熟,复旱,自五月不雨,至七月始微雨;禾早晚俱不登,斗米三百六十文;秋冬疫。(绩溪)	嘉庆《绩溪县志》卷十二
1862	同治元年	大疫,全县人口益减。七月十一日大水。(歙县)	民国《歙县志》卷十六
1879	光绪五年	太子桥等处雨雹损禾稼;秋冬大疫。(婺源)	民国《重修婺源县志》卷七十
1919	民国八年	春秋两季,大疫,伤人口甚多。是年春间,白喉痧症流染几遍,邑境患者多不治;秋间瘟疫继作,伤人甚多,棺匮卖缺,杭棉陡长。(黟县)	民国《黟县四志》卷一
1921	民国十年	秋,南乡太子桥一带大疫。(婺源)	民国《重修婺源县志》卷七十

表中所列,当然难以囊括所有实际发生的瘟疫,以方志为资料的统计难以避免在次数上存在疏漏。就表中所列 14 年次来分析,则有明代记载 5 次,清代 7 次,民国时期 2 次。以县次来分,则婺源县 5 次,歙县 3 次,绩溪县 3 次,黟县 2 次,休宁 1 次,祁门没有记载。其中只有万历十六年(1588 年)的有两县(歙县和黟县)同时记载,其余均只有一县记载,也能从侧面说明徽州历史上瘟疫的规模不是很大。

从现代医学的观点看,疾疫的发生是由于细菌和病毒侵入人体所致,若生活、居住环境污秽,通风不畅,病菌则极易传染。徽州六县贫富分布不均,如歙县地方多盐商,民居"弥望皆瓦房,他处惟名城巨镇有之,徽歙则小村落皆然,草房绝少。屋多建楼,大家厅事极宏敞,梁用松、用杉柏与银杏,皆本邑产。墙用砖铺,地以石或砖及木板",居住条件好,发生大规模瘟疫的概率大为降低。与之相比,休宁县居住条件要差得多,"低小之屋,或以土为墙,或以草为瓦。四都源瑶之棚民以及烧灰、挖栲、种山葡、苞芦者,大率类此,不讲光线,仅蔽风雨。床与灶接,人与畜居。或一室一妇也,或十室八室而无二、三妇也"。不仅民居条件差,店铺也甚为拥挤,"巷道不打扫,则清道具文也。弊至病疾大作,人畜两瘟"。而且讲究风水多于卫生,"惑八宅之东西,配三元之年命,置水沟、日光、风门于不问。一入夏令,湿气熏蒸,床帷为之灌吸暑热"。①

在传统社会里,人们对瘟疫发生的原因认识还比较模糊,防治能力也比较弱,一旦瘟疫暴发流行,直接的结果就是人口的大量死亡。同治元年(1862年),歙县大疫,全县人口锐减;民国八年(1919年),春秋两季大疫,伤人口甚多,以致"棺匮卖缺,杭棉陡长"。瘟疫的发生,往往与水、旱、饥荒相继,其危害就更大了,方志中常用"僵死载道"、"死者无数"来形容,在这样的年份,甚至有"举家疫死者"。

对瘟疫的"免疫"并不因贫富而有太大差别。贫死者固然"多不能殓",富人之家亦不能免于人口减少的厄运,例如嘉庆《绩溪县志》的《乡善》条即记:"胡振铨,字又衡,市东人,县学生,尝割田问来庵中为施茶产,其他修葺桥梁、庙宇甚众。先生四子尽亡于疫,时年六十续娶张氏,生二子,人谓善之报。"②这条资料还显示了人们显然认为消除瘟疫厄运的有效方式是行善,因而徽州瘟疫期间捐棺者多有之。另外,徽州还有一些义园,专为掩埋无主尸体,这些都减少了由尸体繁殖传染病毒细菌的机会。

在对时疫的预防与控制中,延医、施药是相对科学的措施。新安医学向为发达,时疫发生常有医生巡诊,徽州自宋就有药局,平时以平价售药为主,疾疫流行时,则无偿施药以济民疫。清中后期,屯溪等地的慈善机构逐渐增多,不少对于保护公共环境、防治瘟疫具有重要作用,如"同仁会以掩埋路骼为目的,公济局以施药、送棺、收婴、施牛痘为目的……万安停柩处以暂

---

① (清)刘汝骥:《陶甓公牍》卷十二《法制科·休宁风俗之习惯》,宣统三年(1911年)安徽印刷局铅印本,《官藏书集成》第 10 册,合肥:黄山书社,1997 年,第 588 页。
② 嘉庆《绩溪县志》卷十《乡善》。

在医疗条件低下的传统社会,瘟疫所带来的恐慌也会引发人们对于自然莫名的畏惧,在徽州民间社会,对于疾病一直以来都是巫、医并用。祁门"愚夫愚妇最畏神明,每遇疾病,诚心祷祀"。②休宁县"就乩坛以请汤药,问灵姑以断疾病"。休宁阳湖、黎阳等地"一致疠,则请神跑马以保平安"。不仅人生病,家畜发瘟也要求神,如"牛一发瘟,则请神出游以为牛福"。③歙县、绩溪等处一旦"有病外症拜祝祷获愈,遂如其患处购猪肉代以酬神"。④ 不仅如此,在医生心目中也难以消除对神灵的依赖,《徽州千年契约文书》中收录了几张康熙五十四年(1715年)休宁方氏避瘟疫符,其中的一张上书"避瘟疫之符,医者佩戴帽中,至病家不染"⑤的字样。这说明对于某些疫病,村野医师也是心存疑悸而求助于神。遇疾求神往往延误疾病救治,但这种现象在徽州非常普遍,一些家族为扭转这种风气,在族规家法中明确规定"遇疾病当请良医调治,不得令僧道设建坛场,祈禳秘祝。其有不遵约束者,众叱之,仍削本年祭胙一次"。⑥

　　在徽州,迎神赛会的主题之一就是驱逐疠疫。在歙县,"正

---

① (清)刘汝骥:《陶甓公牍》卷十二《法制科·休宁民情之习惯》,宣统三年(1911年)安徽印刷局铅印本,《官箴书集成》第10册,合肥:黄山书社,1997年,第586页。
② (清)刘汝骥:《陶甓公牍》卷十二《法制科·祁门风俗之习惯》,宣统三年(1911年)安徽印刷局铅印本,《官箴书集成》第10册,合肥:黄山书社,1997年,第605页。
③ (清)刘汝骥:《陶甓公牍》卷十二《法制科·休宁风俗之习惯》,宣统三年(1911年)安徽印刷局铅印本,《官箴书集成》第10册,合肥:黄山书社,1997年,第590页。
④ (清)刘汝骥:《陶甓公牍》卷十二《法制科·歙县风俗之习惯》,宣统三年(1911年)安徽印刷局铅印本,《官箴书集成》第10册,合肥:黄山书社,1997年,第583页;《法制科·绩溪风俗之习惯》,宣统三年(1911年)安徽印刷局铅印本,《官箴书集成》第10册,合肥:黄山书社,1997年,第622页。
⑤ 中国社会科学院历史研究所:《徽州千年契约文书》,清·民国编第1卷,石家庄:花山文艺出版社,1991年,第170页。
⑥ (清)吴翟辑撰,刘梦芙点校:《茗洲吴氏家典·家规十八条》,合肥:黄山书社,2006年。

月十五奉社稷神出游,以汪越国副之,凡村内供奉诸神像从焉,各具彩旗舆马,环村而行,曰游神,所驱疠疫也"。"八月十六奉瘟元帅像巡行村内,村人设牲醴于各祠前祀焉。乾隆辛巳建都天庙始行之"。①

第三节 虎患

在徽州,从文献记载上来看,兽灾主要指虎患,民国方志中,间有提及狼、熊之属吃人者,其他在方志和徽州文书中亦见有野猪害稼之说。本节内容主要围绕虎患展开。

关于徽州虎患的专门论文,笔者迄今还未见到,不过,对于中国其他地区历史上的"虎患"研究,有如下一些,亦可资借鉴:早在1994年,针对明末清初四川战乱酷烈,但相关记载对当时历史环境皆语焉不详的状况,蓝勇利用华南虎的生理特征,将之作为生物参照物,利用文献中的虎患记载,复原清初四川的环境状况。② 暨南大学历史系的刘正刚在2001年曾发表系列文章,分别探讨了明清时期南方沿海、闽粤赣、西部和广东地区的虎患。他认为,虎患的发生与人口压力增长、商品经济的发展,导致人们对山地无节制开发,从而加剧了人与虎争夺生存空间的矛盾,最终破坏自然生态环境有关,简言之,即是因人类的经济开发活动破坏了老虎居住的生态环境所致。③ 中国农业博物馆的闵宗殿在2003年发表的《明清时期东南地区的虎患及相关问题》一文中认为,明清时期的虎患,其发生的频率、地域范围、产生的危害都超过以往,成为当地严重的野生动物灾害,其原因亦在于明清时期盲目垦殖山区引发生态灾难,生

---

① 江登云:《橙阳散志·风俗志·游神》,清乾隆四十年(1775年)修嘉庆十四年(1809年)刻本,"中国地方志集成·乡镇志专辑",第27册。
② 蓝勇:《清初四川虎患与环境复原问题》,载《中国历史地理论丛》,1994年第3期。
③ 刘正刚的系列论文:《明清南方沿海地区虎患考述》,载《中国社会经济史研究》,2001年第2期;《明清闽粤赣地区虎灾考述》,载《清史研究》,2001年第2期;《明清时期广东虎患考述》,载《广东史志》,2001年第3期;《明末清初西部虎患考述》,载《中国历史地理论丛》,2001年第4期。

态环境被人为破坏。① 2005年江西师范大学的黄志繁在"清代灾荒与中国社会"国际学术研讨会上提交的《"山兽之君"、虎患与道德教化——侧重于南方地区》一文,视角独特,将虎患看成一种"文化现象",通过分析中国历史上人们对"虎"的认识,以及对"虎患"所采取的措施,来检讨中国传统社会的"灾荒"观念。他认为在中国历史文献中,作为"山兽之君"的老虎,既凶猛,又具备灵性。古人以虎为中心来观察现代科学意义上能划归到"猫科"中的各种动物,因此历史上的"虎患"可能并非完全是"虎患"。人们采取捕杀和祈祷神灵相结合的方法应对虎患,将虎患与道德教化相联系,并认为民众道德水平提升与官府政治修明乃是应对自然灾荒的根本。②

国外对中国历史时期老虎活动的关注要早于国内研究者。在环境史研究中,老虎的活动变化常被作为生态环境变化的标志之一。这方面的代表作当推1998年美国学者罗伯特·B.马克斯(Robert B. Marks)出版的《老虎、稻子、丝绸和淤泥:中华帝国晚期中国南方经济》③一书。该书主要是对岭南地区的环境与经济史进行研究,而华南虎的命运是作者论述的要点之一。通过探讨华南地区老虎与人类的关系,老虎、森林、疟疾的关系,以及生态环境与人类制度的关系,作者认为清朝允许农民垦山的土地政策,使得荒地的开辟一点一点逼进森林的边沿,当地完整生态的失衡是华南虎作为明星物种从岭南消失的原因。④

综上,生态环境和文化现象是探讨虎患的两个主要切入点,对于徽州的虎患研究来说,这也是一个有益的启示。在做具体的讨论之前,有必要先检索文献中的相关记载。

---

① 闵宗殿:《明清时期东南地区的虎患及相关问题》,载《古今农业》,2003年第2期。
② 黄志繁:《"山兽之君"、虎患与道德教化——侧重于南方地区》,载中国人民大学清史研究所、国家清史编纂委员会:《"清代灾荒与中国社会"国际学术研讨会论文集》,2005年。
③ Robert Marks, *Tigers, Rices and Silt: Enviroment and Economy in Late Imperial South China*, New York: Cambridge University Press, 1998.
④ 关于罗伯特·B.马克《老虎、稻子、丝绸和淤泥:中华帝国晚期中国南方经济》一书的评介,可参见李德英:《生态环境、乡村社会与农民经济》,载《中国经济史研究》,2004年第3期。

一、徽州历史文献关于"虎患"的记载

下表是现存的徽州 83 种志书中关于明清以来徽州地区虎患的记载,同时摘录的有当年或虎患前后几年的并发灾害,以便分析:

表 3-4　明清以来徽州地区"虎患"及并发灾害一览表

公元	纪年	灾情描述	资料出处	灾型
1410	永乐八年	命户部赈饥。(绩溪)	嘉庆《绩溪县志》卷四	饥
		多虎,近郊哄人。(祁门)	道光《祁门县志》卷三十六	虎
		擒虎豹四十有六。(祁门)	嘉靖《徽州府志》卷二十二	虎
1538	嘉靖十七年	虎群至,伤死男妇二百余,牛畜不可数。焚山逐虎,延伤苗木不啻亿万。久不雨,麦半收。(婺源)	康熙《婺源县志》卷十二	虎
1539	嘉靖十八年	知县赈饥。(绩溪)	嘉庆《绩溪县志》卷四	饥
		夏六月,大水山崩,水高三丈余,淹死男妇三百余人,漂民庐舍二千余所。(婺源)	康熙《婺源县志》卷十二	水
		大水,南乡尤甚。(休宁)	康熙《休宁县志》卷八	水
1552	嘉靖三十一年	大无麦,夏秋旱多虎。(绩溪)	嘉庆《绩溪县志》卷十二	虎
1572	隆庆六年	饥,多虎。(休宁)	康熙《休宁县志》卷八	饥
1580	万历八年	夏,大水雷震,雀死万数,多虎。(绩溪)	嘉庆《绩溪县志》卷十二	虎
		夏,大水,谯楼坏。值更者死三人。(休宁)	康熙《休宁县志》卷八	水
1589	万历十七年	知县申题差给事中杨文举发内帑银二千两赈饥。(歙县)	民国《歙县志》卷三	饥
		饥,斗米百三十文,大疫。(绩溪)	嘉庆《绩溪县志》卷十二	饥
		给事中杨文举奉帑银二千两赈饥。(绩溪)	嘉庆《绩溪县志》卷四	饥
		饥。(祁门)	道光《祁门县志》卷三十六	饥
		大旱,知县常道立申题户科给事杨奉勅,发帑银 1420 两零,救饥民 7620 余人。(祁门)	同治《祁门县志》卷十四	旱
		大旱,洊饥,斗米钱七分,疫疠遍满,道殣相望,孤村几无人烟。(婺源)	康熙《婺源县志》卷十二	旱饥疫
		差给事中杨文举出内帑银二千两赈饥,知县万钦设粥哺之。(婺源)	乾隆《婺源县志》卷十二	饥
		邑饥大疫。(休宁)	康熙《休宁县志》卷八	饥、疫
		旱,饥,给事中杨文举以内帑二千金来赈。(黟县)	嘉庆《黟县志》卷十一	旱、饥

续表

公元	纪年	灾情描述	资料出处	灾型
1590	万历十八年	虎昼入阳山寺。(休宁)	康熙《休宁县志》卷八	虎
1593	万历二十一年	旱。九月初,陨霜伤禾稼。(婺源)	康熙《婺源县志》卷十二	旱
		临溪民一日杀五虎。(休宁)	康熙《休宁县志》卷八	虎
1599	万历二十七年	大旱。(休宁)	康熙《休宁县志》卷八	旱
1600	万历二十八年	多虎。(祁门)	道光《祁门县志》卷三十六	虎
1607	万历三十五年	六月,大水冲没田庐,流亡人畜无算。有司请恤。(歙县)	康熙《歙县志》卷一	水
		六月,霪雨不止,大水巨蛟纷出,冲没庐舍,村口二水洲上三元阁弄、亭台、树木俱漂去。(歙县)	《沙溪集略》卷二	水
		水灾,巡抚周孔教奏赈。(绩溪)	嘉庆《绩溪县志》卷四	水
		十月,大雷电;十二月雪二十余日。(婺源)	康熙《婺源县志》卷十二	雪
		巡抚周孔教奏赈水灾,知县金汝诣差官买稻平粜赈之,六月设糜粥。(婺源)	乾隆《婺源县志》卷十二	水
		六月朔大水,蛟四出,坏田禾三千余亩,坏城三千余丈。西市水深六尺,漂没民舍不可数计。(休宁)	康熙《休宁县志》卷八	水
		冲没田庐,流亡人畜不可胜计。(徽州)	康熙《徽州府志》卷十八	水
		巡抚都御史周孔都奏赈。(休宁)	康熙《休宁县志》卷三	赈
1608	万历三十六年	二月,虎入府督,粮署捕之,噬伤九人。(歙县)	康熙《歙县志》卷一	虎
		二月有虎入城,三日居民闭户不敢出,至四月始聚众杀死。(休宁)	补遗见《寄园寄所寄》卷五	虎
1610	万历三十八年	虎患。(婺源)	康熙《婺源县志》卷十二	虎
		仅口虎入内室,为二妇人扼杀。(休宁)	康熙《休宁县志》卷八	虎
1621	天启元年	多虎患,噬人。(婺源)	康熙《婺源县志》卷十二	虎
1622	天启二年	多虎患,噬人。(婺源)	康熙《婺源县志》卷十二	虎
1623	天启三年	境内多虎。(绩溪)	嘉庆《绩溪县志》卷十二	虎
1652	顺治九年	二月,地震从西而东。(绩溪)	嘉庆《绩溪县志》卷十二	震
		连岁多虎患。(婺源)	康熙《婺源县志》卷十二	虎
		郡饥。令张天成捐俸赈济。(休宁)	康熙《休宁县志》卷八	饥

续表

公元	纪年	灾情描述	资料出处	灾型
1653	顺治十年	连岁多虎患。(婺源)	康熙《婺源县志》卷十二	虎
1654	顺治十一年	旱,饥民掘蕨根地肤以食。(歙县)	民国《歙县志》卷十六	旱
		旱,知县朱国杰煮粥救饥。(绩溪)	嘉庆《绩溪县志》卷四	旱
		冬,奇寒,大木皆槁,河水合,月余不解。(婺源)	康熙《婺源县志》卷十二	寒
		西乡多虎,白昼群行。(休宁)	康熙《休宁县志》卷八	虎
1672	康熙十一年	歙旱荒,民掘蕨根地肤以食,死者载途。(歙县)	康熙《歙县志》卷一	旱、饥
		以旱荒赈。(绩溪)	嘉庆《绩溪县志》卷四	旱
		旱荒赈饥(府志载,旧志缺)。(婺源)	乾隆《婺源县志》卷十二	风
		六月东南乡大风拔木,坏民庐舍。(休宁)	康熙《休宁县志》卷八	旱、蝗
		旱蝗,停征九年以前未完钱粮。(休宁)	康熙《休宁县志》卷三	旱、蝗
		旱,赈饥。(休宁)	道光《休宁县志》卷六	旱
		奉旨免灾地丁田银及本色米豆。(黟县)	嘉庆《黟县志》卷十一	赈
1673	康熙十二年	有虎患。(婺源)	《济溪游氏宗谱》卷二十七	虎
1679	康熙十八年	旱灾,免本年丁地银米。(歙县)	民国《歙县志》卷三	旱
		以旱荒赈。(歙县)	民国《歙县志》卷三	旱
		旱灾免本年地丁银米。(绩溪)	嘉庆《绩溪县志》卷四	旱
		以旱荒赈。(绩溪)	嘉庆《绩溪县志》卷四	旱
		岁饥,知县聂世荣倡输劝捐,计共买米119石5斗,赈济贫民678人。(祁门)	同治《祁门县志》卷十四	饥
		按府志,是年旱灾,免本年丁地银。旱荒赈饥。(婺源)	乾隆《婺源县志》卷十二	旱
		旱,免本年地丁银米。赈饥。(休宁)	道光《休宁县志》卷六	旱
		黟大旱。(黟县)	《康熙徽州府志》卷十八	旱
1680	康熙十九年	虎暴东南乡。(休宁)	康熙《休宁县志》卷八	虎

续表

公元	纪年	灾情描述	资料出处	灾型
1696	康熙三十五年	五月,大水及城,漂坏庐舍、坟茔无算。(歙县)	乾隆《歙县志》卷二十	水
		八月大水。(歙县)	《清史稿》	水
		夏大水。(绩溪)	嘉庆《绩溪县志》卷十二	水
		夏五月,大水漂没庐舍、坟墓。(祁门)	道光《祁门县志》卷三十六	水
		五月大水。有群虎为患,伤族八人。自休宁山斗之溪西伤男女百余人。大坂方坑亦伤数人,皆辰巳午未四时至。明年五月,上河觅乐平人用药弩连杀三四虎,乃静。(婺源)	《济溪游氏宗谱》卷二十七	水、虎
		五月大水。(黟县)	嘉庆《黟县志》卷十一	水
1714	康熙五十三年	多虎,山民震恐,且入城。(绩溪)	嘉庆《绩溪县志》卷十二	虎
		发谷赈饥。(绩溪)	嘉庆《绩溪县志》卷四	饥
1734	雍正十二年	多虎患。(绩溪)	嘉庆《绩溪县志》卷十二	虎
1753	乾隆十八年	大水伤稼,溪东街水深三尺。(歙县)	《沙溪集略》卷二	水
		夏秋旱,多虎伤人。(绩溪)	嘉庆《绩溪县志》卷十二	旱、虎
1756	乾隆二十一年	春多虎,白昼伤人。(绩溪)	嘉庆《绩溪县志》卷十二	虎
		秋,地震,屋宇皆动。(祁门)	道光《祁门县志》卷三十六	震
		夏大饥,斗米价银三钱,秋有年。十月十六日地震。(婺源)	道光《婺源县志》卷十二	饥、震
		春米涌贵,平粜。奉旨免地丁银十分之四。(黟县)	嘉庆《黟县志》卷十一	饥
1764	乾隆二十九年	春,虎夜入城,居民震恐;夏,无麦。(绩溪)	嘉庆《绩溪县志》卷十二	虎
1799	嘉庆四年	春饥。(歙县)	民国《歙县志》卷十六	饥
		近郭有虎患。(祁门)	道光《祁门县志》卷三十六	虎
1802	嘉庆七年	夏大旱,自五月不雨,至七月始雨,岁大饥。(歙县)	民国《歙县志》卷十六	旱、饥
		夏,大旱,自五月不雨,至七月始雨,地焦草枯,井水尽涸。是岁大歉,斗米四百文。(绩溪)	嘉庆《绩溪县志》卷十二	旱、饥
		五六月旱,大饥,知县李金台详粜常平仓谷,并劝绅士富户买米粜,以济民食。(婺源)	道光《婺源县志》卷十二	旱、饥
		五、六月,旱饥,斗米价钱四钱。(婺源)	民国《重修婺源县志》卷七十	旱、饥

续表

公元	纪年	灾情描述	资料出处	灾型
1803	嘉庆八年	五月,斗米价银四钱。(婺源)	民国《重修婺源县志》卷七十	饥
		旱,岁饥。(黟县)	嘉庆《黟县志》卷十一	旱、饥
1805	嘉庆十年	六月初四日,大风雨雹,隐有龙声,学宫墙圮。(绩溪)	嘉庆《绩溪县志》卷十二	水
		五月,斗米价银四钱。(婺源)	民国《重修婺源县志》卷七十	饥
1864	同治三年	春近郭有虎。(祁门)	同治《祁门县志》卷十四	虎
		正月初二日雨雪,至十五日乃止。(婺源)	民国《重修婺源县志》卷七十	寒
1892	光绪十八年	夏大水淹没田庐人畜无算。(歙县)	民国《歙县志》卷十六	水
		虎游城下,食人于环村洲。(婺源)	民国《重修婺源县志》卷七十	虎

二、徽州"虎患"的时间、区域与规模

将以上表格中的资料做几个简单的分类列表。首先将发生虎患的时间按年次辑出下表:

表3—5 徽州地区明清两代"虎患"发生年份统计表

	时间	合计
明代	永乐(1410)、嘉靖(1538、1552)、隆庆(1572)、万历(1580、1590、1593、1600、1608、1610)、天启(1621、1622、1623)	13
清代	顺治(1652、1653、1654)、康熙(1673、1680、1696、1714)、雍正(1734)、乾隆(1753、1756、1764)、嘉庆(1799、1806)、同治(1862、1863、1864、1872、1874)、光绪(1892)	19

从上表知,徽州的虎患在各种灾害记载中的所占比例接近8%,共34次,其中明代15次,清代19次。从次数上明、清两代发生虎患的次数相差4次。在徽州方志中,洪武(1368～1402年)、永乐(1403～1424年)年间有少数记载,自洪熙(1425年)至天顺(1457～1464年)年间几乎缺载,而后自成化(1465～1487年)以后方有记载。明代的虎患集中在嘉靖、万历和天启三朝。清代的虎患在各个时期都有,没有明显的集中,只有同治在位13年间,虎患5次,这当与徽州经太平军重创后民生凋敝有关。

虎灾规模上,从资料数据上看,明代老虎的数量要比清代

多。如永乐八年(1410年),"祁门多虎,近郊唊人,擒虎豹四十有六"。嘉靖十七年(1538年)婺源县"虎群至,伤死男妇二百余,牛畜不可数"。万历二十一年(1593年)休宁县"临溪民一日杀五虎"。在清前期,也有群虎为患的现象。婺源《济溪游氏宗谱》记载:"康熙三十五年(1696年)有群虎为患,伤族八人。自休宁山斗至溪西伤男女百余人。大坂、方坑亦伤数人,皆辰巳午未四时至。明年五月,上河觅乐平人用药弩连杀三四虎,乃静。"

虎是典型的山地林栖动物,生存在南方的热带雨林、常绿阔叶林,以及北方的落叶阔叶林和针阔叶混交林地区。徽州地处安徽南陲,应属华南虎的栖息范围。① 虎常单独活动,无固定巢穴,多在山林间游荡寻食,群虎为患的现象从另一角度说明明代虎在徽州的存在尚多,当地的生态仍较好。清代的虎患记载则多为虎入室,或近郊唊人。虎对人类活动区域的侵犯,恰恰反映了虎生活范围的缩小。入清以后,尤其是清中叶以来,人口激增,林区开发,某些深山地区也不乏人类活动,虎的食物来源减少,到林区居民点附近觅食,与人类产生了冲突。

下面再以县为单位,将发生虎患的时间、县域列为下表:

表3—6 徽州各县遭受虎患次数及年份表

	歙县	绩溪	祁门	婺源	休宁	黟县	合计
明代	1 (1608)	3 (1552/1580/1623)	3 (1410/1600/1608)	4 (1538/1610/1621/1622)	4 (1572/1590/1593/1610)	0	15
清代	0	5 (1714/1734/1753/1756/1764)	2 (1799/1806)	6 (1652/1653/1696/1862/1864/1892)	3 (1654/1673/1680)	3 (1863/1872/1874)	19
合计 (县次)	1	8	5	10	7	3	34

按县域来分,婺源、绩溪、休宁发生虎患的次数要高于其余

---

① 我国虎有6个地理亚种(高耀亭等,1987年),其中的华南亚种 t. amoyensis(华南虎),仅分布于我国南方地区,为我国特有亚种,过去曾广泛分布在东起闽浙(约东经120°)西至川西(约东经100°),南自广西(约北纬23°)北及豫晋边界(约北纬35°),全区东西长约2000千米,南北宽1500千米。

三县。次数最少的是歙县,在万历三十六年(1608年)一次,原因可能与歙县大部地处盆地,农业生产条件相对优越,人口、村庄稠密,适宜老虎生存的空间有限。

根据现代物种所提供的鉴定特征,虎是大型猫科动物,毛色浅黄或棕黄色,有黑色横纹;头圆、耳短,耳背面黑色,中央有一白斑甚显著;四肢健壮有力;尾粗长,具黑色环纹,尾端黑色。黄志繁认为中国历史文献中出现的大量虎患,并不全部都是老虎为患,而是将其他猫科动物或大型野生动物伤人统称为"虎患"。在徽州虎患的记载中,倒没有明显混淆虎与其他野生动物的例证。而且到了晚清民国,随着西方生物学知识的传入,徽州方志《物产》属中对各种野生动物有了较为科学的描述,对于为害的狼、熊、虎等大型动物并未混为一谈。如民国《黟县四志》中即有狼、熊为灾的记载。狼为灾的记载:"同治十一年,兽食人。兽状似狗而大,尾细而长,下垂如穗,钩爪锯牙,凶恶特甚,盖即狼也。被食者至有尸骸均尽,仅余头骨,大约田家妇女及幼童居多数。"①据中国濒危动物红皮书《国家重点野生动物名录》②载:狼为犬科中体型最大者,外形似狼犬,体长1500~2050毫米,肩高50~70厘米,体重26~79千克。四肢矫健,适于奔跑,吻部略尖;耳廓直竖;尾毛长而蓬松……领域范围达160~350平方公里,活动限于山区环境,不适应于人类开发的狭小的环境内。性情凶残,食物成分很杂,凡是能捕到的动物都是其食物,包括鸟类、两栖类和昆虫等小型动物,喜吃野生和家养的有蹄类。方志中的记载与此颇为相合。狼集群或单独活动,在繁殖季节集成小群,故当时"邑令谢永泰悬赏猎之,间有所获,害未尽除"。③

熊为灾的记载则更为明确:"县境被狗熊之害数年,以三脚熊最凶恶,至是为雳头人猎获,邑令立赏钱数十千,其害遂绝。"④亚洲黑熊是我国最常见的熊,体型粗大有力,食性很杂,虽然体态笨重,但是能爬树,且是游泳好手,视觉不佳,主要依

---

① 民国《黟县四志》卷一《纪事表》。
② 1988年12月10日国务院批准,1989年1月14日林业部、农业部发布。
③ 民国《黟县四志》卷一《纪事表》。
④ 民国《黟县四志》卷一《纪事表》。

靠嗅觉觅食。在县境里的熊被捕杀后，黟县县境为"遭食人兽之难者建醮超度。狗熊为害历三四年之久，地保开报遭难者姓名，其计男女妇孺三百余人"，可见其危害之大。

三、灾害并发——徽州虎患的根本原因

检索总表与虎患相同和相近年份各类并发灾害的资料，可以看到这样一个显著事实，即"虎患"的发生与其他灾害有着相当强的关联度。徽州地区共记载有34县次的虎患，明确记载当年或相邻年份有旱、水、饥、震、蝗、冷等异常气候现象的有20县/年次：旱灾与虎患并发的有9次，分别是1538年、1552年、1590年、1593年、1600年、1673年、1680年、1753年、1764年，或为"久不雨"，或为"旱"、"大旱"、"旱荒"、"夏秋旱"等；与水灾相关的有4次，分别为1580年、1608年、1696年、1892年，或为"大水雷震"，或为"大水，巨蛟纷出"，或为"夏大雨水"；与饥荒相连的有1572年、1756年、1764年和1799年，有时明确交代为"旱饥"，有的则为"无麦"，有时只记为"饥"；有些年份则为其他异常气候现象，如1864年，"正月初二日雨雪，至十五日乃止"，属于典型的极端低温；还有水、旱灾害伴有蝗灾发生的。

此处举两个具体的与虎患并发灾荒的例子，一为永乐年间，一为嘉靖年间：

永乐七年（1409年），祁门县"闰四月甲子大水，早入城晡落，民不防。及夜，雷雨骤作，水疾起直昏暗，居人惶忽无所之，皆登屋。夜半盈城，人随屋漂，谯楼前水高丈余，质明方落，溺死男女六十余人，漂官、民房屋三百五十余间，卷籍、学粮俱淹没"。① 既而第二年永乐八年（1410年），户部赈饥，"多虎近郊啖人"，"擒虎豹四十有六"。

嘉靖年间的虎患亦与当时的水旱饥荒有关。从正德开始，徽州便是灾害连连：正德元年（1506年）黟县记载秋旱；正德三年（1508年），祁门旱饥，休宁四月淫雨害麦，秋阴霜杀黍，黟县秋旱饥；正德四年（1509年），婺源县大饥；时隔三年，正德八年

---

① 道光《祁门县志》卷三十六《杂志·祥异》。

(1513年),婺源、黟县秋大疫,休宁县火灾频见,正德十年(1515年)和正德十三年(1518年)休宁县连遭火灾,延烧都多至三百余家;到了正德十四年(1519年),祁门大饥,休宁大旱,斗米至一钱二分;正德十五年(1520年),休宁大水,荡坏田亩、民庐不可胜计。一年后,开始嘉靖朝,仍是灾荒相连:元年(1522年)以旱灾免六县税粮,二年(1523年)因旱饥,户部发赈;三年(1524年)大疫;五年(1526年)以旱灾免徽州卫所屯粮;六年(1527年)休宁大水;七年(1528年)黟县大水;十年(1531年)、十一年(1532年),各县蝗灾,大饥;十三年(1534年),黟县夏大水,秋复大旱;十四年(1535年)绩溪无麦。两年后,十七年(1538年),婺源县记载"虎群至,伤死男妇二百余,牛畜不可数。焚山逐虎,延伤苗木不啻亿万。久不雨,麦半收"。这次虎患与嘉靖三十一年(1552年)虎患之间依然是连年灾荒,仍简要列举如下:十八年(1539年),各县大水,赈饥;二十二年(1543年)绩溪夏大水,二十三年(1544年)绩溪、休宁夏大旱饥;二十四年(1545年),各县夏秋亢旱、大饥;二十五年(1546年)旱,饥;二十六年(1547年),绩溪旱;二十九年(1550年)旱,三十一年(1552年)绩溪便是"大无麦,夏秋旱,多虎"。事实上这次的旱情一直延续到三十二年(1553年),而饥荒的影响时间更长,直到三十四年(1555年)仍记载徽州府范围内"发谷赈饥"。

　　按照现代科学对虎的习性的了解,虎多黄昏活动,白天潜伏休息,没有惊动很少出来。虎的活动范围因食物而异,捕食野猪,以及马鹿、水鹿、狍、麝、鹿等有蹄类动物,偶尔捕食野禽,秋季亦采食浆果和大型昆虫等。[①] 永乐年间的例证显示,先是永乐七年(1409年)祁门县大水灾引发饥荒,"户部赈饥"的记载表明当年的饥荒比较严重,自然界食物链受食物短缺的影响,即便是处于第三级食肉者的老虎,也因饥饿而不得不违背常性,进入人类活动区域"近郊啖人"。老虎的活动威胁到人类的生活安全,

---

[①] 可查阅中国环境与发展国际合作委员会、生物多样性工作组官方网站:www.chinabiodiversity.com,解焱、汪松、何芬奇、赵尔宓等,2001。该资料引自马逸清《中国濒危动物红皮书》,1998年。

官方召集"围猎",这就是我们看到的历史记载中的"虎患"。嘉靖年间的虎患更是与灾荒不断的现实相关,旱灾、瘟疫、水灾、蝗灾诸灾相继,甚至一年内水后复旱,虽没有大灾,但小灾一直不断,嘉靖十七年(1538年)与三十一年(1552年)的虎患便发生在这样的背景之下。

从总体上看,徽州的山区开发与全国一样呈逐步深入的态势,但当地众多的乡规民约与许多约定俗成的民间惯例,使得当地的生态一直处在一个相对平衡和稳定的状态,即便在清中叶当地棚民日益增多,许多棚民租住的仍是村庄附近之荒山,或宗族的坟山,活动向林区有所深入,但虎、狼栖息的深山仍未受到扰动,因此在徽州老虎生存空间虽受到人们开发山林的挤压,但从已有的虎患记载来看,其发生的根本原因仍在于各种灾害引发的整体生存环境的短期恶化。

四、惧怕与捕杀——面对虎患

面对老虎,普通民众的第一反应是惧怕。如:万历三十六年(1608年)二月有虎入城,三月居民闭户不敢出,至四月始聚众杀死(《寄园寄所寄》卷二《灭火早寄·虎》)。康熙五十三年(1714年),绩溪县多虎,山民震恐,且入城(嘉庆《绩溪县志》卷十二《杂志·祥异》)。

乾隆二十九年(1764年)春,绩溪县虎夜入城,居民震恐(嘉庆《绩溪县志》卷十二《杂志·祥异》)。

另有明代陆澄原《游长山夜归即事》一诗,写道:

夜气万山烟不高,寒风栗栗吹牛毛。栖禽择木畏荆棘,猛虎啮人无贤豪。

脚底泉声宛欲坠,头上云根惊未牢。须臾月出见暝翠,犹怜马仆迷蓬蒿。[①]

道出当时虎豹出没和行人夜行山路的惊悸。

事实上,古人对老虎的惧怕除因老虎作为大型野生食肉动

[①] (明)陆澄原:《婺游草》,第9页,明刻本,上海图书馆馆藏号:408050。

物,具有噬人的能力外,对老虎的其他认识相当模糊,内中夹杂迷信而自然产生一种心理恐慌。如嘉庆年间,当时的清人认为:

> 虎,山兽。……遇之者当作势与敌而屡退,引至曲路,即可避去,虎不行曲径故也。……人但持苦竹枪直立当之,虎畏枪碍腹不敢跃也。入山勿鸣锣鼓,虎反寻声而至,惟畏火器及伞,人以伞张之,则不敢犯。捕虎者以火枪,又以棕作球掷之,虎衔棕球,齿爪皆陷于棕,骤不能拔,即可捕虎;又畏春碓声,闻春碓声则齿自酥。虎所至,伥鬼为先驱,辄坏猎人机械,当以乌梅、杨梅布地,此鬼嗜酸而忘导,虎乃可擒。擒虎者或以铁铜击其腕,即自废,胜于虎又非胆壮者不能也。①

此处所言虎畏响声、火器,以火枪、棕球捕虎皆有一定道理,但以乌梅、杨梅诱伥鬼则显然属于迷信。

但是在明清时期,关于虎的迷信不仅盛行于民间,即使是朝廷钦定的由学者修撰的类书《御定渊鉴类函》中,也充斥着类似说法,如"虎噬人,随月旬上下,而啮其首尾。其搏物,三跃不中则舍之。人死于虎,则为伥鬼,导虎而行。虎食狗则醉,狗乃虎之酒也"等等迷信之语。

不过不管人们对于老虎是畏惧还是震恐,当人虎相遇,老虎直接威胁到人的生命时,人的通常反应是对抗。也正因为老虎对人的生命和财产造成威胁,因此对于能捕杀虎或虎口下救人的事和人便会大加颂扬,记入志书或家谱中,尤其对于幼童和妇女面对老虎不惧,而能虎口余生或救人的,则更会受到颂扬。下举几例为证:

幼童遇虎者:

> 万历丁酉(二十五年,1597年),"四十三都洪源山民余屹者,老无子,抚侄为子,年才十二,逸其名,晨夕,承顺依随,若出天性。有虎患,一日父子以樵苏入山,虎突从丛莽中出,势甚烈,噬父肩项,仆地,子急不他顾,便以所执梃

---

① 《嘉庆黟县志》卷三《地理·物产》,兽之属,引用《升菴外集》。

奋击不辍手,相持良久,虎忽释父,眈视其子,子仍以梃追击,虎奔去,脱父虎口,屹获生归。夫以童子而执竿驱虎,视为蚊蚋,岂非一念真诚乎!"①

《汪氏世谱》中也记有一桩幼童杀虎的趣事。事情发生于休宁东桐乡,"公幼善啼,尝依舅氏家,媪夜醉,闻其声,操杖逐之门外,既而忘之。迨晨出,则一虎伏茅檐下,公跨其背,卧鼾声殷,墙壁视卧处,毛尽秃而虎死矣"。② 此事可见老虎出没于村庄的事实。

还有一桩不明确时间者:"婺源高安程懋喜十岁从父外出,夜遇虎,父被虎噬,懋喜奋不顾身,追抱父足,哀号不已,将及山麓,虎弃而逸,终夜环尸哭守达旦,哀乞近地工力异归营葬。后懋喜寿九十有八,无疾而终。"事见程氏家谱,邑中翰施赠有"至孝性成"之额。③

黟县流传有少女虎口救父的故事。据道光《黟县志》记载,当地枧溪有个名叫邵四宝的老樵夫,一日携长女邵娟、次女邵扬,进山砍柴,遭到猛虎袭击,二女持樵具奔虎急击之。在黟县县志的《艺文》一卷中录有两首描述此事的小诗,诗文虽不长,却描写得异常生动,特引其全文以飨读者。第一首《女儿打虎行》,作者佚名:

> 樵贵谷周几十里,中有碧山老樵子。大女腰镰小女随,日往前山渡溪水。山中草木堪作薪,劳劳父女分辛勤;猛然腥风出林莽,咆哮扑地惊杀人;伸爪一攫不回顾,两女失声老樵仆;怒睛缩爪横其髯,双股压人踞山路;小女十三尚无知,急前扼项批虎颐;大女从身捉虎尾,右手挥镰蕲见髓;女儿奋勇胜虎威,怅鬼骇啼虎气馁;虎气馁,去徐徐,齐声呼父父乃苏;收镰扶掖还山庐,道旁观者心胆虚;皆言二女世希有,仓卒夺父出虎口;人生急难何时无,使我闻之仰

---

① 康熙《婺源县志》卷十二《通考外志·佚事》之《童子驱虎》。
② (明)汪振修:《汪氏世谱》,第二之三,《传》,第2页,《白云纪闻》。明成化十七年藏溪汪氏刻本,上海图书馆索书号:T267371~74。
③ 道光《婺源县志》卷三十九《通考外志·佚事》之《虎口夺父》。

天奋跃生号呼。①

第二首《孝女击虎行》,江碧所写,诗中的信息量更大一些:

> 兽山樵子家何所,舍后登山十里许。朝出采薪暮负归,每日随行携二女。大女十七少十三,斧声丁丁自为侣。忽然林莽尽披靡,腥风过处跳猛虎。虎从身扑地,尾轻掠攫去,分明是阿父。大女急前斫虎腰,少亦空拳乱击拊。至性勃发不顾身,惟知舍命救天亲。中虎要害虎气夺,无复金睛怒向人。还汝老父父旋苏,扶起还问女伤无。此日山径多盘互,辛苦相持归旧庐。血流沾袂手指裂,道傍见者尽嗟吁。之死致生呼吸间,定有神灵暗中扶。从来奇孝应难得,不让缇萦自上书。②

此处可知老虎出没的地方在进山十里深处,也就是在人居住的村庄外十里的山中,从"道傍见者尽嗟吁"一句可知此山并非无人的深山,大山边缘的人靠山而生,在山里的人迹应不算少。再有,这个案例中,老虎采用主动出击偷袭的方式袭击人,是违背老虎的天性的,应属少见。从人们对两女"从来奇孝应难得,不让缇萦自上书"的夸赞中,不难看出普遍认为孝心才是最终虎口救父的根本原因和勇力之所来。

另外,妇女遭遇老虎时的英勇行为亦会被人们大力加以传颂。如万历三十八年(1610 年),休宁仪口虎入内室,为二妇人扼杀。③ 再如乾隆癸巳春(乾隆三十八年,1773 年),婺源"金田患虎,众争逐之。虎逸于黄汉渭之蔬圃,汉渭方治蔬,遂被噬,众骇绝,但瞪目视,莫敢谁何?其妻詹闻,愤驰往救,持虎尾奋击,虎始遁,扶汉渭归,而詹力竭昏晕,许久后复苏。学宪徐给以'节烈遗驱'之额"。④

当然,面对虎患,充当捕杀老虎角色的主要是青壮年男子。

---

① 《嘉庆黟县志·道光黟县续志》卷十六《艺文·诗》之《女儿打虎行》。
② 《嘉庆黟县志·道光黟县续志》卷十六《艺文·诗》之《孝女击虎行》。
③ 康熙《休宁县志》卷八《通考·讥祥》。
④ 道光《婺源县志》卷三十九《通考外志·佚事》之《烈女驱虎》。

如:"万历二十一年(1593年),休宁临溪民一日杀五虎"。① 又如:"程亮明,大谷人,庠生,有勇力。乾隆丙子(1756年)邑多虎伤人,亮明毅然除之。"②捕虎的具体方式,以"南山之竹,傅以毒药;丘中有麻,言纼为罟",③即以毒箭射杀。

捕杀虎的方式除了个人英雄主义式的单枪匹马,更有官府参与下的众人行为。嘉靖十七年(1538年)婺源县"虎群至,伤死男妇二百余,牛畜不可数。遂焚山逐虎,延伤苗木不啻亿万"。④ 又有万历三十六年(1608年)二月,虎入府督,粮署捕之,噬伤九人。下面这首《捕虎行》更是生动地再现了众人有计划地捕虎场景,及捕虎归来万人争相观看的情景:

> 西山春暮繁草木,红白花开映岩谷。朝来猛虎忽留踪,猎人挟刃争躯(驱)逐。
>
> 坡平草软筋力健,目光两镜照林麓。吻牙狐兔何足噬,要向川原饱人肉。
>
> 猎夫鼓勇欲生擒,失利宁虞伤手足。我令壮士八九辈,袒裼而往敢退缩。
>
> 持戈踊跃皆直前,不顾爪牙加抵触。於菟怒斗力已困,白刃纷然刺其腹。
>
> 不施陷阱设罗网,须臾俄闻就缚束。未逾半昼捷书来,抚掌惊嗟太神速。
>
> 百夫肩舁向城市,塞巷填街争纵目。皆云古昔未曾有,不比春山得麋鹿。
>
> 班皮爱护输郡府,肝胆珍奇竞收蓄。吾闻兽之猛者莫如虎,摇尾磨牙肆其毒。
>
> 一旦力尽势已穷,血胔反以饷僮仆。乃知刚狠不足恃,仁若驺虞才可录。
>
> 虎兮虎兮曷为出哉,深山穷谷可以隐而不隐。岂以夫

---

① 康熙《休宁县志》卷八《通考·祇祥》。
② 嘉庆《绩溪县志》卷十《乡善》。
③ (明)傅岩撰,陈春秀校订,余国庆、诸伟奇审订:《歙纪》,卷四《纪问政余业》,合肥:黄山书社,2006年,第44~45页。
④ 康熙《婺源县志》卷十二《通考外志·祇祥》。

皮为之灾,官有壮士长戟可以捕取尔,尔其亟去无复来。大江虽深说可渡,纵横勿碍行人路。①

这首《捕虎行》的作者是汪公弼。汪公弼,名襄,绩溪人。宣和中太学登第,除南陵主簿,历官宣教郎。② 这说明宋代虎患便已存在。诗中"吻牙狐兔何足噬,要向川原饱人肉"两句,表明虎噬人,对人造成威胁,"岂以夫皮为之灾,官有壮士长戟可以捕取尔,尔其亟去无复来。大江虽深说可渡,纵横勿碍行人路",则说明一旦老虎的存在对人的生活构成灾患,剿杀便成为官方的措施。从诗中的描绘可以想见,八九名壮年男子,手持戈矛利刃,带着罗网,围猎老虎的情景。而事实上,传说中,像中国其他区域的人们一样,徽州人在历史与现实之间,赋予老虎一些灵性。如祁门将其县东五峰岩古迹命为韩僧伏虎处,传说昔有韩氏子坐禅于此,尝降乳虎,令之守岩。③ 而人们在武力驱虎收效甚微时,会转而向神灵求助。

明末《歙纪》中录有一篇时任歙县知县傅岩针对虎患所撰写的《驱虎牒》,即说明了这一点。

  年月日,歙县知县傅岩,敢昭告于本县城隍之神曰……至若猛兽为害,负阻山林,出无恒所,樵苏戒而勿前,蓬藋不得保其犬豚之畜,士之诵读于紫阳者,谈且色变。令惭,募猎人驱之,未衰止也。窃以为其神乎?惟神威爽退,暨下民震恐。不牙之狞恶,明未足敌者,幽或能歼之。矧在渔梁之西,去隍仅数百,武神所系以崇号也。愿神檄山灵,以祓其魄,云旗攸指,谷风不生。今且藉麻以致虎渡焉,令幸甚,歙民幸甚,谨祷。

以段史料说到虎患对当地造成的恐慌,知县派猎人未能平

---

① (明)程敏政辑撰:《新安文献志》,载朱万曙、胡益民主编:《徽学研究资料辑刊》,合肥:黄山书社,2004年,第1071页。
② (明)程敏政辑撰:《新安文献志》,载朱万曙、胡益民主编:《徽学研究资料辑刊》,合肥:黄山书社,2004年,第14页。
③ 道光《祁门县志》卷十一《舆地志·古迹》。

息虎患,转而求助城隍神灵。①

第四节 蝗灾与虫灾

危害农作物的有害生物在一定生态条件下暴发或流行,造成农作物大面积、大幅度减产,甚至颗粒无收,或者导致农产品大批量损坏变质,这种由有害生物的异常活动造成农业生产蒙受巨大损失的自然变异过程称为"农业生物灾害"。中国自古以农立国,对农业有害生物的特性和发生及危害规律逐渐有所认识,正如《区田试种实验图说》所说:"盖虫之有害于禾苗,实凶荒之媒,饥馑之由也。"吴滔在《明清时期虫灾考述》一文中,通过对地方志和一些农书中对虫害颇为详尽的记述研究后认为,明清时期农作物生物灾害不仅种类繁多,而且造成的灾情也很严重。② 下面对徽州的蝗灾与虫灾分作考述。

一、蝗灾

蝗虫是杂食性大害虫,栽培作物小麦、玉米、高粱、水稻等都是蝗虫喜食的植物,尤其对稻为害很大。我国已知蝗虫 100 种以上,有害蝗虫 60 多种。③ 蝗虫所经之地往往造成大面积的庄稼绝收,蝗灾成为中国历史上与水、旱并称的农业灾害之一。

不过现代研究表明,我国蝗灾的主要发生地在海河流域、黄河流域、淮河流域中下游的冲积滩地、河间洼地及滨海平原,④徽州地区附近并没有较大的蝗虫滋生源,环境也不利于蝗虫的生

---

① (明)傅岩撰,陈春秀校订,余国庆、诸伟奇审订:《歙纪》卷四《纪问政余业·驱虎牒》,合肥:黄山书社,2006 年,第 41 页。
② 吴滔:《明清时期虫灾考述》,载《农业考古》,2000 年第 3 期。
③ 王正军、秦启联等:《我国蝗虫暴发成灾的现状及其持续控制对策》,载《昆虫知识》,2002 年第 4 期。
④ 马世骏等:《中国东亚飞蝗蝗区的研究》,北京:科学出版社,1965 年,转引自邹逸麟主编:《黄淮海平原历史地理》,合肥:安徽教育出版社,1993 年,第 87 页。

发,但历史时期,蝗虫却从未从当地的农业生产中消失。

1. 方志中所见蝗灾

从方志资料来看,徽州地区关于蝗灾的记录有 6 个年份,详见下表:

表 3—7 明清以来徽州地区蝗灾发生情况统计表

公元	年号	灾情描述	资料出处
1531	嘉靖十年	五月蝗至。(绩溪) 饥,斗米一钱五分。(休宁)	嘉庆《绩溪县志》卷四 康熙《休宁县志》卷三
1532	嘉靖十一年	夏五月大有蝗,其飞蔽天。(婺源)	康熙《婺源县志》卷十二
1641	崇祯十四年	春大雪,秋蝗自宁国来境,猬集障天,至雄路、临溪止,后因春雨自灭。(绩溪)	嘉庆《绩溪县志》卷十二
1672	康熙十一年	旱蝗,停征九年以前未完钱粮。(休宁)	康熙《休宁县志》卷三
1800	嘉庆五年	九月蝗至邑西箬坑,十八都、十九都、二十都皆有之。(祁门)	同治《祁门县志》卷三十六
1835	道光十五年	大旱,自夏至秋不雨,蝗入十九都、二十二都,饥。(祁门)	同治《祁门县志》卷三十六

在 6 个年份的蝗灾记载中,从发生范围而言,绩溪县 2 次,嘉靖十年(1531 年)和崇祯十四年(1641 年);祁门 2 次,清嘉庆五年(1800 年)和道光十五年(1835 年);婺源 1 次,嘉靖十一年(1532 年);休宁 1 次,康熙十一年(1672 年)。嘉靖年间的蝗灾,前后连续两年,发生于绩溪和婺源两县;到了崇祯年间,绩溪又发生了一次蝗灾;清代分别发生于休宁和祁门两县。也就是说,徽州各县均曾有蝗虫分布。

从发生季节而言,月份有农历五月、七月、九月,有的资料则明确指明"秋蝗",可见蝗灾发生的季节主要为夏末秋季。

从蝗害程度而言,从资料本身的文字描述或相关资料的佐证来看,这 6 次当属徽州当地较为严重的蝗灾。高树藩《正中形音义综合大字典》:"蝗,从'虫','皇'声。本义作'螽'解(见《说文》),即通称之蝗虫。……蝗虫为灾,群飞蔽天,声势极大,且所历处禾稼为空,为害最大,故蝗从'皇'声。"[1]嘉靖十一年

---

[1] 高树藩:《正中形音义综合大字典》,台北:正中书局,1971 年,第 1563~1564 页。

(1532年)婺源县"大有蝗,其飞蔽天",崇祯十四年(1641年)绩溪县秋蝗"猬集障天",可以说这两次记载都彰显了蝗灾的特点。其余4次虽然方志中没有明确的规模描述,但有其他资料佐证。如崇祯十四年(1641年)婺源蝗灾在《济溪游氏宗谱》①中就有记载:"秋七月,有蝗自北来,用牲于社,蝗西飞,大伤邻稼。"

从蝗灾的发生与其他灾害的相关度而言,主要表现为与旱灾有很强的相关性,并伴有饥荒。在徽州的6次蝗灾中,有4次明确记载并发有大旱灾。例如,康熙十一年(1672年)休宁蝗灾,同年,歙县"旱荒,民掘蕨根地肤以食,死者载途"。② 嘉庆五年(1800年)祁门蝗灾,同年绩溪天气异常,"正月十五,大雪连四五日,平地三尺,山中高至丈余,麋鹿、野豕毙者无数"。③ 歙县"旱荒"。④ 道光十五年(1835年),祁门先为"大旱,自夏至秋不雨",因而发生一隅蝗灾,"蝗入十九都,二十二都,饥"。学者已注意到"旱"、"蝗"的相关性,⑤《中国近五百年旱涝分布图集》的编修单位甚至把蝗灾作为气候上干旱的间接指示,徽州

---

① (婺源)《济溪游氏宗谱》卷二十七《外纪·机祥》,乾隆三十一年(1766年)叙伦堂刻本,上海图书馆藏。
② 《沙溪集略》卷二《祥异》。
③ 嘉庆《绩溪县志》卷十二《杂志·祥异》。
④ 民国《歙县志》卷十六《杂记·祥异》。
⑤ 关于旱、蝗相关性,参见郑云飞:《中国历史上的蝗灾分析》,载《中国农史》,1990年第4期。郑云飞将历史上的蝗灾、旱灾数量按省份统计,并分为滋生区和扩散区分别进行统计分析,指出旱灾发生往往会引起蝗灾的大发生。灾害史专家张建民、历史学家余英时、日本气象学家田村专之助等许多学者亦认同旱蝗相关的观点,参阅余英时:《中国知识阶层史论·古代篇》,台北:联经出版社,1981年,第189～203页。张建民、宋俭:《灾害历史学》,长沙:湖南人民出版社,1998年,第123页。田村专之助:《中国气象学史研究》下卷,东京:淡路书房新社,1977年,第749、752～753页。邹逸麟:《黄淮海平原历史地理》,合肥:安徽教育出版社,1997年,第82页。《中国近五百年旱涝分布图集》的编修单位甚至把蝗灾作为气候上干旱的间接指示。也有一些学者认为旱、蝗间并不一定存在共发的关系,过度的干旱会对蝗虫幼卵产生杀灭作用,干旱必须适度,才有可能引起蝗灾发生。蝗灾应发生于水、旱两者的交替中,因为水、旱使沿河、滨海、河泛及内涝地区出现许多大面积的荒滩或抛荒地,即直接形成了适于蝗灾发生并猖獗的自然条件。

蝗灾亦符合这一特点。

不过另一方面,我们也注意到,徽州地区的方志记载中,旱灾远远多于蝗灾,说明了旱、蝗间并不存在必然的共发关系,其原因可以从蝗虫习性与当地的生态环境方面解释。其一,过度的干旱会对蝗虫幼卵产生杀灭作用,干旱适度,才有可能引起蝗灾;其二,蝗虫的生长发育需光特性明显,并要求适宜的温度、土壤和水分条件,徽州地区属丘陵山地,林木生长与各林分郁闭度高,林内光照少,地表温度低,对蝗虫繁衍有极大的抑制作用;其三,林间生物物种资源丰富,分布着许多蝗虫的天敌,如蜘蛛类、蚂蚁类、鸟类;其四,徽州山多地少,粮食种植有水田与旱地,山地旱田种植多为豌豆、豇豆、芝麻、红薯之类,现代研究表明,此类作物中含胆碱和胡萝卜碱等之类的物质,蝗虫不喜食,禾本科植物茎叶含糖分,而蝗虫喜食。但徽州水田总体面积有限,蝗虫喜食的禾本科植物种植总量上并不多,而且为避伏旱早接口粮,当地又多早稻,避开了蝗虫高发期。因此,在徽州,蝗虫食物来源不充足,也抑制了大规模蝗灾的发生。

2. 民间文书所显示的并非罕见的徽州蝗灾

以上是关于方志中蝗虫成灾的记载的分析。虽然方志中蝗灾的记载次数并不多,但在一些民间留存的文书中,我们仍得以窥见蝗虫在日常徽州农业中的踪迹。

王振忠教授利用婺源县浙源乡孝悌里凤腾村文书《应酬便览》中的记载,如《设醮赈孤神台联匾》中收录的《生蝗虫设醮联》,以及祁门县仙桂乡十九都新丰里某社文书抄本中的《驱蝗疏文》等民间文书资料,认为蝗灾在徽州并非罕见。[①] 清末徽州知府刘汝骥在任期间,为当地所作《酬神告文》,也明确写道:"维神福佑……途无喝病,禾无蝗侵。"[②] 当然这里所指的,大约

---

① 王振忠:《徽州社会文化史探微——新发现的 16~20 世纪民间档案文书研究》,上海:上海社会科学院出版社,2002 年,第 234~238 页。
② (清)刘汝骥:《陶甓公牍》卷四《批判·礼科·酬神告文》,第 495 页,宣统三年(1911 年)安徽印刷局铅印本,《官箴书集成》第 10 册,合肥:黄山书社,1997 年。

是田里出现了蝗虫,但未必成灾。徽州当地水、旱灾害频发,但多为一隅偏灾,蝗虫的大量滋生往往发生于水、旱灾害的交替中,因为水、旱使沿溪河或洼地出现许多荒滩或抛荒地,加之当地因灌溉而兴建有众多陂塘,这些都形成了易滋生蝗虫的微观生态环境。

3. 应对——捕蝗、神符与刘猛

在现代农药推广以前,蝗灾规模不甚大时,有时会因天气变化而自行消亡。如崇祯十四年(1641年)绩溪蝗灾,后因"春雨自灭"。原因在于蝗虫怕水,翅膀被雨水打湿后,往往难以飞行觅食。但当大规模的飞蝗成灾时,则基本上以人力扑捕为主,并在客观上要求官方有组织地干预。不过许多北方重蝗灾区的资料表明,蝗情发生后,乡民往往"虽悬赏"亦不积极上报,恐"报官则派夫或致蹂躏,徒多烦劳"。① 在当时的社会环境下,对于蝗灾的防治往往缺乏成效,于是对于蝗虫便由畏生敬,寄希望于神灵,"惟信刘猛将军祈禳可免"。

徽州蝗灾虽时有发生,但蝗虫危害尚达不到逐级上报官府的程度,故而一方面是人力捕蝗,一方面是求神祈禳,如嘉庆五年(1800年)九月,祁门县"蝗至邑西,十八都、十九都、二十都皆有之。知县华申伯祭刘猛将军庙,蝗被鸟啄,遂息"。② 刘猛信仰源起于江南,雍正年间,因直隶巡抚李维钧之奏,由区域性信仰而推向全国,刘猛是载在祀典的驱蝗正神,是国家崇信的禳除灾害的神灵的重要代表。③ 祁门刘猛将军庙在五里牌地方,与关帝庙、文昌宫、城隍庙等,"官以时致祭,此普通之祀事也"。④ 然而在徽州,作为官方祭祀供奉神,刘猛庙却并未各县均设有专祠,常常附祀他庙,祭祀时间也不统一。究其原因,一

---

① 王建革:《清代华北的蝗灾与社会控制》,载《清史研究》,2000年第2期。
② 道光《祁门县志》卷三十六《杂志·祥异》。
③ 车锡伦、周正良:《驱蝗神刘猛将军的来历和流变》,载《中国民间文化——稻作文化与民间信仰调查》,上海:学林出版社,1992年。
④ (清)刘汝骥:《陶甓公牍》卷十二《法制科·祁门风俗之习惯》,第605页,宣统三年(1911年)安徽印刷局铅印本,《官箴书集成》第10册,合肥:黄山书社,1997年。

则民众的信仰狂热度往往与现实中的灾害程度成正比,同时八蜡庙、汪公信仰等有驱虫功效的民间神祇的存在也分享了刘猛信仰的部分香火。①

二、其他各类虫灾

1. 螟、螣、蟊、贼

这里包括多种农业害虫,它们有的咬根,有的蛀茎,有的食叶,有的为害花蕊、果实和种子,有的在为害的同时还直接或间接传播病害。② 在我国古代,很早就进行过害虫分类的尝试。《诗经·大田》中记有螟、螣、蟊、贼四种虫害,③《毛传》释曰:"食心曰螟,食叶曰螣,食节曰贼,食根曰蟊。"《尔雅》:"食苗心螟,食叶虫螣,食节贼,食根蟊。"注:"分别虫啖食禾所在之名耳,皆见诗。"④到公元3世纪,陆玑《毛诗草木鸟兽虫鱼疏》记曰:"螟似虸蚄而头不赤。螣,蝗也。贼,桃李中蠹虫,赤头,身上而细耳。或说云,蟊,蝼蛄,食苗根,为人害。"⑤明代毛晋总结明朝以前各家对螟等虫名的解释:

> 《小雅·大田》云"去其螟螣及其蟊贼,无害我田稚"是也。郑(玄)注:螟极纤细,食苗叶而卷为房。螣即草虫类,虽亦食叶,好食节。蟊未详,陆玑谓蝼蛄虽穴土以居,然亦

---

① 吴滔、周中健:《刘猛将军信仰与吴中稻作文化》,载《农业考古》,1998年第1期;代洪亮:《民间记忆的重塑:清代山东的驱蝗神信仰》,载《济南大学学报》,2002年第3期。
② 王华夫、李微微:《我国古代稻作病虫灾害概述》,载《农业考古》,2005年第1期。
③《诗经全译》之《诗经·小雅·大田》:"既方既皂,既坚既好。不稂不莠,去其螟螣。及其蟊贼,无害我田稚。田祖有神,秉畀炎火。"袁愈荌译诗,唐莫尧注释《诗经全译》(贵阳:贵州人民出版社,1991年,第313~314页。)译为:稻子抽穗又灌浆,既已坚实又渐黄。没那空壳与害草,把那螟螣也杀掉。根节蟊贼也要除,莫使伤害我幼苗。祈求田祖显神灵!放火把虫统烧光!
④ 周祖谟:《尔雅校笺》,南京:江苏教育出版社,1984年,第130页。
⑤(三国吴)陆玑:《毛诗草木鸟兽虫鱼疏》,《钦定四库全书》经部册70,第11~12页。

取叶于穴中而食之,原不食根,唯陆田有之。①

据邹树文考证,螟是现代昆虫学中所谓螟类,螣类即蝗类,蟊是地下害虫,包括蝼蛄、蛴螬、金针虫等,贼即是现代的黏虫。此种说法最为科学。②

2. 方志中的农业虫灾——黏虫与稻苞虫

从方志灾异中的记载来看,徽州虫灾不多,成灾的更少。综览徽州方志,共检索出4次关于虫灾的记载:

> 康熙二十二年(1683年),婺源县,夏西南二乡家廪自生小黑虫,啮稻实一空,民乏食。(康熙《婺源县志》卷十二《通考外志·机祥》)

> 康熙四十七年(1708年),黟县,夏大雨,秋虫伤稼,微禝。(嘉庆《黟县志》卷十一《政事志·祥异蠲赈》)

> 乾隆二十二年(1757年),黟县,谷生小虫,未成灾。(嘉庆《黟县志》卷十一《政事志·祥异蠲赈》)

> 乾隆二十四年(1759年),绩溪县,夏秋多螣,岁不登,斗米二百八十文。(嘉庆《绩溪县志》卷十二《杂志·祥异》)

此处第一条资料中当为黏虫,即"贼"。黏虫是明清时期大田中最主要的一种暴食性害虫,《氾胜之书》中称为"虸蚄",因其虫体色常因环境与食性而有变化,故又有"五色虫"之称。黏虫主要危害玉米、高粱、小麦、大麦、水稻等禾本科作物,猖獗发生年也能为害豆类、棉花、蔬菜等;虫口密度很高时,能顷刻将作物的叶子吃光,咬断穗,造成严重减产甚至绝收。黏虫具有远距离迁飞的习性,其飞迁主要随大气环流作季节性的往返,每年春季从南向北逐渐转移,夏秋季再由北向南迁飞。风成为传播黏虫灾害的媒介,当一地作物被吃光后,黏虫常随风向成

---

① (三国吴)陆玑撰、(明)毛晋补:《毛诗草木鸟兽虫鱼疏广要》,北京:商务印书馆,1936年,第8142页。
② 邹树文:《中国昆虫学史》,北京:科学出版社,1981年,第19页。

群迁移,黏虫具有密集性和暴食性的特点。① 关于黏虫为害又可见于徽州人黄宾虹的一则记载:"(光绪三十二年(1906年)六月,歙东)禾稼虫伤。二十四、五两日,堨田亦因陡生害虫,似蚕而小,遍身绿色,吐丝结叶,蔓延五六百亩之多,禾苗几尽,穗成枯萎,农人惶急。"② 关于防治黏虫的方法,《嘉庆黟县志》卷三《物产》引《氾胜之书》曰:"牵马令就谷堆,食数口以马践过为种,无蚼蚄等虫也。"

第二、三两条语焉不详,难以判定是何种虫灾。

第四条中"蟛",指害虫食苗叶者,结合徽州关于虫害的其他文献,推断当为横虫,即现代说的稻苞虫。如南宋淳熙七年(1180年),程大昌《演繁露》记载:"吾乡徽州稻初成,常苦虫害,其形如蚕,其色缥青,既餐苗叶,又吐丝牵漫稻顶,如蚕在簇然,稻之花穗皆不得伸,最为农害,俗呼横虫。"这段记载真实地描写了稻苞虫的为害状况。又如嘉庆《黟县志》卷三《物产》中载:"今食苗心者,乃无足小青虫,既食其叶,又以丝缠集众叶,使穗不得展,江东谓之'横虫',音若横逆之横,言其横生又能为横灾也。"又言:"黟俗六月南风多,则稻生横虫,农人以梳梳之,虫皆自落。其梳木匡竹齿,齿密排,长尺余,俗亦谓之田秒。"③ 稻苞虫在南宋称"横虫",明朝称"蟛虫",清朝称"结虫",现代又称"稻弄蝶"、"苞叶虫"、"结苞虫"、"搭棚虫"、"青虫"等。幼虫食害稻叶,1~2龄幼虫多在叶尖或叶缘吐丝纵卷成单叶虫苞,3龄以后食量增大,并把几片稻叶缀合结成圆筒形虫苞,多的达10片以上,阻碍抽穗。

3. 民间的应对——神符、酬神、浸种与科学施肥

事实上,各种农作物在生长的过程中都有相应虫害。王振

---

① 王华夫:《黏虫考》,载《农业考古》,1988年第1期;吴滔:《明清时期虫灾考述》,载《农业考古》,2000年第3期。
② 黄宾虹:《任耕感言·丰堨垦复仁德庄义田始末》,载《黄宾虹文集·杂著编》,第484页。转引自王振忠:《徽州社会文化史探微——新发现的16~20世纪民间档案文书研究》,上海:上海社会科学院出版社,2002年,第234~235页。
③ 嘉庆《黟县志》卷三《地理·物产》。

忠收藏一道佚名无题宗教科仪文书,内中有一条关于去虫之符,转引如下:"八宝坛下,剿耗化生之类:天虫、地虫、荒虫、五谷虫、玉骨虫、麦虫、豆虫、油麻虫、菜虫、粟虫、横心虫、蕨[瘠]虫、飞虫、螳螂、喷火虫、蜓蚰,大有化生之类,剿除界外,传有文符一道。(乃去收吃)"①可知古人对农业虫害并没有太多科学的认识与固定的称呼,有的依虫体称呼,如"玉骨虫";有的依作物而称,如麦类作物虫害,则称"麦虫";对于作物中较为常见的则有固定名称,如"横心虫"。从这些种类繁多的农业害虫名称来看,徽州农业中的虫害是一直存在的,并与农民的生活息息相关。而这种以宗教科仪、道家灵符为形式的祷告除虫方法,也显示了与拜刘猛庙驱除蝗灾相似的求助神灵的民间方式。

徽州当地有私人集资结社之风,在农业生产方面,即有保禾会、保熟会等名目。王振忠收藏的歙南文书《简要抵式》第一册《论杂式》中,收录有一份《保熟敬神(会)序》,序文开篇交代结会目的在于"窃闻古云田禾者防染螟野兽而窃损,圣云苗而不秀有矣乎,因此弟子邀集一会,请神位敬奉衍庆侯汪献尚相关尊神到此,祈保禾苗秀而实者。以及弟子售出洋若干,赊借逐年生息,每岁约定日期,挨次首事、值会以备香烛、纸、箔、三牲、酌醴,供养尊神,醮礼已毕,弟子散物。进会者有,出会者无。依例不灭,始恒如一,屡年不贰"。②可见这种会社的召集往往以一村一社的小范围地缘关系为依托,供奉与会义相关神祇,缴费若干,用于生息,自愿入会,每年会员轮值,负责供神物品,参会之人每年参加醮礼,分得供物若干。清末徽州知府静海人刘汝骥认为,徽州"下流社会好以迎神为事……会辄有戏,

---

① 转引自王振忠:《徽州社会文化史探微——新发现的16~20世纪民间档案文书研究》,上海:上海社会科学院出版社,2002年,第236页。
② 王振忠:《徽州村落文书资料类编》,国家社会科学规划基金资助项目(项目批准号:01CZS003)。

戏必有赌",①结社多为"敛费酬神",②故而大为诟病。

由于现实农业生产中虫害的存在,徽州当地人在长期的生活实践中,逐渐采取一些相对科学的方式加以应对。对种子的选择与处理是防治虫害的第一步,所谓"种伤湿郁热,则生虫也","取马骨剉碎,以水煮之三沸,漉去滓,以汁渍附子五枚,三四日去附子以汁和蚕矢、羊矢各等分挠(呼老切,揽也),令洞洞如稠粥。先种二十日,时以溲(疏有反),种如麦饭状,当晴燥时,溲出之立干,或薄布数挠令干,明日复溲,阴雨勿溲,六七溲止,辄曝谨藏,勿令复湿。至可种时,以余汁溲而种之,则禾稼耐旱。常以冬藏雪法器盛埋于地下。治种如前法,既不生虫,收又常倍。"另外,对农田的施肥也有讲究,"薄田不能粪,以原蚕矢杂禾种种之,则禾不虫"。③

第五节　雹灾

雹灾是一种固体降水,产生在空气强烈对流作用下形成的积雨云体中。④ 冰雹灾害局域性强、季节性明显、来势急、持续时间短,因其降落时的重力作用对农作物破坏严重。由于明清时期对冰雹的发生无法预测,因而冰雹的发生对农业生产威胁十分严重,甚至人、畜、鸟兽、树木、房屋都受其害。

徽州地区关于雹灾的记载如下:

---

① (清)刘汝骥:《陶甓公牍》卷十二《法制科·歙县民情之习惯》,第580页,宣统三年(1911年)安徽印刷局铅印本,《官箴书集成》第10册,合肥:黄山书社,1997年。
② (清)刘汝骥:《陶甓公牍》卷十二《法制科·婺源民情之习惯》,第594页,宣统三年(1911年)安徽印刷局铅印本,《官箴书集成》第10册,合肥:黄山书社,1997年。
③ 嘉庆《黟县志》卷三《物产》。
④ 安徽省气象局资料室编著:《安徽气候》,合肥:安徽科学技术出版社,1983年,第95~96页、105~106页。

表 3—8　明清以来徽州地区雹灾发生情况统计表

公元	年号	灾情描述	资料出处
1545	嘉靖二十四年	婺源大风雨雹。是年又大饥。（婺源）	康熙《婺源县志》卷十二
1563	嘉靖四十二年	休宁雨雹。（休宁）	康熙《休宁县志》卷八
1576	万历四年	三月雨雹。（休宁）	康熙《休宁县志》卷八
1653	顺治十年	夏，大雨雹，鸟巢俱陨，二麦坏。（婺源）	道光《婺源县志》卷三十八
1678	康熙十七年	六月，东乡龙关大雨雹，禾稼皆损。（婺源）	康熙《婺源县志》卷十二
		九月十八日大雷雹，伤禾稼，祠墙倾圮，寝楼损坏。（婺源）	《济溪游氏宗谱》卷二十七
1686	康熙二十五年	九月二十二日大雷雹，伤禾稼。（婺源）	《济溪游氏宗谱》卷二十七
1687	康熙二十六年	三月十二日大风雷雹，损二麦，折松林巨木十股之七，压毁厝骸无数。（婺源）	《济溪游氏宗谱》卷二十七
1755	乾隆二十年	三月大风、雷电、雨雹。（绩溪）	嘉庆《绩溪县志》卷十二
		绩溪等七州县偏被雹水。（绩溪等）	《清代奏折汇编：农业、环境》第 147 页
1762	乾隆二十七年	四月二十一日，冰雹。里中创建六角亭，功将告成，为风雨坍塌无存，至闰五月重建。（歙县沙溪）	《沙溪集略》卷二
1793	乾隆五十八年	大雨雹，无麦。（绩溪）	嘉庆《绩溪县志》卷十二
1806	嘉庆十一年	五月初六日大雨雹，东岳庙西诸司座尽坏，大木拔者无算。（绩溪）	嘉庆《绩溪县志》卷十二
1851	咸丰元年	三月十二日，大风雹伤麦，拔树无算。（歙县）	民国《歙县志》卷十六
		春行秋令，菊圃含英；夏，雨雹。（祁门）	同治《祁门县志》卷十四
		三月，大雨雹，大如鸡卵，婺北、龙腾等处多被灾。（婺源）	民国《重修婺源县志》卷七十
		据徽州府属歙县、婺源县先后禀报，三月十二日（4 月 13 日），大雨狂风，并下冰雹，菜麦间有打坏，房屋不无坍损，尚无伤毙人口之事。（歙县、婺源）	《清代长江流域西南国际河流洪涝档案史料》:1851—11
1879	光绪五年	六月十六日雷火焚常平仓；太子桥等处雨雹损禾稼；秋冬大疫。（婺源）	民国《重修婺源县志》卷七十
1919	民国八年	六月二十四日，大风雨雹，倾墙倒屋，砖瓦皆飞，拔大木四十余株，祠堂大柱有吹移盈尺者，田禾大损。（婺源）	民国《重修婺源县志》卷七十

下面对这 14 年次的雹灾记载作一简要分析：

1. 降雹季节

表 3-9　明清以来徽州地区降雹季节统计表

雹灾月份(农历)	发生年份	合计
三月	万历四年(1576年)、康熙二十六年(1687年)、乾隆二十年(1755年)、咸丰元年(1851年)	4
四月	乾隆二十七年(1762年)	1
五月	嘉庆十一年(1806年)	1
六月	康熙十七年(1678年)、光绪五年(1879年)、民国八年(1919年)	3
夏天	顺治十年(1653年)	1
九月	康熙十七年(1678年)、康熙二十五年(1686年)	2
不同季节	嘉靖二十四年(1545年)、嘉靖四十二年(1563年)	2

以月份而言，以三月降雹最多，占到总季数约 1/3；若以季节而言，则夏季最多，有 6 次，占到有明确记载雹灾的 50%。根据吴滔对明清以来雹灾分析，明清时期降雹的季节以春夏和早秋为多，农历三月至八月为全国范围降雹的主要时段，冬季则极少发生降雹。① 徽州的小样本完全符合这种时间规律。降雹季节往往正值农作物生长、成熟阶段，因此对农业生产的损伤往往比较重。降雹多由中、小尺度的地形与大气系统所决定，一般而言，地形复杂的山区降雹多于平原，中纬度地区的降雹多于高纬度地区，内陆多于沿海，冷空气活动多的地区冰雹也多。徽州地处万山之中，在这种复杂的立体气候系统下降雹的次数应当不仅仅这么几次，作为灾异而记入地方志中的当是成灾的降雹，这里就涉及降雹是否成灾的问题。

---

① 吴滔《明清雹灾概述》（载《古今农业》，1997 年第 4 期）：根据对《明史·五行一》和《清史稿·灾异一》记录的有季节月份的 485 次雹灾统计分析可知，明清时期降雹的季节以春夏和早秋为多，农历三月至八月为全国范围降雹的主要时段，这期间冰雹出现约占总数的 83%，其中四、五月份为高峰值，各占 18.76% 和 19.18%。另据《明实录》记载的 207 次雹灾的季节分布看，三至八月共发生 170 次，占总数的 82%，四、五月分别占 20% 和 23%。

2. 雹灾范围

雹灾受地形影响较大。小范围降雹区的雹击路径基本上呈带状、块状和跳跃状,"雹打一条线"、"降雹蛤蟆跳"和"雹走老路"等农谚即形象地说明了雹暴活动的一些特点。如咸丰元年(1851年),婺源县"三月,大雨雹,大如鸡卵,婺北、龙腾等处多被灾";光绪五年(1879年),"太子桥等处雨雹损禾稼"。再如,乾隆二十年(1755年),"绩溪等七州县偏被雹水",都说明雹灾的范围一般不大。婺源龙腾村背倚山脉,①太子桥位于今景白公路(景德镇—白沙关)南侧的山坞口,②雹灾发生的地点皆在山区,同时这两个地方又是产粮区和人口相对稠密的宗族聚居区,可见历史上记载的雹灾,除了灾害的损失程度,亦和发生地点、对人造成的影响相关。

3. 雹灾的危害

冰雹的直接砸伤力主要取决于雹块的大小、重量,其中雹块的大小最直接地决定灾情的轻重。现代农业灾害学研究表明,根据雹块大小,可将雹灾分为三类:Ⅰ.轻雹灾——雹粒如豌豆,降雹时有的冰雹覆盖地面,有的随下随融,作物的叶片被打落或打成麻斑,茎秆折断或被打成秃茬子;Ⅱ.中雹灾——冰雹大如杏桃核,积雹较普遍,树木细枝被打折,树干皮层被打裂,作物茎叶被打断成茬子;Ⅲ.重雹灾——雹块大过鸡蛋、拳头,积雹较深,各种作物地上部分被砸光,地下部分也受到一定程度的伤害。当然,也不是一概而论,豌豆乃至枣、栗大小的雹

---

① 婺源县地名委员会办公室编《(江西省)婺源县地名志》(1985年,内部资料):第89页,"龙腾"条,北宋初,邑内西坑水养崛俞姓始居,后繁衍成片村。以村后山陵宛如苍龙腾空而名。第81页,龙腾现位于婺源县境中部的思口地区,该区是县产粮区之一,但区内山地面积仍约占总面积的80%。

② 婺源县地名委员会办公室编《(江西省)婺源县地名志》(1985年,内部资料):第136页,"太子桥"条,《婺源县志》载:同光三年(925年),当地考水胡昌翼(唐末皇帝李柷之子)在此建桥,人称"太子桥",村以桥名,后有赵、游等姓迁入。此处现位于婺源县境中部偏南的丘陵地带。

粒一般虽不易使农作物受害,但如果雹粒硬度大、降雹稠密、持续时间长,也能造成一定灾害。文献里如"鸟巢俱陨,二麦坏"、"禾稼皆损"、"祠墙倾圮,寝楼损坏"、"大雨雹无麦"的不同记载,即是不同程度的雹灾的写照。①

降雹常常伴随风、雨、降温、打雷等阵性天气,又称"雹暴"。雹暴砸坏作物的茎秆和枝叶,打落花果,造成植株机械性损伤,大风还会造成建筑物、树木的损失,雨量大时亦有发生山洪的可能。如"康熙二十六年(1687年),(婺源县)三月十二日大风雷雹,损二麦,折松林巨木十股之七,压毁厝骸无数"。又如,"乾隆二十七年(1762年),(休宁县)四月二十一日,冰雹。里中创建六角亭,功将告成,为风雨坍塌无存,至闰五月重建"。再如,"嘉庆十一年(1806年),(绩溪县)五月初六日大雨雹,东岳庙西诸司座尽坏,大木拔者无算";"咸丰元年(1851年),(歙县)三月十二日,大风雹伤麦,拔树无算";"民国八年(1919年),(婺源县)六月二十四日,大风雨雹,倾墙倒屋,砖瓦皆飞,拔大木四十余株,祠堂大柱有吹移盈尺者,田禾大损"等等。

造成冰雹灾情轻重的因素还取决于作物的种类、品种以及生育期。一般说来,玉米、高粱、棉花等高秆作物比水稻、小麦等矮秆作物受害重,地上结实作物比地下根茎类作物受害重。明清许多地方志在记录雹灾灾况时,有时用"死、尽坏",有时用"杀、损",有时用"伤、残"来形容,正反映出各类农作物的抗雹能力的差异。另外,作物在抽穗至灌浆成熟期遭雹砸后难以恢复生长,受害较重,但营养生长期受灾后作物恢复能力较强,受害相对轻些。以小麦为例,抽穗以前砸断茎穗,只要留有根茬,仍能复生并可获得三至五成的产量,而扬花期以后遭雹砸断茎穗只能形成蝇头小穗,甚至导致绝产。

---

① 有时农作物受雹灾危害除砸伤外,也受雹块的冷冻害。重雹灾时,由于雹块温度低,地面积雹有时经久不消,积压成大冰块,对作物可造成压伤和严重冻害。

第六节 冷灾、风灾与地震

一、冷灾

冷灾又称"寒潮",是来自北方的强冷气向南方猛烈侵袭的现象,具有影响范围广、强度猛、时间较长等特点。由于气压突然上升,温度急剧下降,并伴有风速较快的偏北风或雨雪、冻雨。①

表3—10 明清以来徽州地区冷灾发生情况统计表

公元	年号	灾情描述	资料出处
1576	万历四年	夏五月初七日午未时,七、八都雨雪,顷刻山野皆白。(绩溪)	嘉庆《绩溪县志》卷十二
		三月雨雹。(休宁)	康熙《休宁县志》卷八
1579	万历七年	秋蝗,冬木冰。(绩溪)	嘉庆《绩溪县志》卷十二
1593	万历二十一年	旱。九月初,陨霜伤禾稼。(婺源)	康熙《婺源县志》卷十二
1595	万历二十三年	春大雪,路有僵死者,秋冬旱,池井涸,民汲溪水入市鬻之。(休宁)	康熙《休宁县志》卷八
1607	万历三十五年	十月,大雷电;十二月雪二十余日。(婺源)	康熙《婺源县志》卷十二
1641	崇祯十四年	春大雪,僵死相望,又大饥,斗米五钱,人相食。(歙县)	民国《歙县志》卷十六 康熙《歙县志》卷一
		时黄山产竹实数十石,乡民刲木皮掘地肤以活。(歙县)春大雪,秋蝗自宁国来境,狝集障天,至雄路、临溪止,后因春雨自灭。(绩溪)	嘉庆《绩溪县志》卷十二
		大雪,斗米四钱。令朱统钎募赈饥民。正月深数尺,道有冻死者,二月中旬至末旬又深数尺,僵死相望。(休宁)	康熙《休宁县志》卷八
		大雪,僵死相望,又大饥……民多挖土以食,至有人相食者。	道光《徽州府志》卷十六
1654	顺治十一年	冬,奇寒,大木皆槁,河水合,月余不解。(婺源)	康熙《婺源县志》卷十二

---

① 安徽省气象局资料室编著:《安徽气候》,合肥:安徽科学技术出版社,1983年,第88页。书中并且讲到影响安徽省的寒潮大致有三条路径:1.自西伯利亚西部向东南直下,经河西走廊从偏西方侵入;2.自蒙古南下,经华北从北面直入本省;3.从蒙古东移,经东北渤海湾自东北方向而来。

续表

公元	年号	灾情描述	资料出处
1670	康熙九年	冬大雪,深数尺,有冻死者。(休宁)	康熙《休宁县志》卷八
1690	康熙二十九年	婺源、祁门奇寒,大树尽枯。(婺源)	《重修安徽通志》卷三百四十七
		冬奇寒,大木尽槁。(婺源)	民国《重修婺源县志》卷七十
		大冻,河冰经旬不解,人可负担往来。(婺源)	《济溪游氏宗谱》卷二十七
1732	雍正十年	五月大水,洋碣圮。冬大寒。(婺源)	《济溪游氏宗谱》卷二十七
1737	乾隆二年	三月初七日,大寒风,行人、樵夫冻死多人。(绩溪)	嘉庆《绩溪县志》卷十二
1761	乾隆二十六年	冬大冻。(婺源)	《济溪游氏宗谱》卷二十七
1790	乾隆五十五年	冬木冰,花果竹木多冻死。(绩溪)	嘉庆《绩溪县志》卷十二
1796	嘉庆元年	春,霜雪寒冻,麦枯。(祁门)	道光《祁门县志》卷三十六
1800	嘉庆五年	正月十五,大雪连四五日,平地三尺,山中高至丈余,麋鹿、野彘毙者无数。(绩溪)	嘉庆《绩溪县志》卷十二
1809	嘉庆十四年	立夏后一日大寒雨雪;夏大水。(祁门)	道光《祁门县志》卷三十六
1840	道光二十年	春严霜,麦苗尽萎。复抽叶华,结实如故。(歙县)	民国《歙县志》卷十六
1841	道光二十一年	冬大雪,次年麦丰收。(歙县)	民国《歙县志》卷十六
		冬大雪,月余不止,竹木多冻死。(祁门)	同治《祁门县志》卷十四
1842	道光二十二年	冬雨木冰。(徽州)	《皖典类编》
1852	咸丰二年	正月大雪,瓦结冰架,三月天雨豆。(祁门)	同治《祁门县志》卷十四
		冬大雪,平地二尺许,雨木冰。县署竹生米。(徽州)	《重修安徽通志》卷三百四十七
1861	咸丰十一年	腊月大雪,平地深五尺,时大乱未已,饥寒交迫,死者甚众。(歙县)	民国《歙县志》卷十六
		十二月大雪,计深四尺,鸟兽冻死无算,花果竹木多枯。(祁门)	同治《祁门县志》卷十四
		上谕安徽失陷,郡县明年钱粮、漕米一概蠲免,以纾民力。(婺源)	光绪《婺源县志》卷十六
		十二月,大雪平地三尺,至春初未消大寒,坚冰可立。(婺源)	民国《重修婺源县志》卷七十

表格中关于冷灾的归纳包括以下几类:

1. 陨霜的时间较早,如"九月初,陨霜伤禾稼";

2. 寒冷天气结束的时间较晚,如"春大雪,路有僵死者";

3. 下雪时间较久,如"十二月雪二十余日";

4. 典型记载,如"冬,奇寒,大木皆槁,河水合,月余不解","冬大雪,深数尺,有冻死者","冬奇寒,大木尽槁"等等。

在中国历史气候的研究中,1550 年至 1850 年间的寒冷气候被称为"明清小冰期",其间又有不同的冷暖时段。明代仅嘉靖隆庆年间较为温暖,其余大部分时间寒冷,万历末年,天启、崇祯年间尤为寒冷;清代顺治与康熙年间特别冷,雍正、乾隆、嘉庆年间较为温暖,晚清时期又转为寒冷。① 在这 21 年次的冷灾记载中,明代占 6 次,其中万历年间 5 次,崇祯年间 1 次,与明清小冰期中的明代的冷暖分段相符。清代 15 次,其中清初至康熙年间 3 次,雍、乾、嘉三朝共 7 次,之后的道光、咸丰年间记载有 5 次,虽然在次数上,温暖期与寒冷期相比,关于冷灾的记载次数只少了 1 次,但是从寒冷程度上看,清初与清末的寒冷期记载多用"奇寒"、"河水合,月余不解"和"有冻死者"等语,而清中叶相对温暖期的记载则为"冬大寒"、"冬大冻"等语,可以看出与清代的冷暖分期亦基本相符。

二、风灾

风灾是一种激烈旋转的空气旋涡,影响范围较小,维持时间短,从开始到消失不过几分钟,但由于风力极大,树或房屋都会被强风吹倒。②

以方志为主要资料来源,辑出明清以来徽州六县发生风灾的地点、次数及灾情如下:

---

① 明清小冰期有不同的冷暖阶段,此处引用周翔鹤、朱红归纳的竺可桢先生说,将该阶段分成 4 次冷期与 3 次暖期。周翔鹤、朱红:《明清时期中国的气候和粮食生产》,载《中国社会经济史研究》,1998 年第 1 期。张研在《清代自然环境研究》中按年号朝代做了归纳,载《史苑》,2005 年第 1 期(总第 8 期)。

② 安徽省气象局资料室编著:《安徽气候》,合肥:安徽科学技术出版社,1983 年,第 95～96 页、105～106 页。

表 3—11　明清以来徽州地区风灾发生情况统计表

公元	年号	灾情描述	资料出处
1574	万历二年	东南乡大风拔木。（休宁）	康熙《休宁县志》卷八
1575	万历三年	榆村大风坏屋。（休宁）	康熙《休宁县志》卷八
1609	万历三十七年	大风拔木。（休宁）	康熙《徽州府志》卷十八
1647	顺治四年	东南乡大风坏民庐舍。（休宁）	康熙《休宁县志》卷八
1664	康熙三年	四月大风雨，明伦堂古桂高百尺，忽拔。（歙县）	康熙《徽州府志》卷十八
1672	康熙十一年	六月东南乡大风拔木、坏民庐舍。（休宁）	康熙《休宁县志》卷八
1755	乾隆二十年	三月大风、雷电、雨雹。（绩溪）绩溪等七州县偏被风水。	嘉庆《绩溪县志》卷四《清代奏折汇编·农业·环境》
1763	乾隆二十八年	三月二十二日大风，拔木偃屋压死人畜无算。自浮梁起至杭州皆瞬息间事。（歙县）	民国《歙县志》卷十六
1856	咸丰六年	六月，大风雷雨，婺南、高安等处大木尽拔，太子桥有牧童被风吹入云中。（婺源）	民国《重修婺源县志》卷七十
1871	同治十年	三月二十二日午后，风雨雷电交作，有龙自西北角过县东南乡，所过之处，拔木坏屋，居民多有伤者。（祁门）	同治《祁门县志》卷十四
1911	宣统三年	除夕大风。（歙县）	民国《歙县志》卷十六
1919	民国八年	六月二十四日，大风雨雹，倾墙倒屋，砖瓦皆飞，拔大木四十余株，祠堂大柱有吹移盈尺者，田禾大损。（婺源）	民国《重修婺源县志》卷七十

从当地风灾发生的时间来看，时间多在夏季，这是因为皖南地区夏季大气层极不稳定，空气的强烈对流上升，四周空气向中心汇合，由冷锋、地线等天气系统造成的气旋所提供的强烈辐合上升的旋转流场，导致灾害性大风产生。

龙卷风是大气中最强烈的涡旋现象，寿命很短，范围很小，但因风速常达 100 米/秒以上，故破坏性很强，是破坏力最大的灾害性天气。龙卷风最大风速分布于龙卷中心以外数十米的狭小环带中，龙卷风的水平范围平均 200 米左右，移动速度与大风差不多，经过距离大多在 10 公里以内，短的只有几十米。关于龙卷风的形成，有人认为是在极不稳定的天气条件下，由于空气的强烈对流上升、四周空气向中心汇合而产生的；有人认为是雷暴云中强烈的涡旋向下发展的结果；还有人认为龙卷风是飑线交点上的涡旋加强而形成的。一般认为,大气层结构极不稳定,和由冷锋、地线等天气系统造成的龙卷风气旋所提供的强烈辐合上升的旋转流场,是龙卷风产生的两个基本条件。

表中 12 次关于大风天气的记载中,常有"风雨雷电交作"的描述。从现代气象学的角度来解释,雷暴大风是强雷暴伴有的灾害性天气之一。雷暴大风出现于雷暴云成熟阶段,是强雷暴云中高速下沉气流冲到地面附近时向四周辐散而造成的强阵风,又称"飑"。雷暴大风持续时间一般只有几分钟至十几分钟,风速可由静风突然增至大风以上,一般可达 20 米/秒左右,有的可在 30~50 米/秒或更强。随着雷雨过境,风速渐小。雷暴大风过境时,风向由强雷暴云体前部的气旋式辐合上升,转为后部的反气旋式下沉辐散,风向突变,风力猛增。雷暴天气是由水汽条件、不稳定层结条件和抬升条件综合作用而形成的。[①]

风灾对当地社会和农业生产不无影响,但发生次数不多,危害性也不是很大。不过有时罕见的大风还是会给当地人留下深刻的记忆。歙县文化名人黄崇惺所写的《潭滨杂志》中记载了其家乡潭滨的趣事、见闻、祠庙等,其中一条"暴风"条,记载得非常生动:"予十许岁,居许宅之蒲园,以事来□里中。时当夏月,天宇清澈,忽恶云自东南来,霹雳一声,怪风骤至,空中树枝如吹灰,瓦片如飞鳞,声如山崩海怒,观者无不震撼,须臾雨过,则排墙拔木,不计其数。闻起自富亭塘,是地有大蛇雷电追击,由塘迤逦向东而去,当其风者无不披靡。予虑衡宇必遭风卷,幸只拔木数株及颓垣一堵而已。"[②]

三、地震

以方志为主要资料来源,辑出明清以来徽州六县发生地震

[①] 郭强、陈兴民、张立汉:《灾害大百科》,太原:山西人民出版社,1996 年,第 1082 页。

[②] 黄崇惺著、黄克吕重订:《潭滨杂志》,安徽省图书馆古籍部藏,第 11 页。

的地点、次数及灾情如下：

表3—12 明清以来徽州地区地震发生情况统计表

公元	年号	灾情描述	资料出处
1475	成化十一年	地震,生白毛。(徽州)	康熙《徽州府志》卷十八
1560	嘉靖三十九年	二月甲子申时地震自西而东。(歙县)	康熙《歙县志》卷一,康熙《徽州府志》卷十八
		二月二十八日,申时地震隐隐有声。(绩溪)	嘉庆《绩溪县志》卷十二
		地震从西而东。(休宁)	康熙《休宁县志》卷八 康熙《徽州府志》卷十八
1604	万历三十二年	十一月地震。(婺源) 十一月初九日申时地震。(婺源)	康熙《婺源县志》卷十二 《济溪游氏宗谱》卷二十七
1642	崇祯十五年	七月地震。(绩溪)	嘉庆《绩溪县志》卷十二
1644	崇祯十七年 顺治元年	七月地震。(绩溪)	康熙《徽州府志》卷十八
1652	顺治九年	二月,地震从西而东。(绩溪)	嘉庆《绩溪县志》卷十二
1659	顺治十六年	七月十六日,祁门地震声如雷。(祁门)	康熙《徽州府志》卷十八
1665	康熙四年	星变地震,钦奉恩赦,免顺治十八年以前钱粮。(休宁)	康熙《休宁县志》卷三
1668	康熙七年	六月十七夜,六邑地震。(徽州六县)	康熙《徽州府志》卷十八
		六月地震。(黟县)	嘉庆《黟县志》卷十一
		六月地震。(休宁)	康熙《休宁县志》卷八
		六月十七日夕,地震。(婺源)	康熙《婺源县志》卷十二 民国《重修婺源县志》卷七十
1674	康熙十三年	七月十三日地震。(婺源)	康熙《婺源县志》卷十二
1688	康熙二十七年	六月地震。(绩溪)	嘉庆《绩溪县志》卷十二
1702	康熙四十一年	正月二日辰时地震,声如雷。(婺源)	《济溪游氏宗谱》卷二十七

续表

公元	年号	灾情描述	资料出处
1756	乾隆二十一年	冬十月地震。(绩溪)	嘉庆《绩溪县志》卷十二
		秋,地震,屋宇皆动。(祁门)	道光《祁门县志》卷三十六
		十月十六夜地震,十七夜又震。(婺源)	《济溪游氏宗谱》卷二十七
1757	乾隆二十二年	十一月十六日,戌时地震,次日寅时复小震。(歙县)	乾隆《歙县志》卷二十
1764	乾隆二十九年	五月二十八日地震。(婺源)	《济溪游氏宗谱》卷二十七
1769	乾隆三十四年	十二月地震。(绩溪)	嘉庆《绩溪县志》卷十二
1850	道光三十年	十月,地震,有声如雷。(婺源)	民国《重修婺源县志》卷七十
1852	咸丰二年	六月二十八,大水沱川出蛟坏田庐。十一月初二日,城东北乡地震。(婺源)	民国《重修婺源县志》卷七十
1917	民国六年	正月初二地震,屋壁响半时始定。二月初一日午刻天暗地又震。(婺源)	民国《重修婺源县志》卷七十一
		春地大震,逾月复微震。(黟县)	民国《黟县四志》卷一

依据上表,可以统计出明清以来徽州地震记载有19年次,其中明代共发生地震5次,清代13次,民国1次。在这19年次的记载中,并无一例人员伤亡的记载,可以推测地震的震级应不高。

对地震发生的月份进行统计,不明月份2次,1475年和1665年;正月2次,1702年和1917年;二月2次,1560年和1652年;五月1次,1764年;六月2次,1668年和1688年;七月4次,1642年、1644年、1659年和1674年;十月2次,1756年和1850年;十一月3次,1604年、1757年和1852年;十二月1次,1769年。从地震发生的月份分布来看,没有明显的规律,基本上平均分布于全年,只有七月份略显集中。

我国的地震活动主要分布在5个地区的23条地震带上。这5个地区是:台湾省及其附近海域;西南地区,主要是西藏、四川西部和云南中西部;西北地区,主要在甘肃河西走廊、青海、宁夏、天山南北麓;华北地区,主要在太行山两侧、汾渭河谷、阴山—燕山一带、山东中部和渤海湾;东南沿海的广东、福建等地。徽州地区并不处于地震的活跃地带,历史时期地震发生的次数很少,对当地社会生活的影响不大。

小　结

　　本章对明清以来徽州地区出现的其他 9 种灾害类型逐一进行了探讨。

　　火灾明代记载有 26 年次,清代 21 年次,在这 47 年次的火灾记载中,大多是公共设施的火灾和损失重大的民居火灾,记载失火的地方从政府机构、民居向商业店铺的变化,反映了徽州社会商业风气的逐渐盛行。从火灾发生的季节来看,盛夏的八月和冬季是火灾的高发期。发生火灾的原因与当地秋冬季节天气干燥和年关时民间频繁地祭祀、演戏和举办迎神赛会有关。由于当地地狭人稠,房屋布局"间舍鳞次",火灾易蔓延;又多聚族而居、拼屋而居,火灾预防责任不明确,火灾成为当地社会常见的灾害种类之一。从明迄清,为了避免火灾的发生,尽量减少火灾的损失,当地民居在防火构造上不断改善,如采用小青瓦、方砖等不燃材料封闭木结构成为防火门窗,推广封火墙等,而且村落选址也重视是否有充足水源,在村庄的整体布局中,注重设计修建利于各户取水的防、灭火水利系统,留有防火巷,村落中存放水枪、水龙、水篓等灭火工具和报警的铜锣。除村落自救外,清末在一些相对发达的城镇,还出现了民间社会性质的救火会等。

　　徽州的瘟疫从记载的数量来看,发生次数不多。瘟疫的暴发和传播与当地落后的居住条件有关,不过各县因为经济与地理条件的差异,居住条件与卫生状况也有很大的差异。由于防治能力弱,一旦瘟疫暴发流行,直接的结果就是人口的大量死亡,并不因贫富而有太大差别。在对时疫的预防与控制中,除了延医、施药等相对科学的措施,"就乩坛以请汤药,问灵姑以断疾病"的迷信非常盛行,民间迎神赛会的重要主题之一就是驱逐疠疫。

　　明清以来发生虎患记载共有 34 县次,从虎患次数占徽州各种灾害记载约为 8% 的比例来看,虎患在当地并非罕见。明代的虎患集中在嘉靖、万历和天启三个朝代,清代的虎患则贯穿于始终,没有明显的集中,只有同治十三年间,关于虎患记载有5次,这应当与徽州被太平军重创后徽州民生凋敝有关。虎患规模上,明代老虎的数量多于清代,群虎为患的现象显示明代徽州虎的活动比较频繁,说明当时当地的生态较好。清代的虎患记载则多为虎入室,或近郊啖人,这表明由于清代人口激增,林区开发深入,虎的栖息地为人类活动所侵入。婺源、绩溪、休宁发生虎患的次数要高于其余三县,发生最少的是歙县。从已有记载来看,"虎患"的发生与其他灾害有着相当强的关联度:在34县/年次的虎患中,明确记载当年或相邻年份有旱、水、饥、震、蝗、冷等异常气候现象的有20县/年次,其中,虎患与旱灾并发的有9次,与水灾并发的有4次。在明清时期,虽然关于虎的迷信盛行于民间,但人虎相逢,人类通常的措施是杀虎。捕杀老虎的方式除了个人英雄主义式的单枪匹马,还有不少官方倡导下的众人行为。

虽然徽商名扬天下,但除去仕宦与游手好闲者,徽州当地从事农业生产的人数仍居半数以上,故而与农业生产有关的虫害已成为当地老百姓日常生活必须面对的问题。

从农业虫灾的种类上说,除蝗虫、黏虫、稻苞虫等主要稻、麦作物害虫外,各种五谷杂粮,油麻菜粟均有相关虫害出现。从虫灾范围而言,徽州一府六县均有出现。从灾害程度来看,危害巨大的灾害次数有限,多为一隅偏灾,甚或是有虫害而不成灾。究其原因,应缘于当地丘陵地貌,林地多,耕地少,地表温度低,林内光照少,以及林内害虫天敌众多,抑制了农业害虫的大面积暴发。此外,当地粮食作物,尤其蝗虫喜食的禾本科种植不多,林业与茶叶等经济作物占了农业经济相当大的比重,客观上导致蝗虫等农业害虫食物来源不足。

由于粮食短缺,而地处山区从外运进粮食又诸多不便,有限的农业生产的歉收也会给当地带来相当的恐慌,故而对于农业虫灾的应对,徽州民间诸法并举:在农业条件相对优越的河谷盆地的农业区,普遍应用浸种、农田区别施肥以杜虫灾的预防措施;田里有虫时,多人工灭之。同时,徽州地方供奉刘猛、八蜡庙以驱蝗逐虫,民间亦流传有关于防蝗、防虫的祈神活套,也有私人集资结社以酬神，祈求五谷丰登，免受虫害。

雹灾的记载共有 14 县/年次，根据现代科学对冰雹的研究以及当代徽州地区发生雹灾的现状，历史时期降雹的次数绝不仅于此，可能因其未能成灾而不曾记载。以降雹月份而言，以农历三月降雹最多，占到总数约 1/3，若以季节而言，则夏季最多，占到有明确记载的雹灾的半数。冰雹灾情的轻重与雹块的大小、雹块密度、降雹量多少、出现季节、持续时间长短和当时风雨等有关，同时也取决于作物的种类、品种以及生长期。

历史时期关于"冷灾"的记载可分为四种情况：陨霜的时间较早、寒冷天气结束的时间较晚、下雪时间较久和诸如"冬，奇寒，大木皆槁，河水合，月余不解"的典型记载。

风灾发生的时间多在夏季或夏秋之际。这是因为夏季风向流变不定，夏秋之际温差大，变化快，来势迅猛，风灾对当地社会和农业生产不无影响，但发生的次数不多，危害性也不是很大。

明清以来徽州地震记载有 19 县/年次，其中明代共发生地震 5 次，清代 13 次，民国 1 次。在这 19 县/年次的记载中，并无一例人员伤亡的记载，可以推测发生地震的震级不高。

第四章

灾害背景下的徽州粮食问题

由于地理环境原因,农业种植的自然条件非常恶劣,粮食短缺历来是徽州地方的社会问题之一。一遇灾荒年份,粮食更是成为影响当地社会安定的重要因素。

在已有的徽学研究成果中,触及徽州粮食问题的主要有以下几个方面:一为社会经济史中关于徽州亩产量的考证;[①]二为徽商研究关于粮食经销的论述;[②]三为徽州荒政与社会保障中,关于政府仓储和宗族救济的研究;[③]四为水利类文章,粮食

[①] 叶显恩:《明清徽州社会与佃仆制》,合肥:安徽人民出版社,1983年。章有义:《明清徽州土地关系研究》,北京:中国社会科学出版社,1984年;江太新、苏金玉:《论清代徽州地区的亩产》,载《中国经济史研究》,1993年第3期。

[②] 日本学者川胜守《明末长江三角洲新安商人经济动态之一斑》一文,载周绍泉、赵华富主编《'95国际徽学学术讨论会论文集》(合肥:安徽大学出版社,1997年),认为新安商人贩米除运往长江三角洲下游,也运往徽州,运入徽州的途径是从严州和饶州进入的;王廷元:《略论徽州商人与吴楚贸易》,载《中国社会经济史研究》,1987年第4期。王廷元探讨了明清时期在长江中下游之间徽州商人从事的贸易类型及其重要作用,认为吴楚贸易的发展首先表现在粮食贸易中,不过文章并未言及徽州本土的粮食输入。李琳琦:《明清徽州粮商述论》,载《江淮论坛》,1993年第4期。李琳琦专门讨论了徽州粮商在明清时期长江区域粮食贸易中的地位和作用,并认为徽州粮商具有粮盐经营与粮布经营结合的特点,但作者着眼点同样是徽商在长江流域的活动。

[③] 周致元:《徽州乡镇志中所见明清民间救荒措施》,载《安徽大学学报》(哲学社会科学版),2008年第1期;《明代徽州官府与宗族的救荒功能》,载《安徽大学学报》(哲学社会科学版),2006年第1期。除了周致元对明代徽州荒政的研究,唐力行、赵华富、卞利、陈联等从宗族救济的角度进行过探讨。

短缺是当地农业水利灌溉事业建设的基础与背景。① 另外,有些文章中亦有部分涉及粮食问题。② 目前笔者看到的关于徽州本土粮食生产与运输的最为相关的文章当属王春芳《论二十世纪前期徽州粮食的输入》,③作者以民国时期的调查资料为主,以太平天国运动后人口锐减为背景,对民国时徽州缺粮总数和周边粮源地的输入数量进行了估算。

从社会史的角度而言,四类研究中,虽然注意到徽州自然环境的恶劣以及对外地粮食的依赖,但对于明清时期徽州本土粮食问题的社会史学术关怀,似乎仍略显不足。王春芳之文在数据量化上进行了很好的努力,但着眼时代为清末民国,明清时代徽州的粮食问题仍值得加以探索。如明清时期徽州不足口粮从何处购买、购进的粮食如何运进群山之中的徽州、运进徽州之后如何转销,这些问题在灾荒年份有什么不同表现等等。这些问题的解决有助于我们了解明清时期徽州地域社会究竟是如何正常运转的,同时也将对认识徽州地区其他历史社会现象提供一定的帮助。下面笔者将从粮食自给、采买、转运、分销、救荒食物几个方面作一论述。

第一节 徽州的粮食运输、自给与米市

一、明清徽州粮食的自给概况

1. 徽州粮食问题的地理背景与社会例证

所谓地处"万山之中",徽州粮食问题首先缘于其相对恶劣

---

① 梁诸英:《明清时期徽州地区灌溉水利的发展》,载《南京农业大学学报》(社会科学版),2006年第1期。
② 王振忠:《从〈应星日记〉看晚明清初的徽州乡土社会》,载《社会科学》,2006年第12期,文中在"晚明清初忆众的日常生活"中,记载了绩溪旺川的谷、麦价格。
③ 王春芳:《论二十世纪前期徽州粮食的输入》,载《农业考古》,2008年第6期。

的农业地理条件。当地素有"七山一水一分田,一分道路和庄园"的俗语,除了少数几块山间盆地与河谷平原,大多位于丘陵与低山带的农业垦殖区土层浅薄、结构不良、有机质含量少,土壤保水保肥能力差,易受水旱灾害。①

江太新、苏金玉曾提出,徽州地区清代的亩产当在 328 斤上下。② 叶显恩曾作出估计:明万历年间,徽州人均耕地面积 2.2 亩,清康熙年间为 1.9 亩,道光年间只有 1.5 亩,而明清时期的生产力水平,维持一人一岁之食,约得 4 亩。③ 人多地少、单产量低是徽州不可回避的社会现实。

由于缺米,徽州的粟米常赋并非足额纳米,大部分以土产、布帛等折收。天顺年间,明王朝北方边境吃紧,京储告急。天顺二年(1458 年),令徽州所纳折米改作正米,在徽州引发激烈的社会矛盾,曾有婺源县人汪俶就此事做《折运疏》,从中不难看出徽州地区的米粮生产、自给状况,节录相关部分如下:④

……在徽州则地硗土瘠,一亩所入不穀六斗,又米粒粗糙,米色杂红。幸而岁丰,所入可饱半年,余皆取于浙江、江西等处,率二钟而致一石。太祖龙飞之时,亲履其地,见其土瘠之若此,民苦之若此,故于粟米常赋以十分为率,三分本色存留府县,七分折收土产、棉苎、布帛解京。而又下蠲租之诏,首太平,次徽州,次宁国。七岁之间凡为三下,民虽艰食而幸免流离。此太祖所以奠鸿基而裕畿辅也。列圣相承,守为祖制。迩以边围多事,京储告急,六军有脱巾之呼,责徽州所纳折米改作正米,每年差府县管粮

---

① 关于徽州地理环境与当地的粮食种植结构,可参考拙文:《明清徽州的水旱灾害与粮食种植》,载《古今农业》,2007 年第 2 期。
② 江太新、苏金玉:《论清代徽州地区的亩产》,载《中国经济史研究》,1993 年第 3 期。
③ 叶显恩:《明清徽州社会与佃仆制》,合肥:安徽人民出版社,1983 年,第 40 页;乾隆年间洪亮吉指出:"一岁一人之食,约得四亩。"(《卷施阁文甲集》卷一《意言·生计》)赵赟在《纳税单位"真实"的一面——以徽州府土地数据考释为中心》一文中对叶显恩的估计提出异议,认为万历时徽州人均耕地仅有 1.5 亩左右,此文发表于《安徽史学》2003 年第 5 期。
④ 康熙《婺源县志》卷十二《艺文·折运疏》。

官部邻粮长运米至临清、京通二仓上纳。夫徽非米乡也，民间之食尚仰四方，京仓之储，岂能他贷？故自改米而后，部粮之官不及终任往往罢软见黜，而小民一当粮长身亡家破，联延扳累并及亲邻，甚至有赔贩难前，始而逃亡，继而自毙。昔人所谓十家而九者，臣窃谓其十家而十也。夫徽非谓不当纳米也，实不能纳也；非有米不纳也，实无米可纳也。……于是改从初制纳折色，一郡德之。

此段讲到洪武年间，因土瘠粮少，明太祖定当地粟米常赋"七分折收土产、棉苎、布帛解京"，仅收"三分本色"还是存留徽州府县。天顺时，令徽州"所纳折米改作正米"，由粮长运米至临清、京通二仓上纳，府县内根本无米可纳，以致因担任粮长而身亡家破者"十家而十也"。可见明代以来徽州即为缺粮地区，至少从明初至明中叶，徽州当地缺粮的状况并没有大的变化。

2. 各县粮食自给状况与口粮种类

粮食不足是六县共同之处，徽州当地日常口粮除稻米外，常佐以各种杂粮。

歙县"产米常供不给求。……南乡与北乡之黄山农家多种苞芦以自食。非小康之家，几不易得米"，①"食粮之中，谷与玉蜀黍均占重要地位，豆类次之，麦类又次之。其他如菜籽、芝麻等产量亦不弱。所产之谷仅敷四个月民食，玉蜀黍等杂粮亦可敷四个月，其不足四个月须仰给邻封。东乡地方粟、枣、栗、橡能自支"。②

祁门"岁祲，小民粉蕨葛佐食，即丰年不能自支"。③ 由于土

---

① （清）刘汝骥：《陶甓公牍》卷十二《法制科·歙县风俗之习惯·饮食》，宣统三年（1911年）安徽印刷局铅印本，《官箴书集成》第10册，合肥：黄山书社，1997年，第582页。
② 建设委员会经济调查所统计课：《中国经济志——歙县·休宁》，第458～459页，载《民国史料丛刊》第9种第2册，台北县新店市：传记文学出版社，1971年。
③ 万历《祁门县志》卷四《风俗》，上海图书馆藏，索书号：418760。

地贫瘠,"岁仅三月之粮,家鲜兼旬之蓄,偶遇歉薄,荒象顿形"。①

婺源"计一岁所入仅供四月之粮。岭以北取足于休宁,岭南则仰给于江右。饥馑凶年有采蕨薇以食者。城中皆米食,不喜杂粮;乡间东北多山,贫民种玉蜀黍作饼食。西南高田种粟麦以充饔飧"。②

黟县"田少于山,土地瘠确,高地种菽麦,低地种粳稻、芝麻、芦穄,各适土宜。而米谷一宗,每年所收,仅供当月之粮。……虽遇丰年,犹虞欠收,乞籴邻封,成为惯例"。③

休宁县在明末就有"粒米是急,日仰及东西二江,旬日之艘未至,举皇皇枵腹以待"之语。④ 1933年的民国经济调查中记载休宁"土地硗瘠,农产不多",但是休宁粮食对外界的依赖小于歙县,正如其后所言:"茶叶、森林固为农家重要收入,而每年米、麦、玉蜀黍、豆类等生产亦为农家重要收入,全县粮食所寄",同时由于休宁县"人口稀少,米麦等食粮足敷自给"。⑤

绩溪县道咸之间,"产米合小麦,仅敷民食十分之六,杂粮俱作正餐。兵燹以后,户口未复,产米与民食约可相敷。小麦产数不过稻米十分之二三。种杂粮者更少,而荒田尚多"。⑥ 可知杂粮以谷物与玉蜀黍种植较多,其次为豆类、麦类与各种经济作物。

因此在传统社会,徽州人家多"家居务俭啬,茹淡操作,日

---

① (清)黄光弟:《祁米案牍》,亦名《祁门县购办饶米定安案纪略》,第1页,光绪刻本,藏于安徽省博物馆,共1册,索书号:8950。
② (清)刘汝骥:《陶甓公牍》卷十二《法制科·婺源风俗之习惯》,宣统三年(1911年)安徽印刷局铅印本,《官箴书集成》第10册,合肥:黄山书社,1997年,第597页。
③ 胡存庆:《黟县乡土地理·物产》,民国十四年(1925年)铅印本,上海图书馆藏。
④ 万历《休宁县志》卷一《舆地志·风俗》,上海图书馆藏,索书号:806195—204。
⑤ 建设委员会经济调查所统计课:《中国经济志——歙县·休宁》,第541~543页,载《民国史料丛刊》第9种第2册,台北县新店市:传记文学出版社,1971年。
⑥ (清)刘汝骥:《陶甓公牍》卷十二《法制科·绩溪风俗之习惯》,宣统三年(1911年)安徽印刷局铅印本,《官箴书集成》第10册,合肥:黄山书社,1997年,第618页。

再食,食惟馆粥,客至不为黍,不畜乘马,不畜鹅鹜,贫窭数月不见鱼肉",①甚或"子妇拮据……冬月多掘蕨根以充食,至夏麦登,则屑饦杂米,名曰干粮,戴星负薪,走市觅米,妇子忍饥以待,不幸为负租家所夺,则数腹皆枵",生活十分困苦。②

徽州当地人往往依靠在外经商的家人寄回钱买米济日。而在灾荒年份,更是不得不依赖于外来粮食的输入,早在唐代,即有因徽州地区灾荒,米粮不足,价格高昂,而外来"商旅辐凑"的记载。③

正因为徽州地区"平时已苦仰食之艰,矧在凶岁,二麦不登,五谷几祲,民贫粟少",外界的粮食输入对于徽州社会有着举足轻重的作用,灾荒时期更是如此。

二、徽州米粮运输网络

徽州地区有着稳定的米粮需求市场,正常年份中,"江南米价,徽独高",④而灾荒时期米价的差额更大,粮食奇缺的状况给经营徽州粮食贸易的商人带来高额的利润,也刺激了徽州米市的发展。

1. 粮食采买

明清时期长江流域逐渐形成了相对完整的粮食供求体系:上游的川米顺长江而下,经湖广而至江浙,成为东南仰食之源;湖广地区既是重要的粮食出产地,又是粮食集散地;下游的苏州则成为江南米粮重镇;沿长江及其支流有大大小小的粮食集

---

①《同治祁门县志》卷五《舆地志·风俗》。
②《民国重修婺源县志》卷三《疆域六·风俗》。
③(宋)司马光:《资治通鉴》卷二百三十七《唐纪五十三·宪宗元和三年》,北京:中华书局,1976年,第八册,第7653页。唐元和三年(808年),卢坦为宣歙观察使,一到任就遇到徽州旱灾,粮价不断上涨,老百姓要求他限价,卢坦回答:"宣歙土狭谷少,所仰四方之来者,若价贱,则商船不复来,民益困矣。"继而米价大涨,"斗米二百,商旅辐凑,民赖以生"。
④许承尧:《歙事闲谭》卷六《明季县中运米情形》,合肥:黄山书社,2001年,第181页。

散地,如汉口、长沙、湘潭、长安镇等。① 从长江顺流而下的米粮其消费区域以江南为大宗,输入徽州的米粮就是这个有机组成中的一部分。

徽商从明中叶以来,逐渐发展为执商界之牛耳的商帮,徽商除了盐商和典商,粮商的势力也不容忽视。以往的研究表明,明中叶以后,湖广地区形成一些以交易米粮为主要内容的专业集市,徽州商人通过中介进入流通领域完成食盐的销售和粮食的采购,成为湖广势力最大最活跃的商帮,几乎垄断吴楚之间的粮食贸易,贩粮多寡直接影响着湖广粮价的涨落。② 不过,经营徽州本地粮食输入的米商资本相对要小,有些是浙江、江西等产粮区的商人,有些是徽州本地人。如王振忠利用绩溪民间文献《应星日记》所描述的晚明清初徽州乡土社会,就提到绩溪旺川一位著名的粮商曹显应,他在歙县县城开设万年米行,死后,两个儿子相继在歙县深渡、街口,浙江淳安县城、威坪镇和昌化开设了米行分号。③

徽州的粮食采买较之其他地方有着不同的特点。

首先,运米不运谷。这与徽州的对外交通和由此决定的交易成本有关。徽州对外水路主要通往浙江杭州与江西饶州,"上为饶,下为杭,两溪皆峭急而浅,挽舟之艰苦万倍。以谷入运,费增倍,得利无几,贾以为非算,而必以米"。④

其次,正常年份与灾荒年份差异巨大。徽州重商,当地有

---

① 杨鹏程:《湖广熟天下足述论——兼及明清时期长江沿岸的米粮流通》,载《中国农史》,1987年第4期;樊树志:《明清长江三角洲的粮食业市镇与米市》,载《学术月刊》,1990年第12期;陈学文:《明清时期硖石、长安二市镇的社会经济结构——兼论江南米市发展的意义》,载《浙江学刊》,1992年第5期;吴晓璘:《清代长江流域粮食贸易兴盛原因试探》,载《四川师范学院学报》(哲学社会科学版),2002年第5期。
② 张家炎:《明清江汉平原的农业开发对商人活动和市镇发展的影响》,载《中国农史》,1995年第4期;王廷元:《略论徽州商人与吴楚贸易》,载《中国社会经济史研究》,1987年第4期。
③ 王振忠:《从〈应星日记〉看晚明清初的徽州乡土社会》,载《社会科学》,2006年第12期。
④ (明)金声:《金正希先生文集辑略》卷四之《与歙令君书(庚辰)》,明末邵鹏程刻本,《四库禁毁书丛书》集部第50册,北京:北京出版社,2001年。

完善的市场供应体系,"惟四方无遏籴,贾为利走远方如鹜,转输不绝,亦惟此中最不患无米"。① 也就是说,一般年份外来粮食供应充足,可满足当地需求。然而一旦发生灾荒或社会动荡,社会矛盾立刻尖锐起来。究其原因,主要在于徽州的粮食极大地依赖外地供应,而当地的对外交通又极为不便,一旦浙江淳安与江西饶州也存在粮食短缺,便极易发生遏籴现象,形成社会危机。②

再次,周边地区是徽州重要的粮食籴买地。浙西"衢、严之米多为江南徽州贩运",③产米大省江西的米粮输入亦不少,只有大宗籴买或应对大荒时,才会购买较远的荆楚之米,或到以苏州为中心的米市转运。

具体的籴米之地,路途之远近则成为重要因素。当籴买量不是很大时,周边浙江之寿昌、淳安、兰溪、油榨沟、金华等处,④安徽之旌德,江西饶州等规模稍小的产粮和集散地成为籴买的首选地,这与传统时代徽州六县对外交通状况有关。此外,徽州当地河谷平原所产粮食,也在小范围里互通有无。如绩溪二都(今板桥、桥头)一带盛产粮米,有"一都柴,二都米"之誉,二都米的集散地有扬溪、北村等。歙县南乡居民往往就近购绩溪之米。

2. 水路运输

徽州地区由外界运进粮食的水路主要有两条:

一是由新安江顺流而下。新安江为钱塘江上游,其源头有两大支流,南支是发源于五龙山脉六股尖的率水,北支是源于黟县白顶山的横江,两支水流在屯溪黎阳汇合,一路奔涌而下,出徽州府由浙江淳安向下则称"富春江"和"钱塘江",直通富庶

---

① (明)金声:《金正希先生文集辑略》卷四之《与歙令君书(庚辰)》,明末邵鹏程刻本,《四库禁毁书丛书》集部第50册,北京:北京出版社,2001年。
② 吴媛媛:《从粮食事件看晚清徽州绅商的社会作用——〈以歙地少请通浙朱案呈稿〉和祁朱案牍为例》,载《安徽史学》,2004年第6期。
③《清高宗实录》卷二一五,乾隆九年(1744年)四月。
④《歙纪》之《设法粜卖以安民心》。

的江南地区,"忙不忙,三日到余杭",休宁、歙县、黟县和绩溪四县多由此水路往金华、杭州、苏州、上海等地。清代歙县人吴霖在《救荒议》中写道:"歙邑市米巨贾多自江楚,其运由本地达鸠兹,出京口、历钱江、过(钱)塘,从严陵溯流,与夫鸠兹所贮南北诸米,亦如是道以入。而浙之婺州、金华、兰溪产米之乡,则径从横港抵严陵至歙浦,其有鸠兹所贮。"①可知,清代徽州米粮大宗来自两湖,顺长江,入钱塘江,经歙浦运进徽州,而与歙近邻的浙江婺州、金华、兰溪之米也经由歙浦水运入徽。

二是饶河水系,包括位于祁门县境的昌江(阊江)水系和乐安江水系。昌江发源于历山山麓,流入江西鄱阳湖流域;乐安江发源于休宁县南部的杨坑尖,又称"婺江",经婺源,向西流入江西,在江西波阳与昌江(阊江)会合,流入鄱阳湖。这条水路在宋淳熙二年所编纂的《新安志》中就有提及:"祁门水入于鄱,民以茗、漆、纸、木行江西,仰其米自给。"②而直到清末光宣年间,祁门仍通过这条水道将大批瓷土运往景德镇,③祁门和婺源多由此路至江西饶州、乐平。黟县的米也有很大部分来自江西,不过先水运至祁门,再陆贩至黟县西武岭等地,《黟山竹枝词》中有"山田力薄半无泥,养得爷娘子又啼;此地年丰休便喜,须将水旱问江西"之句,便为此意。④

事实上,徽州北部还有一条由绩溪北上,往芜湖、南京、安庆等地的水路,不过由于起点位于绩溪岭北,对于徽州而言,并不是一条主要的水道。这条水路的起点是三溪镇,包括旌德大部、绩溪岭北、太平东乡和泾县南乡地区的居民常年生产、生活所需资料,均由芜湖、湾沚溯青弋江而上,船运至泾县赤滩,再换竹筏上运到三溪而后扩散四乡。

---

① 康熙《歙县志》卷十一《艺文·救荒议》。
② (淳熙)《新安志》卷一《州郡·风俗》。
③ (清)刘汝骥:《陶甓公牍》卷十二《法制科·祁门民情之习惯》:"祁民性椎鲁,无机巧,制造惟东乡土坑张岭脚等处制造磁土运往景德镇,此为祁邑之特产。"宣统三年(1911年)安徽印刷局铅印本,《官箴书集成》第10册,合肥:黄山书社,1997年。
④《嘉庆黟县志·道光黟县续志》卷十六《艺文·诗》。

3. 陆路运输

除了两条主要水路,陆路也是不可或缺的贩运方式,多以肩挑人扛翻越山岭,其道路之艰难犹在水路之上,《橙阳散志》卷十三《艺文志·诗歌》中的《早度新岭》曰:

> 巍峨翠嶂矗天关,曲曲羊肠入望环。
> 险境能令心倍窄,野云恰与意俱闲。
> 闻钟始识深林寺,破雾旋看渐晓山。
> 为问故乡何处是,行人遥指万峰间。

陆路负贩称"过山米",一般规模不大,却是徽州粮食的转运中不可分割的一部分。徽州地处万山之间,村庄之间联系不便,从水路运进的大宗粮食要转销到山间乡间,只能采取"肩挑背负"的陆运形式。路况条件稍好的地方,则借助驴子等畜力。黟山竹枝《晚至渔亭》云:"小步闻名好,到来颇觉烦;铃声驴背米,簰户水穷村;旅食丰年便,方言晚市喧;黄茅山百折,此路指祁门。"①黟县渔亭地处祁门、休宁来往的水、陆交通要口,这首竹枝词生动地展现了渔亭晚市繁忙的情景,从"铃声驴背米,簰户水穷村"一句,可知当地米粮从集散地向村庄流通的运输方式。民国时期《黟县志》中有条记载更为详细:"(黟县)粮食向来仰给江右客之采买屯贮,皆在祁门三里冈,城乡店铺买自祁门。雇夫挑运者,挑力不给钱而给米,而给米之时,复不由店铺,尽任挑夫自取,所以挑夫随路开明拆袋筛取,囤者携带碎米屑渻调换,致食户反食碎米。惟渔亭一路,尽是驴户,用驴驮运,明以拌水,店铺不禁,食户尤为受亏。"②徽州担夫这种利用运米之便,调换好米的行为在另一首《黟山竹枝词》中也有反映:"山田硗确石田荒,乐岁才供三月粮;西武岭头新米至,担夫羼土碓羼糠。"③西武岭是祁门、黟县相界的米粮集散地,这首竹枝词反映了担夫在新米里掺土、糠,而自己得新米的事实。陆

---

① 同治《黟县三志》卷十六《艺文·诗》之《黟山竹枝·晚至渔亭》。
② 民国《黟县四志》卷三《风俗》。
③ 《嘉庆黟县志·道光黟县续志》卷十六《艺文·诗》之《黟山竹枝词》。

路贩运的粮食中,歙县的米大半运自太平、绩溪两邑,绩溪的粮食甚至运往南陵、泾县、旌德。江西的米粮也有采取陆运销往皖南的,"大半自祁门至南中"。①

4. 粮食转销

粮食运进后在徽州各县乡之间转销。20世纪80年代,唐力行和美国学者凯瑟·海泽顿合写的一篇文章认为,徽州的地理布局颇类似江南的杭嘉湖一带,只是面积要小得多,陆路更为崎岖。② 徽州至今还有许多古驿道、古渡口遗存,比如休宁的休婺古道、休黟古道、休歙古道等,孚潭渡、万安渡、西馆渡等。③ 歙县的城昱古道、城箬古道、正门古道、城街古道等。

徽州具有航运能力的水路并不多,除了少数大河干流常年通航,大多数溪流流短浅涩,落差大水流急,航运条件并不利。历史时期,为了筏运粮食,对于可资利用的既有河溪,常常加以开凿拓深,从而形成分布全区的不规则的短途粮食水运网。例如歙县北部许村至县城的河道即是人工修浚的。歙北许村处于层峦之间,从皖中运进粮食非常不便。本来跳石河至许村15里,"溪流浅涩不可以筏",清初歙邑令宋希肃鸠工疏浚,使得粮食可以筏运直达郡城,后"又恐山河旱渣,盈涸不常,乃建石闸八座……建木坝四所……以司蓄泄,灌运两不相妨"。④ 这条水路大大缩短了由芜湖经太平至歙县的粮食运输日程。虽然乾隆年间箬岭以南的歙县河路已经阻塞,但箬岭以北河段仍可通筏。

---

① 康熙《歙县志》卷十一《艺文·救荒议》:陆路负贩称"过山米"。则大半自太平、绩溪两邑至江南饶州、乐平诸地由河运,从陆路则大半自祁门至南中,如南陵、泾县、旌德,则大率自绩溪至。
② 该文是《明清徽州地理、人口探微》,载《中国社会经济史研究》,1989年第1期。
③ 这些驿道多由石板或石条铺成,长度因具体距离而各不相同:比如休黟古道,出休宁县城西门,由绿溪铺经蓝渡、岩脚至界首入黟境,经渔亭至黟县县城40公里。又有现在留存的古渡口,在当时也是各地联系的必经之处,例如休宁境内的西馆渡,位于横江中游兰渡乡西馆村,古时由休西入北赴黟,从西渡过河经环居,越兰渡乡北端之白云峰抵兰田小溪为捷径。沿途居民殷稠,村落棋布,商旅络绎。具体可参阅《休宁旅游》,休宁县地方志办公室、休宁县旅游局编。
④ 乾隆《歙县志》卷二十《杂志下·拾遗》。

水路运输较之陆路略为省力,却要受溪河涨落的影响。例如"祁地万山之中,赖此河水一线通舟,达饶运米,集货全徽,皆仰给焉"。然而这条通饶水路,却"溪河无常,三日雨则溢,五日不雨则涸。盈则由天而下,飞鸿怒马,一日千里;竭则日行不能六七滩,虽曰舟行,艰同负贩"。① 新安江航运相对稳定,但也要受季节的影响,往往"冬涘胶舟不可得至,必预储以待春水"。而由于水涸寄贮的米船,常常不待春水而遇价便中途转售,以致徽州粮食不足的局面常常难以缓解。吴霖在《荒政议》中,便明确提出:"米商现由杭、严诸地来者,皆以水涸寄贮,恐遇价便中途转售,务集各商劝谕给牌考验,但候春水初生,速尽载入,如有前弊,当施责成。"可以想见因水运不便而中途遇价抛售的情况相当普遍。

水陆交汇的要道,如歙县渔梁、休宁万安、绩溪临溪、婺源江口等,往往形成区域性水陆码头,成为重要的粮食集散地。歙南的渔梁坝横卧于练江之上,由渔梁坝溯新安江而上连接横江和率水,可至屯溪、溪口、休宁和渔亭,溯扬之水可至绩溪。昔日渔梁镇樯桅如林,商旅如云,市井辐辏,盛极一时,是古徽州通往杭州的第一水运码头。再如休宁万安,南临新安江上游支流横江,是新安江上游各村落的货物集散地,目前尚存有古水埠码头12处,分货运公共码头、私人码头、渡头等,有"小小休宁城,大大万安街"的美誉。又如绩溪南端的临溪,位于扬之、登源两河交汇处,自此而下为练江,可通渔梁坝。临溪又是陆路枢纽,东至歙县南乡,北到宁国、宣城,西去旌德、泾县,都有驿道及骡马车运。这条水陆衔接、东西辐射的运输线,是皖南山区东北部各县的生命线。民国最繁盛的时期,临溪有米行10家,河滩有8家水碓傍河日夜加工粮食,年中转糯米、籼米255万公斤。②

总之,无论水运还是陆运,在粮食运销中都占有重要地位。水路运费相对较低,载量又比牲驮、人背量大,所以凡有条件的地方,多采用水运。陆运具有方便、灵活,不受季节影响的优势,对于深山阻隔的村庄,陆路负贩往往是唯一的选择。在徽

---

① 同治《祁门县志》卷十二《水利志》。
② 绩溪县政协文史资料委员会:《绩溪文史资料》第3辑,1993年。

州的粮食转运中,水运与陆运相补充,但是"米自钱塘来者,溯流逆上,滩水悍湍,率一石费倍之。自饶而下,则攀缘险阻,肩抬步行,竭数人力,乃致一钟",①不论是水运还是陆运,米粮输入都相当艰难。

三、灾害背景下的粮食问题应对
——以崇祯九年大旱荒为例

崇祯九年(1636年),徽州当地发生了一次大旱灾,方志中记载,五月,婺源"大饥,斗米价三钱,民转籴于休,道殣相望";休宁"大旱,斗米二钱。令王佐步行劝输以赈";黟县"大旱饥"。道光《徽州府志》中更是以"大旱饥,道殍相望"来形容。康熙《徽州府志》中记载为"大旱饥,道殍相望"。② 笔者在本书第一章中,将此年定为级别最高的"1"级大旱。故而,以此年旱灾作为灾害背景探讨徽州当地的粮食运输、徽州本土米市在灾荒年份的特殊米粮交易形态、灾荒时期的官府与民间粮食救济,当具有一定的代表性。本节依据的主要资料为安徽省图书馆古籍部藏明末歙县知县傅岩所撰《歙纪》,书中围绕崇祯九年(1636年)大旱灾,记载了大量关于明末歙县米粮贸易的场景,以及官府与民间的救荒措施,全书10卷,明崇祯新安吴氏刻本。③

---

① 康熙《休宁县志》卷三《食货·储蓄》。
② 康熙《婺源县志》卷十二《通考外志·机祥》;康熙《休宁县志》卷八《通考·机祥》;嘉庆《黟县志》卷十一《政事志·祥异蠲赈》;道光《徽州府志》卷十六《杂记·祥异》。
③ 安徽省图书馆古籍部对外借阅的不是原书,而是该馆1982年的钢笔摘抄本,该资料现已正式整理出版。傅岩撰,陈春秀校订,余国庆、诸伟奇审订:《歙纪》,合肥:黄山书社,2006年。有学者利用《歙纪》中的其他方面的记载,作过一些研究,如下利教授两文:《明代徽州的地痞无赖与徽州社会》,载《安徽大学学报》(哲学社会科学版),1996年第5期;《明代中后期至清前期徽州社会变迁中大众心态研究》,载《安徽大学学报》(哲学社会科学版),2000年第6期。韩国学者金仙憙:《明末徽州诉讼的样相与特征——以〈歙记〉为例》,载《明清史研究》,2000年第12辑。但利用《歙纪》对徽州米市进行研究笔者还未见到。

1.《米行勒石》所见渔梁坝上众生相

米市是粮食集散地，粮食交易的场景非常活跃。渔梁坝位于歙县城南约1公里处，始建于隋末唐初，是徽州通往浙江的必经之地，由于便利的交通位置，逐渐形成集商贸、交通转运、货物集散和船工集结的关厢商埠、水运码头。依坝而建的街道上商铺、酒肆林立，商铺多兼有批发、贮存与贸易功能，"商贩粮食聚集渔梁坝为市"，粮食贸易只是渔梁镇盐、典、茶、木材等诸种贸易的一种。

粮商由外地贩运粮食到徽，虽有利润可赚，但市场秩序有诸多混乱之处，"土棍充牙侩，恃党作奸，私置斛斗，出入重轻，银杂低赝，抑局赖掯，越贩抬价，佥粜均受其病"。① 针对商、民俱受坝上店铺、牙行、脚夫、船户之害的状况，崇祯十年（1637年），官府在渔梁坝勒石碑，设为"禁约八条"，以维持市场秩序。引之如下：

——法码之制，有广平、有苏平，轻重不同，自前任方知县定法之后，谓之梁平，商民恪守无异。今有以轻码兑出，重码兑入，致商、民均受其病，已经将各牙法码较定标押凿记，出入通行，如非官定法码，另行私置者，商民禀告申究。

——十斗为一石，此定制也。渔梁米每袋十二斗为一个，此昔有欲省脚费牙钱，埋奸作俑。夫米既多十之二，价不得不增，而争端遂起。今每袋以十斗为率。其斛斗近有内外削戳，私置两样，出入大小之弊，今照旧较准，经本县标押，出入通行，如有仍前作奸及私置者，并以法惩。

——佥粜银色，向皆足色，如有插铅灌铜低假者，律究。

——量斛。各商公举一斛手报名在官，专听客便。毋许本行斛夫强霸，轻重其手，致有盈诎，违者论以"把持行市"律。

——埠头上下脚夫及大小船户每乘隙偷盗以致亏折，今后盘验短少，禀告追赔，枷示，永不许近埠觅食。

---

① （明）傅岩撰，陈春秀校订，余国庆、诸伟奇审订：《歙纪》，卷五《纪政迹·事迹》，合肥：黄山书社，2006年，第57页。

——雨旸愆期,岁或常有,乃奸牙串情,揩抬高价以致市值腾涌,惑乱人心,酿患害民,莫此为甚,定以乱首绳之。

——凡外郡并歙米商,粮食运至渔梁发卖,务要诚实,铺家、牙行不得通同贩子掣去,经年取讨无还,致商亏本,拍手难运,违者必治以罪。

——米商多歙人,每遇春夏旱潦需米之时,自当各为桑梓。况今宪台准议立法,弊绝风清,各商无所藉口,再有中途鬻卖,不至渔梁,视乡里之急而不救,并置之法。其金、衢小米船听其装载至梁,亦不许诸人中途邀买,以塞商路。①

在各个按行业性质组成的商业行会中,基本上包括三种不同类型的商人:外地专门从事贩运的专业批发商人、牙行商人(包括大大小小的经纪人)和商号(零售商人)。牙行是牙人的经纪场所与专业化后的组织,牙人本是商品交易的中间人(又称"经纪人"),职务是代买卖双方评定货物质量、秤检数量、重量和检验货币的真赝、质地,促成交易。一般牙行必须领到官颁的牙帖,才能合法经纪。② 在商业利益的驱使下,牙人、牙行利用中介地位和熟悉行情的优势,常有欺行霸市之行为,除了"骤腾高价,病民买者",还"故为抑勒短少以亏商贩",甚至水路船只自街口、深渡、坑口直至渔梁,陆路自冷水以达休宁的途中,"牙店阻截及率众争买打夺"。加之"渔梁脚夫强驮暗夺",以致"浙江客船不得抵坝,潜泊境外贸易,其乡镇招接,江右肩贩者,捏造谣言阻截,大为民害"。③

禁约八条另四条分别针对买卖交易中的砝码、米袋大小规制、银色、量斛,其中一条针对脚夫、船户,其余三条则是针对牙

---

① (明)傅岩撰,陈春秀校订,余国庆、诸伟奇审订:《歙纪》卷六《纪祥议·米行勒石》,合肥:黄山书社,2006年,第67~69页。
② 杨其民:《买卖中间商"牙人"、"牙行"的历史演变——兼释新发现的〈嘉靖牙帖〉》,载《史林》,1994年第4期;陈忠平:《明清时期江南市镇的牙人与牙行》,载《中国经济史研究》,1987年第2期;刘重日:《对"牙人""牙行"的初步探讨》,载《文史哲》,1957年第8期。
③ (明)傅岩撰,陈春秀校订,余国庆、诸伟奇审订:《歙纪》卷八《纪条示·通商贩平籴粜》,合肥:黄山书社,2006年,第91页。

行、米商。

  总结而言,明末官府这八条整顿渔梁米市的措施可以归结为整顿四个对象:首先是针对牙行,要用官定砝码,严禁"轻码兑出,重码兑入";天旱少雨时,不许抬高米价以致市值腾涌;不许与店铺串通拖欠米商银钱。其次针对米商,按十斗一袋米的规制,不许为省脚费牙钱装为十二斗,以免引起价格纠纷;要求米商,尤其是歙县米商,将米运至渔梁售卖,以解歙县米荒,不许中途鬻卖。再次针对店铺,"各商公举一斛手报名在官,专听客便",不许各行斛夫强霸轻重,把持行市;店铺经营,籴粜皆需足色银,不许与牙行串通哄抬米价、拖欠米钱。最后是针对脚夫、船户,不许"乘隙偷盗"、"强驮暗夺"等。

  行商坐贾、米行店铺、脚夫船户共同构成了渔梁坝上生机勃勃的商业景象,不规范的市场行为、利益驱使下的市场潜规则,共同维持着米市特有的动态平衡。

2. 灾荒年份之米市

  明万历以后至清初,是徽州社会明中期至清前期社会变迁最剧烈的阶段,经过正德至隆庆间商品经济的冲击,金钱本位主义观念深入人心,土田不重,经商成风,道德水平普遍下降,整个社会弥漫着焦灼浮躁的气息。① 崇祯九年(1636年)的大旱荒就发生在这种社会背景之下。

  因为旱情难以缓解,旱荒期间市场极度缺粮,发生"米荒"时,官府、牙行、店铺、饥民的表现折射出了明末徽州社会的某些特质:

  牙行、店铺是市场的主体,从《歙纪》惩戒性的告示中,可总结出如下一些不良行为:

  (1)冒领官府平粜粮。官府发银购粮平粜,"时价买米,减钱卖米",本为赈济小民贫家,却有"当铺、米行、牙家假充贫家,一人有四五票者,有三四斗者,又或游手打棍,包揽替代,至再

---

① 卞利:《明代中后期至清前期徽州社会变迁中大众心态研究》,载《安徽大学学报》(哲学社会科学版),2000年第11期。

三至"者。①

(2)强买。渔梁坝是粮食水运的咽喉必经之地,官府规定"凡米过梁下,每百石止买三十石,余悉听载往四乡",然而往往为"经纪尽数拦截","连夜搬运过坝"。②

(3)择人而卖。"米铺遇大家十石二十石,则射利暗卖;遇小户零星,则回言无米,甚至闭门"。③

邻县米粮难以运进,市场严重缺米,牙行、米铺射利囤积,商贩不继,米价翔涌,贫民枵腹待哺,这种情况下,社会矛盾迅速激化,骚乱时有发生。严镇买米人户"百十成群,呼噪强买,甚有未交银钱,张袋硬索,或执钱影射,希图混赖",强梁之状如是。④ 有大户"一意闭户自了","夜运来,昼关门",不肯济粮于乡民。此种做法"意虽漠然,情有可谅",不过往往并不能自保,有"诸棍乘机横行,素不相通,公然借米借银,又有愚民贫户误听讹言,或指某家有米潜匿,或传闻水次有何米在簰,恶求硬抢,刁徒为之运筹,众人供其驱使"。⑤ 及至米荒后期,"江浙新谷已登,外贩将至,四乡亦渐有雨,苦守不过半月,粮食自足",仍有"强借强抢在在告急"之情。⑥ 米荒期间,由于乡约庇护,并不指名擒捕,官府往往难以惩治为首抢借之人。抢米风潮使得社会陷入混乱,"铺思罢市,且使客来闻风疑畏不前,中途移舟别卖,势将粒米不入境内"。⑦

----

① (明)傅岩撰,陈春秀校订,余国庆、诸伟奇审订:《歙纪》卷八《纪条示·示籴米人》,合肥:黄山书社,2006年,第92页。
② (明)傅岩撰,陈春秀校订,余国庆、诸伟奇审订:《歙纪》卷八《纪条示·示米商》,合肥:黄山书社,2006年,第93页。
③ (明)傅岩撰,陈春秀校订,余国庆、诸伟奇审订:《歙纪》卷八《纪条示·谕各米铺》,合肥:黄山书社,2006年,第93页。
④ (明)傅岩撰,陈春秀校订,余国庆、诸伟奇审订:《歙纪》卷八《纪条示·禁强籴》,合肥:黄山书社,2006年,第96页。
⑤ (明)傅岩撰,陈春秀校订,余国庆、诸伟奇审订:《歙纪》卷八《纪条示·杜棍谋以坚义济》,合肥:黄山书社,2006年,第97~98页。
⑥ (明)傅岩撰,陈春秀校订,余国庆、诸伟奇审订:《歙纪》卷八《纪条示·申禁抢借》,合肥:黄山书社,2006年,第99页。
⑦ (明)傅岩撰,陈春秀校订,余国庆、诸伟奇审订:《歙纪》卷八《纪条示·禁抢通商平籴》,合肥:黄山书社,2006年,第98页。

此种情况下,官府的作用变得异常重要。当时歙县地方政府主要采取了三方面的举措:

(1)发官银募人往浙江籴买粮食,劝谕米船来歙,保护米船安全,以缓解市场米荒。寻"忠诚老练不贪重利以速去速来"者,除"计算原本并船、脚等费外,每原袋加银五分,为辛力之利",以求不亏累买人,并以"尚义给扁(匾)旌奖"。① 米船有至浙江严州,再近歙郡城有至街口、薛坑口即疑畏不前,就地售卖者,官府派人"星火前赴街口、淳安、遂安、严州等处沿途水次,凡有米船速行催攒前来,径抵渔梁坝",允诺"照依时价,现银公平籴买,必不亏短。如有沿途土豪阻截强买,讹言减价等情,将受执信公文书劄投鸣所在官府究治",并嘱"去役不许因而生事"。② 及有米船运至渔梁,严令不许经纪以官价全数强买,"凡米船过渔梁,每百石止分卖三十石与官,其价任从细算,原来水脚与民间一样毫不讨便益,其余听载往各乡,不许经纪借题尽数强留"。③

(2)维持市场秩序,平抑物价。这里包括多种场景,有平籴时"恃强重支者","拿住尽法枷究","无钱无袋无篮,赤身闲看鼓众喧哗及午时不散者……即便擒拿责治将并地方总甲重惩";还有"百十成群,呼噪强买,甚有未交银钱,张袋硬索,或执钱影射,希图混赖"者,申斥"城乡买米人户,俱用足色银钱照时价平买。如有聚众十人以上,造言倡率恃强硬索混赖者……即拿究申解正法"。对于米铺射利只卖大宗者,规定"各米店俱照公平零星发籴自升以至一石为止,不许顿卖富室以夺小民之食。如违,指名赴县禀告宪治,不许私寻斗衅,故生事端";对于"城乡大小铺牙及囤米之家",晓以义理利害,"劝尔各从地方大局面……倘江浙新米齐集,不一月米价大贱,其利反减",以劝

---

① (明)傅岩撰,陈春秀校订,余国庆、诸伟奇审订:《歙纪》卷八《纪条示·召领官银买米》,合肥:黄山书社,2006年,第91~92页。
② (明)傅岩撰,陈春秀校订,余国庆、诸伟奇审订:《歙纪》卷八《纪条示·攒客贩米船公平发籴》,合肥:黄山书社,2006年,第101页。
③ (明)傅岩撰,陈春秀校订,余国庆、诸伟奇审订:《歙纪》卷八《纪条示·照时值招商》,合肥:黄山书社,2006年,第97页。

其识时务为宜。①

(3)平衡与邻县的关系。徽州旱荒,歙县、休宁均为缺粮县,各县米价时有差异,因此商人并非只在本县买卖,往往从外面运米回徽后,径直运往米价较高之处销售。如休宁米价高于歙县,"商贩自浙来(休宁)者,尽繇(由)小路,径趣(趋)屯溪",其中就有许多歙县米商,以至于歙县知县傅岩指责米商"目视乡里嗷嗷待糵,惟知趋利透越而过,有人心者,断不如是"。并为此发布告示,命令商贩船户中贩来粮米者若系歙县人民,"其米船俱当留泊在本县地方粜卖,如有仍越过,及歙民假称外县潜渡者,地方指名赴禀"。②

3. 灾荒时期的仓储运营

在徽州,就各仓作用而言,"常平主积以备歉,社仓主贷以利农,取息不多。春夏之交农民藉以济乏,而无告贷素封、倍称偿息之苦。因小储以成大储,由一里而均众里,固与昔之社仓异矣,若夫都图之间贮缓备急,则又莫善于义仓"。③ 常平仓为历代所沿用,由官府出资创立,通常设于城市之中。义仓、社仓最早出现于隋代,由于唐宋时期设立的义仓皆掌管于官府,设立于城市,距乡村较远,不便于赈济乡村灾民,宋朱熹于乡村设立社仓,元代,义仓下移设立于乡村,义、社二仓出现合流趋势。④ 徽州的仓储兴起很早,唐宋元时期,除建有常平、义仓诸

---

① (明)傅岩撰,陈春秀校订,余国庆、诸伟奇审订:《歙纪》卷八《纪条示·示粜米人》、《示米商》、《谕各米铺》,合肥:黄山书社,2006年,第92~93页。
② (明)傅岩撰,陈春秀校订,余国庆、诸伟奇审订:《歙纪》卷八《纪条示·分留歙贩米船以济乡里》,合肥:黄山书社,2006年,第95页。
③ 乾隆《婺源县志》卷十二《食货·储蓄》。
④ 关于仓储制度的研究,民国时期有于佑虞《中国仓储制度考》,南京:正中书局,1948年;新中国成立后较有代表性的有陈春声关于清代广东地区仓储的系列论文,吴滔对明清江南地区仓储的系列论文,王卫平借鉴社会保障学的理论与方法对以苏州为中心地区的研究,另外灾荒史的相关论文与著作亦多有涉及,海外学者中法国魏丕信、日本今堀诚二,我国台湾学者刘翠溶、梁庚尧等也有相关成果。

仓储外,还有永丰仓、广济仓诸名目。①

如前所述,该年五六月,天旱水涸,"新旧不接,邻境年歉。五月以来,商贩稀少,米价腾涌,万姓嗷嗷。更值时雨愆期,亢阳肆虐,田畴龟坼,禾菽焦枯,枵腹待哺,苦粒食之难求,赤地靡遗,绝收成之后,望号呼抢攘,势诚危急",旱情引发的米粮匮乏十分严重。② 当时婺源县知县"李寅宾平粜预备仓稻,按院捐俸赈恤",③可知婺源县官仓尚有少许仓谷可以赈济。当时歙县的救急措施是"发库银五百两给牙铺出境广籴,于洪公祠、观音阁、瞻淇馆、渔梁公所减价发粜,(傅岩)每日亲诣督查,仍遍达乡绅、劝谕士民,尽发所藏,为城以济城,乡以济乡之法,立粥厂药局,以济贫病之无告者,多方步祷、拯救"。④ 也就是说,歙县的措施有三个方面:①官府拿出现银往境外购粮,在歙内交通便达处分几处发粜;②知县劝谕乡绅富民"各启盖藏出资广籴",以补官资之不足;③设粥厂、药局,"以济极贫无告之凡黎"。而同书另一条资料中言"继发县库以济市贩之不足",明末的仓储系统的败落由此可以推测,在明代前期作为主要救济方式的官方仓储此时即便不是形同虚设,其救荒的实际功效也是十分有限的,更多依赖的是地方长官意志下的临时采买与劝捐。

六月过去,秋收有成,危机解除后,傅岩思及因新安所产米谷不足,"每遇新陈未接,艰于籴买,米贵人惶,而挟借抢攘,为害叵测"的现实,下发了一系列命令,希翼能使地方的救荒能力有所提高,于是"乃置立印簿,每里各给一本,并刊刻劝谕告示

---

① (宋)罗愿:《新安志》卷一"仓库"门记载:"州仓在孝义坊,常平仓在州仓之旁",说明宋代县城里已建有州、县仓。明清以降,各县县志里的"储蓄"门,基本都记有宋元时期的仓储情况,虽然大多情况不详,但至少说明其存在。如嘉庆《绩溪县志》,卷三《积贮》(安徽府县志辑第54册,第403页)中记载绩溪县宋时在县治北建有常平仓,又每都一所,共建有16所义仓。又如民国《歙县志》卷三《恤政志·仓储·附府仓》(第133页)中,记有唐义仓的税率、宋活人广济仓的倡建人,及元永丰仓的仓址等项。

② (明)傅岩撰,陈春秀校订,余国庆、诸伟奇审订:《歙纪》卷六《纪祥议·申报旱荒(丙子六月)》,合肥:黄山书社,2006年,第63页。

③ 乾隆《婺源县志》卷十二《食货六·恤政·赈饥》。

④ (明)傅岩撰,陈春秀校订,余国庆、诸伟奇审订:《歙纪》卷五《纪政迹·事迹》,合肥:黄山书社,2006年,第56页。

一张,令乡约里长遍告本里乡绅士民,自报情愿积贮米谷数目,可贮社谷,或贮本家,听其自便,但取报数,官不盘验,以省骚扰。遇夏月平价发粜,用济匮乏,仍禁其借放,以杜侵没"。① 并规定"有积至百石以上者,扁旌;五百石以上者,申请给予冠带,免其差徭"。从后来仅有"陈万选、陈万义兄弟以积米百石报县"的事实来看,明王朝前期实施的这种鼓励措施,对动荡的明末社会失去了吸引力。②

第二节 饥荒与救荒食物

一、饥荒与灾荒年份米价初探

作为对徽州地区危害最大、最频繁的灾种,水旱灾害破坏性的重要表现之一便是对农作物的摧损造成歉收,从而引起饥荒。《尔雅·释天》称:"谷不熟为饥,蔬不熟为馑,果不熟为荒。"《谷梁传》云:"一谷不升谓之嗛(歉),二谷不升谓之饥,三谷不升谓之馑,四谷不升谓之康,五谷不升谓之大侵。"不论何种说法,食物匮乏是饥荒的实质性问题所在。

明清徽州发生饥荒62次,方志中诸如"旱饥"、"大旱饥"、"久雨无禾"、"久雨伤稼"之类的记载比比皆是,造成这种结果与徽州的地理状况、灾害发生的季节,以及当地的种植制度有关。

笔者根据徽州地区现存方志和某些家谱中的米价的记载,辑出下表:

---

①(明)傅岩撰,陈春秀校订,余国庆、诸伟奇审订:《歙纪》卷五《纪政迹·事迹》,合肥:黄山书社,2006年,第57页。
②(明)傅岩撰,陈春秀校订,余国庆、诸伟奇审订:《歙纪》卷八《纪条示·预积米薪》,合肥:黄山书社,2006年,第100~101页。

表 4—1　明清以来徽州地区灾荒年份米价表

公元	年号	地点	米价	米单价	具体描述及背景	资料出处
1450	景泰元年	祁门	谷价一两银三十秤。		雨赐调。	《社会记》
1452	景泰三年	黟县	谷价一两银五十秤。			《社会记》
1455	景泰六年	休宁	斗米价一钱。	斗米价约70～80文。	春饥,秋歉。	《社会记》
1458	天顺二年	祁门	祁邑新谷价一两银三十六秤。		秋旱。	《社会记》
1459	天顺三年	祁门	祁新谷价一两银三十秤。		秋旱。	《社会记》
1461	天顺五年	休宁	里之谷价银一钱一秤。		春多雨雪。	《社会记》
1462	天顺六年	黟县	黟谷价一两银三十五秤。			《社会记》
1479	成化十五年	休宁	银一两仅谷八秤。		秋歉、旱。	《社会记》
1489	弘治二年	休宁	谷价每秤一钱三分。		秋歉。	《社会记》
1509	正德四年	休宁	银一两谷七秤。		秋旱、歉。	《社会记》
1529	嘉靖八年	休宁	米一斗银一钱。	斗米价约70～80文。	春饥。	《社会记》
1538	嘉靖十七年	婺源	稻价昂。		久不雨,麦半收。	康熙《婺源县志》
1540	嘉靖十九年	休宁	春斗米价一钱二分,谷秤价一钱。秋斗米一钱三分。	春米斗价约98～112文；秋米斗价112～128文。	民取葛疠饥,官家放粜鲜得谷者。	《社会记》
1545	嘉靖二十四年	休宁	斗米银二钱。	斗米价约140～160文。	春饥甚。	《社会记》
1546	嘉靖二十五年	休宁	谷秤价一钱二分。		春饥。	《社会记》
1589	万历十七年	婺源	斗米一钱七分。	斗米价约119～136文。	大旱,饥……兼疫疠,遍满道馑相望,孤村几无人烟。	康熙《婺源县志》
1594	万历二十二年	婺源	米价涌腾。		饥。	康熙《婺源县志》
1614	万历四十二年	婺源	稻价昂。		岁大歉。	康熙《婺源县志》
1636	崇祯九年	婺源	斗米价三钱。	斗米价210～240文。	民转籴于休,道馑相望。	康熙《婺源县志》

续表

公元	年号	地点	米价	米单价	具体描述及背景	资料出处
1641	崇祯十四年	婺源	斗米四钱。	斗米价280～320文。	大饥……民采苎叶掘石脂为食。	康熙《婺源县志》
1641	崇祯十四年春	歙县	斗米五钱。	斗米价350～400文。	大雪,僵死相望,又大饥。民多挖土以食,至有人相食者。	道光《徽州府志》
1641	崇祯十四年	祁门	斗米银三钱。	斗米价210～240文。	浮盗阻河,舟楫不通,粮食腾贵。	同治《祁门县志》
1641	崇祯十四年	休宁	斗米四钱。	斗米价280～320文。		同治《祁门县志》
1641	崇祯十四年	婺源	斗米四钱。	斗米价280～320文。		同治《祁门县志》
1646	顺治三年	婺源	斗米一金。	约为银7两。	婺源大旱,祁门为浮寇阻水道,斗米一金。强有力者从歙、黟、石埭负贩至祁,贫民多饿死。	
1647	顺治四年	婺源	米每石价至八两。	斗米价八钱,即800文。	饥民俱乞籴于休。	康熙《婺源县志》
1647	顺治四年	婺源	斗米八钱。	斗米价800文。	饥。	道光《徽州府志》
1647	顺治四年	休宁	斗米六钱。	斗米价600文。	饥。	道光《徽州府志》
1696	康熙三十五年	绩溪	石麦六钱,石米八钱五分。	斗米价60～77文,斗麦价40～60文。	是年绩溪大有年。	道光《徽州府志》
1697	康熙三十六年	婺源	米价昂。		婺源岁浸。	道光《徽州府志》
1721	康熙六十年	婺源	米价昂。		夏秋间两月不雨,旱灾。	《民国重修婺源县志》
1721	康熙六十年夏秋	婺源、绩溪	米价昂贵。		婺源大雨水。	道光《徽州府志》
1743	乾隆八年	婺源	三两一石。	斗米三钱,即210～270文。	饶河遏籴,米价腾跃……民采苎叶竹米及掘石脂粉为食。	道光《徽州府志》

续表

公元	年号	地点	米价	米单价	具体描述及背景	资料出处
1751	乾隆十六年	歙县	斗米五钱	斗米价350~450文。	歙旱大饥。	道光《徽州府志》
1751	乾隆十六年	婺源	斗米价银三钱。		五、六、七月大饥。	《民国重修婺源县志》
1751	乾隆十六年	绩溪	斗米三百文有零。		夏秋冬大旱二百余日……是岁大饥。	道光《徽州府志》
1756	乾隆二十一年	婺源	斗米价银三钱。		夏大饥。	道光《婺源县志》
1759	乾隆二十四年	绩溪	斗米二百八十文。		岁不登。	道光《徽州府志》
1785	乾隆五十年	绩溪	斗米六百六十文。		夏旱,自五月不雨,至七月始微雨,禾早晚俱不登。	道光《徽州府志》
1786	乾隆五十一年	婺源	斗米价银四钱。	斗米价约400文。	岁饥。	
1792	乾隆五十七年五月	婺源	斗米价银四钱。		洪水骤发入城,视甲子低五尺,坏田庐,流尸棺无算。	《民国重修婺源县志》
1794	乾隆五十九年五月	婺源	斗米价银四钱。	斗米价约400文。		《民国重修婺源县志》
1801	嘉庆六年辛酉五月	婺源	斗米价银四钱。	斗米价520~600文。		《民国重修婺源县志》
1802	嘉庆七年壬戌	绩溪	斗米四百文。		是岁大歉。	道光《徽州府志》
1803	嘉庆八年五月	婺源	斗米价银四钱。	斗米价520~600文。		《民国重修婺源县志》
1805	嘉庆十年五月	婺源	斗米价银四钱。			《民国重修婺源县志》
1808	嘉庆十三年五月	婺源	斗米价银四钱。			《民国重修婺源县志》
1809	嘉庆十四年四月	绩溪	斗米四百二十文。		是岁麦大稔。	嘉庆《绩溪县志》
1809	嘉庆十四年四月	婺源	斗米价银五钱。	斗米价650~750文。		《民国重修婺源县志》
1812	嘉庆十七年壬四月	婺源	婺转籴于休宁。		四月二十二夜洪水骤发入城东河,冲坏田庐,淹毙人口,漂流尸棺。	《民国重修婺源县志》

续表

公元	年号	地点	米价	米单价	具体描述及背景	资料出处
1821	道光元年	婺源	斗米价银五钱。			《民国重修婺源县志》
1865	同治四年	绩溪	米一元石数斗或二石			《绩溪庙子山王氏谱》
1925	民国十四年四月	婺源	银洋一元市米不及一斗。		以后米价骤贵……贫民多赖蔬菜或采苎叶供日食。	《民国重修婺源县志》

说明：

1.《休宁茗洲吴氏家记》卷十《社会记》，简称为《社会记》。

2.《绩溪庙子山王氏谱》，二十八卷，民国二十四年（1935年）铅印本，上海图书馆谱牒研究中心收藏。

3.徽州的方志后代的多沿袭前代的，所以方志中祥异的记载多重复，故本表中并未列出所有记有米价的方志。

上述表格时间跨度从明中叶开始直至民国，所录多是灾荒时期的米价。黄冕堂在《历代粮价考》一文中论述明清时期的正常粮价，认为："我国每石皮粮（南方的稻谷）价格明初250～500文，明中后期400文。清代顺康之际300～800文，康乾时期1000文～1600文，嘉道至清末2000文以上。"清代的官书《大清会典》记载当时朝廷征收公粮所定白米与稻米的差价是按"一米二谷"的比例。也就是说，按斗米的价格，明初是50～100文，明中后期是80文，清顺康之际60～160文，康乾时期200～320文，嘉道至清末400文以上。

按这样一个粮价指标，从表中可以看出，明中后期以后，徽州地区灾荒时的斗米价格甚至是正常年景的3至4倍。清初中期的粮食比明末价格要合理些，即便是荒年，也只是比正常的高出百文钱左右，大约为1钱银。清末的粮食价格抬高，但因为洪、旱等造成的歉收而影响的粮价也仍只是比整体抬高后的价格高出1到2钱之间。

有关徽商的研究成果表明，明清时代徽商的地缘组织即徽州商帮从形成到解体，历经四个不同的阶段：其一，成化、弘治—万历中期，徽州商帮的发展阶段；其二，万历后期—康熙初期，徽州商帮受挫阶段；其三，康熙中期—嘉庆、道光时期，徽州商帮的复苏阶段;其四,道光中期—清末,徽州商帮的衰亡阶段。① 日本学者川胜守认为,"徽州商人购买湖广米、江西米,不仅是将其贩卖至三角洲下游地域,同时也是为了解除徽州商人出身地安徽新安地方的供米不足"。② 由此,是否可以作此推论:徽州米价的高低,尤其是灾荒年份的米价,是和徽州商人的活动密切相关的:在徽州商帮崛起之前,徽州的米价是偏高的,在明末清初,徽州商人受挫之际,米价也是高昂的,而在清康乾之时,即便是灾年歉收,米价也不是高得非常离谱。当然,这一推论还需进一步挖掘资料来验证。

不过,有两则非常特殊的记载,米价奇高,分别是顺治三年和四年的米价,记载地区是婺源和休宁,婺源的粮价高达斗米6钱到8钱,乃至有1金之记载,是正常米价的8至10倍。究其原因,当因此时为改朝换代之初,全国的粮食运输网络尚未完全恢复,徽州又是粮食高输入地,即便正常年景也只够三四月之需,在政局不稳、中央权力没有完全到达基层的时期,一有灾情,人心惶惶,加之邻县趁火打劫,凭河遏籴,自然使米价不合常规。在这次事件中,米价之所以达到天价,这当也和徽州的宗族势力在明清之际大受打击,实力削弱有关。

二、《野菜博录》所见徽州救荒食物

《四库全书》子部农家类中收录有《野菜博录》四卷,《四库提要》中介绍:"明鲍山撰,山字符则,号在斋,婺源人,尝入黄山筑室白龙潭上七年,备尝野蔬诸味,因次其品,汇别其性味,详其调制,著为是编。分草部二卷、木部二卷……并图绘其形以备荒岁,盖明之末造,饥馑相仍,山作此书亦仁者之用心乎!"并评价其"书虽浅近,要亦荒政之一端也"。

根据现代灾害学原则划分,古代救荒书大致有八大类,即

---

① 张海鹏、王廷元主编:《徽商研究》,合肥:安徽人民出版社,1995年,第9~16页。
② [日]川胜守:《明末长江三角洲新安商人经济动态之一斑》,载周绍泉、赵华富主编:《'95国际徽学学术讨论会论文集》,合肥:安徽大学出版社,1997年,第184页。

总论类、荒政类、农艺类、治水类、漕运类、除虫类、野菜类、历象杂占类,①《野菜博录》属野菜类的救荒书。在野菜类的荒政书中,起开拓之功的当属明初朱橚主持编写的《救荒本草》。《救荒本草》是我国最早的一部图文对照的食用植物学专著,全书2卷,共记载植物414种,为我国传统的药物本草向食用本草、食用植物学及植物分类学发展的重大嬗变。②

在《救荒本草》之后,明代又涌现了几部相似的本草类书,如鲍山的《野菜博录》、周履靖《茹草编》、王磐《野菜谱》、屠本畯《野菜笺》、姚可成《救荒野谱》等,③《野菜博录》是其中较好的一部。

《野菜博录》由鲍山用了7年的时间,于天启壬戌年(1662年)编著而成,共收集有435种植物。书中参照《救荒本草》一物一图的模式,对于各种植物,先述分布地点,次言生态特征和形状,最后介绍救荒时食用的制备法,只着眼于临时的救荒和普及,不作繁琐考证,将直接观察得来的感性认识用简洁、通俗易懂的语言加以描述。与《救荒本草》一样,此书突出了救荒食用的目的,还原了本草应为植物的内涵,排除了矿物、动物的记载,压缩了药疗、药理部分的论述,按草、木、果、菜的顺序与幼苗(茎)、叶、花、实、根可食部分多项交叉的方法分类。全书共分为3卷,上卷、中卷为草部,下卷为木部。上卷草部共计叶可食者142种;中卷草部共计183种,分别为叶可食者76种、茎叶可食者25种、根可食者28种、实可食者24种、叶实可食者13种、根叶可食者14种、根食可食者3种;下卷木部共计110种,分叶可食者59种、花可食者5种、实可食者25种、花叶可食者3种、叶食可食者10种、花叶可食者5种、叶皮食可食者3种,三卷共435种。

虽然四库馆臣方言其"备尝野蔬诸味,因次其品,汇别其性味,详其调制",但细细对照,其中388种植物的文字叙述与《救

---

① 卜风贤:《中国古代救荒书的传承和发展》,载《古今农业》,2004年第2期。
② 董恺忱:《明代救荒著述考析》,载《中国农史》,1983年第1期;马万明:《试论朱橚的科学成就》,载《史学月刊》,1995年第3期;肖国士:《〈救荒本草〉在本草学上的成就》,载《江西中医学院学报》,1997年第2期。
③ 周履靖:《茹草编》,四卷;王磐《野菜谱》,一卷,载《说郛》;屠本畯《野菜笺》,载《说郛续》;姚可成:《救荒野谱》,一卷,载《借月山房汇钞》。

荒本草》大同小异，或删去了《救荒本草》中记载的产地，削减重复的名称，或精简掉一些转折词、形容词、介词（又、或、似、如、而），削去一两个以上的类比或过多的形态描述等，同时将《救荒本草》中的药性禁忌和与形态无关的记述大多删去了。此外还将《救荒本草》条文中"救饥"全部改为"食法"。

不过此书的目的是救灾食用，为受灾人写作，使受灾人识别，教受灾人食用，所以每种植物的后边，都简要地介绍了除去酸、咸、涩、辣、辛、苦等异味的方法，如水浸（多次）、淘洗、磨粉、熬蒸、过滤、蒸晒以及用盐、油调味等，虽与《救荒本草》类似，但因徽州地区植物种类多样，此书对于徽州当地的救荒仍有其使用价值。

但事实上，在徽州方志中关于救荒食物的记载远远没有如此详备，方志中被多次记载到的清以后广泛种植的苞芦，有类稻的稗，有穇子，山中产的蕨类也是农民冬月果腹的必食品。如婺源地方"冬月多掘蕨根以充食，至夏麦登，则屑饩杂米，名曰干粮，戴星负薪，走市觅米，妇子忍饥以待，不幸为负租家所夺，则数腹皆枵"。① 清末婺源地方官记当地民情，言婺源"山麓之区，土瘠而硗，犁仅一尺，计一岁所入仅供四月之粮。岭以北取足于休宁，岭南则仰给于江右。饥馑凶年有采蕨薇以食者。城中皆米食，不喜杂粮；乡间东北多山，贫民种玉蜀黍作饼食。西南高田种粟麦以充饔飧"。②

嘉庆《黟县志》卷三《地理·物产》中记载了苞芦、稗和穇子，以为救荒之物：

> 苞芦一名玉蜀黍，一名玉高粱。种出西州，其苗叶俱似蜀黍，而肥大过之。亦似薏苡，茎高六七尺。七月开花成穗，如秕麦状，叶间别出一苞，如棕鱼形，苞上出白须，垂垂久则苞拆子出，颗颗攒簇，子亦大如棕鱼，子黄、白、红、紫各色俱有。煮粥、炊饭、磨粉、作饼，无所不宜，救荒疗饥必需物也。亦可炒食，炒折白花，如炒拆谷之状。

---

① 《民国重修婺源县志》卷四《疆域·风俗》。
② （清）刘汝骥：《陶甓公牍》卷十二《法制科·婺源风俗之习惯》，宣统三年（1911年）安徽印刷局铅印本，《官箴书集成》第10册，合肥：黄山书社，1997年，第597页。

稗，禾之卑贱者也，野生乱苗，其茎叶穗粒大如黍稷，一斗可得米三升。稊苗似稗而穗如粟，有紫毛即乌米也。《尔雅》谓之"蓛"。《救荒本草》曰稗有水稗、旱稗，苗叶似糁子，色深绿根，下叶带紫色，梢头出扁穗。结子如黍粒，茶褐色，味微苦，性温，以煮粥、炊饭、磨面者皆宜，且能益气救荒，故曹彬有"芳菰精稗"之称。

糁子，一名龙爪粟，一名鸭脚稗。糁乃不粘之称也。糁子生水田中及下湿地，叶似稻，但差短，至顶抽茎有细花，结穗似稗穗，其子如黍粒大，茶褐色，捣米炊饭，磨面作饼，可以救荒。《本草》曰：糁子四五月种之，苗如茭黍，八九月抽茎，有三棱，如水中蓑草，茎开细花，簇簇结穗如粟穗而分数歧，似鹰爪，内有细子，赤色，其稃甚薄，其味苦涩。①

这几种植物在《野菜博录》中并未记载，大约是因其属于杂粮之故。徽州山区苞芦种植在清代以后非常普遍，传世的契约文书中有相当部分是关于租荒山种苞芦的。而稗和糁子在农书中是作为田间杂草进行描述的。

第三节　灾荒年份粮食"遏籴"的应对

所谓"邻县遏籴"是个由来已久的问题。战国时期，秦饥，晋国闭籴，说明在战国时代，出于各自利益的考虑，已有遏籴之事发生。而对于遏籴现象，当时的正统意见认为"邻国有灾，义所当恤"。② 到了明清时期，从大一统帝国的角度出发，各朝皇帝都是三令五申各省"弛米禁，毋蹈遏籴之戒"。在清代全国粮食市场已经形成，各地分工渐趋精细的情况下，遏籴成为各非产粮区所经常碰到的问题。东南各省"平日藉客商贩易流通，偶有荒歉之岁，所资藉于邻省"，福建、广东和江浙等地区依赖于台湾、浙江、广西、湖广和江西等省的米粮输出。如此一来，

---

① 嘉庆《黟县志》卷三《地理·物产》。
② (宋)李明复：《春秋集义》卷二十，文渊阁《四库全书》第155册，经部一百四十九，"春秋类"第442页，台北：台湾商务印书馆。

在米粮交易之时,产米大省如四川、江西、广西等,往往本省米价一有浮动,就会禁止邻省商船前来购米。不仅如此,连处在运输要道的省份或州县也往往因地方私利而禁止别省米船通行,遏籴成为一件普遍的事情。雍正四年(1726年)七月二十日,镇海将军何天培在上奏《为请严遏籴之禁以裕民食事》折中提到:"此数省之米苟无阻滞,岁岁流通源源不绝,小民虽遇歉收尚不至于乏食,乃有地方豪棍私自倡众遏籴,横行拦阻客商买米,视同私贩,不许出境。亦有囤户壅积希图厚利,甚或江广之米几月不下,遂至米价腾贵,其间不肖有司听人耸嘱,公然示禁,是圣天子德意周流,每格于居奇遏籴之徒,而艰食或不免也。"① 对这类问题的解决,虽然中央政府支持粮食的流通贩运,但是中央和地方向来存在利益分配上的矛盾。就具体问题而言,皇帝不可能过问所有的地方冲突,然而粮食又关系到一县甚至是一府民生,必须妥善解决。因此,事情的发展走向往往更依赖于与此事有着密切利益关系的地方精英的努力。

对于徽州来说,浙江杭、严二府,江西饶州府都是出入的咽喉要道。徽州需从邻境买粮、运粮,途经各方为维护各自的利益,从而引发的冲突不绝于书。崇祯八年(1635年)六月,徽属大灾,当时张国维为右佥都御史,"巡抚应天、安庆等十府,徽所辖也"。他在《徽属灾伤疏》中就说道:"徽属歙、休、婺、祁、黟、绩六邑,处万山之中,厥田下下,硗确难耕……块处全赖转输,而四方更闭之籴,坐索枯鱼。金生粟死之情形,于今为烈;草根树皮之作供,厥后何堪!"② 确实,从明代起,邻县遏籴的问题日益严重,"杭有坝脚牙侩,更设网罗。严有衙蠹地棍,擅起私税,鱼肉米商,公行罔忌,甚至搁河纵掠,暮夜兴戎"。③ 道光《徽州府志》中记载有嘉庆八年(1803年)、九年(1804年)浙江兰溪、淳安两县阻

---

① (清)胤禛:《世宗宪皇帝朱批谕旨》,卷二十,文渊阁《四库全书》第417册,史部一百七十五"诏令奏议类",第289页,台北:台湾商务印书馆。
② 许承尧:《歙事闲谭》卷八《张国维陈徽属水灾疏》,合肥:黄山书社,2001年,第274~275页。
③ 许承尧:《歙事闲谭》卷六《明季县中运米情形》,合肥:黄山书社,2001年,第181页。

截歙县运米商船的诉讼案卷。安徽省图书馆藏《歙地少请通浙米案呈稿》(以下简称"歙案")和安徽省博物馆藏《祁米案牍》(以下简称"祁案")两份资料,①是有关此类的运米纠纷的典型案例。歙案指光绪二十四年(1898年)、二十五年(1899年)歙县和邻县淳安之间的纠纷,祁案是光绪三十三年(1907年)、三十四年(1908年)祁门和江西饶州府的纠纷。下面就具体分析在这种地域纠纷中,徽州社会各阶层是如何应对的。

一、淳安阻米案

对案卷进行整理后,为叙述的方便,按事情发展的前后顺序,主要案卷如下:诉讼案卷之卷首是嘉庆八年(1803年)、九年(1804年)兰溪阻截徽商米船的旧案案卷,之后方为光绪年间的淳安阻截米船成案。

歙案案卷开始于光绪二十四年(1898年)十一月十三日。首先是60余名绅商联名写给徽州府的呈辞,其后署名的人中包括6位有功名者和50余家铺户,为首者歙县同知江国本:

> 今夏旱灾徽地歉收,民食益觉不敷,会六月初二日钦奉谕旨:江南米缺粮贵,亟宜速筹补救,着奎、刘饬属设法平粜,一面飞檄邻省,即弛米禁,毋使灾民滋生事端,钦此。职等恭读之下,不胜感戴,比经遵旨谕,照章赴浙采办米谷,赈粜以拯民艰,并公吁仁宪俯给护照,移请金、衢、严三府属县,照章准运,验照放行各在案。讵淳安县威坪厘卡,近奉浙抚宪禁止运米出洋章程,卡员误会,概将运徽赈粜米船一概截阻。不知徽属实处万山之中,不通洋面,即有商人渔利,焉能飞越出洋?是与浙宪洋禁公文初无妨碍,况以徽民而食浙米,向援引盐之例,从无阻止,有案可稽,亦非他省所能。藉口今一旦违章,捆阻护照米船,概不放行,徽民待食甚急,人情惶恐,有朝不及夕之虞。职等食毛

---

① (清)汪麟:《歙县少请通浙米案呈稿》,不分卷,清光绪刻本,一册,皖图索书号:238630;(清)黄光弟:《祁米案牍》,亦名《祁门县购办浙米定安案纪略》,清光绪年间刻本,藏于安徽省博物馆,共1册,索号:8950。

践土,桑梓关怀均难膜视,为迫抄粘《徽州府志》载嘉庆九年成案,及前浙抚宪碑示,匍叩宪大公祖大人鉴主迅赏,详请督抚宪移咨浙抚,扎饬淳安县属威坪厘卡验明放行,以符向章而济民命,恩公两便。上禀。

从案情推知,十一月份米船已被淳安县借口"洋禁"扣压,[1]绅商们要求按往年旧例放行商船。呈辞中提到六月份光绪所颁令江南"米缺粮贵"各省设法平粜,而邻近各省则应"即弛米禁"的谕旨。前文已经提及,清政府对于全国的粮食市场之间粮食贩运是持支持态度的。康熙、乾隆及至道光年间都曾有允许民间商人贩运川米到江、浙等省,并不许沿途省份拦截的谕旨,尤其是灾荒年份,所运米粮常常在经过关卡时是免税的。

除上呈徽州知府外,江国本等人还请求将案情转到两江总督、安徽巡抚和浙江巡抚处。此时官府对此事反应淡漠,徽州知府春岫在批示中没有提及解决办法,仅简单表示案情已知。

与此同时,十一月二十八日,徽州绅商在浙江也联名提出控诉。同样是以歙县同知江国本为首,针对浙省的遏籴行为,徽商一再强调"徽属万山怀抱,田少山多,仅有浙江一路水可通舟。徽地丰稔之岁,土产米粮仅敷三月",又称:

> 浙东金衢严等处,素称余米之区,历来仰给购运接济……况徽与浙毗连,名为隔省,实属邻封,即以目前而论,浙省实补仓储,曾在江南余米各处购运,两江大宪不分畛域一体放行,可见江南余米处可以运浙,浙省余米处亦宜运皖,两相通运,互济其急。

故而"为饥民待哺浙米通徽叩求恩准",其实这里徽商是在质问为何浙江有灾时,从江南各处调米,而今徽州有灾,浙江却不放行徽州的运米商船。众所周知,清代江南地区因为经济作物种

---

[1] 在清代的粮食市场,输入江南的粮食流向有一部分是从浙江沿海走私海外,量大时常会引起内地米价的波动,中华书局出版的《清实录》和中国第一历史档案馆编的康熙、雍正和光绪朝汉文朱批奏折中有大量关于严禁出海船只携带超额米粮的规定和奏折。这里浙江省就借口"洋禁",拦截下徽商的米船。

植面积的扩大,除少量内部区域调剂外,早已依赖湖广、安徽等地的外米输入。浙江是个既产粮又缺粮的省份,它有浙东、浙西间的粮食调济,但更多依赖顺长江、运河运来的米粮。地处安徽南部的徽州严重缺粮,但该省中部丘陵平原区之安庆、太平、宁国、和州和庐州等府州,在清代却是全国重要的稻米输出地,额征米粮数占全省的75%以上,每年向外省运销大量粮食。① 所以浙江有灾,所调粮食顺长江而下者就有来自安徽的。徽州地处皖南,和皖中虽属一省,反倒因黄山、九华山等山脉阻隔,转运非常艰辛,要由新安江、饶河溯流而上从浙江、江西两省输入。也就是说,沿新安江所贩运回来的粮食多来自浙江,"衢、严之米多为江南徽州贩运"。② 早在明末歙县知县傅岩在《歙纪》中也记载:"今时寿昌、淳安、兰溪、油榨沟等处,新米渐出。又闻江西有米至祁门,亦有米到芜湖,各商无论新旧,各携资本,往彼籴买,至梁发卖。"③这里的"梁",也就是指歙县的渔梁坝。而在这个淳安威坪厘卡的遏阻案件中,徽商所运米粮就是在浙江严州寿昌采购。另外,当时杭州附近也形成一些著名的米市,如嘉庆八、九年兰溪阻米案中,徽商屡次在讼词中提及的杭州附近长安镇,就是徽商购米回徽的主要米市之一。④ 可见浙江米市及邻近徽州的府县是歙县米商购米的通常去处,浙江省一旦闭籴,对徽州粮食的供应影响巨大。

  浙江方面很快有了回应,浙江抚巡廖寿丰在批示中解释"洋禁"之说乃是因"浙省米粮前因价又飞涨,难保非奸商串同

---

① 王社教:《清代安徽农业生产的地区差异》,载《中国农史》,1999年第4期。
② 《清实录》第十一册,《高宗实录》三,卷二一五,乾隆九年(1744年)四月下,北京:中华书局,1985年,第766页。
③ (明)傅岩:《歙纪·设法粜卖以安民心》,明崇祯新安吴氏刻本安徽省图书馆1982年摘抄本,第62页,索书号:254100。
④ 樊树志《明清江南市镇探微》(上海:复旦大学出版社,1990年,第402页):长安镇位于杭州府城东80里,西至临平镇35里,北至石门县12里,南至海10里。河道四通八达,上河之水直达杭州艮山水门,下河则可通江南及川楚各地,成为"通运之总区","杭、绍诸郡商贩咸集"(同治《修川小志》卷首陈序)。在商品经济发达的长江三角洲地区,商品粮流通频繁,长安镇成为仅次于枫桥、平望的著名米市。米市在石塘湾,市上"江南、川、楚之米无不毕集"(同治《修川小志》卷下物产)。

行户偷贩出口",因此下令粮食只能在本省内流通。但廖在批示中接着又说:"惟据称徽地今夏大旱歉收,民间待食孔殷,淳安县与徽毗连,该商又执有徽州府护照,似难一概禁运。"同意放行被扣商船,其余商人不许仿效,必须等到浙江米价平定后,再来浙江购买粮食。事情看来似乎就要解决。但是转瞬到了十二月份,事情并没有解决。

从以上描述可以看出,在整个十一月份,主要是此次事件的直接卷入者——绅商在和浙皖两省的地方官交涉,但似乎效果并不理想,问题没有得到解决。随着时间的推移,各种矛盾都进一步显露出来,想象一下徽州当地乏食的百姓,被滞留货物占去大量资金和这场不知何时才能结束的诉讼所带来的费用压力,这一切促使十二月份徽州当地绅商展开新的努力。

光绪二十四年(1898年)十二月初四日内阁中书程锦和等60余人联名上告,①状纸又一次递给了徽州知府春岫。下文所引乃此次联名之人:

> 具禀徽属内阁中书程锦和、郎中衔尽先选用员外郎张廷约、刑部候选主事方作孚、五品衔候选兵马司正指挥吴效英、花翎盐运使衔陕西遇缺题奏道汪廷栋、直隶州用江苏候补知县汪士仁、四品衔职王守经、七品衔职附贡生潘晋龄、同知衔候补知县胡敦仁、同知衔拣选知县江学普、五品衔候选知县陈煌、前署宁国府教授许琳、举人程恩浚、许承尧、五品衔试用训导方文隽、岁贡生就职训导江长青、程尚忠、项长椿、候选训导汪廷柱、鲍中□、布政司理问程万咸、理问衔

---

① 内阁中书一职,明代始置,清沿明制,掌撰拟、记载、翻译、缮写等事。官阶为从七品。或由举人考授,或由特赐。此官定额为满洲中书七十人,蒙古中书十六人,汉中书三十人。(参阅徐连达主编:《中国历代官制大词典》,广州:广东教育出版社,2002年,第230页)但程锦和所任是否是实职,尚值得怀疑。刘汝骥《陶甓公牍》中有几则关于程锦和的批文,如卷二《吏部·批判·歙县内阁程锦和等禀批》、卷五《批判·学科·歙县内阁中书程锦和庶吉士许承尧等呈批》和《批判·学科·内阁中书程锦和等禀批》等。在卷二中,程锦和等人上禀刘汝骥的乃是地方自治事务,卷五中禀请的是劝当地士绅纳输锡箔捐以办学的事,在这三则资料中,徽州知府刘汝骥以上级的身份给以批示,从中可以看出程锦和并非在中央任职的内阁中书。

候选县丞程立□、恩贡生江治、岁贡生洪恩采、汪鸣珂、五品衔浙江补用府税课大使吴泉溥、江苏试用从九汪邦、惠布经历衔附贡生许钺、候补都司罗世英、五品衔附贡生姚凤梧、廪贡生巴泽润、曹作霖、汪绍柏、汪福熙、方增华,贡生吴鹏、附贡生汪淳、汪文瑞、程景曾、汪学诗、王兰、王潘,廪生胡自渊、汪鸿藻、江友松、郑广镇,增生方秀书,附生吴永涵、吴瑞义、江孔殷、曹念曾、萧廷献、杨宝森、郑启缙、曹梧、王模、汪应鸣、郑寿颐,耆民江麟、吴泰……

从呈请人的职位和地方势力上来看,较十一月份上告之人要显赫些,除各种在任职官、候选官员外,在基层的举人、贡生占了绝大多数。虽然有功名者其官衔并不算显赫,而且笔者也无法全部考证出是否为实职,但至少能够算是当地社会的精英,对地方社会事务有一定影响力。下面笔者就选取其中几人来作一说明:

程锦和,字霞坡,同治年间优贡,槐塘人。程氏是徽州大族,元延祐三年(1316年),徽州陈栎编纂《新安大族志》,其间列举程氏分布多达70余处;①明嘉靖三十年(1551年)程尚宽等人编纂的《新安名族志》中所记载的歙县槐塘程氏宗族中科第仕宦的人数就已达到33人。

许承尧(1874~1946年),字际唐,唐模人。许氏为唐模大族,许承尧祖父许恭寿为蒙学塾师,父亲许学诗,五品封职翰林院编修,曾商于江西。许承尧16岁为府庠生,光绪二十四年(1898年),许承尧年仅25岁,但已中举3年。在此,笔者不惮多交代几句许承尧对于当地文化事务的影响和贡献,当然,有些是发生在淳安阻截徽州米船事件之后,但以此也能对许在当地的影响窥知一二。许在1904年中进士,点入翰林,为庶吉士。在歙县创办有新安中学堂、紫阳师范学堂。1933年,他倡议重修《歙县志》,并被推为总纂,3年始竣事。该志16卷,搜集广泛,考订

---

① (元)陈栎:《新安大族志》,不分卷,影印本,一册,安徽省图书馆藏,索书号:2060079。《新安名族志》所得程氏科第人数转引自赵华富《〈新安名族志〉编纂的背景和宗旨》一文(载《安徽大学学报》(哲学社会科学版),1997年第3期)。

精赅。许另外还撰有《歙事闲谭》、《疑庵文剩》、《疑庵随笔》和《疑庵藏书画录》等,辑有《新安佚诗辑》、《明季三遗民诗》等。①

岁贡生洪恩寀,字昭则,歙县桂林人。洪氏自宋绍兴年间由先祖洪纲自叶村迁居桂林,此后几百年不断发展,乃是徽州名族之一。据洪氏家谱不完全统计,从成化年间壬辰科始,到光绪末年,洪氏出过进士 15 人,举人 28 人(包括进士),贡员 23 人,成均 23 人,礼部儒士 21 人,府和县庠生 278 人,得封赠和恩荫的 71 人。在这些人中,仕宦者多达 61 人。② 而在洪恩寀同房亲属中,其长兄洪恩受为岁贡生,二哥洪恩组为县庠生,父亲洪士照为府庠生,祖父洪性一为附贡生,和洪家联姻的有汪、江、薛、曹和叶等姓。③

程恩浚,除具有举人的功名外,还是光绪末年屯溪茶业公所的董事。④ 汪学诗,为附贡生,清末新政时,徽州举行地方自治,歙县当选的 11 人中即有此 2 人。⑤

从家族范围来看,卷入的 60 人共有 22 个姓氏,其中汪姓最多,有 13 人,占总数的 20% 还多,程、吴和江姓各 6 人,方、王各 4 人,许、曹两姓各 3 人,胡姓 2 人,其余有 13 姓都是只有 1

---

① 许承尧:《歙事闲谭》序二(诸伟奇序),合肥:黄山书社,2001 年,第 9~11 页。
② 洪业远:《桂林洪氏宗谱》,卷三,民国十二年(1923 年)木活字本,上海图书馆藏。
③ 洪业远:《桂林洪氏宗谱》卷六,民国十二年(1923 年)木活字本,上海图书馆藏。
④ 刘汝骥:《陶甓公牍》卷三《批判·户科·歙南拣选知县程恩浚等禀批》,第 487 页;卷五《批判·学科·屯溪茶业公所董事洪廷俊、程恩浚等禀批》,第 503 页;卷十一《笺启·复茶业公所程伯俊同年恩浚》,第 578 页。《陶甓公牍》收在《官藏书集成》第 10 册,《官藏书集成》编纂委员会编,合肥:黄山书社,1997 年。刘汝骥,"直隶静海"人,即今天津市静海县人,据《清代官员履历档案全编·光绪朝》记载,刘汝骥"(光绪)三十三年正月初七日,奉旨补授安徽徽州府知府"。王振忠教授在《徽州社会文化史探微——新发现的 16~20 世纪民间档案文书研究》一书第 126~132 页对刘汝骥做了比较详细的介绍,并利用其所编著的《陶甓公牍》为史料从社会生活史角度对晚清徽州社会进行了相关研究。本节和第八章的《赈灾个案研究:晚清徽州社会救济体系探微》用《陶甓公牍》史料较为集中,故在此作一说明。
⑤ (清)刘汝骥:《陶甓公牍》卷十《禀详·复选选举人人名册》,宣统三年(1911 年)安徽印刷局铅印本,《官藏书集成》第 10 册,合肥:黄山书社,1997 年,第 558~559 页。

人。程、吴、江、方、许、曹等姓都是《新安大族志》和《新安名族志》所列姓氏。在徽州这样的宗族社会,各姓之间在长期的生活中,因各种经济或联姻的关系,而有着千丝万缕、错综复杂的关系。

面对这样一支不容忽视的庞大的地方势力,徽州知府春岫迅速将有关案卷分别上呈给了两江总督刘坤一和安徽巡抚邓华熙,并且在接下来的6天里,连续两次和浙江方面进行交涉。

此时浙江方面不再借口洋禁,转而说明阻米的理由是浙江各地缺米,米价高居不下,尚需到江苏、江西和湖南等处贩运,没有余米转销给徽州,加之徽商人数众多,实在不能通融。并且说不仅是商人采办的米粮,连官属的茶厘局所运之米也在被扣之中。

在徽州知府处理此事的同时,以程锦和为首的徽州士绅集团直接将状子递到安徽巡抚邓华熙处,并请其给两江总督、浙江巡抚发去咨文(浙江巡抚是廖寿丰,后由刘树堂接任),并再次随状纸附上抄录的70年前,即嘉庆八年(1803年)、九年(1804年)阻米旧案,以及嘉庆二十年的浙江巡抚下发兰溪县的《严禁阻米告示》。

此时已是十二月末,经过这一个月的努力,安徽、浙江两省地方最高一级的官僚层已经充分感受到来自徽州基层的巨大压力,在接下来的光绪二十五年(1815年)的正月里,各种官府文件在地方大员之间频繁传送,并不断有消息反馈给徽州士绅。下面一个日志式的转述或许有助于读者体会此时事情进展之顺利:

正月初八日,安徽巡抚批示:已知徽商所禀之事,且已转达到浙江抚部院。

正月十四日,浙江藩宪恽电复两江总督:"已飞饬威坪厘卡迅速放行。"

随电复之后的是浙江巡抚给两江总督的官方回咨和私人信件各一封。在官方回咨中,浙江方面态度已有松动,一方面表示"皖南毗连各境向资浙米接济,该商既有护照可凭,即非寻常贩运可比,自应一体验放……饬令威坪卡员将前次扣留米船验放在案";另一方面甚至暗示徽商可以继续前来购粮,"现在金衢严三属米粮若何情形,除留备本境民食外,每县究能出粜若干供徽商采购之用,应如何酌定限制稽查偷漏,速即由该三府督同各县该查明,妥议章程禀复核办"。

正月二十日,官方之间的文书往来仍然在继续,内容相似。

正月二十六日,两江总督刘坤一给浙江抚部院正式下了批文,明确表示徽州所属各县均为内地,与禁米出洋无关,浙江抚部院应查照通饬威坪卡员验明米船护照后不仅要"刻日放行",而且以后"仍循旧章,听其照常采运"。这个批文,可说是徽商士绅的努力取得的极大成果。

三月中旬,官府下发给徽州绅商一份正式的允许运粮的批文,至此,在这场徽州与严州地方社会的较量与冲突中,以徽州绅商的全面胜利而告终。

二、祁门阻米案

这个案例依据的主要资料是《祁米案牍》,由在饶州的祁门米商捐资刻印,内容是关于光绪三十三年(1907年)饶州严禁运米往徽的案子,祁门人黄光弟搜集来往电咨、札文和示谕各公件,于同年冬十月,汇集刊刻成书。黄光弟是外出经商的徽州商人,据他自己在跋中所言,到1907年时,已经往来于南方和祁门之间经商达数十年之久。

案情的发展是这样的:

丙午冬十二月(光绪三十二年,1906年),祁门士绅共同筹资往江西饶州府购办米粮以备荒政。丁未春正月(光绪三十三年,1907年),长驻饶州打探米市的祁门士绅程际隆传回消息说饶州府禁米出境。消息刚传到祁门,当地士绅立即展开了行动。《祁米案牍》在篇首交代编撰缘由时,即概述了事件的始末:

> 维时余接饶州封禁之文,立即邀同姚君仲南、黄君元序晋谒邑尊熟商良策,又与胡佐周、张佐臣、马右频诸君子筹议,均以事势穷迫,为言此事,若不秘密诚恐人心浮动,必致滋生事端。惟赖邑尊坐镇从容,余即缮禀公同集议,

请饬专差先电督宪,并据禀,备文通详各大宪,旋蒙先后电咨赣抚,迅电饶守,又蒙饶守汇电通饬各县,济运仍令给照验放以示限制,而免假运等因,仰见各大宪德泽及民国,暨赣抚宪一视同仁之至意,尚幸我邑,宦游金陵者,有洪亦梁、胡鸿臣两明府开心桑梓,乐与赞成。爰纪颠末以为左券,俾后之经商饶郡者得所考证焉。

这段史料中,作者黄光弟邀姚仲南、黄元序去晋谒休宁知县商量对策,继而又与胡佐周、张佐臣、马右频等人继续筹议。众人认为"事势穷迫",如果传出消息,恐怕人心浮动,以致滋生事端,于是商定由知县坐镇县中稳定民心,其余各人则分头行动。一方面,知县以官府加私交的名义向上求援;另一方面,黄光弟和祁门县内一些相关的绅商,分别赶往饶州和南京打点。两江总督接到祁门各绅商的禀文后,给有关各部以及江西巡抚去电,通过江西巡抚向饶州府施加压力,饶州府再向下属各县发布命令,最后徽商米船凭借官府所发护照得以从江西贩运回粮食。

此案的情形和歙案有相似之处,整个操作过程中,地方官和绅商密切合作,尤其是祁门士绅显得格外活跃,例如黄光弟,往来奔走于衙门和地方士绅之间,穿针引线、出谋划策,并在事件结束后将札文、公件汇为集;又如在江西饶州打探米市的程际隆,在当地也有着重要影响。他出身于祁门善和仁山门程氏,这是个显赫的家族,徽州地区最早的乡镇志《善和乡志》几乎就是这个程姓缙绅地主的族谱,程际隆光绪年间所修的《祁门善和程氏仁山门支修宗谱》进一步延续了家族的辉煌。他本人在光绪末年也是相当活跃,晚清文集《陶甓公牍·批判》中所辑录的公文批折中,多次出现此人,而在晚清新政的自治选举中,他是祁门复选名单六人中的一人。[1] 当然,除此之外,也不能忽视在南京为官的徽籍人士洪亦梁和胡鸿臣在其中所起的作用。

---

[1] (清)刘汝骥:《陶甓公牍》卷四《批判·礼科·祁门县监生程康意、附贡生程际隆等呈批》,第491页;卷四《批判·礼科·祁门县附贡程际隆呈批》,第492页;卷十《禀详·复选选举人人名册》,第558页。宣统三年(1911年)安徽印刷局铅印本,《官箴书集成》第10册,合肥:黄山书社,1997年。

小　结

受农业自然条件所限,自古徽州所产大米产量难以维持自食,当地的食物结构中,各种杂粮是重要的组成部分。除了五谷杂粮以佐食,外界的粮食输入对于维持徽州社会稳定有着重要作用,灾荒时期更是如此。

对于地处皖南的徽州而言,周边如浙江之寿昌、淳安、兰溪、油榨沟、金华,安徽之旌德,江西饶州等处规模稍小的产粮和集散地,因路途较近,运输成本降低而成为籴买的首选地。

徽州地区由外界运进粮食的水路主要有两条:一是由新安江顺流而下至苏州、杭州;二是经饶河至江西。从水路运进的大宗粮食要转销到山间乡间,有水、陆两种方式。陆路多以肩挑人扛翻越山岭,其道路之艰难犹在水路之上,路况条件稍好的地方,可以借助驴子等畜力。徽州内部并没有类似江南水乡的便利的水运网络,当地具有航运能力的河流不多,除了少数大河干流常年通航,大多数溪流流短浅涩,落差大水流急,无法筏运。历史时期,对于可资利用的河段,常有开凿拓深之举,故而境内分布着不规则的短途粮食水运网。水路运输较之陆路省力,却要受溪河涨落的影响。

在以渔梁坝为例的徽州本地米市的探讨中,从政府在渔梁坝的勒石禁碑所列内容,得以窥见明末米市诸多混乱之处。而勒碑中八条禁约关于买卖交易过程、脚夫、船户、牙行、米商的规定,又同时显示了明末政府在协调市场方面的调控力。明末崇祯九年(1636年)大旱荒期间,米市存在冒领官府平粜粮、强买、米铺择人而卖种种现象,由于春水未发和牙行强买强留米船等,米粮难以运进,商贩不继,市场严重缺米,梁上牙行、米铺又射利囤积,米价翔涌,贫民枵腹待哺,这种情况下,社会矛盾迅速激化,骚乱时有发生。官府当时采取了多种措施,发官银募人往浙江籴买粮食,劝谕米船来歙,保护米船安全,以缓解市场米荒,维持市场秩序,平抑物价,平衡与邻县的关系等。从明末米市的勾勒中,看到一幅生动的市场画面,商品经济日益发展,社会风气日甚浇漓,以利益为驱动,诸种社会人物粉墨登场,地方政府在利益与道义之间维持着社会的运转。

农业歉收引起的饥荒在徽州比较常见,米价的波动在灾荒时期尤为剧烈。明中后期灾荒时的米价有时达到正常年景的3至4倍,进入清代,米价的变动稍平稳些,即便是荒年,也只比正常的高出百文钱左右。清末的粮食价格抬高,但因为水、旱而导致的农业歉收,粮价上升只是比整体抬高后的价格高出1到2钱左右。

"遏籴"与"禁遏籴"指米粮外运地区的百姓、士绅或地方官府阻止本地粮食外流的举动,一般发生于青黄不接或饥荒时期,是一种由于短缺或对短缺的焦虑而产生的反市场行为。"遏籴"与"禁遏籴"的矛盾反映了特殊情况下不同社会集团在米粮流通问题上的利益冲突。在一个缺乏以追求经济增长为价值取向的社会,在一个社会精英把经济活动作为维持社会秩序手段的环境中,在短缺或可能短缺的情况下对基本生活资料的流通进行限制,是具有某种合理性的。① 不管是士绅还是官府,遏籴与禁遏籴的目的都在于维持地方安定,所以不同地域集团和不同社会阶层的利益冲突必须在这一目标下得到调适。但是作为一种反市场行为,遏籴人为地扩大了粮食输入地与输出地间地区差价,使米粮的贩运更为有利可图,这样不管是输出地的有粮之家还是输入地的米商,都会由于利润的驱使而冲破人为的阻挠。尽管全社会普遍认为"遏籴"是一种不合理的行为,但作为一种非经济现象,局部的、暂时的利益需要都可能使这一行为反复出现。

从歙淳、祁饶的个案分析中,我们还可以看到,晚清之时,绅商们介入到地方事务的管理中来,他们不仅领导本宗族和维持当地秩序,而且在与邻境的纠纷中团结起来争取整体的利益。歙案中,商人拿着徽州府颁发的护照在浙江严州等处购买粮食,在运回徽州的过程中,被严州府淳安县厘卡阻截。徽州六邑绅商联合上告到徽州知府、安徽巡抚、浙江巡抚和两江总

---

① 陈春声:《市场机制与社会变迁——18世纪广东米价分析》,台北县:稻乡出版社,2005年,第200~213页。

督处,再三陈请。一方面情词切切,历数徽州农业艰辛,"民食攸关"、"人心惶惶";另一方面据理力争,从光绪帝六月份所下的禁止遏籴的诏书,到70年前浙江兰溪阻米旧案和60年前浙江巡抚所刻下严禁阻米的碑文,再到用清代粮食市场整合中浙江对江南安徽米的依赖,类比徽州从浙江运米的合理性。徽州士绅锲而不舍、精诚团结的形象跃然纸上,显示了在晚清时期,地方绅士在维护地方利益过程中的积极作用。而本章没有重点分析的祁门一案中,祁门绅商在维护本地利益的过程中,所起的作用也是显而易见的。

在粮食冲突中,官商之间的关系是千丝万缕的。其一,表现在讼词之后署名者本身就是有功名者,或为朝廷命官,或为候补官员;其二,徽籍出去做官之人,在处理与家乡有关事件时,无不鼎力相助,比如祁门一案中,在南京做官的洪亦梁、胡鸿臣两人皆提供了帮助;其三,以有功名者为首,联合商人铺户,官商的利益相互交织。以歙案为例,前后共百余人,60余家铺户联名上告;其四,从解决问题的方式来看,两案走的都是上层路线,依靠徽州出去做官的人或是在徽州为官的人的力量,一直将事情推到地方最高级的长官处,再以上级命令的形式层层下压,最终直到问题的解决;其五,问题解决过程中以及最后邻县同意徽州运米的条件中,都要求商人持有官方发给的护照,体现出商人对政府权威的依赖;其六,官府对民间的米粮贸易进行着宏观的把握。祁门"旧岁十二月间,各店米商接奉宪谕,饬查现存米数,暨在饶地买货情形,据实开单呈报"。①

在晚清这样一个中央权威遭受外来势力挑衅、政局动荡的年代,在维持地方稳定方面,绅商阶层表现得似乎更有主动性。对于地理环境相对封闭的徽州而言,绅商们通过保证米粮供应的方式,一方面维护了自身的经济利益,另一方面也保持了徽州当地社会的稳定。当然,在绅商们慷慨义正的民以食为天的讼词背后,我们不能忽视其对商业利润的追求。

---

① (清)黄光弟:《祁米案牍》,亦名《祁门县购办饶米定安案纪略》,第4页,光绪刻本,藏于安徽省博物馆,共1册,索书号:8950。

第五章

明清徽州的仓储备荒

明中叶《荒政要览》曰:"通融有无,真救荒活法,然其法有公有私。何谓公? 曰:支拨官廪,借兑内库,如假军储以救民饥是也;何谓私? 曰:劝人发廪,劝人籴贩,劝诱商贾,率钱贩米归乡共济乡人者是也。"①这里所谓"公"、"私",其实就是指国家荒政和民间赈济。明政府始终把荒政作为基本国策,但明中后期救荒机能较前衰弱。②清代是中国古代赈济事业发展的鼎盛时期,国家荒政在清前期的灾后赈济中占有重要地位;③清中后期,随着国家荒政的衰败和基层社会自治化倾向的加强,以及下层贫民阶层的不断扩大,由乡绅倡率的民间社会救济活动

---

① (明)俞汝为辑:《荒政要览》,卷六《通融有无》,明万历三十五年(1607年)刻本。
② 陈关龙:《明代荒政简论》,载《中州学刊》,1990年第6期;叶依能:《明代荒政述论》,载《中国农史》,1996年第4期。
③ [法]魏丕信著、徐建青译:《18世纪中国的官僚制度与荒政》,南京:江苏人民出版社,2003年;ierre-Etienne Will &R. Bin Wong: *Nourish the People: the state civilian granary system in China*, 1650—1850, Ann Arbor, Mich,1991;王建革:《清代华北的灾害与乡村社会:一种周期性调控系统的作用》,载《自然灾害与中国社会历史结构》,上海:复旦大学出版社,2001年,第234~258页。

不断兴起,并担负起越来越重要的作用。①

仓储体系是荒政实施的基础,也是传统中国社会保障的重要形式之一。常平仓、社仓和义仓等诸种仓储各司其职,相互补充,平日积粮,在灾年通过赈济、借贷等方式救济灾民,在覆盖空间、赈济职能上相互补充,构成了较为完整的备荒体系,对保障民众生活、维持社会稳定起到了很大作用。

仓储对于徽州地区有着更为重要的意义,"徽居山之中,地隘民聚,田棣收给,不逮其食之半,居者累阁而栖,一抔之土,殴斗而争,或至累世。彼其谣俗,计利不让族人"。② 恶劣的自然环境所能提供的有限的生存条件,使得人际关系因利益的纷争而紧张。各县方志连篇累牍记录着本地的生产条件状况:"绩溪地多硗确,户鲜盖藏,册山林川泽之利,又歉于他邑。岁或不登,即呼庚癸不得,以耕九余三例之故,于仓储重有赖焉。"③"储蓄所以备荒,在休宁则兼у防变。徽州地势上接江西,下抵浙,四面崇山峻岭,休宁又居四山之中,地之所出,既不足食一邑,势必仰给邻郡。米自钱塘来者,溯流逆上,滩水悍湍,率一石费倍之。自饶而下,则攀缘险阻,肩抬步行,竭数人力,乃致一钟。平时转运之难如此,一旦有变,上下断绝,不旬日,一邑之命,可立视其毙。仓储备蓄较他处凶荒不更急哉!"④ 又因"其民鲜务农耕,争趋商贾,轻囊薄具,足迹遍四方,民皆恃贾为生,其尽力于畎亩者悉贫民也。一遇水旱,辄无以资生,是以蠲恤之政较他处为急"。⑤

在徽州,就各仓作用而言,"常平主积以备歉,社仓主贷以利农,取息不多。春夏之交农民藉以济乏,而无告贷素封、倍称

---

① 余新忠:《清中后期乡绅的社会救济》,载《南开学报》,1997 年第 3 期;吴滔:《清代江南社区赈济与地方社会》,载《中国社会科学》,2001 年第 4 期;吴滔:《清代江南地区社区赈济发展简况》,载《中国农史》,2001 年第 1 期;吴滔:《宗族与义仓:清代宜兴荆溪社区赈济实态》,载《清史研究》,2001 年第 2 期;杨剑利:《晚清社会灾荒救治功能的演变——以"丁戊奇荒"的两种赈济方式为例》,载《清史研究》,2000 年第 4 期。
② 康熙《休宁县志》卷三《储蓄》。
③ 嘉庆《绩溪县志》卷三《食货志》。
④ 康熙《休宁县志》卷三《储蓄》。
⑤ 康熙《休宁县志》卷三《恤政》。

偿息之苦。因小储以成大储,由一里而均众里,固与昔之社仓异矣,若夫都图之间贮缓备急,则又莫善于义仓"。① 常平仓为历代所沿用,由官府出资创立,通常设于城市之中。义仓、社仓最早出现于隋代,由于唐宋时期设立的义仓皆掌管于官府,设立于城市,距乡村较远,不便于赈济乡村灾民;宋朱熹于乡村设立社仓;元代,义仓下移设立于乡村,义、社二仓出现合流趋势。② 徽州的仓储兴起很早,唐宋元时期,除建有常平、义仓诸仓储外,还有永丰仓、广济仓诸名目。③ 下文主要探讨的是明清时期的徽州仓储。④

第一节 明代的预备仓、廉惠仓和社仓

一、明前期的预备仓

明前期的仓制主要为以储粮备赈为主要职能的预备仓。⑤

---

① 乾隆《婺源县志》卷十二《食货·储蓄》。
② 关于仓储制度的研究,民国时期有于佑虞《中国仓储制度考》,南京:正中书局,1948年;新中国成立后较有代表性的有陈春声关于清代广东地区仓储的系列论文,吴滔对明清江南地区仓储的系列论文,王卫平借鉴社会保障学的理论与方法对以苏州为中心地区的研究,另外灾荒史的相关论文与著作亦多有涉及,海外学者中法国魏丕信、日本今崛诚二,我国台湾学者刘翠溶、梁庚尧等也有相关成果。
③(宋)罗愿:《新安志》卷一"仓库"门记载:"州仓在孝义坊,常平仓在州仓之旁",说明宋代县城里已建有州、县仓。明清以后,各县县志里的"储蓄"门,基本都记有宋元时期的仓储情况,虽然大多情况不详,但至少说明其存在。如嘉庆《绩溪县志》卷三《积贮》(安徽府县志辑第54册,第403页)中记载绩溪县宋时在县治北建有常平仓,又每都一所共建有十六所义仓。又如民国《歙县志》卷三《恤政志·仓储·附府仓》(第133页)中,记有唐义仓的税率、宋活人广济仓的倡建人,及元永丰仓的仓址等项。
④ 周致元:《明代徽州官府与宗族的救荒功能》,载《安徽大学学报》(哲学社会科学版),2006年第1期。此文论述了明前期的仓储系统。
⑤ 顾颖:《明代预备仓积粮问题初探》,载《史学集刊》,1993年第1期。

洪武初,"太祖命户部运钞二百万贯往各府州县,预备粮贮。每县于境内定为四所,于居民丛集处置仓"①。并诏行省运钞来粮,以备荒年赈济;于近仓之处,佥点"耆老"或"大户"看守。

徽州预备仓俱于明初建立,下表列出了徽州六县设立预备仓的时间、地点、仓储规模等相关情况:

表5-1 明代徽州六县预备仓概况表

县	创建年份	地点	备注	资料出处
歙县	永乐六年(1408)	明洪熙时,凡九所。明初四所(东仓在四都汪村,西仓在十九都岩寺镇巡检司旧址,南仓在三十六都湖田湾,北仓在十四都呈坎);后增两所(宏济仓,在二十九都小沟,分济仓在三十六都杨坑);乌聊山一所。	入清预备仓改建紫阳门。	民国《歙县志》卷三《恤政志·仓储》
休宁县	不详	县治东。	贮稻五千九百八十石有零。	康熙《休宁县志》卷三《储蓄》
祁门县	永乐三年(1405)	四所。(东在八都,西在二十一都,南在十二都,北在二都)	每仓三间,官为收籴称谷。	同治《祁门县志》卷十四《食货二·恤政·备赈仓》
婺源县	不详	共六所。(先四所:东乡在六都汪口;西乡在三十九都董村;南乡在三十六都横槎;北乡在十八都清华。成化年间增两所:惠远仓在七都中乎,惠民仓在西乡三十八都霍口)	入清以后,各仓并入城预备仓内,仓址在东隅城隍庙前。	康熙《婺源县志》卷七《食货·储蓄》
绩溪县	永乐二年(1404)	四所(南仓最早,在县治南;东仓在十一都仁里;成化间,增设西仓三间,在三都尚田后增置镇头仓三间;县北一都扬溪口仓九间)	其后各都仓俱废,并入县南仓。嘉靖、万历、崇祯年间仓址屡有变动。	嘉庆《绩溪县志》卷三《积贮》
黟县	不详	四所(在四乡),景泰以后共增为八所;弘治间贮稻谷共一万一千四百八十三石五斗三合。	清废。	嘉庆《黟县志》卷九《政事·仓储》

从上表我们可以看出,徽州的预备仓多建于永乐初年,晚于洪武诏令。政令在全国的推行需要一个过程,而且徽州僻处皖南山区,另一方面,可能也与发达的宗族救济有关。此外,徽

---

① (清)俞森:《义仓考》,载李文海、夏明方主编:《中国荒政全书》第二辑第一卷,北京:北京古籍出版社,2004年,第75页。

州本地所出粮食不足一邑,皆仰于外,储存所需粮食完全依赖于市场的粮食运输,增加了贮存粮食的困难。

从预备仓的分布来看。初建之时,各县基本上按官方设定,东、西、南、北各设一仓,但也有例外,如休宁县便仅在县治东设一所,而后增加的仓址则分布并无定制,数量也不以四所为限,多时甚至达到15所之数。

明代的预备仓的仓谷来源有官籴、借拨、民捐、官赃赎籴等。洪武初"官储粟而扃钥之";正统七年(1442年),"令各府州县一应职罚入官之物,俱于年终变卖在官,候秋成籴粮";成化中,"仍尽各处在官赃赎籴为备,有不敷,听于存留粮内借拨,或于各里上中户劝助以充"。

仓谷的数量根据州县大小,例有定规,弘治三年(1490年),户部议:预备仓粮系救荒至计,合照州县大小、里分多寡、积粮难易斟酌举行。其有司预备仓,10里以下,积粮1.5万石;20里以下,2万石;30里以下,2.5万石;50里以下,3万石;100里以下,5万石;200里以下,7万石;300里以下,9万石;400里以下,11万石;500里以下,13万石;600里以下,15万石;700里以下,17万石;800里以下,19万石。[①] 歙县东西157里,南北240里;休宁县东西68里,南北180里;婺源县东西200里,南北180里;祁门县东西180里,南北160里;黟县东西65里,南北85里;绩溪县东西120里,南北55里。[②] 以此标准来类推预备仓的贮谷量,则徽州六县储粮应在30万~40万石,而据弘治《徽州府志·恤政》记载,徽州的预备仓谷最高值是在弘治年间,为23万石,不过这个数字相对于缺粮严重的徽州府来说已是难能可贵了。

预备仓属于官仓,以州县官亲自掌管。成化六年(1470年),"令各处预备仓,州县掌印官亲管放支,不许转委作弊",并以"积粮多少为考绩殿最",将预备仓积谷的数量作为考核官吏政绩的重要指标。嘉靖、万历年间又进一步根据地方繁简贫

---

① (清)俞森:《义仓考》,载李文海、夏明方主编:《中国荒政全书》第二辑第一卷,北京:北京古籍出版社,2004年,第75页。
② 道光《徽州府志》卷一之三《舆地志·疆域》。

富,"著令定额,每年终分别蓄积多寡为赏罚",如有升迁离任,亦需司道按年考核,积谷如数方许离任。虽然按照规定,"果有水旱灾伤,具奏减免。其赈济谷数,即申报开销,不必复令饥民抵还",但对贮谷数量足数的强调和严格的申报使用程序,使得预备仓在赈济方面有着诸多限制。

正统间,预备仓运行中已有颓废之状,《明会典》载:明正统五年(1440年),令各处预备仓,或为豪民占据,责令还官;或年深损坏,量加修葺;其倒塌不存者,照旧起盖。① 明中后期以后,预备仓积弊日深。弘治年间,户部尚书梁材言:天下郡县各置预备仓,丰年则敛,歉年则散,本以为民,而行者率失初意。设立斗户,收守支放,文移往返,交盘旁午,斗户负累,民不沾仁。凡以属之于官故也。② 徽州地区的官办预备仓也有类似情况,灾荒年份对灾民的赈济作用不大,"遇祟及赈,大半饱积胥市猾,乡民赴领,忍饥待哺,至不偿往返费,间持空囊以归"。于是合并、败落者有之,其作用日减,所谓"不如乡有峙积,望门投止,稍沾升斗,得济缓急之为便"。③ 到了嘉靖年间,府志中便只记各县预备仓之数而不记储谷了。不过总体而言,有明一代,预备仓虽间有废毁,却一直为诸帝所屡屡讲求,乃为一代之制,然而却难以满足救荒备赈的现实,因而遍布乡间的民间仓储在明中叶以后应运而生,并逐渐普及,规模也越来越大。

二、明后期各仓并立的仓储系统

在徽州,仓储名目繁多。在休宁县,有义储仓、儒学仓、常丰仓、半流仓、三宝仓,有按方位分布的东屯仓、西屯仓、南屯仓和北屯仓,城东西南北四门亦各建一仓,从一都至三十三都亦

---

① (清)俞森:《义仓考》,载李文海、夏明方主编:《中国荒政全书》第二辑第一卷,北京:北京古籍出版社,2004年,第81页。
② (清)俞森:《义仓考》,载李文海、夏明方主编:《中国荒政全书》第二辑第一卷,北京:北京古籍出版社,2004年,第77页。
③ 康熙《婺源县志》卷十一《艺文》之余懋衡:《北乡富教堂记》。

各建有谷仓。① 婺源县有张郡侯廉惠仓、汪渠汪坤输官田、方仲诰输官田、胡抚院役田、花山庵入官田、宋按院赈贫生田、知县赵昌期赈贫生田、知县赵昌期修东关渡桥梁田等。② 绩溪县有仁济仓、宏济仓、常盈仓、常丰仓等。③ 黟县有会昌乡仓、新政乡仓、怀远乡仓、顺仁乡仓、义民仓等。④

在这些名称各异的谷仓中,有些是历代传下来的,如儒学仓、常平仓;有些则影响范围小,存在时间短,如万历初年,绩溪知县陈嘉策在县境内重建、新建谷仓若干,不久即废。从仓储性质而言,有官仓,有民仓,亦有官、民合办的。规模上亦大小不一,田产从几亩到几十亩不等:如婺源汪渠汪坤输官田,共田七亩四分,共稻十石八斗;方仲诰输官田,共田十二亩七分五厘,共稻六斗五升;胡抚院役田,共田四十一亩,共稻六十六石六斗;花山庵入官田,共田三十一亩二分三厘,共稻五十石。⑤

明代的正德、嘉靖末年至万历年间,是徽州仓储体系发生较大变化的年份。正德年间(1506～1521年),在知府张文林的推动下,徽州一府六县建立了属于县仓的廉惠仓体系。自嘉靖末年至万历年间是徽州旧有仓储整顿、社仓的普遍重建与扩大期。

正德年间的廉惠仓是徽州所特有的仓制之一,《婺源县廉惠仓记》对廉惠仓的名称由来、建立基金、用处都有记载,兹引如下⑥:

> 徽所辖六邑,山谷阻隘,岁计田租所入食居民才三之一,余悉仰给外郡,故其民户娴于商。商出必给郡符,入赀于官甚微,而积久会计利亦不赀,视事者旧皆私之,以为当然。新淦张君文林由侍御擢守徽之三年,尽括所入以市僧田之质于民而弗归者,随在储谷以备荒歉。第其肥瘠,差

---

① 康熙《休宁县志》卷三《储蓄》。
② 康熙《婺源县志》卷七《食货·储蓄》。
③ 嘉庆《绩溪县志》卷三《积贮》。
④ 嘉庆《黟县志》卷九《政事·仓储》。
⑤ 康熙《婺源县志》卷七《食货·储蓄》。
⑥ 康熙《婺源县志》卷十一《艺文·纪述》之《婺源县廉惠仓记》。

其征税,蠲其科调,制其权量,征敛有时,钳约有经,质之抚巡二台,佥允嘉之。于是,属邑之仓以次建葺。太史唐君守之,统名之曰"廉惠",彰厥善也。

正德辛巳(十六年,1521年),予次徽,张君以《婺源仓记》属予。按舆图,歙、绩、休、黟之水皆合流郡治前,以趋淳、严,虽息滩急湍,漕艑可达。惟祁、婺阻越重巘,而婺户口尤蕃(繁),距郡特远脱,岁歉尹匪其良民,且嗷嗷失恃,讵能冒险阻、挈孥走郡求升合之济哉?张君矢心乃事于所恒取者,一切置之以为民先,事之备信哉!其廉且惠也。夫商之所入日增而不费,地之所出岁积而不穷,嗣是,守徽者善善相师,又将撤积赀以利民。……

远昔朱子立社仓法,散置里闾以备赈,给世称其善。然不免敛以为散。君此举因民之利,而民不知所敛,疑若预有善焉。而婺又朱子之乡也嗣是者,忍负于君,忍负于朱子哉!

正德十六年(1521年)辛巳三月吉日
赐进士南京吏部考功郎中海南黄芳撰

从上文所引《婺源县廉惠仓记》中可知,廉惠仓创于明中期的正德年间(1506~1521年),新淦人张芹任徽州知府三年期间,将商人出入领取郡符所缴的银钱,"尽括所入以市僧田之质于民而弗归者,随在储谷以备荒歉",即有寺产典押给民人而无力赎回者。张芹任徽,用商税购买此类寺田,"第其肥瘠,差其征税,蠲其科调,制其权量,征敛有时,钳约有经",给予相关的政策优惠,收租积贮备荒。这种建仓储谷的方式受到省级抚巡、藩台、臬台的赞许,于是,"属邑之仓以次建葺。太史唐君守之,统名之曰'廉惠',彰厥善也"。

廉惠仓在徽州各县均有建立,都在明正德年间,时间前后略有差异,规模也不尽同一。嘉靖四十年(1561年)前后或并于别仓,或移于别处,前后存在60余年。歙县廉惠仓建于明正德十年(1515年),位于郡城北。嘉靖四十一年(1562年)知府胡孝改为察院,移于永丰仓侧。① 绩溪县廉惠仓建于正德十二年(1517年),位于县南3里,到嘉靖四十年(1561年)改制为宏济仓时,有寺产2406余亩,共租810余两;② 祁门县廉惠仓建在八都,知府张芹置田地塘共140余亩;③ 黟县廉惠仓建于正德十六年(1521年)。④ 婺源的廉惠仓建于正德十六年(1521年),"计田206亩8分3厘1毫,岁收稻379石2升"。⑤ 由于婺源县地理上的特殊原因,廉惠仓在婺源的作用更为显著一些,正如仓记中所言:"歙、绩、休、黟之水皆合流郡治前,以趋淳、严,虽层滩急湍,漕舫可达。惟祁、婺阻越重巘,而婺户口尤蕃(繁),距郡特远脱,岁歉尹匪其良民,且嗷嗷失恃,讵能冒险阻、挈孥走郡求升合之济哉?"州府仓储因位于府治,婺源的灾民领取救济甚为不便,而社仓又"散置里间",过于分散,廉惠仓位于县治,在地理位置取两者之中,对两种仓制起着补充作用。

徽州廉惠仓系统的建立很大程度上得益于时任知府张芹的个人推动,由于州府仓储在赈灾备荒上的难以覆盖至乡间,作为县仓的廉惠仓一定程度上弥补了这种不足。而徽州地区发达的商业,是廉惠仓建立的重要甚至是唯一的资金来源。

以往谷仓日久规章多成具文,公产多被侵渔,自嘉靖末年始,徽州的仓储体系开始进行调整,方法有改变税收官户、重建新的谷仓等。

改变税收官户可以廉惠仓、仁济仓为例,二仓依托寺产,到嘉靖四十年(1561年),运营已有40余年,绩溪县生员程璜认为,"廉惠、仁济二仓所收寺产租银多被侵渔,民无实惠,乞改济里甲"。于是地方官员对两仓名下的寺产进行清查,税收官户更名为"宏济仓"。

新建与重建仓储当推社仓最为重要。万历初期,在张居正大力改革的推动下,国家财政有所好转,社仓在各乡约下建立

----

① 民国《歙县志》卷三《恤政志·仓储·附府仓》。
② 嘉庆《绩溪县志》卷三《食货志·积贮》。
③ 同治《祁门县志》卷十四《食货志二·恤政·备赈仓》。
④ 嘉庆《黟县志》卷九《政事·仓储》。
⑤ 康熙《婺源县志》卷七《食货·储蓄》。

起来,在备荒方面的作用日趋重要。新建的社仓数量众多,分布广泛。休宁县万历九年(1581年)增置社仓37所,义民输稻积贮;①祁门县万历二十六年(1598年)置社仓60所,知县刘一爌置给本银471两,买稻1570石,并各约输稻,令乡约分贮各仓备荒,后废。② 婺源县明万历年间知县吴(王官)劝输,各乡自行备稻。遇岁歉时自行支赈,官不稽查,民无滋扰。原四所,东乡在古坑等处,北乡在清华等处,南乡在黄村等处,西乡在霍口等处。原贮稻共637石有奇。③ 歙县明代各都图计社仓274所。

第二节　清代的仓储制度

清代的仓储制度在保存明代仓储制度传统的基础上,继续发展并日臻完备。④ 不仅仓储的经营管理更加完善,其赈济饥荒和保存、重建生产潜力的功能也得到扩充。就徽州而言,当地的仓储有预备、常平、惠济、端平诸名,名称不一,但从性质上来说,不外类似于常平仓、社仓和义仓,救济方式各有侧重,常平仓主要是平粜,社仓是"春借秋还",义仓则为无偿赈济。

一、清前期官仓体系的重建

清初,主要为重建官仓系统。顺治十一年(1654年),"诏各州府县俱有预备、常平仓及义仓、社仓,积贮备荒。责成该道员稽查旧积,料理薪储。每年两次造册报部,察积多寡,分别议奏以定功罪,屡申行饬"。至雍正初年,"设正、副社长,给与顶

---

① 康熙《休宁县志》卷三《储蓄》。
② 同治《祁门县志》卷十四《食货志二·恤政·备赈仓》。
③ 乾隆《婺源县志》卷十二《食货六·恤政·赈饥》。
④ 明清两代的仓储并非全不相关,有些是连续发展的,由明至清,实力还会有所增加。嘉庆《绩溪县志》卷三《积贮》记载绩溪县廉惠、仁济二仓在嘉靖末将税收官户改革为宏济仓后,传至清康熙二十二年(1683年),寺产田租共2956石,额价每石折征银三钱七分,即租银至1100两左右,租银增加了300余两。

戴,委任郑重,制度周详,允为不易之良法焉"。①

据《大清一统志》:凡直省常平仓,皆州县专司之,盖自明末已改为县仓。故而仓址一般坐落于州县。歙县的常平仓始建于元至正六年(1346年),"修葺紫阳坊,推官厅为之,明行用库,即其基也"。明万历年间,重建在王府坟前;清改建紫阳门,都位于歙县县城里。各县常平仓规模因县而异,但因为仅有一处,往往不敷贮积。如歙县常平仓"内贮谷三万四千石,由于仓廒少,不敷积贮,分贮在永丰仓,巢籴岁一册报"。②绩溪县常平仓自清初至乾隆初年,六任知县不断修建,但规模始终不过20余间。③乾隆十六年(1751年)徽州旱荒,知府何达善"偕邑令王君举官仓所积米谷酌请逾例减粜,羽书日上不数日而又告匮",可见常平官仓所积粮谷根本不足以应付荒年。

明清时期,除本地粜赈外,常平仓仓谷也会被调往外地,用于别处灾区的赈灾、补充缺粮区的常平仓储谷等,但由于徽州是个严重缺粮的地区,故而这种状况不常有,甚至可说是罕见,但是也有相关的记载。

士绅捐输是常平仓仓谷的主要来源,康熙《婺源县志》"常平仓"条下记有详细的捐输人姓名、捐输数量等内容,可资为证。

预备仓是明代特有的仓制,起到与常平仓类似的作用。在清代,各州县所建官仓俱名"常平仓",因其都是官办县仓,在方志中"常平仓"有时与"预备仓"混而为一,嘉庆《绩溪县志》就在"预备仓"下记载"仍明旧址,即治堂西仓,亦名常平仓"。

二、清中叶社仓系统在徽州的发展

徽州受朱子影响极深,"其学所本,则一以郡先师子朱子为

---

① 嘉庆《绩溪县志》卷三《积贮》。
② 民国《歙县志》卷三《恤政志·仓储·常平仓条》。
③ 嘉庆《绩溪县志》卷三《积贮》:知县郭四维建8间,知县朱国杰增至24间,立有碑记。雍正五年(1727年)知县王启源建3间;雍正十年(1732年)知县黄国麟建12间,乾隆二年(1737年)知县王锡蕃建6间,乾隆十八年(1753年)知县较陈锡捐俸修葺,乾隆十九年(1754年)又得详请大修。

归,凡六经传注,诸子百氏之书,非经朱子论定者,父兄不以为教,子弟不以为学也。是以朱子之学虽行天下,而讲之熟、说之详、守之固,则惟新安之士为然"。① 朱熹荒政思想中,很重要的一部分就是推广社仓。② 入清后,经过顺治、康熙朝的经济复苏,社仓成为清中叶以后一种重要的仓储形式。下面来看一下社仓系统的变迁历程及管理和运营情况,以期揭示仓储制度在这一特定地域中的具体落实情况,反映仓储制度的运作实态。

先看各县社仓发展的概况:

歙县:雍正二年(1724年),受巡抚面谕,歙县知县蒋振先劝输积谷,"通县二百七十四图绅士殷民,共乐输谷六千六百二十一石零,详明永贮各村,择殷实乡农经营,历任交代盘查取具,各经管无亏甘结备案"。也就是说,清代社仓的兴起源于地方官劝谕各都图乡绅富户捐谷,就地贮存于各自村中,村民自行经管,上、下任交接清账。社仓的功能主要在于"贮蓄于丰年,取资于俭岁,俾民食有赖而荒歉无忧"。13年后,即乾隆二年(1737年),"奉藩司檄饬,将各图民捐积谷改为社谷造报,并令遴选社长,经理春借秋还,交息归仓,俟息谷充裕,再行建仓分贮",社仓的主要功用不是赈荒,而主要经营"春借秋还",取息于此。此后20年,积弊日深,至乾隆二十三年(1758年),知县王廷琮"赴图临盘谷数,竟有虚报而兼侵蚀者"。鉴于经营者一时亏空难以偿还,买谷维艰,于是"折价每石一两,收缴具详"。又请于"四乡适中之处购地建仓储谷",至乾隆三十一年(1766年),知县王廷琮择东乡之新馆,西乡之岩寺镇,南乡之

---

① 道光《休宁县志》卷一《疆域·风俗》。

② 关于对朱子社仓及其救荒思想的研究,参见冯柳堂:《中国历代民食政策史》,上海:上海商务印书馆,民国二十三年(1934年)初版,第97~101页;张全明:《试论朱熹的社仓制》,载《华中师大研究生学报》,1987年第1期;梁庚尧:《南宋的社仓》,载《宋代社会经济史论集》(下),台北:台湾允晨文化实业股份有限公司,1997年;邹枋:《朱熹的救荒论与经界论》,载《建国月刊》,1934年第10卷第1期;贾玉英、赵文东:《略论朱熹的荒政思想与实践》,载《河南大学学报》,2001年第5期;李华瑞、王海鹏:《朱熹禳弭救荒思想述论》,载《中国农史》,2004年第3期;朱守良:《朱熹民本思想及其实践》,载《安庆师范学院学报(社会科学版)》,2006年第1期。

章岐、北乡之富竭,请项兴建社仓四所,至乾隆三十三年(1768年),知县张佩芳遴选社长8人,每仓2人,详明付其经理,"至秋收息,小歉减半,大歉钱蠲"。① 不过所有的社仓"至道光时已无复存者"。②

婺源社仓的兴建略晚于歙县。乾隆二年(1737年)奉文举行,分设四乡:东江湾、北清华、南玉坦、西游汀,建仓贮谷,举社长、社副各一人司出纳。初年官以银为仓本,次年即贮谷,春贷秋敛,轻其息以利农,每岁皆以出纳数报官。社长、社副3年一易,仓谷满800石详请移之他里以均其惠。农民实利赖之。初设四乡,仓基址开后,各仓皆连仓两间,贮谷800石为率,东乡在江湾、北乡在清华、南乡在玉坦、西乡在游汀。③ 各仓"既储谷以备荒而慎择主者,岁出陈易新,贷敛以时,岁石息一斗,荒年免之。鼠雀之耗,修葺盘概之费,就中酌给主者"。④

乾隆二年(1737年),绩溪知县王锡蕃奉文设于四境:东在一都扬溪官铺旧址上,两仓一厅计3间,左右过厢,中仰座;西在九都孔灵,照扬溪例,但缺仰座;南在十三都北村;北在五都扬摊。仓基俱民地官买。四社仓原共贮米600石。每石照省仓例,折价纹银一两库平。四社长原各领银150两,各该米150石,后倍易谷300石。每岁农民春贷秋偿,加一厘息。每出贷一石,扣耗一升。乾隆九年(1744年)、十二年(1747年),北村仓遭蛟水冲没,到嘉庆年间,惟扬滩仓屋存。

万历九年(1581年)休宁置社仓37所,康熙年间仓所废坏,仅存基址,历年奉宪积谷,然或输簿未交,或已交转散,实去名存,缓急无赖。康熙二十八年(1689年),宪委通判沈清查民领,并追中饱,邑令廖崈人入饶境籴,新置仓备贮,从前夙弊一清。⑤

再看社仓的功能的扩展。社仓之利首先在于储蓄备荒。

----

① 民国《歙县志》卷三《恤政志·仓储·社仓》。
② 民国《歙县志》卷三《恤政志·仓储》。
③ 乾隆《婺源县志》卷三"社仓"条。
④ 乾隆《婺源县志》卷十一《艺文·北乡富教堂记》。
⑤ 康熙《休宁县志》卷三《储蓄》。

徽州"山多田少,地鲜膏腴,民终岁勤动,竭土之毛,自供赋徭外所余不支数月之需",加之"河流浅涩,转楚粟而上,挽曳惟艰,率庾余致一石",再加以水、旱、蝗、虫等灾害,当地人均有"菜色之众不立槁哉"之忧。其次,徽州地少人多,公共场所明显不足,故间有利用社仓作为施行教化的地点,成为一乡公共活动的场所之举。这可以从婺源人余懋衡所作的《北乡富教堂记》中得到论证。创建于明万历年间的社仓由于仓储经理侵吞,到清时由地方官府归回银两,在婺源县境内重建东、西、南、北四社仓,其中北乡的社仓建于清华旧官仓地,"为廪十四楹,可以储谷二千五百余石;为堂三楹,可以容环坐而听者百余人,联以寝室,翼以两厢,缭以周墉"。清中叶,政府推行教化,除重葺紫阳书院,"又于社仓而敞其厅事……讲明孝悌之道以移功利之习"。一度影响颇大,"诸缙绅先生后登堂相与发挥,明明德之旨,数日相聚,听者如堵"。

　　重建于清中叶的社仓多由知县倡率,绅衿士庶捐建,有的直接由巡抚授意建立,反映出社仓的性质并非纯粹意义上的民间仓储,官方的监督和控制仍比较严格,当然这些社仓更不是政府机构,从根本上说,民间力量在其间起到主动力的作用。在社仓初行之时,有些县的社仓仓廒有限,于是各就便宜,存入别种仓中,后来才由捐助或实际需要而陆续增建。

　　在清前期,徽州的仓储系统与当地宗族势力一样,经历了一个复苏、壮大和巩固的过程,初期的社仓体系对于稳定粮价、资助赈贷、救济灾荒发挥了一定的积极作用。但至乾隆中晚期,弊端渐萌,仓制渐渐废弛。

三、道咸年间太平军战乱时的救济

　　徽州地处万山之中,鲜罹兵火,除了明清之际的战乱,其中当属咸丰、同治年间的太平天国运动的影响最大。曾国藩与太平军曾在皖南地方进行过长时段的拉锯战,对徽州地区的社会救济体系造成摧毁性的打击。

　　战争期间,贫困流离人口增多,社会状况急剧恶化,社会救济需求量大增,于是一些已有的赈济机构在咸同年间进一步发展,同时也产生了一些临时性的救助机构与措施。设局之起往往是士绅倡"一文愿"、"立铺捐"之类以集众力,经费多来自民间捐输。但在当时的徽州,虽然百姓流离,然而由于清军大量集结,地方统治秩序并没有遭到强烈冲击,官方权威依然存在,官方力量仍在公共事务中起着重要作用。

祁门县在咸同年间的赈务值得一书。太平军攻陷苏、浙、宁、池等府后,曾国藩军马遂在徽州祁门扎下大营,"祁以大营所在,四方倚为安,避难者源源至,死亡枕藉"。同善局的发展与勉济局的兴建都是在这种情况下发生的。

祁门的勉济局乃当地士绅于咸丰十一年(1861年)三月"立铺捐,以每日三十钱为愿,随人乐输",这样每月得钱有七百千文有奇。于是"设局稽查,贫予米,病予药,又于幼童之无依者,另设恤孤堂收养"。一年之后,战事不息,铺捐不足以救济,需要增加经费之来源。先是"集五乡捐输,得米数千石,银数千两",又有曾国藩"拨米四百石助赈","总办山内粮台知府李兴锐,暨各营官司皆有资助",同时曾国藩"札县协同劝捐以资接济","费乃得继"。从此段来看,官拨银两、官员劝捐起了重要作用。而资金的充裕,使得勉济局在安抚民众方面发挥了相当大的作用。同治二年(1863年),"郡克复,秋间给钱米,遣归原籍男妇二千余人,其疮病不得归者,仍数百人。于西门外设粥厂,延医诊治,保全甚多"。①

同善局之设源于差役需索。先是"邑人逢有路毙,无论乞丐、流民,概行禀官相验,差役借此需索,邑人患之。不得已,禀县请设同善局,邀集劝捐"。局起自道光二十六年(1846年),以洋银一枚为一愿,随人乐助。局中置棺木,存之公处,路有路毙,查无别故,即由局雇夫收埋,每收一棺,给灰30觔,绵纸一刀。行之既久,地方得以无患。迨咸丰庚申(1860年),"邻邑逃至祁者以数万计,饥疫交厄,死者相枕藉。局中施棺,每日多至百数,费用甚巨。局内清明、中元两节焚化锭帛开支并棺木各费,日见局促。除城乡竭力劝捐外,官府也参与其间,"知县林用光及各宪皆有捐助"。也有捐置田产者,"总办山内粮台知

---

① 同治《祁门县志》卷十四《食货志二·恤政·备赈仓》"勉济局"条。

府李兴锐捐置田租壹百秤"、"邑教谕谭捐置田租拾六秤"。而曾国藩湘军由祁门移营安庆时,"买存军米千余石……不便装运,粮台李稟请就地变价拨银七百二十两,归同善局为永远计……局赖此项添买田租若干"。①

四、惠济仓:清代官民合办之典范

乾隆十六年(1751年),徽州一府六县遭遇了一场罕见的大旱,夏秋冬三时大旱200余日,民皆凿溪汲水,赤地千里,民饥食寡,斗米5钱。② 当时兼值江浙两省歉收,米少客贩绝迹,歙县米价不特昂贵无比,且至无米可买,民情窘迫。当地人常慨叹"他属以米贵为患,而徽郡尤以无米为患","迨至无米之时,即向他处拨协,难以克期济急,贫民势有转壑之虞,自应预为筹计,务令有长贮米谷,方可有恃无恐",以此次旱荒为契机设立了惠济仓,以补常平官仓之不足。

歙县留下了不少关于惠济仓的地方文献,据民国《歙县志》卷十五《艺文志·记》中录有《惠济堂记》,载《艺文志·奏疏》中有《惠济仓题疏》,载《恤政志·仓储》中有"惠济仓"条及条规,这些为我们了解这所官办民仓提供了可能。

惠济仓建立的直接起因就是乾隆十六年(1751年)的大旱灾,知府何达善"偕邑令王君举官仓所积米谷酌请逾例减粜,羽书日上不数日而又告匮","因举劝有力者出积平粜"。"各以其乡族类近者,先割圃中蔬、釜中粟以佽突烟之不泄,远者鸠金成总往来江浙聚米处所,源源采办,引索浮航,肩输背负,而致诸徽随所在减价出粜,期于米通金尽而后止"。③ 各士绅出谷平粜既已"纾一时之困",何达善又"驰书淮扬各绅商谋所以为积储经久之计"。《乾隆志》附记云:扬商程扬宗、程梦发、徐士修、黄履暹、洪徵治、程栒、汪玉枢、江春、汪立德、汪允佑、马曰(王官)、

---

① 同治《祁门县志》卷十四《食货志二·恤政·备赈仓》"同善局"条。
② 民国《歙县志》卷十六《杂志·祥异》;嘉庆《绩溪县志》卷十二《杂志·祥异》;乾隆《婺源县志》卷十二《食货六·恤政·赈饥》。
③ 民国《歙县志》卷三《恤政志·振济》附《乾隆十七年歙绅捐粜碑记》。

黄为荃、闵世俨、吴凤华、朱嘉勤、汪宜晋、吴如棠、江楠、汪玉玑、汪永求、吴裕祖、罗本俅共捐银 6 万两。楚商吴鼎和等平粜，存剩银 6186 两零，扬商徐士修等振粜存剩银 9334 两零，总存府库。何达善敦请老成绅士吴钟等自行经理，将上年捐粜余银建造仓廒 60 间，名为惠济仓。徽商输银所得的 6 万两，以一半先为买谷积贮，以一半交典生息。其积贮米谷，"非实系商贩阻隔，市米缺乏之时，不许妄请开粜，亦不许出借，务期长贮备急"。

惠济仓的设立是在知府何达善的劝谕下，由扬州徽商出资、本地绅士经管的一种积极应对灾荒的举措。官府与地主士绅所负职责有明确界定，这是在官方的介入和监控下，由士绅运作的民间救济。文献中留下了惠济仓管理条规，使得我们对其可以进一步了解。兹先引条规如下：

　　惠济堂条规：

　　一建仓六十间，每仓贮谷五百石，共买谷三万石分贮，编列字号，锁匙交绅收掌，本府加帖印封。凡遇收入谷石，听本府临时于首领各员及歙邑佐杂内遴选诚实妥员，会同经理绅衿，公同启闭；

　　一商捐仓本六万两。于仓本内提银三万两交典铺生息，取具各典领状登记印簿。长年七厘起息，息银按两季缴存府库，登记印簿，府给印信，收照备查；

　　一择取殷实、好义、公正、老成绅士十五人，每人经营仓谷贰千石，认定廒口，登记印簿，其一切存放、买补各事宜，俱交经管绅士自为经理。以十二年一换，届期本府会同原管绅士另举殷实好义之人交代接管；

　　一义仓谷石非实系商贩阻滞，市米缺乏，不得妄请开粜，并永远不许出借。倘无知百姓视公捐为可动，或遇市值稍贵，率众邀挟借粜者，严拿从重治罪。至谷石久贮，恐有蒸霉，许临时斟酌，存八粜二，逐渐抽换，但不得多为出脱，致使仓贮不敷；

　　一凡遇应粜之时，地方官会同绅士酌议既定，一面发粜，一面报明上宪，毋庸守候批示；

一凡遇应行平粜之时,本府会同绅士临时斟酌,务将粜费、运脚,以及交来买补情形逐一通盘筹画,照时价应减若干,乡粜若干,城粜若干,详晰酌议,然后定价开粜,其粜价俱行存库登簿。秋后仍着各经理绅士领出买补。或遇谷贱盈余,各自登记归入正项,倘秋后实系价贵,不敷买补,宁将银两贮库,统俟下年还仓。总不得于原粜价银之外另动息银,致亏成本,亦不得于可买之时希存粜价省便,故为延误。其缴仓谷石,务要干燥洁净,以便久贮;

一凡遇城乡平粜,止令绅衿总理其一切调度事宜,弹压俱责令地方官临时斟酌筹办,不得遗累绅衿;

一绅衿公举司事一人,凡遇每年仓廒渗漏,则通知绅士修理;仓谷霉蛀,则通知绅士晒晾;给发各役工食,并催缴各典生息银两,登记出入收放,及年终汇造出入数目,俱交查看料理;

一在仓设立斗级三名,日则在仓看守,夜则支更巡逻;

一议定每年司事修金六拾两,纸张饭食银二拾两,每年每廒修理银一两,铺垫银一两,晒晾夫、脚工食银三两,斗级工食每名十二两,均于息银内支销。其银存贮府库。倘本年无需修理、铺垫,或只铺垫,而不修理,均许于定数内通融办理。倘有盈余,归入正项;

一在仓谷石气头廒底不计年份远近,每石准折耗一升,于买补盈余内销算;如无盈余可动,亦即于典息内动用开销;

一仓中遇有买补粜动之处,各管绅士将动存数目就近报府查核存案,府中核明之后,止将动存总数通报上宪查核存案,倘于成本无亏,地方官总不得勒令报销,苛求指驳,俾使办理绅士不受吏胥需索勒掯烦扰之累;

一每年本道于盘查府库时,将存府粜价生息银两及义仓谷石就近由府造具简明总册,出结呈送,本道一体查验,毋庸开造细册,吹求指驳。至经理绅士各有商业,本道临查,毋庸传唤伺候、送迎,以省守候;

一经管积贮各绅士办理十二年后,如果始终妥协,除地方官理当格外优重外,仍许具详大宪,赐给匾额,以奖勤劳；

一日后生息盈余,如本地已经充足敷用,应将余银逐渐添设仓厫,陆续采买积贮,另择绅士经管。倘本府属外县遇有应行接济之处,均许动拨协济,俾使泽周惠普。

条例中交代了仓厫与存谷的规模,谷仓的管理方式,建仓本银的分类经营,仓谷买补粜动的规则,仓厫的维修及费用,经办司事及晒晾夫、脚夫等各役人等工食、报酬,平粜期间政府与士绅的分工,经管绅士的换任、优奖等。

惠济仓在设立的最初阶段运营良好,"历十余年,仓储既裕,生息银亦倍于前"。但问题亦慢慢出现,"出粜后,照数买补,经水陆各费,并在仓折耗,难符原数,绅士每致赔累"。乾隆三十年(1765年)后,转由典商经管。徽州知府李嵩"请于上宪,令各典经管,以出粜谷价买补原贮谷数。因前商捐仓本六万两,内所提三万两交典生息,每年息仅七厘,不无较轻,故令其兼司仓谷,稍有折耗,力可融补,不致赔累"。第二年,经官府批准,"所有仓内司启闭、稽出纳,均令典商经管",这种现象与徽州发达的典当业是直接相关的。

由惠济仓延伸而新建的另一慈善救济机构是惠济堂。清乾隆三十二年(1767年),知府李嵩详请建造,动支惠济仓息银,于三十四年(1769年)八月在府城隍庙右兴工男堂,南向房间60楹,女堂在陈公祠左,西向房60楹,共收养男妇240人。"每人日给米七合,蔬菜、薪柴、油盐有制,绵絮、衣袜、布裙三年一更,荐垫匝岁一易。病则医药,死者棺衾葬之"。惠济堂每年经费银4271两零,均取于惠济仓之孳息也。后因"领运各商消乏,本息亏缺,入不敷出",于乾隆五十二年(1787年)始,将收养人数陆续裁减,至嘉庆六年(1801年)以后以120名为额,一直保持到民国时期。①

惠济仓的设立、运营是徽商兴盛时期支持社会救助的例证。虽然此时徽商的势力如日中天,强有力的中央集权下的地方政府拥有对民间势力收放自如的控制力,经济的富裕使得士

---

① 民国《歙县志》卷三《恤政志·仓储·附府仓》,"惠济堂"条。

绅阶层有能力来关注贫民的疾苦。如果不是咸同时期来自外力的摧毁,也许惠济仓在徽州的作用还会延续更长的时间。

五、清代赈济方式的变迁

康熙《歙县志》卷十一《艺文》中收录吴霖《救荒议》一文,从中可以窥见歙县地方清前期灾荒赈济模式。全文仅千余字,全录如下:

新安在万山中,地隘人稠,所出谷粟不足以供三月,往往仰食四方。而歙邑为尤甚,盖列在上游,仅浙江一衣带水足通江浙之航,每岁冬月水涸舟胶,不能即至岭。寄贮于外,俟春水始生,然后转运于邑。是在平时已苦仰食之艰,矧在凶岁,二麦不登,五谷几祲,民贫粟少,向以为策哉。

因条其议五则,而以劝粜、设糜,附焉。

一歙邑自两城外,东、西、南、北每乡类有数大聚落,非宗党与居,即大族并处,约每块三□□□□□□□□□(中缺九字),城将□于城近乡者,依于乡□好义者,随其□□□□□□□(中缺七字)寡往江楚两浙鸠兹间籴米,其小户附而贸易。有缙绅者,则缙绅之家首劝,次则孝廉,次则生员、监生,又次则乡约,但行奖率,勿参以殷实大户,名目使人避骇。其富民义声实著,籴米而广赈者,则官给冠带,树棹楔以旌之。

一歙邑市米巨贾多自江楚,其运由本地达鸠兹,出京口、历钱江、过塘,从严陵溯流,与夫鸠兹所贮南北诸米,亦如是道以入。而浙之婺州、金华、兰溪产米之乡,则径从横港抵严陵至歙浦。其有鸠兹所贮,陆路负贩称"过山米"。则大半自太平、绩溪两邑至江南饶州、乐平诸地由河运,从陆路则大半自祁门至南中,如南陵、泾县、旌德,则大率自绩溪至。所在官司,或不察天下一家之意,禁阻出境,则导旨置刻一牌,颁之邑中城郭、保城郭、乡村,保乡村愿买米者各给一张,并书道里、编号,量远近,稽出入,米至各推主者缴牌以核至邑与否。如有沿途得价即售诸弊,各城镇乡村之首倡者公举严惩之。其米已至邑,不必官验多寡,以至扰民。

一市米水运。冬溪胶舟不可得至,必预储以待春水,目前急济,唯祁、绩二路,计二十余日可以往返,速令好义频往。

一米商现米。由杭、严诸地来者,皆以水涸寄贮,恐遇价便中途转售,务集各商劝谕给牌考验,但候春水初生,速尽载入,如有前弊,当施责成;

一米商现米贮邑中。贮渔梁者听商报若干,但存其小半以待日市,其余务尽令好义者即出赀收买转售,使各商得价速往产米之地广籴,更市以待来岁;其江浙、南直稍熟之处,不拘米谷豆麦,但可充饥可多得者,当即致之;

一劝赈必资大家,要在从其所愿。谷之多寡,即不可晓,以田计之,大约可得诸荐绅先生为士民倡,或每亩量助米数升,则一县所助足为一县储赈之半。而凡徒杖杂罪可以罚赎者,亦唯计谷准免。其向有仓厫所储上司谷,亦宜申请给发平籴,务使贫民实沾惠泽,无为奸商棍徒假名冒籴。

一设糜粥,可救一时,此最末务,唯贫弱下户不避而多赴其列,士林及稍知自矜者,宁忍饥待毙,且乡里之民使就坊郭,殊为不便。今欲讲求是术,务于各寺院或空阔处两城四乡随其所便,士尽列坐必以礼,民分班次必以周,既无嚅尔之象,又无喧乱之患,斯为得宜。然富民既已捐赀广籴,大族又以按亩输米,此则特以待夫无炊者耳,或出之官司,或即取之劝赈可也。

从此文可知,康熙年间劝粜是赈济的主要方式。有功名者在地方社会较之富民商人拥有更高的社会地位,在官方看来,他们也负有更多的社会责任。在当时,米粮的流通是解决徽州粮食问题弊端最多的环节,既包括从杭、严逆流而上运进徽州的途中,敦促商人不因中途遇价抛售,也包括如何将米商囤于渔梁的米粮分销到四乡。除了劝粜,还讲到如何增加官谷的贮存量,劝捐于"大家"和"凡徒杖杂罪可以罚赎者"的罚谷是主要来源。设糜粥仍是康熙年间必备的赈济手段,作者认为"此最末务"的原因乃是从"士林及稍知自矜者,宁忍饥待毙"的廉耻之心而言,而不是从后世所看的卫生角度来说,而且由于徽州发达的宗族救济和城乡之间道路不便,都使得施粥成为一种辅助性的赈济方式。事实上,到了乾隆年间,歙县令张佩芳在论及"赈粥"弊端时言:"散米给粥,必报名入册,按期而发,则里胥得以持其短长,而奸吏冒支,奸商伪领之弊生,又煮粥之中欺弊百端,民之实受其惠者几何哉?"已从比较现实的角度来议论荒赈了,并认为官方在灾荒赈济中应负起多方面的责任。"时请常平、发义仓,诱富民、劝巨室,戢虚文,防渗漏,听客商之籴粜,任市价之低昂,前人补救之术,具有成规,倣而行之"。① 说明了在清中叶的灾荒赈济中,官方处于主导地位,同时说明了儒家说教向注重实务的态度转变。

光绪年间,在原惠济公所旧址,"增购民地,建立仓廒十六间,买谷二千五百石,分入储存,仍仿前惠济仓例",应也算与惠济仓有所渊源。只不过此次建仓与乾隆年间在资金来源、经管方式上都已截然不同。光绪十四年(1888年),知县吴以敬任内,奉省令积谷备荒。每田一亩,加捐积谷3升,折实即每正则银1钱,附征制钱15文,3年为限。至光绪十六年(1890年)终,止统计实收折银1万余元,此为最初之资金来源。至民国时期,更兼有房屋出租的收益为积谷之经费。经管方面,"民仓官办,不经胥吏之手,用司事一人,仓夫二人,酌给薪水工食"。建仓之初,"提银一千元分存各典生息备开支,后又提银一千二百元,循例存典收息为补耗、修理、盘晒等用"。至宣统元年(1909年),陈德慈任歙时,计存谷仅1049石有奇,存银则9797元有奇,"失仓储本义矣"。储谷十一,储银十九的仓储现状,昭示了传统的储存实物的救荒机制在光绪末年的名存实亡。

不过,即便如此,清末针对灾荒所实施的一系列赈济措施对于地方社会的稳定来说仍相当重要,"戊申(光绪三十四年,即1908年)五月,休宁水灾浩大,赖有官赈、义赈、就地赈,有加无

---
① 乾隆《歙县志》卷七《恤政志》。

已,地方终底安谧"。① 清末时百姓对士绅善举的依赖有增无减,例如婺源县,"婺事之有秩序者,以城乡集善局为最。发起人捐资提倡赞助人协力维持,手续几经,规模乃具,其助育婴、种牛痘、收字纸、救火灾、施棺木种种慈善之举,皆能按序实行"。②

第三节　民间与宗族救济

徽州地方"水旱转粟崎岖,民多艰食",建仓备荒是救济民食的常规性举措。然而作为官方仓储的"常平及平籴仓,不得报不许专发",在动支程序上受限颇多,而徽州地区素无大灾却年年偏灾的社会现实,村庄处万山之中、道路险阻的地理环境都需要经管更为灵活、分布更为广泛的小型仓储加以补充。清代形形色色的民间仓储散落分布于各处,规模不一,创立时间不一,经营方式亦有差别,一定程度上弥补了官仓在救灾时效性上的局限。

一、乡约与宗族救济

传统社会抵御灾害的能力较低,灾荒引发的社会损失极易诱发社会的不稳定因素。因此,维持社会基层在灾荒年份的社会秩序是救荒的目的所在。一般而言,在灾荒赈济中直接与灾民接触的是基层社会组织,而主持基层事务的往往是乡绅或耆老。在徽州,"都"是乡之下的农村基层组织,由"都正"负责。明汪道昆曾记载过丁应泰任休宁知县时的救荒赈灾事宜,其中提到当时都正的职责:

---

①(清)刘汝骥:《陶甓公牍》卷十二《法制科·休宁绅士办事之习惯》,宣统三年(1911年)安徽印刷局铅印本,《官箴书集成》第10册,合肥:黄山书社,1997年,第591页。
②(清)刘汝骥:《陶甓公牍》卷十二《法制科·婺源绅士办事之习惯·秩序》,宣统三年(1911年)安徽印刷局铅印本,《官箴书集成》第10册,合肥:黄山书社,1997年,第600页。

> 自今都置一簿,都正职之。都内间左若而人品有几,间右若而人品几,右之右者,差母钱为等,钱百万者输二缗,推毂多富善贾者一人为之宰,鸠而聚,宰齐而贾四方。不惮高价修途,务在济急。归里社,最下者哺如初。下者振之无所问,中下则贷之粟,秋成则宰征之。出陈易新,以为岁备。其出入则都为正,官不预闻,此不世之利也。①

丁应泰要求都正了解所在都的贫、富人户的情况和数量,依一定比例差派最富裕之家出资,以善做生意又资力雄厚的人负责到外面购粮运回,依照民户具体情况或赈济,或借贷。秋天收成时,收回贷粟备荒。整个过程由各都主持,不经上级官府。

在灾荒年份维持社会秩序的重要举措除了赈济,还包括乡约直接针对不轨行为的正面打击。明嘉靖二十三年(1544年)歙县旱饥,多富商巨贾的岩镇发布了一份旨在稳定秩序的乡约,②如下:

> 维我岩镇,居当冲要,道远郡城。官府之法,尝三令而五申;里社之条,亦并行而兼举。夫何今者,天时亢旱,人心忧危,奸党乘机,邪谋窃发。假称借贷,敢拥众于孤村,倚恃强梁,辄轸臂于单弱。白昼公行而无忌,昏夜不言而可知。宜预为桑土之谋,庶可免剥肤之患。是以众谋佥同,群策毕举。一镇分为十八管,有纪有纲;每管各集数十人,一心一德。毋小勇而大怯,毋有初而鲜终。毋生事而败盟,毋见利而忘义。理直气壮,强暴知所警而潜消;力协心孚,良善有所恃而无恐。庶患难相恤之义复敦,而仁厚相成之俗益振。所有议约,悉为条开。③

---

① 万历《休宁县志》卷七《艺文志·纪述》之汪道昆《岁政记》。
② 关于明清徽州的乡约及基层组织,可参见卞利:《明清时期徽州的乡约简论》,载《安徽大学学报》(哲学社会科学版),2002年第6期;《论明中叶至清前期乡里基层组织的变迁——兼评所谓的"第三领域"问题》,载《天津师范大学学报》(社会科学版),2003年第1期;《明清徽州村规民约和国家法之间的冲突与整合》,载《华中师范大学学报》(人文社会科学版),2006年第1期。
③《岩镇志草》贞集,《艺文》下,郑佐:《岩镇乡约叙》(嘉靖甲辰)。

岩镇即岩寺,处歙之西乡,"颍水界其东西,丰乐溪区其南北","甲第如鳞,贾区若枅"。① 明初至雍正年间,岩镇在外为官之人有 14 人,中举人者 79 人,中进士者 37 人,贡元坊题名 99 人(即曾在府、县学中,后出任训导、教谕者有之,聘任地同知、判官、主簿者有之)。② 明汪道昆《太函副墨》中有"岩镇什七贾而什三儒"之说,总之,岩镇乃是徽州一繁华重镇。乡约除要求遵守官府之法、里社之条外,将岩寺一镇分为十八区,每区组数十人专门管制恃倚强梁之人。以暴制暴的背后,是雄厚的财力支持,是当地士绅之间对民间基层控制权的加强与争夺。

二、宗族救济与出粜规则

在徽州的族规家法中,大都有"恤族"、"救灾"的规定。如绩溪《华阳邵氏宗谱》卷首《新增祠规》"恤灾"条规定:"族由一本而分,彼贫即吾贫。苟托祖宗之荫而富贵,正宜推祖宗之心以覆庇之,使无失所,此仁人君子之用心也。"又如《重修古歙东门许氏宗谱》卷八《许氏家规》"救灾恤患"条规定:"人固以安静为福,而灾危患难亦时有之,如水火、贼盗、疾病、死丧,凡意外不测之事,此人情所不忍,而推恩效力固有不容已者。其在乡党邻里有相周之义焉,有相助相扶持之义焉,况于族人本同一气乎。今后凡遇灾患,或所遭不偶也,固宜不恤财、不恤力以图之,怜悯、求援、扶持、培植,以示敦睦之义。此非有所强而迫也,行之存乎人耳。"

但宗族族产有限,仅能针对部分人赈济,《茗洲吴氏家典》的《家规十八条》中即有"族内贫穷孤寡,实堪怜悯,而祠贮绵薄,不能赒恤"之语,故而一方面以理晓之,"顾仁孝之念,人所同具,或贾有余财,或禄有余资,尚祈量力多寡输入,俾族众尽沾嘉惠,以成巨观";一方面要制定详细的赈粜细则。

徽州地区历来重视家族承传,在当地现存的祠堂墙壁上,仍保留着大量的此类内容。如在鲍氏祠堂就有清代《公议体源

---

① 《岩镇志草》之《志草发凡》。
② 《岩镇志草》之贞集《贡元坊题名》。

户规条》和《公议敦本户规条》,内容规定详实细致。节录相关部分如下:

> 公议敦本户规条(棠樾牌坊群采集)
> 一春籴之设以体源、敦本两户钱粮营米为谷价早完。
> 课永利族贫仍储谷备荒,法至善也。规条详列于后,惟冀永远遵行勿替,以无复某者敦宗筹远之苦心,举族幸甚。
> 一不论男女大小口一例籴给其小口,年至三岁准籴。
> 一盗卖祖坟公产、盗砍荫木者永不准籴。
> 一聚赌无论骰子、跌钱、看牌概不准籴,改过者次年准籴。
> 一酗酒打架者不准籴,改过次年准籴。
> 一男妇有干犯长上,品行不端及好与人寻事争斗者停籴三年,改过三年后准籴。
> 一妇人打街骂巷不守规法者,停籴一年,改过次年准籴。
> 一有用人者不准,如出嫁女归宁在家及妻之母相依者不以用人论;女与妻母不准籴,本家听籴。此外另有亲戚及帮工者,即与用人无别,该户概不准籴。
> 一自宗住居本村者方准籴。
> 一族人贸易来去无定,届期亲身报名准籴,期后来者不补。
> 一本户田税共计五百三亩八分七厘五毫一丝,塘税八亩五分九厘三丝五忽。
> 一时租三千七十三斗九升五合。
> 一硬租六千五十三斗八升一合。
> 一征租章程俱已载明体源规条一体照办。
> 一租谷订定晒干,八六折归仓。
> 一本户共该正则钱粮六十三两六钱一厘,营米二石一斗一升八合,并体源户钱粮营米俱以本户谷价完纳。
> 一籴谷定于二月初五日收钱,初十日发谷。应籴谷者先于正月二十五日至仓所报名登簿,次日司祠与文会将两户钱粮营米算共需银若干,查上年收谷实数,除应提备三十石外,计算每升应籴钱几文,每人应籴谷若干,用红笺条写贴祠前,俾众共知。已报名届期不交钱者,即将应籴之

谷,给与一半,仍一半听司事变价充公。

三、灾荒年份的个人行为

乾嘉以后,由于国家财力所限,荒赈救济中国家直接拨谷发银的比例大大降低,民间捐输比重增大。① 在这种背景下,当地乡绅利用他们特殊的地位,借助家族与地方政权的合力,开始承担起更多的地方社会的救济责任。

在方志和徽州文集中关于士绅的义行的记载很多,虽然多属个人行为,但足够多的个人力量汇集起来,往往成为一种风气,转而成为基层安定的重要保障。以乾隆十六年(1751年)徽州大旱的歙县的义行记载来作一说明。该年徽州府六邑夏秋冬三季大旱200余日,夏季小麦无收,岁荒民饥,"兼值江浙两省歉收米少,客贩绝迹,该处米价不特昂贵无比,且至无米可买",在徽州历史上算得上程度比较严重的旱荒了。民国《歙县志·义行》中,有关该年的个人赈济行为记载有:"许以晟,字良器,唐模人,输粟平粜;徐启疆,字德成,古关人,捐赀赈里中饥;吴万熙,出数千金,倡捐平粜;吴基本,往浙西买米平粜以济穷乏;江允升,捐千金买谷施赈;姚元雷,字位东,深渡人,按日给里中人米,至来年麦秋止;许承基,字长人,出粟平粜,二十一年复倡议施赈,先后全活甚众;汪之源,出米平粜,明年里人大疫,源施医药给饮食,全活甚众。"不过除了本地士绅义举,对该年旱荒的赈济起决定作用的还是侨寓淮楚的徽商捐出6万两白银的重金,在知府何达善的主持下建立了惠济仓。

民间赈济一直是明清徽州的重要社会保障,并不是因为乾隆十六年(1751年)的旱荒引发社会危机,才有如此的民间赈济。为说明此点,似有必要对民间的赈荒行为作一个纵向的概观。我们选取六县中经济与开放程度都稍差的绩溪为例,将乾隆《绩溪县志》中《义行》所载与救荒有关的事迹列成下表:

---

①李向军:《清代救灾的制度建设与社会效果》,载《历史研究》,1995年第5期。

表 5-2 乾隆《绩溪县志》"义行"事迹节录表

姓名	时间		事迹
胡仲德	明正统年间	绩一都	岁大饥,守令劝赈,出粟百余石以应。
余焕			岁大祲,籴谷金华以助赈饥。
葛文彬	嘉靖间	市西人	岁饥,出粟百余石助赈。
曹志让		旺川人	由诸生入太学,因亲老回籍。屡岁浒饥,捐资赈济。
胡若鲤			岁大歉,斗米三钱,饥莩载道,鲤率弟侄捐米施粥;次岁复饥,亦如之,全活甚众。
胡道荣		市东人	勤俭好义,岁祲,捐粟给济,抚按奏闻,恩赐义官。
周应爵		十五都人	岁荒,捐米赈饥,浚麻果碣,开石岭路。
程文台			广赈恤,施棺衾,岁荒煮粥济饥。
张三省		市北人	岁大祲,捐资赈饥,全活甚众。知县蔡高其义,上事于巡抚,道院给匾奖之。
程应鸿		锦谷人	岁饥,出粟周济邻里,并行以工代赈法,全活甚众。垒砌石路,综计三百余丈。邑令郭四维旌以"善乎月旦"。
许孟葵		十五都人	岁歉,捐资给贫乏,减价以粜。
胡而万		宅坦人	庠生。康熙辛亥,斗米七钱,同弟及汪文元、胡元龄在上庵轮日赈济,三月乃止。
张毓淮		市北人	里甲长。尝于积雪中遇流民数十,阻卧七都,冻馁饥几毙,日煮粥活之。
石如壁		临城旺川人	庠生。捐造南山石桥及五凤茶亭,伐石坦路,岁凶施粥,遇病施药,死无殡者助棺,丧无以举者助葬,有被灾者日给口粮,为善于乡里最重。
程天茂		市中人	康熙戊子岁凶兼疫,天茂于太平寺食饥者粥,馈病者药几一月,费至六百余金,囊不足鬻产继之。
程伯祥		汪坑人	康熙辛丑,旱饥,施粥里中,送米与贫者。有告贷者必补助之,施棺甚众,时有饥寒殍死者与之衣米。阅数年一男子登堂称谢曰:我歙南大阜潘其德也。感君衣惠,特请太守"鸿德奇英"四字额相报。(按:饥荒年份歙南贫民向绩溪的流动,而赈济亦不是严格的宗族赈济)
邵诠		纹川人	郡庠生。康熙戊子、乙丑两年连饥,出粟以济乡贫,全活甚众。邑令雷恒旌以匾额。
邵谟		纹川人	庠生。康熙戊子、乙丑岁凶,出粟百余石以济贫。
葛应浩		西隅人	太学生。岁祲,出粟百余石赈饥。
程继伦		锦谷人	迁居镇头。乾隆丙子岁歉施粥救饥,全活甚众。
石为龙			候选州同知。乾隆辛未岁饥平粜煮粥以济贫,乙亥又饥,亦如之。
石印			凡遇岁荒,无不赈济。
石承模		旺山人	(乾隆)辛未、乙亥岁饥平粜,廪无余粮,邑令发仓粟,令各乡好义者分领出粜以便乡民。模首为倡,不惜脚费,自是慕效者多,米价顿减。

续表

姓名	时间		事迹
胡贞宋		宅坦人	乐义好施,歉岁平粜,煮粥以惠村族之贫者。(按:赈济对象为族人)
方策冬		青岭人	岁饥为粥与族之饿者。(按:赈济对象为族人)
汪作霖			太学生。少业儒……因亲老兄故,弃而就商。……凡遇公事罔不踊跃捐输,岁饥平粜施药施棺,恤孤怜寡,多盛德事。邑令梁启让赠"仁符万燕"额。
程尚义		仁里人	太学生。里旧浜河,常有水患,与兄捐修造坝百余对丈,田庐赖以无害。
张遇清	乾隆丙子	市东人	邑庠生。乾隆丙子岁大歉,奏请举家所有米粮尽行减价平粜,施粥济饥。
曹龙先	康熙乙丑	旺川人	岁歉,捐租百余石。时有佃胡仕等,遭业主索租窘迫,龙先出粟代偿以解其困。
曹一士	康熙丁亥、乙丑	旺川人	连岁荒歉,日煮粥以救饥,全活甚夥,人有借贷,毫无难色。
章超	康熙辛亥	瀛川人	太学生。大饥,超开仓赈之,知县刘旌以"麦舟遗风"。
王文矿	乾隆辛未	二都	旱灾大荒,减价平粜。
周进莲	康熙乙丑	市西人	慷慨好施。康熙乙丑时疫大作,施药捐棺。
江浚	康熙戊戌、辛丑		县学生。康熙戊戌大水,荆树桥被蛟所害,浚伐石重整,并坦平道路。辛丑岁饥,族有出女为婢者,有四代单传挈子远鬻者,俱代赎之。
汪有元	乾隆辛未		岁旱,借弟捐金百余,使族贫者贩,未减粜银,尽而止。
程天觐		十都人	岁疫,贫死者多不能殓,施棺殡之。
胡枝萃		龙川人	号轶亭,县学生。乾隆丁卯蛟水冲决河堤,湮没田庐,会颁帑筑堤,公举枝首其事,急公任劳而卒,族人祠之,名其坝曰:轶亭坝。
程宗上	乾隆辛未、壬申	北川人	乾隆辛未,岁荒,捐米助赈,更散给贫民。壬申大雪亦如之。
邵飞熊	康熙己丑	伏岭下人	县学生。康熙己丑,荒歉,减租平粜。
唐炳	康熙戊子、乾隆丁卯	霞水村人	县学生。康熙戊子岁歉,出粟数十石济贫。乾隆丁卯,春寒积雪,有乞者饥饿几绝,炳与衣食且给口粮。
邵飞凰		纹川人	府学生。疏财乐善,雍正甲寅发蛟,石纹桥圮,首捐劝建。
章云凤			郡饥,流民络绎,为粥以待饥者,境内岁祲,出谷平粜。
汪大鎔	乾隆丙午	坦川人	乾隆丙午(五十一年,1786年),岁荒,减价平粜。
邵如松		纹川人	康熙己丑,大饥,族议捐赈,如松鬻腴田得值以输,全活甚众。

说明:凡属概括性描绘的赈荒义行,如"岁祲出粟赈饥"、"焚券、减租、捐修道路、平粜赈饥,一无吝惜"、"凡平粜赈粥、修桥瓮路诸义举皆踊跃为之"等概不录入;一般录入某朝间,某年岁饥或欠或荒等有具体时间的义举;有官府嘉奖的,虽为概说亦录之。

这些"义行"记载,可归结为出粟济贫、减价平粜、捐棺给食、减租平粜、施粥等。一方面,这些与儒家传统思想相契合的"义行"与"善举"一定程度上改善了受灾贫民衣食无着的境遇,有效缓解了灾民无助、恐慌、敌对的不良社会情绪。另一方面,劝捐既使国家掌握了一种能有效维持社会安定、防止因饥荒而发生社会动荡的经济力量,又为作为有产阶层的地主和商人提供了向上流动的可能。对国家政权来说,建立更多的社会救济流动渠道使不同的社会利益集团都有上升的可能和希望,吸收处于较低社会阶层的人进入统治阶层,扩大自己的统治基础,是保证社会秩序稳定、维持统治的重要手段。士绅阶层从较低的社会阶层流动到较高的社会阶层,是中国传统社会中的一种普遍的社会心理。社会地位较低的地主、商人通过行善而树立起其在小范围地方社会中的威望,得到官方的嘉奖,或取得低等的功名,从而享受到免服徭役等经济上的优免特权和一定的司法豁免权,一定程度上满足了他们向上流动的功利心和心理需求。

四、晚清义仓的兴起——以婺源为例

咸丰年间大战乱后,仓储的主要支持力是民间力量,重建的尝试在战乱期间即已开始。虽然名称不一,但从建仓资金、创建人、经管方式上来说,却都属于义仓。徽州义仓规模一般不大,散落在村间乡间。

方志中婺源义仓的资料较为集中、完备,此处以婺源为例对晚清义仓的创建、规模、分布、作用作一初步探讨。当地的民间仓储名称及仓址如下:

  七都江湾,里人江源进置,公之江、滕二姓及寄居与细民;
  养济仓:在江湾,江维租支孙义输田建仓;[1]
  义丰仓:在八都济溪,游本钊建;

---

[1] 乾隆《婺源县志》卷十二《食货志·储蓄》。

义仓：四十一都盘山程世杰建，田三百余亩，岁以平粜，所入给义学并考费，有余复置田；

立立仓：四十三都甲路，张起鸿捐千金入敦裕，众置田；

传开仓：西乡四十五都翀田，齐兆传捐千余金，置田租三百余秤；

同庆仓：西翀田齐姓众输租同建；

义远仓：东旆坑江惇叙堂支众建；

集积仓：东词源王钊支裔建，田二顷三十六亩零；

永川义仓：东汪口俞仁里合族捐银万余造仓置田；

读屋泉义仓：孙姓众捐籴谷贮徽远堂后寝，岁歉平粜；

金溪程氏义仓：南三十都程思梅建置，田三十余亩，皆思梅堂兄思栖经理，栖复捐田十五亩二分；

平盈方氏义仓：南乡三十六都方姓合族捐输田亩钱谷，立义济户，积贮平粜；

恒丰仓：上溪头程本仁堂合族建；①

集成仓：在五都理田，李姓醵赀公建仓，附大祠；

恒丰仓：上溪头程本仁堂合族建；

中云王氏义仓：岁歉平粜，公举廉能司理，五年更换，立有常丰、常裕等户，在三十都二图一甲纳粮；

均和仓：在北乡龙腾，族人俞镛、俞芬、俞文蔚捐置，俞大寿捐仓屋基地，计田一顷三十四亩五分一厘七毫，粮归均和户完纳，租谷备赈宗族；

梅溪义仓：南三十三都董村，吴聚五捐建，每岁平粜、给考费；

梅田义仓：南三十三都薛姓合族捐置，备岁歉、兴文教；

永丰义仓：在西乡赋春，同治癸酉合（十二年，1873年）合族捐建，置田积谷，平粜赈荒；

芳溪义仓：南乡三十四都太白潘庆仁常发、常柱、有深等创始，合族捐输田租，立永丰等户，岁歉平粜，并给考费；

---

① 道光《婺源县志》卷十二《食货志·储蓄》。

竹溪义仓：南乡三十四都，符竹汪邦衡等创始，合族捐输备赈养士；

沙溪义仓：南乡三十四都井塝程姓合族捐输备赈养士；

善远仓：上鳙众置，积谷备荒；

同庆义仓：四十五都冲田，甲戌年众立；

传开义仓：四十五都冲田，甲戌年齐兆传立；

善裕仓：东乡九都荷田方善庆祠后裔建田贰百五十余亩，岁歉平粜，并津贴考费。①

在这些资料中，关于义仓设立的时间大多没有记载，但从如西乡赋春永丰义仓建于同治癸酉合（十二年，1873年）的个别直接记载，结合方志仓储类中所言"上载各仓均于咸丰乱时先后遭毁"等的相关线索，一般认为，徽州的义仓应兴起于咸丰以后。其组建的方式有个人捐建的，如"七都江湾，里人江源进置"，"义丰仓：在八都济溪，游本钊建"等②；有宗族某姓所建的，如"同庆仓：西翀田齐姓众输租同建"，"义远仓：东旃坑江惇叙堂支众建"，"集积仓：东词源王钊支裔建"等；也有众人所立，并非一族一姓的，如"同庆义仓：四十五都冲田，甲戌年众立"，"传开义仓：四十五都冲田，甲戌年齐兆传立"等。义仓资本有捐现银的，但绝大多数是捐置田产以养仓。义仓的规模和特点决定了其主要为宗族内救济服务，救济范围一般不大，有无偿赈给者，有春粜秋还者。

从表面来说，捐输社谷、行使善举，是由于传统的"保乡"、"睦族"的观念，是一种无偿的捐赠，但实质上，这是财富与声

---

① 光绪《婺源县志》卷十六《食货五·储蓄》。

② 个人捐建者，多为经商者。《沙溪集略》卷七《艺文·凌氏义田记》中记有一条："凌景芳，亲孝居乡，谨尤喜施与周急赈穷。贯于广德建平间，尝有冯先生焚券风，此其义气可加，寻常辈数等，既游姑苏，慨慕文正公之为人，乃捐其资，置田与族饥馁者，共计之凡有若干，并屋与族无依者，共楹计之凡有若干，又置塜一区与族之死无归者，共族之人养生丧死无憾。"这一段是说，凌景芳曾在安徽广德、建平和江苏苏州经商，性好周急赈穷，在宗族内置义田、义塜，以帮助族人。这种例子在徽州还有很多。

望、权力的一种交换,捐输者由此得到更多的社会地位与地方威望。歙县潭滨民间文献《潭滨杂志》中记载村内义仓条,可资为证:义仓者,天寿公置田赡族之所立也,少读《义田记》,慕范文正公之事,晚遂割田百余亩以赡族之贫者,故建义仓以为出入之所,且请于官,别立户收税以为永久之计。有司上其事,抚台赐匾嘉奖,鼓乐导送以为里俗之劝。今塑公像于内,岁时祀之。① 如果通过义举、捐输得到顶戴,还可取得某种准官僚的资格,具有一定的司法豁免权,从而对地方社会拥有更大的控制权和影响力。

小　结

仓储的运作是社会救济的方式,也是不同社会阶层所掌握的一种积极的社会控制措施。这种手段带有一定程度的自我调节和再生能力,以谷物供应的方式,缓解特定时期紧张的社会气氛,促使人们遵从社会规范,从而达到维持社会秩序的目的。从以上明清以来仓储体系的变迁,可以看出徽州的仓储具有以下特点:

(1)发展具有连续性,但也具有明显的阶段性。自明初的预备仓到明中叶的廉惠仓、社仓,从清初的常平官仓到清中叶的社仓,历经咸丰兵乱后,义仓兴起,徽州的仓储体系虽有盛衰之变迁,但其自始至终的存在是不争的事实。仓储体系随社会背景、徽商实力的变化而变化,王朝之初,一般是官仓系统的恢复期;王朝中兴之时,仓储系统也有一个相应的整顿;王朝后期,总是民间力量的赈济模式居于主要地位。从另一个角度理解,政府对基层社会控制权逐渐弱化,官仓仓谷的严重不足表明了社会福利事业中政府作用的下降,相应的,基于宗族势力的士绅阶层在地方社会负有越来越多的社会责任。同时,常平仓谷的捐输、社仓谷的捐纳和义仓的捐建提供了新的社会流动

---

① (清)黄克吕辑:《重订潭滨集志》,第21页下,清光绪二年归化木活字本,安徽省图书馆藏,藏书号:230694。

渠道,使许多地主和商人得以进入士绅阶层。而社仓继常平仓之后有较大发展以及此后义仓的兴起则反映了政府在这方面的职能有被士绅阶层取代的倾向。

(2)转折明显,重大事件、关键人物对仓储发展影响巨大,而地方政治对官仓的影响尤为明显。徽州地区大灾年份不多,偶尔的大灾年往往引发社会的普遍关注与连锁反应,如前所述,乾隆十六年(1751年)的大旱荒直接导致徽州府境内普遍的水利兴修,歙县更是由此建立了对当地影响深远的惠济仓。传统中国,即使在财政极为困难的情况下,地方政府仍然要履行广泛的公共职能,常平等官仓是其有效的控制手段之一。常平仓尽管仓谷很大部分来源于士绅捐纳,但却是国家所有的公共实物储备,政府以功名或其他特权权力相交换,从而拥有常平官仓的实际所有权和管理权。官仓往往规模较大,婺源县常平仓56间,储谷2.8万石,在乾嘉年间衰颓之际,仍余粮1.3万余石,但自道光二十五年(1845年)至道光三十年(1850年)6年之中,官凡八易,"金以州县兴修既不能上请国帑,而递任摊捐之例又奉禁革,且知不久之当去也,姑迁延以待后来者",导致"仓廒日以败坏"。

(3)商业运营出现早,手段多样。由于商业在徽州的特殊地位,徽州的官、民仓储都很早就采用置产收租的方式经营。方志里记载的某某官田一般即为仓储的固定资产,通过租佃收取利息,实现资本的生息。另外,徽州还有发达的典当业,仓储自我增值的另一个重要渠道是把仓款存放在典当铺收取利息。到了清末民初,更有房屋出租等作为固定的资金来源之一。

4.民间力量对仓储体系的发展影响明显。在徽州,官属的州县仓,其维修费用却无法从政府处调拨。徽商由于其钱势,作为一个社会群体在地域社会中具有殊为重要的作用,徽商对公共事业的捐助成为徽州仓储事业发展的重要推动力和支持力。比如道光末年婺源县的常平仓修建,总共需钱200万文,婺源西乡的商人陈有光先后捐钱160万文以助工用之不足。"两仓之间隔黄氏地三丈许,出纳守视至为不便",增生黄莲峰遂"以地归诸公"。类似的例子在徽州的仓储建造中不胜枚举。

第六章

水利治灾工程与民间水利合作规则

在传统中国,农业水利与地域社会有着千丝万缕的因果关系,是超村庄的地方社会构成的主要渠道。从水利的角度研究社会最早可追溯至民国,早在1935年冀朝鼎就在其英文版的《中国基本经济区与水利事业的发展》中从水利区的角度提出"基本经济区"这一中层概念,来解释中国社会历史的变迁规律。① 此后,20世纪80年代,以弗里德曼和其弟子巴博德为代表的人类学家们对农业灌溉与宗族的关联进行了探讨。② 而美国学者杜赞奇融合国家政权与地方社会的"文化网络",也从当地的水利组织及其祭祀体系展开研究。③ 20世纪90年代中期以来,水利社会史研究在国内蓬勃兴起,成为区域社会史研究的重要途径之一。石峰④从文献评述,张爱华⑤和张俊峰⑥从

---

① 冀朝鼎著、朱诗鳌译:《中国的基本经济区与水利事业的发展》,北京:中国社会科学出版社,1981年。
② 弗里德曼著、刘晓春译:《中国东南的宗族组织》,上海:上海人民出版社,2000年。
③ 杜赞奇:《文化、权力与国家》,南京:江苏人民出版社,2001年。
④ 石峰:《"水利"的社会文化关联——学术史检阅》,载《贵州大学学报》(社会科学版),2005年第3期。
⑤ 张爱华:《"进村找庙"之外:水利社会史研究的勃兴》,载《史林》,2008年第5期。
⑥ 张俊峰:《明清中国水利社会史研究的理论视野》,载《史学理论研究》,2012年第2期。

理论演讲对这一学术视角进行过述评。

从国内水利社会史研究的区域而言,北方地区聚集了行龙、赵世瑜、杨念群、韩茂莉等众多大家,学者们关注区域遍布关中①、山西②、河北③、河南④,尤以对山陕地区的"泉域社会"研究为多。相较而言,对于南方的研究要薄弱得多,湖湘"库域社会"⑤、浙江"江河水利"⑥的研究在总体数量上相对薄弱。华南地区虽起步较早,但缺乏后续研究。从研究方式来看,有基于扎实的田野调查的资料集问世,⑦也有基于历史时期水案和争水的民间故事来探讨水权的分配、祭祀体系的作用、水利共同体的结构变迁等。在蔚为大观的水利社会史研究中,南方山地丘陵地区个案研究凤毛麟角,徽州作为传统中国最有特色的地域社会之一,对其水利组织与地域社会的研究必将能为南方水

---

①[英]沈艾娣:《道德、权力与晋水水利系统》,载《历史人类学刊》,2003年第1期。
②行龙的系列论文:《明清以来山西水资源匮乏及水案初步研究》,载《科学技术与辩证法》,2000年第6期;《多村庄祭奠中的国家与社会:晋水流域36村水利祭祀系统个案研究》,载《史林》,2005年第8期;《明清以来晋水流域的环境与灾害——以"峪水为灾"为中心的田野考察与研究》,载《史林》,2006年第2期。张俊峰的系列论文:《明清时期介休水案与"泉域社会"分析》,载《中国社会经济史研究》,2006年第1期;《率由旧章:前近代汾河流域若干泉域水权争端中的行事原则》,载《史林》,2008年第2期等。赵世瑜:《分水之争:公共资源与乡土社会的权力和象征——以明清山西汾水流域的若干案例为中心》,载《中国社会科学》,2005年第2期。
③王建革:《河北水利与社会分析(1368—1949)》,载《中国农史》,2000年第2期,《清末河套地区的水利制度与水利适应》,载《近代史研究》,2001年第6期。
④谢湜:《利及邻封——明清豫北的灌溉水利开发和县际关系》,载《清史研究》,2007年第2期。
⑤钱杭:《均包湘米——湘湖水利共同体的制度基础》,载《浙江社会科学》,2004年第6期;《论湘湖水利集团的秩序规则》,载《史林》,2007年第6期;《共同体理论视野下的湘湖水利集团——兼论"库域型"水利社会》,载《中国社会科学》,2008年第2期。
⑥冯贤亮:《清代江南乡村的水利兴替与环境变化——以平湖横桥堰为中心》,载《中国历史地理论丛》,2007年第3期。
⑦《陕山地区水资源与民间社会调查资料集》,包括白尔恒等《沟洫佚闻杂录》、秦建明等《尧山圣母庙与神社》、黄竹三等《洪洞介休水利碑刻集》、董晓萍等《不灌而治》,北京:中华书局,2003年。

利社会史研究提供一个典型案例。有鉴于此,本章拟从社会史的角度对徽州水利组织明清两代的变迁作一勾勒,以探寻在这样一个相对封闭的宗族社会里,其水利组织与当地社会的关系。

第一节　农田水利与其他工程设施

在长期的生产实践中,为了降低水旱灾害对农业的危害,当地人因地制宜地创设了多种水利设施和工具,陂、塘、堰、坝、渠、车、斛等,或引水,或蓄水,或自流,或提水灌溉,名目不一,因时因地而异。同时,由于地处丘陵地带,地势起伏,地形破碎,溪涧源短流急,骤涨骤落,水土流失严重,引水难度大,当地的水利灌溉设施又多规模小、兴废无常。①

徽州的农田水利灌溉设施,多以蓄水为主,因其"山郡也,田多沙砾,十日不雨则忧旱,而又溪深岸高,桔槔难施。所恃者,潴塘筑堰以资灌溉耳"。② 陂塘和水塘是当地最为常见的蓄水设施。"陂塘",《说文》曰:"陂,野池也。""塘,犹堰也。"③"水塘",即污池,因地形凹下,用之潴蓄水潦,或修筑圳堰,以备灌溉田亩,兼可畜育鱼鳖、栽种莲芡,俱各获利累倍。大凡陆地平田,别无溪涧、井泉以溉田者,救旱之法,非塘不可。④ 徽州方志中记载的陂塘数量众多,每县数以千百计,但规模一般都很小,灌溉面积从不足 1 亩到 10 亩不等的最多,超过百亩的屈指可数。因地处万山之间,很难有类似北方的大块平原,陂塘的开挖常因势就利,具有不规则性。在徽州"土人乃以人力为天功,

---

① 徽州水利的相关研究有梁诸英:《明清时期徽州地区灌溉水利的发展》,载《南京农业大学学报》(社会科学版),2006 年第 1 期。关于南方的农田水利,可以参阅张建民:《试论中国传统社会晚期的农田水利——以长江流域为中心》,载《中国农史》,1994 年第 2 期;张芳:《中国传统灌溉工程及技术的传承和发展》,载《中国农史》,2004 年第 1 期。
② (清)郑学樵:《吕塌南北两渠图》之《吕塌碑记》,安徽省图书馆藏。
③ 《宝坻劝农书·渠阳水利·山居琐言》,第 17 页。
④ 《宝坻劝农书·渠阳水利·山居琐言》,第 19 页。

潴而为塘用,桔槔取而灌之,天不能灾,故塘亦输税。民间贸易,田塘同价"。①

"坝"、"堤"和"堨"是引河流灌溉的不同水利设施,"凡叠石累土,截流以缓之者曰坝;障流而止之者曰堤;决而导之、折而赴之、疏而泄之者曰堨"。②其中堨是最常见的引溪河水灌溉农田的形式,"堨"之音"褐",吴楚方言耳,按韵书,"堨"有"揭"、"竭"、"遏"音,而不音"褐",皆云"堰"也。③堨的建造方法与灌溉原理在于"堨水取之于大溪,溪低而田高,筑坝丈许,断木为架,名曰木苍,内塞石块,外覆沙草,横绝中流,尽弥罅漏。必至一二日始水蓄而入甽,入甽而灌田矣"。④也就是说,堨是在溪流中横向用木头与石块建起的堤坝,堵塞水流,人为抬高水位,使之经一二日蓄水后,浸入人工开挖的小沟渠,将水引入田中灌溉。较于使用人力的桔槔、戽斗等而言,"堨所灌田亩,或千计或百计,虽旱不事桔槔,而水源自远",具有节省人力,不受水源远近限制的优点。徽州历史上曾有过许多为利一方的著名的堨坝,如歙县岩寺附近丰乐河上的鲍南堨、黟县漳水河上的柏山堨、歙县西溪南丰乐河上的吕堨、歙南横截练江的渔梁坝等。而灌溉小范围田土的小型堨坝在溪流纵流的徽州地区则是随处可见,难以计数了。一般某堨"但溉其所辖之田,他田不得而与焉",而且"车戽不得入甽中",这种此堨之水不能灌彼堨之田的原因就在于"(堨)以其高低异形,流派异用,而税额有输将者,疏浚有管摄者也"。也就是说,堨税、堨的维护等各项开支是由该堨所辖堨众共同承担的。历史时期,"山水泛涨,则坝决而渠淤,以故堨之兴废者屡矣",继而因"渠流湮淤,闸坝坍卸",导致"水田半为杂粮地"的现象也时有发生。⑤为了堨坝的长久利用,常会建立相应的组织,制定条例,推举堨首,负责管理放水日期,巡看水路等。

---

① 同治《祁门县志》卷十二《水利志》。
② 道光《歙县志》卷二《水利》。
③ 《沙溪集略》卷二《水利·隆堨记》。
④ 《沙溪集略》卷二《水利·堨论》。
⑤ (清)郑学樵:《吕堨南北两渠图》之《吕堨碑记》,安徽省图书馆藏。

因其山势高下，为了浇灌高田，水栅、水闸、架槽等在当地都有较普遍的应用。"水栅"，排水障水也。若溪岸稍深，田在高处，水不能及，则于溪中作栅遏水，使之旁出，下溉及田所。其制当流列植竖桩，桩上枕以伏牛，擗以柆木，仍用块石高垒众楗，斜以激水势。此栅之小者。①"水闸"，开闭水门也。间有地形高下，水路不均，则必跨据津要，高筑堤坝汇水。前立斗门，甃石为壁，叠木作障，以备启闭。如遇旱涸，则洒水灌田，民赖其利，又得通济舟楫，转激辗（碾）硙，实水利之总揆也。②"架槽"，木架水槽也。间有聚落，去水既远，各家共力造木为槽，递相嵌接，不限高下，引水而至。如泉源颇高，水性趋下，则易行也。或在洼下，则当车水上槽，亦可远达。若遇高阜不免避碍，或穿凿而通。若遇坳险，则置之叉木，驾空而过。若遇平地，则引渠相接。又左右可移，邻近之家，足可借用。非惟灌溉多便，抑可潴蓄为用。暂劳永逸，同享其利。③ 除了这些日常灌溉的设施，每遇干旱，当地人常用戽斗应急抗旱。"戽斗：挹水器也。……凡水岸稍下，不容置车，当旱之际，乃用戽斗。系以双绠，两人掣之，抒水上岸，以溉田稼。其斗或柳笪，或木罌，从所便也"。④

此外，当地还有灌溉工具"龙骨车"，其形式有手摇、脚踏、牛拉等，"婺源西南乡多用车"，婺源东北乡"多依山麓垦以为田，层累而上，至十余级不盈一亩"，故"东北罕用者，地势高而难达也"。⑤ 不过方志作者在其后自注道："梯接引之可达，顾不肯为者，惮工费多也，或田主不肯出费也。一区之中，田亩散落，田主之心不一。"可见，水利的兴修与否往往更多在于社会因素。

水利的功效是显著的。徽州地处万山中，"赖山谷涧水，涓涓细流，滋润山田，大雨水涨，汇于溪壑，由高注下，势如建瓴，

---

① 《民国重修婺源县志》卷三《疆域六·风俗》。
② 《民国重修婺源县志》卷三《疆域六·风俗》。
③ 《民国重修婺源县志》卷三《疆域六·风俗》。
④ 《民国重修婺源县志》卷三《疆域六·风俗》。
⑤ 《民国重修婺源县志》卷三《疆域六·风俗》。

不能停蓄。数日不雨,滩高水落,辄有旱忧,故必为坝、为塘、为竭以蓄之,农乃受泽"。① 正所谓"沟洫不通,则膏腴亦石田耳",而"土虽瘠,傍竭之田岁收可与泽国等"。② 故而黟县记农事之诗云:"吾乡有先农,田事著为谟;先之以布种,继之双芟刍,勤之以灌溉,防之以辘轳。是以秋有获,庾盈租不逋。外此非灾行,亦不至大无。"③亦可见水利灌溉之功效。

除了建设水利设施以利农事,与防洪相关的工程设施在当地也相当普遍。例如歙县沙溪村边有溪水曰"邡溪",溪水横冲,对溪田地悉遭冲决,一遇洪水,溪旁坍榻,连及大路、屋舍。"凡沿溪一带,自仙姑桥起,迄新桥口止,一日发水,一日横衡,无所底定"。邡溪虽为小溪流,但对于沙溪村落的影响却是巨大的。其村人提出"捍患之议四":

  一曰分水势。水之直射边岸田中,有滩阻塞,疏浚中滩以分杀水怒,则水从中出而边弱矣;

  一曰填软港。大水灌过中滩,至边无力,小水中滩高路水从低出而行,日攻月泛,匪傍塘蔽,从此倾路倾屋,指日而见,务用篾鳅炭篓塞石钉键栏,截软港,随以开浚中滩之石子拥塞其中,虽有蟫漏不为暴;

  一曰捞塝石。古时塝石皆细麻方石,倒落水中,乘此时沙未掩覆,捞起可得十之四五,用之不过数金,省费何止数十;

  一曰障倾泻。春夏水多,势虽补助,恐功未竟而害又生,此时亦用篾鳅炭篓塞石钉键保护,数月即有冲翻,计实甚微,至秋冬水涸之时,取大石筑砌坚固,庶千百年可保无虞。④

至于具体保证实施的推举总理、总催费、督工,与劝募资金等项措施,在下节个案中作详细讨论。

---

① 同治《祁门县志》卷十二《水利志》。
② 康熙《休宁县志》卷二《塘竭》。
③ 《嘉庆黟县志·道光黟县续志》卷十六《艺文·纪邑中风土》。
④ 《沙溪集略》之《艺文·邡溪议》。

第二节　昌堨——明代的例证

"堨"者,古堤防意也,溪水迅奔,激不少留,必扼之障之水始为用,故造堨。① 堨就是堤坝,引溪流水浇灌的田地称为"堨田"。

本节所要论述的昌堨与下节论述的吕堨位置相近,均位于历史时期的歙县西乡,具体而言,在今歙县西部的西溪南乡。清乾隆时期,歙县人曾言:"合全邑东、南、西、北四乡之境土,勾股乘以则西乡广不满四十里,而袤稍羡之。于邑分土仅七分之一耳,乃人文丰积,四居其三,彼三乡仅居其一。则以徽处万山中,四塞周密,歙居徽中,西乡又居歙之中,固宜其稍为较盛。"② 即是说,歙县西乡东西宽不过40里,南北稍长,仅占歙县面积的七分之一,但因地理位置居中,故而人文鼎盛,科举考试中试人数为歙县东乡、南乡、北乡三乡之和。方志作者在比较歙县四境时,亦称"惟西土壤沃野,家号富饶,习尚亦视诸乡为较侈"。③ 确实,该区位于休屯盆地,是徽州农业生产条件最为优越的地区之一,该区南部为丘陵,北部地势稍高,发源于黄山的丰乐河流经此处,再经岩寺至歙县县城,汇入练江。丰乐河是徽州重要的大河之一,此段丰乐水又曾称"阊阓溪",昌堨、吕堨皆拦丰乐河而筑,引河水浇灌农田。除了昌、吕二堨,明清时期这一段河流上的拦河坝(堨)还有条垄堨与雷堨。在传统社会,"天时不常,有旱有潦,丰欠不一,故必因地之宜开置陂塘、池湖、闸坝、圩岸、堰堨以备其患,使岁常稔而民无忧也",水利灌溉仍是当地农业生产的重要保证,同一个堨坝系统内的水利用户由此构成一个关系密切的水利群体,而不同水利群体间也有着竞争与共处的关系。

安徽省图书馆藏《昌堨源流志》为正方形黄毛边纸手抄本,

---

① 同治《祁门县志》卷十二《水利志》。
② 乾隆《歙县志》卷二十《杂志下·拾遗》。
③ 乾隆《歙县志》卷一《舆地志·风土》。

连封面共 11 页,内文有 3500 余字,文字后所附手绘昌堨田地形势图共分 10 页。文献首先摘录县志、府志《义行》中对开凿昌堨的吴大用的有关记载;其次记载了"昌堨源流",所谓"祖宗置买堨基、山、地、塘、渠、田,依照洪武十二年(1379 年)丈量清册字号亩步,各户经理输纳税粮于后"。也就是说,昌堨之水顺次灌溉歙县十七都、十五都和二十都的水边农田,这一部分详细记载了水流所灌溉的各块田土的经理人或佃人姓名,田地面积,田地四至,各属某乡某都某保等项;文献第三部分是《昌堨源流旧记》,为至元二十四年(1287 年)吴大用子裔吴仁所记,主要讲昌堨的开凿时间、灌溉面积、堨税分担等情况;第四部分讲到一些围绕昌堨的水利纠纷和祭祀;第五部分是洪武二十七年(1394 年)歙县地方政府就十七都与二十都就利用昌堨浇灌发生水利纠纷的榜文;最后为后记。此份文书虽为清同治八年(1869 年)以后所辑,①但所录内容却多为元明时的记或榜文,应该说该文献主要反映了明初洪武年间的乡村水利事实,史料价值极高。②

一、昌堨的开凿与灌溉区的田地分类

昌堨开凿于南宋宁宗嘉泰甲子年(1204 年),当时朝廷"颁谕民间某水为害,则制造堤坊圩岸;某水顺流,则开通沟渠灌溉,筑水积蓄,开坝塘池,以防旱涝"。于是当时莘墟人吴大用,字德庸,与儿子吴永年"割己田捐重赀","雇请石匠吴元四公夫妇一家子侄凿开石渠四十七丈,照凿碎石以斗量计换谷米议作工食,开成渠道",建成昌堨。至清同治年间,仍由吴大用后裔经管、修浚。③

随地形之高下以及离水源之远近,当地有田、畈田、塘田、

---

①在摘录县志、府志《义行》中关于"昌堨"和开立人"吴大用"的内容后,有"同治八年,修安徽全省志,申报一则"之语,其后又引一条,注为"此系本年新报,曾否载志,后虽查实切记",可知此文献应为同治八年(1869 年)以后所辑。
②本节下文中凡不加脚注的引用,均引自《昌堨源流志》。
③相关内容见《昌堨源流旧记》与《刊图细集昌堨源流后记》。

高基塘田、车水田、地之分,而车水田又有一第车、二第车,甚或三第车之分。结合资料中的《昌堨源流图》和方志中有关记载,笔者认为这些不同的田地名称,大致可以理解为是按田地所处的地势之高低而区分命名的:田指水田,在山谷者为山田;畈田为远离山谷,位置在冲田(冲指山区的平地,冲田类似梯田)以下的大块田地;塘田即主要利用塘堰来灌溉的农田(塘:山区或丘陵地区修建的一种小型的蓄积雨水和泉水的工程);高基塘田则是指地势较高的塘田,一般需分段车水方能灌溉;车水田是指利用水车灌溉的田;地,多指种植旱地作物的土地。"沿溪不资塘水资溪水乃为堨",不同种类的田地,需要的灌溉水量、车水的难易皆不相同,因此出水堨口的选择、如何分配堨身的维修义务、如何协调由于利益分配差异而引发的分水纠纷、怎样维持利益与交纳堨税义务的均衡都是值得探讨的问题。

二、昌堨运营与规则

1. 渠水浇灌村庄及面积

《昌堨源流旧记》中记道:"本里孝悌乡莘墟、荆林、胡村、钱村、金村、吴家庄、江祈寺、上项、江祈铺、后深林、潘邨、江村、富山、忠鹄乡、琶墩、笙桥、琶村、舒村、陈村、谷山等处居民田土,每遇亢旱之期,缺水灌溉,民常患之。"这也是昌堨所最初设定想要灌溉的区域。从行政区划上区分,这些村庄分属歙西十七都、十五都和二十都。但对比歙县志中的"都鄙",灌溉区域并未包含三都所有的村庄,即与行政区划并非完全吻合。以三都所处地势而言,十七都地势最高,多旱地与塘田,是堨渠源头,昌堨的堨基山林也位于此都;十五都位置居中,村庄稠密,田地众多;二十都位于堨尾,地势最为低平。三都北部地势皆高,多高基塘田。昌堨于十七都七保金竺岩前立坝,水道自西向东沿灌十七都、十五都,至二十都富山渠尾畈,经涉田土12里,灌田3700余亩。

2. 渠务在各村落的分配

自宋开渠到至元二十四年(1287年)吴氏五世孙吴仁撰写《昌堨源流旧记》的109年间,"其堨地渠塘税粮俱是吴、余二姓输纳,并充堨首",堨首的职责主要是"每年依时唤集堨内种田之家疏渠、筑坝、浇灌田禾"。

细分起来,吴、余二姓的分配是这样的:

富山余氏:"富山、江村、项家边、潘村、深林、江祈村、铺后、江祈寺、上项三村、竹业、吴家庄、至枧塘闸止,渠南田土及金竺坑渠水灌田俱系富山余门拘唤用工修筑",堨甲三名,属堨尾的二十都,堨甲的主要职责是催叫用工。

莘墟钱村吴氏主要居于堨身中段的十五都孝悌乡,负责两处:"枧塘闸下渠、北渠田土,金村、钱村、沙园、里村至沙磴坑止",定堨甲一名;"沙磴撼坑庄、上黄荆林、芭村、墩笙桥、芭村",定堨甲两名。

而近十七都堨首的"舒村、陈村、郑村、谢家庄、谷山种田之家,俱系沿渠车水灌禾,与堨相近,议免用工,每亩田出小麦拾斤买办榿草作堨",原定堨甲一名,计麦支用。

3. 纠纷

在徽州"此堨之水不能灌彼堨之田,以其高低异形,流派异用,而税额有输将者,疏浚有管摄者也",① 而在天旱需水之时,处于堨尾的畈田之家与堨渠中上游的高基塘田之家难免有争水纠纷。

按照习俗,因地势与渠道走向之异,昌堨"沿渠南边田俱系堨水灌溉","自十七都谷山至二十都潘村沿渠北边田地俱系高基塘田","止容一第车车水,二第高基塘田不系堨水原报定额"。

文书中抄录有洪武二十七年(1394年)"徽州府歙县为农务水利事"的榜文,就是关于十五都吴姓与二十都余姓连名上告堨水上游的十七都高基塘田之家,"倚近地势,竞放多车抢堨

---

① 《沙溪集略》卷二《水利·隆堨记》。

水灌塘田",致使二十都渠尾畈末之田禾旱伤。按徽州的水利惯例,判"(二第车至)高基塘田之家趁时开掘池塘,浚深贮水灌禾作种,低基塥田开通渠道,取水灌禾,塘塥两得便利"。

纠纷内容之二,十五都莘墟三坪渠闸低基畈内开塘一口,助济二十都渠尾畈末田禾,十五都、十七都高基塘田,土名东坑、毛石坑、新塘坑,"每年洪水生发,沙泥冲涨,塥渠深为远害"。

而纠纷的第三种类型则是在渠身处安装水碓。二十四都五保程县尉家,昌塥内黄荆林置立庄所,又在笙桥破缺下建造水碓一所,又于莘墟沙磴坑下造水碓一所,决泄水利,致使二十都塥末田禾旱伤。这一事件曾在元至顺三年(1332年)由余姓赴宣慰司处陈诉,以"折毁水碓,并将程家以违制论罪"而结案。

经官府作出的决定,奉徽州府贴文,并奉"工部水字一百一十九号勘合批差",行文下发,由昌塥里老张贴于十五都、十七都、二十三都地方,同时"随发榜文一道,即于昌塥所辖地方常年张挂,毋许强徒横车昌塥水利,如有违者,许地方里老、塥首人指名呈禀,以凭惩治,决不宽恕"。

三、资金之来源、用处

1. 维修费用

维修昌塥渠闸的费用"照依税粮,上下均出,上下作一十二分,余宅一十二户输纳渠塘田地塥基地税粮一半,应出六分应用,吴原杰该纳税粮四分之一,转作三分。洪武二十四年(1391年),出税粮一分与石匠江子玉,原杰本身派贰分。吴关三子该纳税粮四分之一,出财物三分"。也就是说,明初昌塥塥田应缴的田地塥税粮,余姓12户共出一半,吴原杰支出四分之一,吴关支出四分之一,开渠的石匠后裔出十二分之一。

在明初,修理费用多以实物为算,主要是按亩出谷物,如车水高地,"与塥相近,议免用工,每亩田出小麦拾斤买办榿草作塥……计麦支用"。

除了按户摊派,昌塥还置有塥基山地一片,"东阔八十步,西广一百二十步,南边临田阔四十步,北广九十四步,计该二十七亩九分一厘七毫,于上养树木柴篠,每年于其山上搬土斫柴作堨"。

2. 祭祀费用

除了维修费用,每年春祈秋报的祭祀所需也是一项重要开支。春祈,即于三月祭祀堨内各社土谷之神,堨坝渠闸土神,原开石渠石匠吴元四公,下致祭猖祗大愿,俱要依期买办全猪、果子等物,诚心恳祷,置酒散祚。秋报,于七月,"高磴渠愿祭祀黄墩忠壮公禁获吕湖蜃偷水贼妖吕民远,永祈堨坝坚固,水利通济,田禾丰稔,官赋足共,民食充裕,永保无疆也"。

第三节 吕堨——清代的例证

安徽省图书馆古籍部藏《吕堨南北两渠图》,是关于吕堨的诗、记、碑、士绅上禀、官府告示、条例的汇集,约16开方大小,刻本。内中所辑录上自南朝梁,下迄清咸丰年间,以清代资料最为详细。全文3万余字,具体各篇内容为:吕堨口记、报功祠中座、西过座供奉各位、报功祠诗、重修吕内史暨郑夫人墓记、吕堨记、郡志摘录、邑志摘录、跋吕堨报功祠记、赠郑静齐序、重修吕公祠记、吕堨报功祠碑文、吕堨纪实序、重开吕堨记、重开吕堨造祠碑记、吕堨碑记、乾隆年间告示、吕堨条例、放水时间、吕堨南渠条例、嘉庆年间告示、咸丰年间告示、吕堨善后章程、歙县上禀公文及告示等。文书开头序后有《吕堨形势图》,刊印为14面,另外还有《吕堨报功祠图》和《吕堨报功祠基清丈弓步图》各一幅。文书记载了吕堨开凿、历代重浚、用水规则及纠纷解决,以及官府与士绅的水利行为,时间跨度长,尤以清代的记载最为详实,从中可以窥见清代徽州民间村落水利关系。

一、吕堨的基本情况

1. 开凿的官宦背景

吕堨是歙西民间规模最大、灌溉面积最广的堨坝,根据文书记载,梁大通元年(527年),由官员吕文达和妻兄郑孟洪开浚。

吕文达原为西晋时期南阳官宦之家,南渡后至南朝齐武帝(483~493年)时,其家势已十分显赫,当时其长兄吕文度承父荫,掌兵权,次兄吕文显为中书舍人,吕文达本人擢为侍中,出入禁门。吕文达来徽州是缘于代齐武帝之子新安王萧昭文到新安治事。及至齐高宗明帝(494~497年)得位,吕家失势,当时任新安内史的吕文达"无意朝廷事",遂居留徽州,并娶了当地大姓郑思公女儿仲娘为继室,通过与本地的联姻最终完成土著化的过程。郑氏来徽州较早,郑氏祖为东晋永昌元年(322年)新安防拓使,当年"奏请桑梓,赐宅第、湖田二百亩",吕文达落户徽州时,郑氏已在当地繁衍了170余年。吕文达完婚后"依岳氏居"。

吕文达所居之处有吕湖,"储水以浇湖下之田,岁得有秋;而湖上之田则引各涧之水为之灌溉。一或亢阳为虐,则桔橰连阡",及至后来,吕湖堙塞,浇灌无资,"民有叹石田者"。为获得收成,梁大通元年(527年),吕文达与妻兄郑孟洪"相厥地宜开堨一十余里,上溯丰溪中,由朱方以至堨田,引水入渠,歧为南北或因原湖故道,或由所凿新渠,溉田三万七千余亩"。[①]

2. 重浚困境

徽州"山水涨发,岁所常耳。水涨则沙壅,沙壅则流浅,亦岁所常耳",故山水泛涨,坝决渠淤,故"堨之兴废者屡矣"。[②] 南朝吕堨初开之时,"渠约高五丈有奇,横阔二十余丈,南渠地势

[①]《吕堨记》(摘录于县志);郑珍:《吕堨纪实序》,康熙十二年(1673年)。
[②] 何达善:《吕堨碑记》,乾隆二十一年(1756年)。

差高,灌田一万余亩;北渠地势差低,田则倍之经始"。① 然吕碣自开浚后,因山洪暴发,灌溉面积屡有盈缩,始终面临反复重浚的困境。唐宋以降,开浚者不一其人,首事者不一其姓。及至明代,吕碣碣口淤塞与水量不足的矛盾始终存在。明洪武间,"蛟水骤发,沙壅渠平,开浚始难"。于是先在溪南之下另创新渠于横溪,然"功虽易而水仅及半焉,在碣之田半为污莱",渠水不敷浇灌,田间长满杂草。成化间又开凿黄碣,但灌溉面积有限,仅千五百余亩。及至嘉隆万历之时,吕碣"碣首诸君,咸有修筑之劳",但未能修复最初碣口所在,故而,"耕者有桔槔之苦"。② 吕碣在清代有四次大修,分别为康熙末年、乾隆九年、嘉庆四年和咸丰年间,下文详解,此不赘述。

3. 自上而下的碣口变迁

碣坝出水坝口的选择很重要,坝口的高低关系到碣水流量的大小、各村用水量的分配、工程的难易度,碣口的调整与碣众利益的调整相联系。吕碣重浚时,碣口因时因地有所不同。吕碣口最初开在上游琴溪下,明洪武间,"口坝冲塌,败坏不可收拾。后之修者,或上或下,无定所焉"。明宣德、成化年间移至下游之上溪头,"又复塞矣";继而更下移于溪南长虹桥侧(即新桥),却"势平水缓,辄有灌溉不周之虞"。清代碣口仍主要在"去横溪之上数里"的上溪头,康熙五十九年(1720年)、乾隆二十年(1755年)两次浚复都在上溪头,此后迭废迭兴,开筑不一,咸丰年间大修,"阅七寒暑而工竣,堤固坝坚,水深流畅"。③

总体而言,吕碣口是自上向下不断下移。"虽沿溪尚有旧址可寻,而究难复其故"的原因,最主要的在于上游水流湍急,碣口易塞难通,下游开口工程较易、花费较少。不过受地势高低、水流速度的影响,碣口位置有一定下限,和工程难易等因素相结合,稳定在上溪头的时间最久。

---

①吕文达:《吕碣记》,梁大同六年(540年)。
②郑永建:《重开吕碣造祠碑记》,雍正甲辰(二年,1724年)。
③鲍瑞麟:《吕碣口记》,咸丰七年(1857年)。

二、吕堨重浚——由独姓独修向多姓分摊的演化

文书记载中清代吕堨的大修有四次,均是在官督民办下进行的,下面按时间顺序作一梳理:

1. 康熙末年郑氏独修

康熙五十九年(1720年)夏旱,连旬不雨,百姓告灾。六月(阴历),在知县蒋振先的倡议下,郑氏子孙中以内阁中书郑永建,及今嗣孝廉郑文学者为首,汇同"各塓头事诸君子、暨予族人","访之耆老,参之舆论,筹度再三",而后"择吉祭告,运石鸠工,日数百人,奋捐从事濬瀹,旬余而水通流矣"。此后"又恐迸漏,穿泄不能经久,复筑石坝数十丈",用石料进一步加固坝身,冬十月(阴历),采石筑坝80余寻以分两渠之水。经此次整修,此后直至乾隆九年(1744年)间,"田无旱潦之虞,家有仓箱之庆",颇有成效。①

2. 乾隆初年郑、潘两姓共修

从康熙末年郑氏修浚,历30余年至乾隆甲子(乾隆九年,1744年),吕堨"复为蛟水所害,渠流湮淤,闸坝坍卸,向之漠漠水田半为杂粮地",而"人心不一,莫敢为倡"。及乾隆十六年(1751年)大旱,时任徽州知府何达善"遍查地方塘堨,聚农民而督修之"。吕堨是歙西重要的水利设施,故何氏"集诸父老堨首共议修筑",南北两渠分嘱两大姓董理之,按渠水之流经,北渠事宜交由堨田郑孝廉,南渠事宜嘱岩寺潘贡士。"相度工程,计田匀费",工程包括挑浚上下堨渠淤塞处,修整水口石坝渠塝闸座之坍残者。修整后的浇灌面积北渠共灌田3187亩,南渠共灌田1600余亩,又有支渠黄堨分水灌田百有余亩。②

---

①郑永建:《重开吕堨造祠碑记》,第14页,雍正甲辰(二年,1724年)。
②何达善:《吕堨碑记》,乾隆二十一年(1756年),第16页。

3. 嘉庆初年鲍、郑、朱三姓重开北渠

嘉庆四年（1799年），歙县二十一都四、五图生员鲍景璿、郑抡元、朱誉负责承办重开吕堨北渠事务，经4年修浚完工。此次重开与30多年前乾隆年间的维修方式类似，先是确定每亩摊分的钱银，田地性质不同，所摊数量不同，"田每亩出银七钱，车水田每亩出银五钱五分，干料田俟水到日议补"。渠身修浚后，即"照依议定工费放水"。从告示"示谕吕堨保甲田主人等知悉"可知，费用由吕堨田主出，而非田地的佃耕者出资。维修季节依然放在"冬令水涸之际"。①

4. 咸丰初年郑姓统理下的众姓共修

嘉庆前期重开吕堨，始终"未修理妥善"，经40余年，至咸丰初年，堨事废弛，"堨渠久淤、田畴易干、民食无资"。堨首经管北渠水务，"向业主计田派钱开堨，难保无肥己之私"，收取费用却没有用于修理，致使"五埧堨口均已倾圮，各处支甽均已污塞，一逢晴亢，水即立涸，农民坐受其困"。

咸丰年间重开吕堨，源于道光三十年（1850年）的秋旱。是年"秋不雨，渠甽断流，数千亩田禾黍将槁，远近十里男号女泣，纷纷聚诉业主，而堨首等皆避匿不面"。堨首与业主、佃农的矛盾激化。以监生郑时辅为首的郑家四个有功名者先是"急邀同志捐赀往浚"，以救一时之急，然而"渠虽稍通而水流不畅"，毕竟"因河坝、堨口、漠口、渠身、甽塝等处未经修砌挑浚"，山洪屡发，极易淤塞。咸丰元年（1851年）正月，郑时辅又上言徽州府，乞"迅饬吕堨北渠堨首，会同各业主即速妥议章程，趁早开浚，并鸠工修砌"。② 可是修渠事关各方利益与义务，关系难以协调，"各业主皆退却不前，仍推时辅管理"，各堨首议由"田多者先垫资赶开"，但"垫办之资将来应作如何归款"的问题

---

① 嘉庆四年（1799年）九月初八日《特授江南徽州府正堂加七级随带加一级纪录十次峻为遵谕禀覆等事》，第28页。

② 咸丰元年（1851年）正月二十八日《监生郑时辅、监生郑隆钜、廪生郑宗诰、监生郑隆江禀为堨渠久淤、田畴易干、民食无资，叩饬筹办事》，第31页。

一直难以议定,郑时辅"以独力难支为辞,屡劝推托",至三月份仍不能开工,遂由堨首汪玉书呈请徽州知府,饬令郑承办。① 徽州府于三月二十二日批示郑时辅等"事关水利农田,毋得推诿迟延"。至四月十八日,以郑时辅为统理,并汪、鲍、江、郑四姓共16名业主襄办,3位堨首、12位堨甲,提出公议章程,开修工程。这次重开吕堨,效果明显,工程进度也比较快,至七月"除重大石工再筹外,所有渠甽悉已疏通,堨水流畅,为多年所未有,盈盈浇灌,未动桔槔而年成丰稔"。及至初冬十月,郑时辅等董事、堨首又公议冬令工程,并制定了《增议章程》。②

5. 水利特权中的众姓博弈

在这样一个由独姓修浚向众姓分摊的演化过程中,一幅地方大族的利益博弈长卷在我们的眼前徐徐展开,而郑姓无疑是其中的主角。这里我们不妨看看郑氏在当地的权势兴衰。

如前所述,郑姓的祖上即是开凿吕堨的吕文达之妻族,当年吕文达与妻兄肇开吕堨,"越数月而功告成,旱潦无虞,居民乐业,民食公德,择地立亭,刻像其中",以郑姓郑思公、郑孟公配享,岁时奉祀。郑姓"藉堨以传不朽",并拥有水利灌溉的特权,南北二渠,任从浇灌,而修堤作坝则不必参与,亦不必缴纳岁修费用。

郑氏后代传至清代,仍为当地大族,在清代吕堨的修筑中一直有着重要作用,但也不断面临着其他大姓的挑战。郑氏通过两种方式维持其地位:

其一,通过祭祀内史吕公暨夫人郑氏神像,以及郑氏祖先思公、孟公神位,不断强化民众记忆中郑姓的首开之功。祭祀于每岁秋成之后,"堨首以香仪迎公暨夫人神像至生家祭享,饮福受胙,崇德报功"。③ 在长期供奉中,吕文达逐渐被神化,被赋

---

① 咸丰元年(1851年)三月二十二日《府正堂达谕吕堨北渠业主监生郑时辅知悉案》,第32页。
② 咸丰元年(1851年)十月十一日《具禀歙县二十一都四、五图吕堨北渠董事监生郑时辅等禀为叩赏示俾早观成事》,内中《增议章程》,第39～41页。
③ 康熙十八年(1679年)五月初十日徽州府告示,第19页。

于诸多灵异之事,如郑姓子孙郑任曾记载:"予尝涉履河渠间,渠势较河流差高水之入汩汩焉。逆而行之,乡民之伺水也,夜视田间灯光隐隐若有导之流者。"当地人"凡有疾病以祷公,无弗谬也"。吕文达俨然是吕堨地方的保护神,其祠庙"历代相承修葺者五矣"。①

其二,郑氏子孙通过参与吕堨的管理事务不断巩固现实中的用水特权,强化家族在本地的地位。在官方认可的水利条例和官府告示里,郑氏因祖上首开堨渠而拥有"在堨之田任凭浇灌,修筑工费概不派及"之权。

不过从以上清代吕堨重浚的历程中,可以想见不断地重申特权正是因为其特权受到质疑,"内史吕公暨夫人郑氏神像,以及郑氏祖先思公、孟公神位,附近居民不得亵渎污秽。郑氏族人重新庙貌,岁一举祭"的官府告示也正说明了乡民对年代久远模糊记忆的不敬。在水利组织的发展中,权力下移与分散化已是一个不争的事实,以至于在咸丰大修中,在具体的历史场景中,郑氏在叫嚷"郑姓在堨之田历来不派修筑之费","俟此次工竣,自当仍循旧制不派工费"中仍"自愿照众输谷"。

三、吕堨的堨务管理与水权分配

清代的几次大修,地方士绅都制定了相应的章程,文书中收录的主要有乾隆二十年(1755年)的《吕堨条例》②、嘉庆九年(1804年)的《吕堨善后章程》③和咸丰年间的《公议章程》、《增议章程》。这几份章程均由堨首草拟后上呈徽州府,经由官府批准,以政府告示的形式公布。下面逐一分析,以察吕堨在清代水利组织管理中的变迁。

---

① 郑任:《吕堨报功祠碑文》。
② 乾隆二十年(1755年)五月二十五日徽州府告示,内附《吕堨条例》,第21~25页。
③ 《嘉庆九年六月府经厅潘详定公议吕堨善后章程》,第30页。

1. 乾隆《吕塌条例》——成熟的盛世水利规则

乾隆条例内容详实,体现了盛世水利管理的成熟,其间制定的诸多规制成为"旧制",为后世所遵从。吕塌北渠溉田面积广于南渠,北渠条例也较为复杂,原文如下:

一塌口大河横坝设立塌首以司其事。每岁夏至后,两渠值年塌首约期齐集,率众修整河坝,疏通塌口以开水源,塌内水碓即时封闭以免泄泻。其塌首南北两渠照旧例值年,轮流经营。

一北渠官井以下即衡坪头塌处放水堀,遵旧制一尺八寸,不得增减以起争端。倘有私自阻塞其下,四塌塌首验实,公同呈究,亦照古制不得参差。

一各塌塌首管理放水日期,巡看水路通塞。其烛火饭食之需应在业主给办,遵旧制,每亩派纹银二分,在业主不得短少,在塌首不得多派,如有不遵,恃强放水,公同呈究。

一每塌塌甲一名,择老诚熟识水路者充当,昼夜巡看水路,俟期开闭水堀,其烛火工食每亩派纹银壹分,佃种之人,计田给付,不得短少。如塌甲受贿徇私,呈官究处。

一各塌支圳每岁一开,使水路通流,无有障碍。其开浚人,夫塌首□□□重之人,计田出工,同心协力,如有躲避不到者,公同议惩。

一放水定期,不得紊乱。各塌塌首,照簿内规矩抄写明白,先期粘贴公处,使各知悉,按期放水。倘有恃强挽越,不遵定例者,公同呈究。

一时岁干旱,迟早不一。倘春夏之交需水莳种,则筑坝开浚,封闭水碓,不必定在夏至。

一吕公祠地税、前塌税系郑廷美、郑以祥户内完粮,塌口河税郑惠远户内完粮,共正则粮一两伍钱四分八厘,历世相承输粮办课旧例。郑姓在塌之田任凭浇灌,修筑工费概不派及,康熙五十九年,郑复独任重开,今又照众捐输修理。是则郑之义举不可更改旧例。

以上吕塌北渠条规结合相关资料,可以看出:

(1) 吕堨的管理结构。北渠按浇灌区域分为四堨,每堨各设有堨首与堨甲执行堨务,管理堨众。堨首按年排值以司其事,职责包括放水日期的议定,公示放水规矩,监督按期放水,查看水路通塞,组织支甽开浚。其烛火饭食按每亩纹银二分向堨内业主收取。堨甲负责具体工作,如"昼夜巡看水路,俟期开闭水堀",故一般择老诚熟识水路者充当。其烛火工食按每亩派纹银一分由堨内佃种之人计田给付。

(2) 条例中水权分配与争端裁决的规定。在靠天吃饭的传统农业社会,水权的分配是水利组织各成员的核心利益所在,包括分水口大小、灌水时间、轮输天数、水碓的开放等。根据《吕堨条例》中所列北渠各堨下各村灌田亩数和时辰,整理辑出下表:

表 6-1　吕堨北渠各村分水表

分段	总溉田	放水田	车水田	轮输
头堨衡坪	六百二十一亩七分	五百五十二亩四分	六十九亩三分	八日一轮
第二大吕堨	八百一十亩二分	七百四十亩七分	六十九亩五分	十日一轮
第三宴堨	八百五十四亩	七百七十亩四分	八十三亩六分	南甽七日一轮,北甽十日一轮
第四小里堨	四百四十六亩四分	四百一十五亩九分	三十亩五分	六日一轮
第五庄堨	四百五十五亩一分	四百二十一亩七分	三十三亩四分	八日一轮

车水田一般地势较高,从表中放水田与车水田的亩数来看,北渠的田地普遍地势不高,灌溉较易。轮输天数与溉田亩数并没有必然的正比关系,可见是各方力量综合博弈后的结果。

对于水碓与灌溉争水的情况,条例规定堨内水碓一般在夏至后封闭,但倘若春夏之交需水莳种,则"筑坝开浚,封闭水碓,不必定在夏至",水碓主往往是当地的大姓,但农事重于水碓的规定暗示了在水资源有限的情况下,徽州民间大姓在用水中受到的制约。

对因不满分水规则引发的争端,规定由堨首共同商定解决。例如官井以下即衡坪头堨处放水堀,位置非常重要,其分寸大小关系北渠其余各堨的水量,于是规定"遵旧制为一尺八寸",一旦发生因增减而起的争端,由四堨堨首共同查核验实,

"公同呈究"。

南渠分为三段,堨口大小规定为五尺三寸,灌溉面积为北渠三分之一强,故而条例略为简单,仿北渠成例而已。

(3)实际堨务管理中堨首与堨众的矛盾。规则的制定与下发并不等于它能被完整地执行,在缺乏监督、依赖个人自律的传统民间社会,个别堨首滥用特权,而又疏于职守。在《吕堨条例》通过之后的四年(乾隆二十四年,1759年),徽州府知府何达善在分别下发给吕堨文会各士绅与业主农民的告示中清楚地昭示了这种矛盾。告示一方面指出,"强梁阻霸,奸黠堨首,卖水渔利,苦乐所以不均也",同时也要求堨众"遵照旧制,按例引水。倘有不法之徒侵占阻挠,立即指名呈禀,本府以作凭严拿究处";①另一方面表示"堨内之埂坝多有坍损,渠身多有淤塞,以致水不畅流",嘱士绅们组织修浚和筹措资金,"谅有田者必多好义捐修之士,共成盛举,切勿观望迟误"。②

而从材料中也可看出,官府在吕堨运行中的作用主要体现在以下四个方面:

(1)督促收取修堨工费。先是通过堨首向业户收取。乾隆二十一年(1756年)二月,徽州府着令各塝堨首收取、追缴各业户应出工费,交往工所,并授权将"未缴银两各户开册送查,以凭带追"。③虽然言明"倘月内收银不齐,定带堨首,究处不贷",不过似乎此处催促与威吓并没有直接导致费用的顺利收取。半年后的八月,徽州府不得不"仰役前去四塝、五塝,协同该保遵照单开,即将各业户应欠修堨费逐工催交工所",即由府役,协同地保,逐户催交。④

(2)管辖堨内田亩。田亩关系赋税,故官府常督促开垦荒田及查访遗漏,如"堨首徐圣瑞尚有未开田亩","着令一并补开

---

① 乾隆二十四年(1759年)四月初十日《府正堂何谕吕堨业主、农民知悉》,第21页。
② 乾隆二十四年(1759年)四月初十日《府正堂何谕堨田各村文会绅士》,第21页。
③ 乾隆二十一年(1756年)二月十六日《府正堂何为饬催事》,第26页。
④ 乾隆二十一年(1756年)八月初七日《府正堂何为饬催事》,第26页。

田册,亲自送府,以凭谕话去役"。①

（3）共同制定相关用水规则,以政令的形式下发各佃种农户,并对违规者实施惩处,这是维持水利工程有秩序地运转的重要保证,甚于超过对工费的追缴。乾隆二十二年（1757年）二月的告示中言,放水日期乃"本府与任事诸君几经核阅筹谋审度而定","倘有放水搀越,车水过时不止者,一经塥首禀报,除差押罚工开挖畚挑外,仍枷号示惩,断不宽贷"。② 此话并非危言耸听,因为在同年的六月份,便有了惩治宋升实、毕奎两人之例。原因首先是按亩摊派的开浚费用纹银五钱五分,宋、毕二人托辞"田非在塥,有塘可济"而"一味窥避吝贷",即而待吕塥渠身修竣完工,渠水畅流,又"逞横阻截,强放强车",于是对二人"枷号示众,并将应出工费银倍罚追偿"。不过惩治的目的还是督促上缴工费,故而"如种田农夫自知悔过,曾经告明管理首事愿补偿工费浚塥者,亦当一律予其灌溉"。③

（4）协调不同水利灌溉系统之间的关系。以雷塥与吕塥之关系为例：雷塥与吕塥同筑于丰乐河之上,雷塥居于吕塥上游一里处。上、下游争水问题的解决往往兼顾官方、地方传统等各方面因素。故而官府须在告示中谆谆告诫,雷塥塥首农人应于来塥大河所拦之坝中流留放三尺不筑,俾吕塥下游水有来源,而吕塥塥首农人亦当恪守旧章,不得妄希多开尺寸,致滋争端。④

2.嘉庆《吕塥善后章程》——水利管理的日常化趋势

嘉庆九年（1804年）经官府认可的《吕塥善后章程》,是乾隆期《吕塥条例》的再次确认与补充,共有四大条,原文如下：⑤

---

① 乾隆二十一年（1756年）二月《府正堂何为传唤事》,第26页。
② 乾隆二十二年（1757年）二月初五日《府正堂何谕吕塥佃种农民知悉》,第27页。
③ 乾隆二十二年（1757年）四月十九日《府正堂何谕吕塥各塥首、塥甲、捕保等知悉》,第27页。
④ 乾隆二十二年（1757年）六月初一日《府正堂为饬遵事》,第27页。
⑤ 嘉庆九年（1804年）六月《府经厅潘详定公议吕塥善后章程》,第30页。

一按鲍南塌,每岁秋收田主每亩放水田出谷壹斗二升,车水田每亩出谷八升,储存岁修。但吕塌田多流长,工程较倍,今议照鲍南塌谷数收储酌办岁修,其种田之人每亩放水田出谷五升以为开支卿之费。

一岁修之谷每岁开浚等费支用外,倘有赢余,储存公处。如有石堞闸坝卸损坏,坐为修砌之费。倘遇大工不足所用,另议公办。

一吕塌南北两渠共灌田五千余亩,塌口上游即雷塌河路,仅隔一里,应照向例,旱时雷塌于大河拦筑横坝留放三尺流通,俾下游泽渠水有来源,不得通河拦筑,皆有田禾,共推仁爱,毋使下塌断流,水无涓滴。

一前何宪塌簿内论定规条,原属尽善,理宜恪遵,但照旧章办理外,倘有未及工程,奉此卑职遵即查核各条所议,并传董事汪瑞庆等逐一公议,除前四条俱属妥协外,倘有未及工程,谕令董事人等因时因事。目前难以预定,惟恳将现在遵办原委勒碑,以垂永久,理合将核办缘由具文详覆宪台鉴核给示晓谕,为此备由缮册,具申伏乞,照详施行。须至册者珠府宪批着如所议,仰塌首勒碑以期永久勿废。

通观《吕塌善后章程》,主要包含三点内容:一是岁修之费的征收与管理。乾隆大修时的工费由士绅垫付,后期的工费追讨颇为困难。此处参照鲍南塌成例,按亩出谷分摊,其应出谷数因放水田和车水田而异,每岁赢余,"储存公处",以为石堞闸坝卸损坏的修砌之费,"倘遇大工不足所用,另议公办"。二是重申与上游雷塌的分水协议。三是恳请官府批准"勒碑以垂永久"。

这三点体现了吕塌水利管理的日常化趋势,也反映出资金问题和与其他水利组织争利是吕塌管理者面临的难题。董事在制定出一套规则之后,总希望得到地方官府的支持,以加强其话语的权威性。而事实上,规则的制定并不代表问题的解决,此次嘉庆修浚费用仍大多由董事筹垫,以至四年之后,嘉庆八年(1803年)吕塌修浚完工,朱誉、鲍景璿、郑抡元三人仍在为田主拖欠工费叩请地方官府帮助追款。①

3.咸丰《公议章程》与《增议章程》——务实与系统的近代水利规则雏形

咸丰时期大修吕堨的过程较为波折,在文书中记载得最为详细。吕堨先由郑时辅倡修,困难重重,而后由官府出面协调,着郑统领,制定《公议章程》,重开工程,顺利施工,及至冬季,又公布《增议章程》公议冬令工程,显示了清中晚期吕堨管理的细化与系统化。

下面先看《公议章程》:②

一议堆筑河坝、开挖堨口、疏通渠身,其未分南北渠以前皆与南渠同源共本,所有工用北渠向认两股,南渠向认一股。兹当恪守前规,着北渠堨首会同南渠堨首合办,以最紧要处先兴工作。

一议南、北渠分水之处,向有石坝一道,其用工亦系南认一股,北认两股。兹倾坏已极,工程浩大,俟秋后再会同南渠公估重砌。

一议分北渠以后,所有用石工之处,倒坍甚多,现在水深难于估计,惟有谨遵何前宪修堨成规以应急,修浚者先及之,俾能蓄水灌田,余俟秋后再筹。

一议堨口五处及分各日眼水口四十余处,当视其壅塞倾倒者赶紧挑挖修砌。

一议各堨支圳为田畴引水要道,须急开通,现在农事已兴,刻不容缓,盖开圳必截上流方能挑挖,而农事必藉水深始便耕作,是以各堨各处分头赶开,尤属要举。

一查乾隆二十年奉何前宪修浚,每亩派纹银五钱五分及四钱不等。嘉庆四年又奉峻前宪修浚,每亩派元丝银七钱。兹欲照前派费修浚,奈田成地者多,是田愈少,则摊费

---

① 嘉庆八年(1803年)十二月初三日《生员朱誉、鲍景璿、郑揄元等禀为恭谢宪恩叩饬善后农田利赖永沐供仁事》,第28页。
② 咸丰元年(1851年)四月十八日《监生郑时辅等禀为公议章程,禀恳宪裁赏示晓谕事》,第32~35页。

愈多，且历年俱受干涸，租息亏折，诚恐一时难以齐全，而目下疏浚工作又万难稍缓，是以公议所有工用每亩输谷一斗五升，自今秋为始，由该塌首催农人送交公处，给以收票，以凭在该业主租内抵算，逐年收谷，逐年收浚，一俟工竣，即行议减。至现在修浚所需，凡属业主先行垫出以资工用，随给其收垫之据。俟秋成收谷后粜谷归还。

一议洪水陡发，时所常有。每俟水退即当请工挑挖污泥，使其不能壅塞，尤为紧要。

一议临查在塌田数向系各塌首专司，今仍归其办理。为塌首者宜认真查办，切勿稍事颟顸，致蹈临查不实之弊。

一议放水日期。何前宪颁示成规，尽善尽美。倘有恃强阻截及塌甲人等卖水渔利，不遵定例，一经察出，公同呈究。

一议塌首塌甲原为巡视河坝堘口水道而设，并非定役世业，日后倘有徇情作弊，任意疏懒者，随即改换另选。

一议在塌之田秖，除肇塌吕公及郑公祀产毋庸输谷，其余无论祠田、仓田、社田，一体捐输。

一议郑姓在塌之田历代以来不派修筑之费者，所以报郑思公肇塌之功也。今郑姓自愿照众输谷，俟此次工竣，自当仍循旧制不派工费。

一议董事诸人，均不计辛资，惟办事一日给饭食钱壹百贰拾文，未到者不给，亦不得在公账内开支轿金随使。

一议收支各账每年完工后除抄呈宪电外，仍贴公处，以便众览。

一议塌祠供奉吕公、郑公、前郡尊、前邑尊诸公长生禄位，所以崇德报功，志不忘也。自塌事废弛而祠宇久未修理，今俟塌工告竣之后，即行重葺，妥神灵以昭祀事。

一议俟秋后水浅即约会各业主将塌内各处工程逐细公估明确，禀呈宪电核夺。

一议事关农田水利，开浚修筑颇需时日，凡董事诸人各宜勤谨以成其事，总期钱不虚縻，工归实用，切勿始勤终怠，口惠实虚。

同乾隆与嘉庆时期的条例比较,概括起来,这份公议章程在内容上有以下侧重与不同:

(1)较之以前强调与上游雷堨的争水,此次更着重吕堨内部南、北渠权责利的明确分配。章程规定按照渠水的浇灌比例,堨口分水石坝等工程用工比例皆为北渠二股、南渠一股。放水日期仍遵乾隆二十年(1755年)徽州知府何达善所制成例。

(2)管理更规范、透明,以取信于民。表现为:一方面增加了堨首、堨甲违背职责的处罚条款。堨首要清查堨内田亩,堨甲不得卖水渔利。强调堨首、堨甲原为巡视河坝堨口水道而设,并非定役世业,倘有徇情作弊、任意疏懒者,随即改换另选。另一方面明确董事待遇,公开收支各账。董事不计薪资,唯办事日给少许饭食钱,轿金即车马费不再另付。收支各账每年完工后"除抄呈宪电外,仍贴公处,以便众览"。

(3)章程更注重开浚挑修工程中的可操作性。表现为:首先,有细节的详细规定。如章程制定时,"已是四月,农事已兴,故先急紧要处挑挖、开通",具体地点有"堨口五处及分各日眼水口四十余处,当视其壅塞倾倒者赶紧挑挖修砌","各堨支哵为田畴引水要道,须急开通"。其次,制定了渠身的日常维护及秋后后续工程计划。要求洪水退后即当"挑挖污泥",使其不致壅塞。待秋后水浅,"各业主将堨内各处工程逐细公估明确,禀呈宪电核夺"。

(4)维修费用由向业主征银改为征谷。因"田成地者多……且历年俱受干涸",田少则摊费多,干涸则租息亏折,征银难以齐全,故不按乾隆、嘉庆时的按亩派银,而改为按亩输谷以保证费用的征缴。具体做法为每年秋季"由该堨首催农人送交公处,给以收票,以凭在该业主租内抵算,逐年收谷,逐年收浚,一俟工竣,即行议减。至现在修浚所需,凡属业主先行垫出以资工用,随给其收垫之据,待秋成收谷后粜谷归还"。这里的公处所是负责吕堨事务的专设机构,董事们希望通过公处所的中转,利用业主与佃农的关系,采用收据消抵的方式,保证用工费用的征收。

不过此法似乎效果也不佳,七月十三日秋收前夕,郑时辅及各业主垫洋400余元,"诚恐各农人有贤愚不等延迟观望,以及疲玩抗违,并恐有不法之徒倡首阻挠,滋事寻衅",吁请徽州府宪"赏示严禁并叩檄县加示晓禁"。① 半个月后,七月二十九日,歙县知县下发告示,严令"业户、农佃赴公所交收清算……俾得速归垫款"。② 从《后续章程》中知咸丰元年秋收"所收之谷归还前垫尚属不敷,除董事所垫未归外,其各业主垫项一概归清"。此后从咸丰二年(1852年)直至咸丰七年(1857年)郑时辅退任,每年秋收将至,必有歙县地方政府告示重申业户农佃"遵照章程,每亩交谷一斗五升,送交公所"。

《公议章程》公布后,效果明显,工程进度也比较快,至七月"除重大石工再筹外,所有渠甽悉已疏通,竭水流畅,为多年所未有,盈盈浇灌,未动桔槔而年成丰稔"。及至初冬十月,郑时辅等董事、竭首又公议冬令工程,并制定了《增议章程》。③

　　一上溪头河中拦水入口大坝以及开挖竭口疏通渠身,重整各石工,悉照前府宪何尺寸成式办理,毋庸更改旧规;

　　一自上溪头起至南北两渠分水石坝止,所有工用南渠向认三股之一,北渠向认三股之二,兹当恪守前规筹办;

　　一今秋所收之谷归还前垫尚属不敷,除董事所垫未归外,其各业主垫项一概归清;

　　一北渠已五十余载未开,倾坏壅塞已极,工程数倍南渠,颇难估计。现今大兴工作,经费无资,所以公议今冬每田一亩垫洋银二钱,来春每亩垫洋银二钱,余皆董事之人布措筹垫,均给以收据,俟后归还时缴销,庶可循序施工,观成有自;

　　一北渠虽有田将三千亩,无如业主繁多,且田数多寡不一,更有祠祀社众各田,无从垫资,可垫者不上一千余

---

① 咸丰元年(1851年)七月十三日《具禀监生郑时辅等禀为恩开古竭课食有赖公叩示禁事》,第38页。
② 咸丰元年(1851年)七月二十九日《署江南徽州府正堂加十级纪录十次周为晓谕事》,第38页。
③ 咸丰元年(1851年)十月十一日《具禀歙县二十一都四、五图吕竭北渠董事监生郑时辅等禀为叩赏示俾早观成事》,内中《增议章程》,第39~41页。

亩,其至少之户以及不足之家皆不强其垫费;

一董事前共十六人,汪允发、郑景明二人已先后病故,兹仅十四人嗣后,凡业主中有愿出为董事者,随时可入公所合办;

一董事诸人均不计薪资。前议惟办事一日给饭食钱一百二十文,未免数多。董事诸人均不愿领,兹议在公所办事,仅食公食,每逢在外办事,按日给发,伙钱六十文,倘坐马乘舆,各人自认,不得在公账内开支。

一各账归襄办诸人公同登记,以五日之收支书牌悬挂公处,轮流挨换,年终完工后缮呈宪电,并录贴公处。

一塌首巡视河坝堘口水道,其油烛饭食之需向系业主每亩给钱,今既按田收谷,公议嗣后每亩给谷半升在公账内开支,业主毋庸另给;

一每居秋成,按田收谷归垫,由塌首催农人送交公所,每亩给工食谷半升,在公账内开支,倘有弊误,公同禀究,另选充当。

《增议章程》延续了《公议章程》的务实,除了工程的具体措施,我们从条例中可以看到一些有趣的倾向:

(1)管理集团的平民化。董事会向普通业主开放,准入资格降低。嘉庆时徽州府宪谕饬"各堘塌首选举田多大户公议善后章程遵守",可知田产财富是得以参与渠务的必要条件之一,渠务由少数士绅把持。而咸丰时期,16人的董事会中2人病故后,"凡业主中有愿出为董事者,随时可入公所合办"。

(2)管理层特权的弱化。董事更大程度上成为专门办渠务的人员,不给薪资,且为节约开支,在外办事的董事每日伙钱由120文降至60文;不仅如此,业主的利益被放在了董事之前,如"秋所收之谷归还前垫尚属不敷,除董事所垫未归外,其各业主垫项一概归清"。当然,富户业主在加入董事会时,在决定垫资或奉献时,对利害得失应是有过考虑的,但显然,咸丰年间较之乾隆时期渠务更难管理,更需要董事以严于律己和先人后己的道德观念来管理渠务。

(3)渠务管理的细化。如春季,仅规定收支各账每年完工后"除抄呈宪电外,仍贴公处,以便众览",冬季便完善为"各账归襄办诸人公同登记,以五日之收支书牌悬挂公处,轮流挨换,年终完工后缮呈宪电"。

(4)工费资金收取的人性化。郑时辅主管北渠事务,北渠"虽有田将三千亩,无如业主繁多,且田数多寡不一,更有祠祀社众各田,无从垫资,可垫者不上一千余亩",于是规定"其至少之户以及不足之家皆不强其垫费"其大修之资,"今冬每田一亩垫洋银二钱,来春每亩垫洋银二钱,余皆董事之人布措筹垫"。

应该说,咸丰年间吕堨北渠卓有成效地运作,除了长期管理的经验积累,与郑时辅个人的威望与品格也有着密切的关系。郑氏是歙县的知名乡绅,徽州知府曾两次上门拜访。郑氏对吕堨北渠的经营带动了临近地区的水利设施的复兴。当时吕堨南渠堨首程长春叩请徽州府宪,援照工程成式,经费旧章办理,"疏通(南渠)以资蓄泄"。① 郑遂协同严镇徐林芬等"尽力经营,吕堨始复其初"。之后,吕堨上游之昌堨,"渠田亦废,群农起羡,吁饬兼办"。

小　结

徽州当地的水利设施形式多样,有堨、陂、塘、堰、坝、渠、车斛等,或为灌溉,或为防洪,但从整体来看,规模不大,兴废无常。"堨"是徽州特有的水利设施,灌溉不受水源远近限制且受益田亩面积大,因此由堨坝及各灌溉支流串联起的业主田户形成一个微型的水利社会。通过歙西昌堨与吕堨的个案探讨,发现为保持灌溉收益,灌溉区内的业主在大户倡导下自发形成相对松散的水利组织,这种水利组织与行政区划不完全吻合,与宗族聚居有一定契合。堨水浇灌区的田地业主均享有灌溉的权利,水权的界限由具有一定公众约束力的水利章程加以载明和确定。作为地方大族自发开凿和运作的水利设施,昌堨、吕

---

① 咸丰元年(1851年)十月十六日《特授江南徽州府正堂加十级纪录十次达为叩赏示俾早观万事》,第42页。

堨长期以来受到后世子孙的关注,屡废屡兴,在长期的历史过程中,对于保障歙西小区域农业的正常收成起着重要的作用。

因为首开之功,昌堨个案中的吴大用,"乡人祀之";吕堨个案中的郑氏,享有"吕堨南北两渠任从灌溉"和"修筑工费概不派及"的特权,郑氏子孙通过建立全堨,堨众对郑氏开渠祖先的祭祀体系强化区域水利共同体的历史记忆,又通过参与吕堨的实际管理事务,不断巩固家族在现实中的用水特权。应该说,祭祀体系对于特权的巩固有一定作用,但主要是郑氏族人热心于报功祠的修建与岁祭。官府屡次告诫"内史吕公暨夫人郑氏神像,以及郑氏祖先思公、孟公神位,附近居民不得亵渎污秽",进一步而言,修庙成为当地乡村水利管理组织的职能之一,郑氏族人和士绅控制着水资源,修建祠祀所要营建的正是由资源占有者确定的利益分配格局,当官府与士绅再三强调祠庙的重要性,并力图通过反复修庙的行动强化其权威与秩序时,面临的却是民间社会的怠慢。与修祠祭祀相比,水利设施的兴修与维护是水利组织更重要的职能,也得到堨田业主及佃户广泛的重视。然而在长期的使用过程中,郑氏对水利工程的独占逐渐演变为与临近的大姓分享,堨税的承担亦在权利义务相统一的社会规则下转为众姓按溉田数分摊。

水利设施效益的发挥涉及方方面面,由于相关方面的利益都是和同一水体联系着,互相间往往存在各种各样的矛盾。从明初迄清末,册内田亩争水(同一堨水上、下游的分水争讼,车水田与浇水田的矛盾),册外之田与册内正田争水的冲突,上游高基塘田的泥沙壅塞下游河道而影响下游用水的矛盾,为逃避修浚负担而隐匿灌溉面积而引发修浚负担分配的矛盾,水磨业等与农业之间也常发生纠纷,丰乐河上不同堨坝之间的分水比例之争一直存在,而堨甲卖水渔利、徇情作弊之情亦从未断绝。水资源的开发利用往往是多目标的,因此,当不能同时满足各方面的用水需求时,取得最大经济效益特别是稳定社会的需要,是制定水利条例的重要原因。水利设施的功用发挥是以复杂的渠务管理为前提的。由于徽州夏季多山洪,渠身极易淤塞,需要经常挑浚以保证水流畅通;秋季多秋旱,争水严重,渠务管理因此而变得具体而重要。

现实矛盾的弱化依赖于强有力的官方权威和有公信威望的地方士绅的共同协调与努力,制定详细而相对公平的条例是这种努力的表现形式之一。水利条例以水利实践中的惯例为基础,用条约的形式固定下来,并往往经过官方的审批,以加强其稳定性、威慑力和权威性,虽然还没有上升到水法的高度,但其制定和执行,能够大体上协调各方面的利益,提高水资源综合利用的效益,也是当地水利事业发展的重要标志。通过对乾隆、嘉庆和咸丰时期三次制定的吕堨兴修条例的分析看到,清乾隆以前,由水利日常管理所需而产生的常设机构在一定程度上是既得利益集团的代表,由负责管理的堨首和负责具体事务的堨甲组成,通常在享有分水特权的大业主与堨众之间存在激烈的矛盾。乾隆年间当地官府在收取修堨工费、管辖堨内田亩、协调上下游水利灌溉系统之间的关系上都积极参与,在其主持下确立的分水原则直至清后期仍被遵循。嘉庆时期,吕堨的管理趋于日常化,及至清咸丰年间,更向专门化方向发展,有专门的董事会管理渠务,管理更为规范、透明、务实,特权弱化的同时,董事会向平民开放,条例细化而可操作,工费收取更为人性化。

在水利个案中,并没有明显的水利组织民间化趋势,而是从一开始,就是以民间化的形式存在的,显示了徽州民间宗族力量的强大。灌溉区沟通了数个村庄,加强了宗族之间的联系,是一种基于宗族的松散的地缘组织,宗族之间是合作与竞争的关系。但同时,官府的控制力一直存在,与地方大族有着很好的合作与共存关系。随社会之动荡兴治,渠务亦有个大致相符的兴废变迁。士绅阶层对水资源实行着直接管理,从堰渠开凿、筹集资金、工程组织、渠规制定,到渠务管理与监督,只是在诸如颁定渠规、惩治偷挖泄水、强放强车之类的强梁之辈的必要的场合,才借助于官方权威。而官方对控制水利的士绅阶层保持着一种形式上的领导权,更多的是具有一种督促、倡导的作用。动荡的咸丰朝由于大业主郑时辅的领导,渠务较之嘉庆年间反倒更有成果,使得我们有理由推论,由于徽州相对闭塞的地理环境,个别士绅作为基层社会的实际操控者,对水利组织的影响往往大于社会大环境的影响。

灾害与城乡生活

第一节　应对灾害的公共事务

20世纪70年代从西方开始兴起的微观历史学摆脱了宏大叙事的框架,关注于普通民众的日常生活,向世人展现了一幅幅立体、饱满的历史场景,徽州正是这一学术研究思路下得以彰显的区域之一。

本章从应对灾害的公共事务、棚民与当地的生态环境和当地宗族在林木保护上的变迁三方面对徽州历史时期的城乡日常生活中的灾害预防与应对措施作一初步探讨,以引起更多学者同仁对这一问题的关注。

一、清代城市排水问题

城市排水设施,是保证城市地面水排除,防治城市水污染,并使城市水资源保护得以良性循环的必不可少的基础设施。中国古代城市排水工程建设有着悠久历史,唐长安、宋汴梁、元大都,都建构了比较完整的明渠和暗渠相结合的排水系统。同时,由于城市排水设施建设一般具有工程规模大、投入多、施工难、工期长等特点,所以在古代,中小城市的排水系统都不发达,主要靠明沟以及河流排水。

徽州地处皖南山区,六县县邑处于群山围抱的河谷低洼地带,一降暴雨,往往山洪顺势而下,直冲人口密集的县邑,城墙外围导引洪水的沟渠河流成为城市排水导水系统的重要组成部分。以婺源为例:"婺源为邑,居山溪之间,邑中冈阜蟠薄,相倚如掬掌焉,县治所当其中,而地势相比极高。夏秋水潦暴集,贯县墙而西,岁岁补其缺,终不可以久完。非独民居垫圯,而府库狴犴,多在东序直墙所缺处,库无穿窬,狴无逸囚,特天幸尔。"婺源东北乡地势最高,与歙县和祁门的界山为五岭,因此一有雨水,东北即易形成山洪,直冲县治。元代时,婺源知县刘全美便在县城外随"地势之高下而浅深之,浅则甃而为露渠,深则甃而为晦渠",开凿了一条导水渠,从此"众水自东北趋溪无坏墙之患,民获安处无垫圯之虞"。①

不过对于城市生活而言,县城内的日常排水系统似乎更为重要。徽州六县皆为山邑,城市规模不大,县邑内"人稠地狭,故图得架屋而居,构一庐得倍庐之居",②"地少人稠,有尺寸土皆治",民居甚而跨渠而建。渠上架屋,使得城市里的水渠疏通变得非常困难,祁门县"城中沟渠,先年因水开放,甚善。后民居多罩渠上,不便疏决,遂至淤塞。天雨泛滥,街市泞泥";③休宁县"沟渠久塞,西北为甚,每一淫雨,涌为污池,历自不落,行人病之,时或有疏通之议,每碍渠上架屋,格而不行"。④徽州地区这种特殊的地理环境所造成的住宅拥挤,日积月累,客观上造成排水设施建设的困难,以及已有沟渠的失养失修,淤塞严重,从而难以及时地发挥应有的功能,明沟、排水沟、湖塘甚而成为污水汇集、垃圾堆积的场所。同时,传统社会往往过分利用自然净化能力,造成水环境的污染。

针对这种情况,"官屡治之,令牵牛沟中得通行然后已",然而"居民偷安,又复稍懈,仍如旧制"。⑤当时有地方士绅认识到

---

① 康熙《婺源县志》卷十一《艺文·纪述·新开畀渠记》。
② 康熙《休宁县志》卷一《方舆·风俗》。
③ 同治《祁门县志》卷十二《水利志》。
④ 康熙《休宁县志》卷二《塘堰》。
⑤ 同治《祁门县志》卷十二《水利志》。

城市排水的重要性,又因排水沟渠"淤者但隙地",提出"比间令于孔道沟渠先芟除其芜秽,其在屋下者,令居人自通之,若建旗而致,以号召十甲,而十甲各督之十家以其通塞为劝惩,则沟渠通而一邑之元气与神气俱张矣"。① 即由官府疏通重要孔道,由保甲监督居民自清屋下沟渠。

总体而言,明清以来徽州的城市化程度不高,生活污染一般没有超出自然净化的能力,方志中讲到山洪骤发,往往亦为旋涨旋消,故而县城中人工的排水系统并不显著发达。

二、用水纷争与规则——灌溉、水碓、河路

在徽州,季节性水旱灾害的发生,使对水资源的充分利用成为应对水旱的重要举措,这样就有引溪流灌溉、在水边建设水碓和开河路运货之间的矛盾。

兴修水利保证灌溉是农业收成的重要保证,在徽州引溪水的水利设施称为"塌",由于"塌水取之于大溪,溪低而田高",要将低处之溪水引入高处之田进行灌溉,比较复杂且费时日,通常"筑坝丈许,断木为架,名曰'木苍',内塞石块,外覆沙草,横绝中流,尽弥罅漏。必至一二日始水蓄而入甽,入甽而灌田矣"。②

水碓主要用于粮食加工,在传统社会通常只是农家经济的附属。徽州的水碓加工规模不大,水碓房大多沿河修建。20世纪90年代,同济大学在关于"古代动力机械的调查、考证、研究与复原"的项目调查中,考察了位于屯溪东南约10里、新安江上游北岸的一处水碓房。水碓房上游不远处,筑有一条泥坝用以障水,将江水引向水轮。水轮前方做成石槽,上置一块木制闸板,用以控制水的流量,从而控制水轮转速。水轮装在主轴上,由4块辐板连接,水轮的轮缘每隔20多厘米装有一板用

---

① 康熙《休宁县志》卷二《塘堰》。
② 凌应秋:《沙溪集略》,载《艺文·塌论》。

以阻水。水轮直径6米多,约有半径的三分之一浸在水中。①安徽省博物馆的卢茂村曾就屯溪的水碓、水磨写过一篇小文,据言屯溪区的木制水轮直径多为7米,个别的为8米。坐落在小河上的水轮直径稍小。水轮上的叶片长为1米,宽23厘米,厚2厘米。其主轴是用一根粗大的长木料做成,除支撑部分为多边形外套铸铁轴套外,其他部位均做成正方形,边长约有40厘米。水轮有的安装在主轴的一端,也有安装在中间。水流都是从水轮的下部推动水轮转动的,一处水碓大多只有一个水轮,也有安装两个水轮的(两个水轮不是安装在同一根主轴上,以便分开运转)。一个水碓最多能带动20个碓头,1盘砻和1盘磨。还有的在水轮主轴上安装上木制齿轮,带动水车车水(如岭下水碓便是如此)。有的水碓还在水轮边缘安装上二三十个竹筒,提水供应纸槽做纸。②

  水力加工是借助水流冲击力运转碓、碾、砲做功而进行的,没有足够的水流冲击作为动力,水碓、水碾和水砲就无法运转,谷物脱壳或制粉加工自然也就不能进行。徽州地区河床多为沙砾石推移质,水流湍急,在河床中打一些木桩,再堆砌一些大的鹅卵石,鹅卵石层面之上铺垫砂卵石以减少漏水,即可取得水头。传统社会,临河而居的村庄多采用这种方法在河中筑坝,即竭,利用水力建水碓与水磨房,老百姓均利用水碓舂米和利用水磨磨玉米粉和小麦粉,水碓、水磨与当时农村的生活休戚相关。

  明代时水碓在徽州民间已有应用,清代渐多。③一般而言,水碓加工主要是为满足自家消费需要,在没有使用机器加工粮食以前,家家户户都少不了要和水碓、水磨打交道。可是水碓、水磨的建造需要不少的经济投入,而且受地理河道的限制,也不可能家家户户都自建水碓,于是与水碓相关的出租、典当等经济行为成为寻常现象,现存的徽州契约文书中就有不少是关

---

① 高申兰、陆敬严:《我国连机水碓古今考》,载《同济大学学报》(社会科学版),1995年第1期。
② 卢茂村:《黄山屯溪区的水碓与水磨》,载《农业考古》,2003年第3期。
③ 道光《祁门县志》卷十二《水利》引康熙县志:"自明季间见,今且鳞次矣。"

于水碓出租与典当的。例如光绪十八年(1892年)黟县一都榆村胡光明的断卖契就是典卖水口水碓、水路租米的，契约如下：

> 立加卖断字人胡光明、胡光旭。今因正用，自情愿承祖之阄分得己名下，水口内水碓、水路租熟米贰斗，计税壹分六厘正。今尽行托中画加断与族侄名永名下为业。三面言定，时值弶大钱贰仟文正，其钱当日亲手收，其租米即听受者管业，收纳其税。另力推单收租过户，输纳边粮。如有来历不明，内外人声说，尽卖者支当，不涉买者之事。自卖之后，两无悔言。恐口无凭，立此加断字为据。
>
> 　　　　　　　　　　　光绪十八年腊月　　日
> 　　　　立加卖断字胡光明(押)　胡光旭(押)
> 　　　　　　中见房叔嘉令(押)
> 　　　　　　　　　　光旭亲笔①

这份契约讲到胡光明、胡光旭二人将祖上传下的位于水口位置的水碓与水路，卖与其族人——辈分上是其侄儿的"名永"，中间见证人为其族人叔辈的"嘉令"。

在人口密集地区(主要是城镇或者城郊地区)也有一些人将谷物加工作为一项重要的家庭产业，或者以此为谋生途径。

> 照抄　立典约人万灶亮，仝侄赓金，今因正用，自愿将祖遗己名下之业，土名桑林水碓磨坊地基，并厨屋余地及碓背圳路在内，系经理汤字不等号，计田税贰分八厘正，其地新立四至，东至溪为界，西至本碓墙脚滴水为界，南至路石为界，北至水沟为界，以上四至内，寸土寸石及东大溪至碓水路，庄边水溪至碓水路，均全永远通行无阻，丝毫不留。凭中立契出典与胡庆贵兄名下为业，三面言定，时值卖价曾平纹银拾肆两正。其银当日亲手收足，其碓屋基地及两处水路，即听受业者管业监造水碓、磨坊无阻，其税另立推单，亦听买主收割过户输纳边粮，均无异说。自卖之后，两无悔异，永不加找，永不赎回。如有来历不明及重迭

---

① 刘伯山主编：《徽州文书》(第一辑)第一册，黟县一都榆村邱氏文书，第0035号，桂林：广西师范大学出版社，2005年。

等情,尽身支当,不涉买者之事。恐口无凭,立此杜断卖契存据。

光绪廿六年腊月　日
立杜断卖契人
万灶亮(押)外贸妻代押
仝侄万赓金(押)外贸妻代押
万长金(押)万士金(押)汪吴氏(押)鲍三九(押)
胡献臣(押)胡庆寿(押)胡德鑫(押)胡永连(押)胡王氏(押)
地保王光义　充当王观成
依口代笔胡焕章(押)①

这份契约是说万灶亮与其侄赓金,将祖上遗下"水碓磨坊地基,并厨屋余地及碓背圳路在内",出典于胡庆贵一事。此约与同书所录0043号契约所述为同一件事,只是此约为断卖条约,用词规范,内容详实,减少了双方日后纠纷的可能。水碓一般位于水口处,其并不仅仅是用于自家生产,更多是出租,像上文契约所言,其余农户使用水碓交租米为费用。而通过约中"其碓屋基地及两处水路,即听受业者管业监造水碓、磨坊无阻"之语,可知在清末光绪年间,水碓房已成谷物加工经营性场所。

水碓房成为经营性场所,也是因为水碓加工往往需要熟练的加工技巧。利用水碓把稻谷加工成大米的步骤是:①用砻去掉稻壳;②将去掉稻壳的糙米放入碓臼内;③再用水力带动的碓头去舂米。在加工过程中,人要不停地用手翻动碓臼里的糙米,糙米在石臼里经过三遍加工,就要到木柜里去过筛,"熟练的农民端起筛子那么筛动几下,谷壳子都乖乖地集中到中间,放下筛,双手一捧,谷壳子取出来,筛子里就只剩下大米了"。一般的3个碓臼(每个容积为75公斤),一昼夜可以加工稻谷500公斤左右。②

当地人解决水碓与灌溉矛盾的方法之一,是错开使用时

---

① 刘伯山主编:《徽州文书》(第一辑)第一册,黟县二都四图胡氏文书,0046号《光绪二十六年冬月万灶亮等立杜断卖碓屋基地及水路契抄白》,桂林:广西师范大学出版社,2005年。
② 卢茂村:《黄山屯溪区的水碓与水磨》,载《农业考古》,2003年第3期。

间。"春碓"大多是在夜晚,明代谢复《水碓夜鸣》可为一证:

> 荆土渺夷旷,家家事生业;中有济世人,临流安野碓;
> 截竹架回轮,六月洒飞雪;春出万斛珠,擣碎一溪月;
> 达臣凡几周,循环声哽咽;洗甑具农炊,鼓腹颂洋溢。①

水碓往往还兼有囤储粮食的作用,故而有人诘难米价难平,是因水碓囤粮,这成为水碓被抨击的另一原因。道光《祁门县志》中"水碓"条记载:"昔商贾贩米……到河即粜,不能久等,故价随时而平。后蓄价囤积碓中,以待市乏,罔利病民。"不过有识之士也认识到:"囤积无藉于水碓,即无水碓,亦不能禁人之囤积也。憎囤积者之乘时射利,而归其咎于水碓,非拘墟之见乎?"缓抑米价的方式是"素有蓄积"强于"临时周章","年凶谷贵,有增价以来商贩,为救时之策"。②

水碓安放在溪流之边,人们往往将水碓作为河流不畅或灌溉不足的原因,但事实并非如此。歙县潭渡村"里门前小河外有池曰'中洲',旧有水碓一座,遏水以入,可通竹筏。或言水碓不利拆去之,今小河遂致淤塞,凡因革捐益之事,不可但顾此而遗彼也"。③徽州当地村庄往往依山谷、台地沿着河流比列而建,一条发源于高山的河流及其支流往往流经众多村庄。水流经过的村庄或开挖支渠引水,或沿河车水灌田。常有"强横之家,倚近地势,放多车抢堨水灌塘田",致令"渠尾畈末之田禾受其旱伤",由此引发的水利冲突在徽州当地的文献记载中不绝于书。④

至于灌溉与河路的矛盾,则主要在于山区灌溉陂坝的修筑,竹木漂运不能畅行。徽州地区这个矛盾没有表现得特别激烈与突出,主要在于当地的大多数溪水流短水急,并不适于通

---

① 倪望重:《祁门县志补》,不分卷,《水利志》,"水碓"条。
② 道光《祁门县志》卷十二《水利志》。
③ 黄崇惺著,黄克吕重订:《潭滨杂志》第19页"中洲"条,安徽省图书馆古籍部藏。
④ 安徽省图书馆藏的《昌堨源流志》,是一份手抄本,共10张约正方形黄毛边纸抄录,详细记载了歙县人吴大用捐资开堨,后世对昌堨的管理、利用,以及如何解决强横之家强车堨水,维护大多数人的水利权益的情况。

筏。而可资航运的大河由于水资源充分，可以满足所需。在一些出现冲突的地方，一般的解决方法是订立一定的启闭原则，以保农事为先。

歙北沙溪在雍正年间，便有开竭引水与开河路通籓之间的矛盾。当地乡镇志《沙溪集略》的作者，沙溪士绅凌应秋有《竭论》一文，即论此间关系。

竭坝是徽州引溪水灌溉的主要水利设施，"歙北之竭，即渠堰也，其名有富竭、隆竭、粟竭、梅竭，为田万余亩，胥赖竭水以灌田"。歙北一带为"奥区山乡"，雍正年间，丰口太尉殿等村开设店铺，为运货方便，设籓（通"排"）以载货贿，农业用水与商运用水矛盾随之而起，"田高溪低，水惟润下，一开河路，则水泄而下行，下行而上涸，一遇亢旱，田禾立枯，秋成失望"。

歙北自富溪而上，雍正以前运货皆贩夫负任担荷。雍正年间商业虽有所发展，但亦"不过三四店铺，装载货物或三五日一行，或十余日一行"，运载量并不大，故而主张农业用水为先者认为："以数日一行之货籓而长开河路待其往来，以万亩之田禾较之三四店铺之货贿，孰大孰小，孰重孰轻，此必有明辨之者。"而主张通籓运货者则从商人角度，诟病设立竭坝竭甲需索严重，言"货运搬运过坝，每为竭甲收取费用六七十文不等"。

因此凌应秋认为，竭甲原为"奔走役使以巡渗漏、防盗水者"，所收货运过坝费用，是因为"籓夫搬运过坝，不无陨伤所覆柴草，因而每籓贴钱十五文与竭甲买草挑沙以为修补"。二者矛盾的解决在于分时节用水，"一岁之间，筑堤潴水，多则二月，少仅四五十日，其余月籓皆通行"。即农业需水时节以农为重，其余时节开河通商。并言"若酌时多日寡之数，则通籓之日多筑坝之时。少若谓籓开港，在籓夫不过免二月之劳，恐农夫失终岁之利矣"。

凌的观点代表了当时士绅阶层，也是官方的一般立场。一般而言，启闭制度的关键在于维护农田灌溉的正常进行，开启时间基本为农田不需水之时，禾稼生长需水时节不准放运，只能到坝搬运。

三、民间惯例——矛盾中的协作与竞争中的妥协

先来看两个关于天旱用水的例子。

先看一例：

> 立议墨合同嘉益、嘉盏等。窃为禾赖水济，民以食天。苟若缺水，禾苗枯毙，西[收？]成失望，民不聊生，似此禾命相悬，关系匪轻，上供国赋，下活民命，急济良方无如扦堀。祈以啇约，将嘉盏田乙处土名尖磨垃内，扦堀一口，名曰"万泉"。今已工成，当立议墨，以警各□已见。若遇亢旱，公议始末，以每股昼夜为期，日出为定，上下交接，不得恃强挽越，以及越分私借者，众议罚车板壹佰片。每股不论年成丰旱，递年硬交堀租秈谷拾贰斛，不致短少。今立议墨，合同一样五张，各执一张，永远子孙存照。
>
> 计开 打堀共四十三工
> 砌堀工艮[银]贰两贰钱整
> 神福起工散工共艮[银]陆钱
>
> 再批前议陆股，其议未果，有良议合同一纸，未缴，不约以用。
>
> 乾隆十二年柒月廿二 日
> 立议墨合同 嘉益（押）
> 嘉业（押）
> 嘉盏（押）
> 嘉源海、溶溪（押）
> 良倍（押）
> 中见 嘉诜（押）
> 代笔 良伍（押）[①]

为了天旱引水浇灌，嘉益、嘉盏等六人合资开堀一口，规定

[①] 刘伯山主编：《徽州文书》（第一辑）第一册，黟县一都榆村邱氏文书，第 0002 号《清乾隆十二年七月嘉益等立议墨合同》，桂林：广西师范大学出版社，2005 年。

用水"以每股昼夜为期,日出为定,上下交接",即按照出资在总资中的股份,享有相应的用水比例。而堨租也相应地按用水比例交纳。

再看一例:

> 立卖契人江万春等承祖本得土名蟹坑口东裴山业一处,比至干坑口堨头上,南至师姑垅坟林边,其山脚系身家税业,开通水路一道,溉灌土名师姑垅、白石岭二处,田租禾苗自古以来,师姑垅查姓田户交身家水路谷租贰砠,白石岭查、黄二姓田户交身家水路谷租壹砠,递年收割之时交纳,不得短欠。因白石岭查、黄二姓田户屡年拖欠谷租不交,累身虚供国课。于是情愿央中将此水路租叁砠,系莱字号内取山税四分伍厘,立契出卖与师姑垅田户查承立、承登二人名下为业。承登买贰砠,承立买壹砠,三面言定,时值九三色价银叁两整。其银当日收足,其水路听从买人通水灌禾无阻,自卖之后,天时不免有旱涝,两端而论:若是两水调和,二处将水匀通灌禾可也;如遇旱天,来水不足,理当尽师姑垅田户买身家水路税业者通水救禾,以为补纳水路税粮之费,不得以你当兵而犯他人食粮之故。日后倘若白石岭田户无知者遇其旱在,亦要强开通水之情,坐身同出凭及契税鸣公理论,无得异说。自成之后,两各无悔,今欲有凭,立此卖契,永远存照。
>
> 　　　　　　　　　　　　康熙二十二年十月　　　日
> 　　　　　　　　　　　　立卖契江万春等(押)
> 　　　　　　　　　　　　中见胡德良(押)
> 　　　　　　　　　　　　抄白
> 上件契内价银当日尽行收足无欠,再加契押①

这份契约中的用水纠纷则在于因白石岭查、黄二姓拖欠租谷,江万春难以收到水路租谷,自将产业卖与师姑垅查姓,并规定天若

---

① 刘伯山主编:《徽州文书》(第一辑)第三册,黟县八都三图查氏等文书,第0002号《清康熙二十二年十月江万春等立卖水路契抄白》,桂林:广西师范大学出版社,2005年。

不旱,二处水匀通灌禾,若遇天旱,则以师姑垅查姓用水为先。

如果说在个体用水中,个体通过协商,并以契约的形式将解决方案固定下来是主流做法的话,那么在村庄的事务中,不论是修建应对水旱灾害的水利设施,还是修复在灾害中受损的公共设施,民间自发的相互协作都是最重要的运作方式。

协作首先体现在宗族内部的团结与一致对外上。《新安婺源上溪源程氏乡局记》中记有一条:"万历间,中宪大夫汝继公买下边湾田,沿溪筑埂为祠藩屏。出兼山子造祠基合同,环拱坦埂。父老传云:恐下村阻挠,村众齐力,一夜筑起。"①婺源上溪位于婺源县境东北,易发蛟水,沿溪流而下有下溪头等村庄分布。这条一夜筑坝的资料显示了在维护村庄利益时,全村族众的齐心协力。

事实上,在生活中,当事情的范围超出村庄,在地缘上跨及各乡时,便需要乡村之间的协作与联合了。上文"用水纷争与规则"中,提到各种用水方式之间的矛盾,下面要举的例子是关于水碓加工业与河道运输之间的矛盾。

> 立合同十都江恟、程正义、程追远、叶宗英、汪仲美,七都汪存心,六都洪贻训等。窃唯生民脉命,粮食为先,运粮舟楫通河最要。本县粮米取给江西,本乡贩籴出己汪口,然汪口有东、北二港相通。东港直通江湾中平,沿河碓碣开空,河共平伏,虽重载亦不费力。本河北港、汪口直通,港口数联,人户稠密,上年曾合众开河,船只往来无异。近有造碓俞舜进等,只顾利己,罔思害众,魍行造碣,船共高峻,阻塞商路,以致商贾搬运多费,万民被害。兹兼汪口米市移在水口发卖,本河船只不通,比前更难搬运。今各乡会议执理通商向齐俞舜进等造碓之家,须照东港开共平伏,通舟往来。倘汪口俞舜进等恃蛮挠阻,不得不闻公理论,所有公私费用、派出船只、其闻官告诉诸名,毋论何乡何人,概系向只敷敛众费支用,不得累及当事出官之人,此系通商便民至意,实为日后久远良计。各乡须齐心协力,

---

① 《新安上溪源程氏乡局记》之"下边湾笏印环拱坦印笏记"条。

毋得怀诱推执拗,如有等情,众罚银三两公用,仍凭此文为定。今恐人心不一,会众公议立此合同,一样数张,每乡各执一张为照。

一船只派费毋论粮米、货物轻重,讼在县,每船敛九色银一钱;若讼在府道,每船敛钱二钱。至水磨湾登簿收银,经收之人不得徇情隐瞒,如违,见一罚十,敛银自五月十五日为始;

一与讼之日,料理讼事人员除食用外,每日贴工银叁分;

一敛费倘有一时不能应急,任事之人,挪借应用,候敛敛加利付还,不得累及经手之人;

今汪口上下两碪碣、下碣因碍伊家乡局,村众折低严禁,不得再加上碣船,堺碪家俞子田、俞昌、俞进等三面抵低平伏,船可通行,但事久生奸,恐日后上下碪碣背众,复造加高本河船阻,必又理论,其费用仍凭此合同敛派,毋得执拗。

康熙十一年五月十五日

立合同人:

十都:江 恂 程正义 程追远 程惟贤
　　　程泰民 叶宗英 江汉明 江瑞漪
　　　江元陞 江长吉 汪仲美 汪和乡
七都:汪存心 汪庆伯
六都:洪贻训 洪治卿①

婺源东北乡为山区,粮食生产不能自给,运自江西的米粮在当地米市分销。本份契约中河道即为东北乡十都、七都、六都各乡通往汪口米市的运输要道与港口所在。俞舜进等在河边造坝设碪,堵塞河路,米船难以通行,米商搬运多费,引起众怨,十都、七都、六都江、程、叶、汪、洪各姓联合告官,此处订立的契约,就告官费用问题达成协议。

另外,在民间惯例中,很重要的一个部分是村庄之间的分水,一般各个村庄都有约定俗成的用水惯例。歙县吕塬就曾在

---

① 《新安上溪源程氏乡局记》之"北港与汪口争船埧合同"条。

清中叶,制定了灌区内各块土地详细的用水时间表,而关于分水的"天平",《畏斋日记》中有一段记载可作为补充:康熙三十九年(1700年)七月二十五日,"大人同子定兄、兼三兄、蔚林兄往汪冲安水平。此水乃汪冲堨水,其水乃汪冲边造者,今年新造,亦系汪冲一边。不知旧例,松坑边何故放水,屡次竞争。今凭中不灭其例,乃照旧水筒样式打一石水平安定,以塞争端"。①循旧例立水平,乃使用水有所衡量,有所标准。

第二节 乡村环境——棚民的迁入

一、徽州棚民概况

棚民是明中后期开始出现的一个特殊的山区移民群体,清中期以后,徽州外来棚民的活动造成当地生态环境的严重恶化,是引起当地灾害,尤其是山洪暴发的重要诱因。

"棚民之称,起于江西、浙江、福建三省,各山县内,向有民人搭棚居住,艺麻种菁,开炉煽铁,造纸制菇为业"。② 这是指明末出现的早期棚民。清初人口数量迅速增长,平原地区的人口承载达到饱和。乾隆初年,政府一方面对某些封禁的深山老林实行非正式弛禁,另一方面对垦辟的山地予以永远免税的优待,加之耐旱耐低温的高山作物玉米的推广,棚民大批进入深山,逐渐蔓延于我国西南、中南各省的山区。初期入山的棚民以种植生产蓝靛染料的菁为主,很少种植粮食作物,并且以福建为中心,常春来入山,秋后回乡,有些棚民较为富裕,甚至出资雇工。③ 清以后入山的棚民则与早期棚民有很大差别,他们一般是迫于生存压力,以开山挖煤、种植玉米等粮食作物为主,

---

① 《清史资料》第四辑,第 197 页。
② 《清史稿》卷一百二十《食货一》。
③ 赵冈:《清代的垦殖政策与棚民活动》,载《中国历史地理论丛》,1995 年第 3 期。

生态环境遭到严重破坏并逐渐成为清中叶以后一个重大的社会问题。下面我们就具体来看看徽州棚民和当地社会的关系。

徽州的棚民大多来自浙、赣、闽、湖广等邻近省份和安徽安庆府、庐州府下辖诸县，以及同属皖南山区的旌德、泾县等地，尤以安庆府下辖怀宁、桐城、潜山、宿松、太湖等县为多,①但也包括徽州当地贫民。② 棚民进入徽州山区，"大约始于前明，沿于国初，盛于乾隆年间"。③ 迄今发现的关于棚民数量较全面的最早的官方记录是嘉庆年间的，此数据是以休宁县程姓宗族和当地棚民之间的纠纷为契机，对徽州地区的棚民进行彻底清查留下的。④ 如下表所示：

---

① 《清宣宗实录》卷六十八，道光四年五月戊寅："近闻浙江、江苏、安徽等省州县，凡深山穷谷之之区，棚民蔓衍殆遍，租典山地，垦种山薯，大半皆温、台沿海之人。"道光《徽州府志》卷四之二《营建志下·水利》，附《道宪杨懋恬查禁棚民案稿》："该民等籍隶怀宁、潜山、太湖、宿松、桐城等处，间有江西、浙江民人。"陶澍《陶文毅公全集》卷二十六《奏疏》（载《查办皖省棚民编设保甲附片》）："此项棚民，有由江广迁往者，亦有由本省桐城、潜山、宿松、太湖、舒城、霍山等处迁往者，非尽温台沿海之人。"

② （清）程虡《新安程氏乡局记》之《黄茅胡、陈二姓至考坑烧炭戒约》（清抄本，不分卷，一册，安徽图书馆藏）："休宁县二十八都黄茅、胡青等自不合，带领多人越界至婺源上溪头考坑封禁山，误砍荫木烧炭，今被地方捉获呈官。身等知亏，不欲闻官，情愿立戒约，随设封山培养苗木，今立戒约之后，如有仍前入山盗砍及放火烧山故害等情，一听执此戒约指名呈官究治，身等甘罪无辞。今恐无凭，情愿立此戒约为照。康熙十六年（1677年）二月十五日情愿立戒约人：胡青、胡锦；见：陈本先、陈友之；代书：朱华元。"

③ 道光《徽州府志》卷四之二《营建志下·水利》，附《道宪杨懋恬查禁棚民案稿》。

④ 当时休宁县二十三都浯田岭、江田村、岭南、牛岭、青山、方圩、璜源等七村是程姓宗族聚居地，从乾隆末年至嘉庆十二年（1807年），程姓宗族和来当地租山开垦的棚民屡有纠纷，并发生命案，在休宁知县无法控制的情况下，程姓族长于嘉庆十二年（1807年）遣人赴京控告当地棚民占山扰害，引起嘉庆帝的重视，安徽各级地方政府以此案为契机，对徽州及整个皖南山区的棚民进行了一次彻底清查。关于本案可以参阅中国第一历史档案馆编：《嘉庆朝安徽浙江棚民史料》（嘉庆朝军机处录副奏折法律类及内政类），载《历史档案》，1993年第1期。

表7—1　嘉庆年间徽州各县棚民统计表

县名	数据来源		
	《陶文毅公全集》数据	道光《徽州府志》数据	
	棚户数（座）	棚户数（数）	棚民数（丁口）
祁门	432	579	2365
休宁	231	395	2522
歙县	156	334	1415
绩溪	12	172	915
婺源		74	295
黟县	10	9	69
合计	841	1563	8681

资料来源：（清）陶澍：《陶文毅公全集》卷二十六《奏疏·保甲》《编查皖省棚民保甲榍子》；道光《徽州府志》卷四之二《营建志·水利》，附《道宪杨懋恬查禁棚民案稿》。

尽管以上两种资料来源的统计数字存在较大出入，不过各县棚民数量占总数的比例还是一致的。其中祁门和休宁的棚民数量最多，黟县最少。表中所录只是嘉庆年间各县能够确查上报的棚民数量，加上随时短雇帮伙的工人，其数目当不在万人之下，而前文交代的此数据之由来也表明到嘉庆朝时，棚民在当地已有相当规模。不过经过嘉庆朝的驱逐，棚民数量至道光年间有大幅度减少，但从同治朝起至光绪末年，棚民数目又逐渐增多。以黟县为例，从同治十年到光绪末年30余年的时间里，棚民的数量由最初的不足30人发展到两三千人。① 清末知府刘汝骥言"黟地局万山，无中外之交，惟土客杂居，易生恶感"。② 这是黟县的情况，其他县份应当亦有类似的情形，以至于光绪三十三年出任徽州知府的刘汝骥认为"近来吾歙不法行为在社会上占多数者曰客民、曰赌棍。客民以江右为最强，聚众行凶流为贼盗者亦复不少"。③

---

① 《绿荫轩家传珍书》之《湖北江西江北三省在黟邑开垦布种初词》，转引自王振忠：《徽州家族文书与徽州族谱——黟县史氏家族文书钞本研究》，载上海图书馆编：《中华谱牒研究——迈入新世纪中国谱谍国际学术研讨会论文集》，上海：上海科学技术文献出版社，2000年，第180~181页。
② （清）刘汝骥：《陶甓公牍》卷十二《法制科·黟县民情之习惯》，宣统三年（1911年）安徽印刷局铅印本，《官箴书集成》第10册，合肥：黄山书社，1997年，第608页。
③ （清）刘汝骥：《陶甓公牍》卷十二《法制科·歙县民情之习惯》，宣统三年（1911年）安徽印刷局铅印本，《官箴书集成》第10册，合肥：黄山书社，1997年，第580页。

二、徽州棚民对当地生态环境的冲击

明后期，棚民进入徽州山区租山搭棚，从事各种营山活动，他们或种植苞芦等粮食作物和青靛、生姜、麻等经济作物，或积极从事凿石烧灰、开山挖煤、造窑烧砖等手工业。

徽州地区山间谷地和盆地少，土质贫瘠，多云雾，少日照，不适宜粮食种植，从徽州众多的护林乡约、保护森林的碑刻来看，徽州社会一直提倡育林护林，发展以茶、木、竹、漆等经济作物为主的山林经济。① 大批棚民入山种植苞芦被认为是导致水土流失的重要原因之一。《歙风俗礼教考》中有段记载：

> 歙南山多田少，居民多垦山而种，然皆土山，豆麦攸宜，较樵采之利不啻倍蓰。且土性坚凝，无倾泻之害。若北乡之山，则石多土薄，惟宜柴薪。迩为外郡流民，凭以开垦，凿山刨石，兴种苞芦。土人始惑于利，既则效尤。寖致山皮剥削，石防沙倾，霉月淫淋，乱石随水而下，淤塞溪流，磕撞途径，田庐涨没，其害与凿矿炼灰等。而且山木童然，柴薪亦为之踊贵，得不偿失。②

歙县南乡与北乡皆为山地，南乡因地狭人稠，一年三熟的种植农业历来已久，北乡山地的开发则因"石多土薄"的地理条件，产生恶劣的后果。除了种植苞芦，开山挖煤对植被的危害也不小："煤在山内必先剥挖其外之沙土而后得，沙土经雨泻下，则有害于近山之农田，由田进河，带石壅滞，则有害于舟桴之往来"。③

由于棚民租山付有租金，定有年限，所以常常采取急功近利、简单粗暴的开发方式以期尽快收回成本，以至于到了乾隆、

---

① 相关成果可参阅卞利：《明清时期徽州森林保护碑刻初探》，载《中国农史》，2003年第2期；彭镇华：《徽商兴起与中国传统林业》，载《林业科学研究》，2002年第2期；陈瑞：《明清徽州林业生产发展兴盛原因探论》，载《中国农史》，2003年第4期。
② 许承尧：《歙事闲谭》卷十八《歙风俗礼教考》，合肥：黄山书社，2001年。
③ 同治《黟县三志》卷十五《艺文三·政事类文》之《黟山禁挖烧灰说》。

嘉庆年间,徽州山区生态环境恶化的问题已经凸显出来。婺源部分山地在乾隆年间因"刊木烧炭",导致"山童源涸"。① 黟县乾隆年间邑绅孙学治作《和施明府源黟山竹枝词》云:"腊腊苞芦满旧蹊,半锄沙砾半锄泥。沙来河面年年长,泥去山头日日低。"其词注曰:"棚民租山种苞芦,休宁、祁门皆受其害,黟近亦渐有之"。② 此条也说明棚民迁入休宁、祁门时间较早,而后才逐渐蔓延至黟县,到了嘉庆时,黟县已是"山坡溜水由涧达溪,垦后夹沙带石,壅滞滩河,舟楫难行,竹排亦碍",水土流失致使河道严重淤塞,"石山戴土,一经垦松,适遇暴雨,沙石滚下,其势猛悍,山下成熟田亩多被冲压以致失业",大批农田被沙压,这就使得即便是平常的山水也会造成较大的损失。绩溪县情况也不例外,嘉庆年间所修《绩溪县志》中载,早在乾隆年间"有安庆人携苞芦入境租山垦殖,获利丰厚",于是"土著愚民间亦有效尤而自垦者。其种法必焚山掘根,务尽地力,使寸草不生而后已",以至于到了嘉庆年间,"山既尽童,田尤害。雨急则砂石并陨,雨止则水源立竭,不可复耕者所在皆有。渐至壅塞大溪,旱弗能蓄,潦不能泄,原田多被涨没,绩农之患莫甚于此。目前贸薪如桂,犹其余患也。绩地多山少田,本苦蛟水为害,此其为害乃百倍于蛟矣。"③

徽州当地的士绅方椿对棚民开山所带来的危害有过详尽的描述:

> 郡处万山之中,田本有限,又地势高峻,骤雨则苦涝,旬日不雨又苦旱,全恃溪涧渠堨蓄泻以资灌溉。自棚民租种以来,凡坡埄陡峻之处无不开垦,草皮去尽则沙土不能停留……今沿山田亩俱被壅涨,更数十年岂堪问乎?此其有害于民田一也。又……河身日高,河流日浅……每值淫雨,水势为沙泥阻碍,泛滥四出,穷檐蔀屋多被冲塌,此其害于民居三也。……郡惟柴薪仅足敷用,自棚民开山不但不植

---

① 乾隆《婺源县志》《凡例》。
② 孙学治:《和施明府源黟山竹枝词》,载欧阳发、洪钢编:《安徽竹枝词》,合肥:黄山书社,1993年,第74页。
③ 嘉庆《绩溪县志》卷三《食货志·土田》。

不留,而且根株尽掘,甚至草莱屡被烧锄,萌芽绝望,以致柴薪价值较之数年前顿增几倍,此其害及柴薪者五也。①

如果说方椿的言论还只是历数棚民开山经营所造成的后果,那么江宁上元人梅曾亮针对皖南棚民的论述则对其原因作了较为科学的阐释。其记云:

> 未开之山,土固石坚,草树茂密,腐叶积数年可二三寸,每天雨从树至叶,从叶至土石,历石罅滴沥成泉,其下水也缓,又水下而土不随其下,水缓故低田受之不为灾,而半月不雨,高田犹受其浸溉。今以斧斤童其山,而以锄犁疏其土,一雨未毕,沙石随下,奔流注壑涧中,皆填污不可贮水,毕至洼田中乃止,及洼田竭而山四之水无继者,是为开不毛之土而病有谷之田……②

森林具有减轻地表径流、涵养水源、保护土壤、调节气候等作用,对于坡度陡峭的山区土地,只有密集的天然植被可以保护其地表土壤不被雨水、山洪冲刷,农作物栽培时所需株距较大,根本无法起到保护作用,加之棚民种植的玉米属深根作物,当有暴雨或山洪时,裸露的表土被雨水冲刷,极易引起水土流失。如此地力耗尽后,被开发的山地三五年之后便不再有利可图,所以棚民多搭建简易的临时性住所,"低小之屋或以土为墙,或以草为瓦……不讲光线仅蔽风雨,床与灶接,人与畜居,或一室一妇也,或十室八室而无二三妇也"。③"(棚民)迨山膏已竭,又复别租他山",④不断地废耕他迁。

尽管经过嘉庆朝的驱棚,道光时期徽州地区棚民数量已大为减少,但是遭到严重破坏的山区生态环境已是元气大伤。道光《祁门县志》指出:"祁自棚民开垦,河道日高,水在砂下,舟不

---

① 道光《徽州府志》卷四之二《营建志·水利》,方椿:《楚颂山房杂著》。
② (清)梅曾亮:《柏枧山房文集》卷十。
③ (清)刘汝骥:《陶甓公牍》卷十二《法制科·休宁风俗之习惯》,宣统三年(1911年)安徽印刷局铅印本,《官箴书集成》第10册,合肥:黄山书社,1997年,第588~589页。
④ 道光《徽州府志》卷四之二《营建志·水利》,附《国朝汪梅鼎驱逐棚民奏疏》。

能达","今日徽郡之患不在水碓而在垦山"。① 到了光绪年间,祁门"山河田亩多被佘积,欲图开复,费倍买田,耕农多叹失业,贫户永累虚供,穷困日甚",垦山活动极大影响了当地农民的生产、生活。

三、徽民与棚民的冲突

棚民起初进入徽州山区向徽民租山开垦,对于双方来说可谓各得其利。官方的调查里就可证明此点:"查徽属山多田少,棚民租种山场由来已久……其初起于租山者之贪利,荒山百亩所值无多,而棚民出千金数百金租种,棚户也因垦地成熟后布种苞芦获利倍蓰。"②虽然此处杨懋恬视徽民出租山林之举为贪利,但我们却不难看出实质是:当地土著利用棚民开荒并获得利益,而棚民由此在当地获取了生存的机会。县志记载中将出租山场的徽民斥为"不业农而罔利者",③并将其后引发的种种土棚冲突归咎于此,前文所举休宁县程姓七村与棚民之间的命案冲突,官方和士绅就认为其初因是"流匪方会中等向无业地棍程金谷等盗租山场,搭棚纠集多人,私行开垦,种植苞谷"。这里出租山场之徽民被称作"无业地棍",凭劳作以图生存的贫苦山民被唤为"流匪",或许其中确有游手好闲之人,但仅就双方而言,棚民携资来徽租山多定有契约,并非强行霸占开垦,双方在长期的生产中,"婚姻联合,相习既久,交际均有感情"。④

徽州地区"民皆聚族而居,庐舍坟茔在在皆是",故而除了经济利益上的冲突,棚民开山与徽州民众普遍的风水观、重坟茔的祖先观念也有着难以调和的矛盾。道光二十四年(1844年)《黟山禁挖煤烧灰说》将此揭示得淋漓尽致,节引相关部分如下:

---

① 道光《祁门县志》卷十二《水利志·水碓》。
② 道光《徽州府志》卷四之二《营建志·水利》,附《道宪杨懋恬查禁棚民案稿》。
③ 嘉庆《绩溪县志》卷一《舆地志·风俗》:"近多不业农而罔利者,招集皖人,谓之棚氓,刊伐山木,广种苞芦。"
④ (清)刘汝骥:《陶甓公牍》卷十二《法制科·祁门民情之习惯》,宣统三年(1911年)安徽印刷局铅印本,《官箴书集成》第10册,合肥:黄山书社,1997年,第602页。

> 挖煤之人皆非土著，恃众横行则有害于附近之村落，就山起窑，任意肆挖，罔顾风水，则有害于已葬之坟茔。……且棚民之所恣害，更有不忍言者：如石山水龙坑内中为鼠山，此山产煤最旺，山之麓为姚姓坟，不止数十冢，今则尽成煤境，一冢无存。其南为百家山，本属义冢，经今百余年，葬者难稽其数，今尽掘为窑口，不见一帷。即如庵堂基一带之坟茔，亦多有挖伤之处，谁无孙子，而前所以未敢首告者，以棚民居住在山，见有入山查看坟墓，即飞石乱击，人不能入，不得其实，只得望山饮泣耳！究其掘坟之故，以用煤烧灰法须坟泥封窑口，若窑口走火，又须用尸棺裹泥以塞其灰方熟，是否与骸骨同烧无从查访。惟逐后我等入山钉界，尚见有白骨杂遗于乱石间，故即捡寻净共瘞于庵堂基山上，并筑高冢封识焉。此其害之最可惨者。①

史料中入山棚民挖煤时毫不顾及徽民葬于山中的先祖坟茔，肆意挖掘，并用坟泥封烧石灰的窑口，甚至用棺材裹泥以塞住走火的窑口，激起当地徽民的强烈愤慨。

关于徽、棚冲突，时人多有诗、纪等述及，嘉庆、道光年间的《安土吟》可看作当时士绅阶层的态度写照。此诗名后自注为"禁种苞芦烧石煤以管山脉钥水口也"，全诗如下：

> 兹土安且敦，扶舆积之厚；连山络其脉，曲水环其口；
> 秦县直至今，宁宇阅年久；如何年利徒，甘受外奸诱；
> 赁山恣垦发，邻患于焉狃；不知崔巍巅，冲沙裂石陡；
> 石壅回溪流，沙板失畦亩；山越况匪驯，是用驱之走；
> 保民旧田河，完我好冈阜；或又石焚石，山骨日凿剖；
> 岂忘名在碑，何贪利斯薮；水驶山湻之，铃束亮非偶；
> 肯使郁厜屟，化为缺培塿；喷言共惊咤，公吁来耆耇；
> 任天即民福，因地乃官守；管钥吾弗严，瞖谁执其咎；
> 去弊当拔根，汛防议干撽；但期长谧宁，无复自纷纠；
> 两禁不可撼，有如山水寿。②

---

① 同治《黟县三志》卷十五《艺文三·政事类文》之《黟山禁挖煤烧灰说》。
② 《嘉庆黟县志·道光黟县续志》卷十六《艺文·诗》。

作者先用六句话描述徽州历史久远、民风淳厚、山水秀美，既而话锋一转，"如何牟利徒，甘受外奸诱；赁山恣垦发，邻患于焉狙"四句便是说徽州小民贪利将山林租予棚民，此处有作者小注一句曰"休邑、祁门近奉宪驱逐棚民"，便知休宁、祁门土客矛盾已经激化。再接下去十四句历数徽州环境恶化之状，棚民开发之弊。棚民包租多为荒山，石多土薄，"不知崔嵬巅，冲沙裂石陡"便为此意，"崔嵬"指有石头的土山，"巅"显指苞芦栽植已至山顶，① 下面几句描述了因过度开发导致的水土流失、山骨裸露、河流壅塞、田亩砂压的情形。再接下去皆为整治建议，用了十八句，近一半的篇幅。诗中"耆耇"泛指老年人，"掫"意为"巡夜打更"。这里主要指遵守嘉庆十年所勒《示禁碑》，由乡里耆耇为代表的地方力量，采取相关措施，结合官府禁令共同保证驱棚。

在这种社会氛围下，以徽州士绅阶层为主导力量，采取了对宗族内整治，对棚民驱逐的措施。

因宗族繁衍扩迁，族产分散，宗族成员"贪利盗租"可算作是徽州棚民问题的"原罪"，文献中往往记为"不肖子孙盗租"之语。黟县"自嘉庆年间，有异籍棚民挟赀租挖烧灰，各族之中有不肖支丁，贪其重利，租与开采"，因有利可图，"即有同族告发，而蠹吏把持，旋禁旋弛"。黟县早年所禁之桃源洞、枫树坞、潘山、水龙坑、金铺坞、鲍树坞、平坟坦、庵堂基、横路下、鼠山、百家山、屋后山、九江坞、深弯山、夹后坞、石门坞等处山场，多属一族之业，"易于盗召"。对于此种情况，宗族往往将山场捐为公业，如黟县上述山场各业主"尽将桃源洞各处自己之有分法者捐入碧阳书院为公业"，这样"所禁之处皆属合县公共之山"，可以爰集各姓绅士"合词请详给示勒石永禁"，以杜棚民。

如果说徽州宗族捐族产为公产，是对族内成员盗租采取的不得已的消极措施，那么对外来棚民则采取了强硬的一致驱逐的态度。嘉庆年间，棚民汪宾等人入黟县桃源山一带凿石烧

---

① 同治《黟县三志》卷十六《艺文·诗》之《徽州竹枝》有一首为："两般腾贵米与钱，大业从来说垦田；人众真难为造物，苞芦已植到山巅。"也可知苞芦栽种漫山之情形。

灰,种植苞芦,嘉庆十年(1805年),黟县举人何瑞龙、舒镛、监生吴洪等与本县程、汪、胡、江、何、孙、方、吴、叶、金、许、韩、卢等19姓47家族堂联名上书,呈请地方政府驱禁棚民,"恩赏示谕内外,民人毋许入山,一切屠害勒石永禁"。① 六年之后,嘉庆十六年(1811年),"原任河南灵宝县卢宸偕各都绅士公同具禀",称"租山情弊,苞芦之外,渐至开煤",呈请知县永远示禁。② 在祁门县,也有类似的例子。光绪《善和程氏宗谱》中记有族人程国华所撰写的《驱棚除害记》,从中可知由于乾隆年间大批棚民涌入该宗族聚居的祁门善和六都村,致使当地河道淤塞、水运受阻、米价腾贵、农田受压、桥崩屋坏,以程国华为首的程氏宗族于嘉庆年间将棚民"控告于官",最终迫使"各棚咸敛迹就退,期年而境内肃清"。③

宗族除了借助官方的权威驱逐棚民,还利用乡约的方式取得民众的一致行动。关于明清徽州的乡约,陈柯云认为是在保甲制的基础上建立的以乡为单位的民众组织,有些讲乡约运动随政治形势的变动而流于形式或内容发生了变化,但由于在徽州林木生产与人们的经济生活极为密切的关系,民间的护林乡约非常普遍并发挥了实效。④ 徽州民间成立有许多护林乡约和养山会等,而地方官也大力支持,对乡约等订立的护林规条一般都给予告示印钤,使具有法律效力。例如嘉庆十九年(1814年),祁门十九都下若溪等村王姓宗族成立了"环溪王履和堂养山会"。下若溪在祁门县西一百里左右的下若坑地方。嘉庆年间两源山场逐渐荒芜,一些村民和外来流民毁林开荒,种植苞芦,大片山林被毁伐一空,当地的自然环境和生态平衡被破坏,一发山水,土裂石走、沙驰堆积,淹塞陆道良田,村内也是洪水横流,沙石污泥一度壅塞了王家祠堂。于是王履和宗祠的王姓族众齐心成立了养山会。合同文约规定族人将所种之山开列土名字号登入养山会簿,所有住居前后并东西二源,无论公业

---

① 嘉庆《黟县志》卷十一《政事志》,附《嘉庆十年知县苏禁水口烧煤示》。
② 嘉庆《黟县志》卷十一《政事志》,附《禁止挖煤烧灰示》。
③ 光绪《善和程氏宗谱》卷一《村居景致》,附《驱棚除害记》。
④ 陈柯云:《略论明清徽州的乡约》,载《中国史研究》,1990年第4期。

己业及邻里公共之山，概插苗木。六年之后，养山会首去查看苗木的栽培成长情况，到第八年必须做到苗齐，不能有寸土抛荒。如果贪种苞芦不兴木苗，则要按故意纵火例处罚，山林召回，另外召佃。① 时任知县张庆会"准给示禁，所有合约十二纸候盖印给领"。

在方志记载中不乏将驱逐棚民的举动誉为义举之例，随举一例，同治《黟县三志》卷七《人物志·尚义传》中载："胡元熙……客民入邑采煤烧灰，至于掘冢，大为民害，白官驱逐之。"

总体而言，棚民问题是清中叶以来徽州社会面对的重要社会问题，棚民和徽州社会，尤其是下层民众有着千丝万缕的联系，但和以士绅为代表的地方精英往往有着正面的冲突，棚民的被驱赶与被接纳是同时并存的，关键在于棚民与当地民众，尤其是既得利益拥有者的士绅阶层之间是否存在矛盾。在经商风气浓厚、人手不足的地区，棚民租垦，宗族坐利，土客关系比较融洽。② 而在地方政府参与的或调节土棚矛盾、或驱逐棚民的行动中，棚民又往往显示了其不容忽视的势力，从而在徽州地方社会历史中留下了浓重的痕迹。

第三节　契约文书所见徽州林木保护之变迁

一、从正统到嘉靖——明代婺源上溪源程氏的林业保护

我们利用婺源上溪源程氏所存留下来的三份林业保护契约来看一下明代宗族制度下的林业保护。

第一份：水口横山坵封禁合同

---

① 《环溪王履和堂养山会簿》，安徽图书馆藏，转引自陈柯云：《略论明清徽州的乡约》，载《中国史研究》，1990年第4期。
② 日本学者涩谷裕子通过对休宁县龙田乡浯田岭和江田村、源芳乡辛川村和里芳山村的调查，写有两文，也有类似的观点。见本书的学术回顾。

十都程奴义、程生亮、程道成、程祖成、程隆生、程茂成、程留成、程运成、程松茂、程允兴、程存成、程鲁斋等共用偿银,买得茂成阄分得承祖,原买程允和,土名横山坂,又名平山坂一片,经理系吊字六百六十七号。其山东至大溪,南至社坛前、大碣头、水枧头垒心直上至降,西至降尖,北至存诚兄弟承祖山为界。内程子文该二分,程允和该二分。今德茂将原承祖买允和二分,立契出卖奴义等一十二人名下,同共管业,遮庇水口。诚恐众心不一,入山砍斫木植,惊犯本村,今除子文分数外,众议将所买德茂分数作一十三分,立议合同,各执一本,子孙永远公同管业,毋许私自入山,剼砍出售等项,务要同心掌立杉松杂木,遮庇水口,倘有兴旺不同,出售者务尽同分人知会,不许外向,如有不遵此文者,执此经公追回共业,或有内外人等入山,私讨柴薪,犯木植,亦务要协力捉获理治,不许容情。今恐人心无信,立此合同文约为照者。

　　　　　　　　　正统四年己未岁六月十五日
　　　　　　　　　　立议合同人　程奴义
　　其山原买程恭进,复一进汝恭户　成　程生亮
　　程安邦、程能秀、承鼎五进等分　成　程道
　　数山来祖契四道,俱系允兴收执　斋　程祖成
　　日后要用将出照证程允兴批　　斋　程隆生、程方、
　　程留成、程运成、程松、程允兴、程存诚、程鲁、程德茂
　　前项所买山契,系福善孙收执,日后照证批领为照①

这份契约定于正统四年(1439年),程奴义等12人,共同购买程茂成从祖上所承得的一片山场,这片山场上主要种植杉松及杂木,用于遮庇水口。12人共同管业,不许"私讨柴薪"。如若山场经营状况不好,出售需得所有人周知。

第二份:后龙朝山水口封禁合同

　　　　窃谓人藉山川之气以钟秀,山川藉乎人力之培植相须之功大矣。盖山川之胜,本天然也。其不足者,自非人力培

---

①《新安婺源上溪源程氏乡局记》之《水口横山坂封禁合同》。

养以全胜,概曷尧山川之秀以钟人之杰哉。彼我居溪源,山水固虽不胜,其相传以来,衣冠奕叶不替者,是亦培养山川之固然耳。况草木者,观乎气运之盛衰也。迩者人不自察,但徒知其灾祸荐至,谁谓戕贼之所致欤? 我辈当此剥杂之秋,仍不知其保养,是将又使后人蹈其覆辙哉。故痛心率众,立议合同,将后龙水口护树及朝对山场栽植杂木,沟封掌养荫庇,庶得干旋山川之气,福自骈臻,斯时也,非惟步武前人,抑惟流裕于后,当各以培植,为心更相告戒,毋许戕害。如仍前不悛,致山川瘦露构祸者,非吾族也,定行闻官究治,罚银二两公用,虽然合同者不过以为凭据,实在乎人立志以为子孙悠久之计也。谨立此合同为照。计开

一后龙护龙水口,朝山四处山场,不拘各家契税,并将公同新立四至,栽植杂木荫庇乡局,日后毋得徇私执契执税砍斫,以违规画。如违者,罚银一两公用。

一后龙蕉坑山四至,东至田及路,南至田直上,西至垓,北至裹垄心直下,至荒坦,其四至内有程渍生、程奴等原栽果树,听自管业,余毋许侵犯。

一护龙山四至。东至坦及坑,南至栏培,西至上平降直上,北至蕉坑直下。其四至内山是程岑、程广等人房山内栽有栗树及竹,听自管业砍用,山内杂木,毋许砍斫,如违罚银三钱公用。

一水口平山坂山四至:东至溪,南至湖头水圳垄脚直上,西至大降,北至坑心直下。

一裹朝山四至,东至小鸠,南至尖,西至社凹岭,北至坑。

一外朝山四至,社凹岭南至垄心直上,东至尖直下垄泗洲堂通溪,西至麻榨坦,北至溪为界。

一凡获盗砍培植柴木之人,就于砍木之下罚银内追取银二钱赏之;若获得相为容隐,私放不首者,访知者一体甘罚。

一为首收执合同者,其间有人侵犯,是无叮咛告诫之勤,将侵犯之人照依亲疏督责,为首者罚银三钱。

一麻榨坦社坛前后栽种杂木,四至:东至程保同坦,直

出抵程昭低基,南至山脚,西至程应互等坦,直出至鬼神坛通溪,北至溪宜,上至本墈头为界,其北至上有程用圭等田,不在种木之限。

一凡盗劚柴荟之人,罚银一钱,获来首者赏银伍分。

一应有内外人等侵害各处柴木者,获不服理,收执合同人等务要协同究治,毋得徇情托故,视为故纸。其间一有不遵众恶叱,罚银一两公用,追出合同,另付公正之人收执。

正德十年岁次乙亥夏四月初一日

立议合同人程项、程靖生、程德厚、程启明、程渊、
程玘、程亢、程珉、程琮、程昭、程御、
程保童、程晚生、程岩赐、程鼎、程琮、程埙

合同七张　收执人员开具于左程琮、程德厚、
程珉、程渊、程保童、程岩赐、程晚生①

　　这份正德十年(1515年)的封禁合同较之七十年前的合同要规范、详细得多,共有十一条,具有很强的可操作性。前六条和第九条分别规定后龙水口、后龙蕉坑山、护龙山、水口平山坳、裏朝山、外朝山和麻榨坦社坛四至,分别属于公业还是私业,公业则要求"栽植杂木,荫庇乡局",私业则"听自管业,余毋许侵犯"。其余四条是关于盗砍的惩处措施和抓获盗砍人的奖励措施,惩罚措施以罚银为主,视盗伐侵害情节罚银一钱至一两不等,而对于获盗之人,即从罚银中抽取部分以奖赏之。此外,合同里中有一点值得注意:合同七张,分执于七人之手,执合同人具有一定的公正与公信力,对于"侵害各处柴木者",收执合同人"务要协同究治,毋得徇情托故,视为故纸。其间一有不遵众恶叱,罚银一两公用,追出合同,另付公正之人收执"。

　　第三份:通众山场并后龙朝山水口封禁合同

　　　　长城里程友坚、程项、程敏通、程德立、程质等因见近局山场年久荒废,虚解粮差,民生难度,众议以四十公、四九公支下子孙,凡于乡局山场从土名栗树坞坑,朱将山长

---

① 《新安婺源上溪源程氏乡局记》之《后龙朝山水口封禁合同》。

坞坵、江大坞、下边山、后龙山、蕉坑、高冈、吴太柏坞、碣头坞外、板石林外、吴坑、野猪窟、里吴坑、花儿垄、庄门前、栏鱼石、阴家坞、茶培坞、庄上、石仓、大坞……漆树坞、小坞、外朝山、水口山、平山坵四围山场内原有苗木者及今可栽种者,听自各照契墨管业,无分之人不得侵害。其不能劚作去处,务要混同,长养柴木以供日用,毋许各业占客争扰,以伤和气。自今立合同禁止之后,贤愚不肖,当相劝勉遵守,不致放火烧毁柴薪,及窃取杉松竹木等件,如有此等,照其所犯轻重行罚。轻则壹钱,重则加倍,外各家园圃菜麦田场,亦毋许砍斫杉松,夹篱、签插、搭架等项,若或如前,止将成功物件折毁,牛畜践害一节,原有合同禁止,再不开述。其后龙水口朝山不拘有分无分,混养杂木,庇荫乡局,日后毋得称其有分擅取,违者罚银壹两,倘外族不安本分者妄到各处掌立山场侵害之时,各可齐声追究,毋许徇私不理取辱,今恐无凭,立此合同,一样拾本,各收一本为照。

嘉靖十八年己亥岁三月初十日
立议合同　程友坚、程顼、程敏通、程德立、程质、程有民、程瑞、程珉、程岩珎、程云、程玘、程洪、程早、程汉佑、程玉、程贵、程文真、程魁、程奖、程岩沾、程鳌、程晚生、程寄善、程琮、程晓①

这份合同立于嘉靖十八年(1539年),时间是上一份合同订立24年后,此时的上溪头程氏山场已是日见荒废,没有效益,"虚解粮差",为此程姓四十公、四九公支下族人共25人具名签立合同,列举程氏山场几十余处,各人名下山场"听自各照契墨管业"。从合同中所列,山林的主要问题有放火烧毁柴薪、窃取杉松竹木,各家园圃菜麦田场夹篱、签插、搭架等项。

三份契约出于同一村庄,前后延有百年,虽不能代表明代民间林业保护的全部,但也能从中看出一些前后的变化。第一份正统年间的契约仅为几姓之间的协定,山场私有,宗族的内聚力

---

①《新安婺源上溪源程氏乡局记》之《通众山场并后龙朝山水口封禁合同》。

与权威尚没有明显显现,关于山林盗伐等的惩处规定只是笼统的"务要协力捉获理治,不许容情"之语。第二份正德年间契约是三份中最明确、详细,可操作性最强的,范围涉及整个村庄前后水口前后山场、社坛等公私地方,四至明确,尤为显著的变化是此份契约的惩罚性规定详细明确起来。而且七份合同执有人所具有的地方责任显示了宗族势力的增强。第三份是嘉靖年间,事隔二十余年,宗族分支繁衍,而且此时徽州经商风气渐起,世风日下,对山场林业保护的努力与作为程度要有所下降。不过三份契约的共同之处,即对于林业重要性的认识是一致的。

婺源方志曾叹"婺之杉材虽有名,然材难成而戕害者多,今亦无佳者矣",嘉靖年间祁门知县桂天祥对祁门林木养护曾有议论,乾隆《婺源县志》作者俞云耕认为"婺邑山木之利弊,正与祁同",引桂天祥话如下:"本县山多田少,民间日用咸赖山木,小民佃户烧山以便种植,烈焰四溃,举数十抻蓄积之利,一旦烈而焚之,及鸣之于官,只得失火轻罪,山林溎阻,虽旦旦伐木于昼,而人不知,日肆偷盗于其间,不觉其木之疏且尽也。甚至仇家妒害,故烧混砍,多方以戕其生,邑民之坐穷者,职此之故也。本职勤加督率,荒山僻谷,尽令栽养木苗,复严加禁止失火者,更枷号痛惩盗木者,计赃重论,或计其家资量其给偿,则山木有养而民生永赖矣。按婺邑山木之利弊,正与祁同,此议亦可施之于婺。"①桂天祥于嘉靖四十四年(1565年)至隆庆二年(1568年)任祁门知县。② 可知嘉靖末年隆庆初年,祁门当时主要的山林问题仍是粗放的种植业与盗伐林木。

二、清代的林业盗伐与保护

从合同契约来看,林业多属公产,作用有培植林木以作公共建设之材木来源,如《批助牛轩培山、搭桥合同》规定:"今因

---

① 乾隆《婺源县志》卷四《疆域七·地产》。
② 桂天祥,字子兴,江西临川人,进士出身,任祁门知县时,修祁门城墙,以防倭寇、矿贼,祁邑维诚《建城记》、汪应凤《建城楼记》于《舆志志》中有记其修城垣之功。

本村上下两桥及远坑口汪村桥,往来紧关,农务尤重,源内杉木拼斫已尽,将来修搭诸桥,杉木无处可取。今众议山后牛轩培山苗木易于看守长养,有分数之家情愿乐批与上下桥桥会内封禁、看养杉木,以待搭桥取用。"相应地,契约亦有公藏,"立此批助合同为照,一张存众,追远会收执,一张付上桥太平会收执,一张付下桥韵鼓会收执"。① 再如黟县丰登村的丰登路会也拥有山场,"业税三亩,现养树木成林,松杉杂木并盛,柴薪竹草茂密,内有熟业茶颗一应在内。今因吴应日缺用,出卖与丰登路会众姓名下为业,公议买为公业,公议长远公养"等。②

清代除了棚民聚居区的水土流失,徽州林业的主要问题仍是盗伐。由于林木茂密,加之山场拥有者往往并不居住于近旁,盗伐之事屡有发生。《清嘉庆十九年(1814年)婺源县批俞士清等所请禁止盗砍坟山林木告示》和《清道光二十三年(1843年)婺源县为禁止侵害俞姓祖坟告示》两份资料揭示的分别是婺源县北乡与东乡的俞姓,为防止远离居处的坟山被盗,提请婺源知县由县下发禁止盗砍坟山林木的告示。③

盗伐之人多山场临近之民,也时有来自临县者。婺休交界,婺东北乡上溪头考坑程氏封禁山与休宁接界,康熙年间,有休宁二十八都村民多人越界往考坑砍伐烧炭,被抓获后立约如下:

> 休宁县二十八都黄茅、胡青等,今自不合,带领多人越界至婺源上溪头考坑封禁山,误砍荫木烧炭。今被地方捉获呈官,身等知亏不欲闻官,情愿立戒约,随设封山培养苗木。今立戒约之后,如有仍前入山盗砍及放火烧山故害等情,一听执此戒约指名呈官究治,身等甘罪无辞。今恐无凭,情愿立此戒约为照。
>
> 康熙十六年二月十五日

---

① 《新安婺源上溪源程氏乡局记》之《批助牛轩培山、搭桥合同》。
② 刘伯山主编:《徽州文书》(第一辑)第五册《黟县十都丰登江氏文书》,桂林:广西师范大学出版社,2005年。
③ 田涛、[美]宋格文、郑秦主编:《田藏契约文书粹编》(全三册),第83号、116号,北京:中华书局,2001年。

情愿立戒约人　胡青、胡锦
见陈本先、陈友之
代书朱华元①

可知民间盗伐一旦被抓获,真正送官究治的毕竟是少数,主要是以订立戒约的方式加以解决。不过由于民间林业的纠纷频繁,官方也常以布告的形式加以究治,《清乾隆十六年(1751年)徽州府歙县严禁盗砍山林告示》②即为一例:

> 特授江南徽州府歙县正堂加四级王,为严禁盗砍窝囤之害,以清贼源,以全民业事。照得歙属东连绩溪、西接休宁、南界淳安、北距太平,山多田寡,地窄人稠。民间岁赋大半出自山林,屡奉上宪严檄勤谕,因地制宜,栽植树木,使野无旷土,裕阜财用,凡所以为尔民计者至深且切。有业之户雇觅人工,开山兴养,自萌蘖以至成林,不知几经岁月,几费辛勤。国课出乎此,生计亦资乎此。讵有各乡积匪棍徒,不事农业,无论黄昏白昼,任意盗砍。更有积窝之家,明知窃赃,公然贱价收买。贼匪倚有窝囤,恣砍无忌;窝囤恃有贼匪,渔利无穷。或嫩苗甫栽,剪伐随之;或根柮犹留,刨挖不已;或假樵采为名,驾舟砍斫;或借征税为据,越界成贼。种种为害,不一而足。本县到任以来,深悉刁风恶习,正在遵奉臬宪,议定罪名,出示晓谕,一面严拿密访,间兹据阖邑绅士请示禁前来,合行条分缕析,明白示禁。为此,示仰该地保甲、山邻业户、看山军民人等知悉,嗣后凡县呈禀,以凭从重究处,通详律拟断,不稍为宽纵。如该地保甲、看山人等不行觉察,徇情隐庇,察出一体治罪。事关国课民生,切勿以身试法。各宜禀遵毋忽,特示。
>
> 严禁条约开列于左:
>
> 一严禁白昼纠众盗砍。如经事主、看山人等当场撞遇,赃迹已明,审实,照律通详问拟。

---

① 《新安婺源上溪源程氏乡局记》之《黄茅胡陈二姓至考坑烧炭戒约》。
② 田涛、[美]宋格文、郑秦主编:《田藏契约文书粹编》(全三册),第33号,北京:中华书局,2001年。

一严禁黑夜盗砍。如有违犯,拿获之日审究党伙,如止一、二人行窃,先用重枷枷往山场示众;如五六人以上,即照强窃罪问拟。

一严禁奸徒收赃窝囤,或知情故买,或伙贼分赃。一经拿获,追赃给还,事主仍照依窝赃律通详问拟。

一严禁刨根挖柮并剪伐树苗。一经拿获,俱照盗窃成财大木,计赃问拟。

一严禁越境窃伐柴薪,违者枷责发落。如用船只装载,除估赃从重治罪外,仍押令照数补栽。

一严禁地方棍徒盗劚、盗种。查业主拼伐树木,其在山柴薪仍听业主另召开劚,复栽树木,其柴薪即为栽树工本。若棍徒不向业主租召,呈强开劚,因而盗砍柴薪树木,致令山场荒废者,一经告发,即行严拿追究,依律问拟。

一严禁焚烧山林。业主离山窎远,棍徒挟仇肆害,纵火焚山,使树木柴薪顿成灰烬。又有焚烧此山而沿及彼山者,情罪甚恶,一经访闻,或被告发,审实,照放火律通详问拟,遣戍。

一严禁地方保甲、看山人等纵庇之害。保甲责在稽查看山,职司典守,境内如有奸匪,务宜实力驱逐,以清地方。倘有徇情纵庇或烹分赃物,以致盗窃成风,一经察实,定即加信重究。

乾隆十六年十一月廿日示
告示
仰地保实贴业户潘尚山场处所
(加盖:歙县之印)

在这份告示里,列举的不法行为有白昼纠众盗砍、黑夜盗砍、收赃窝囤,或知情故买,或伙贼分、刨根挖柮并剪伐树苗、越境窃伐柴薪、挟仇肆害纵火焚山、地方保甲、看山人等纵庇等。

明清徽州保护森林的碑刻寓禁止性、奖惩性于保护之中,①而从纸质契约文书来看,同样具有这样的特点。明清的林

---

① 卞利:《明清时期徽州森林保护碑刻初探》,载《中国农史》,2003年第2期。

业保护多以宗族、地缘为组织单位。

小　结

"灾害与城乡生活"包含的内容非常广泛，本章从三个角度进行了一定的勾画。

第一点是应对灾害的公共事务，围绕着城市排水设施、用水矛盾与规则等进行论述。明清时期徽州的城市化程度不高，生活污染一般没有超出自然净化的能力，县城中人为的给排水系统并不显著发达。在当地，溪流灌溉、水碓加工与开河路运货三者之间的矛盾一直存在。一般而言，解决原则是订立一定的启闭制度，以保农事为先，其用水次序一般是，灌溉季节要保证灌溉，货物抬运过坝；非灌溉季节，保持正常航运，开动水碾和水磨。通常在遇到水利纠纷时，如果说在个体用水中，个体通过协商，并以契约的形式将解决方案固定下来是主流做法的话，那么在村庄的事务中，不论是兴修应对水旱灾害的水利设施，还是修复在灾害中受损的公共设施，民间自发的相互协作是最重要的运作方式。另外，在民间惯例中，村庄之间的分水、天旱时的用水时间，一般都有约定俗成的用水惯例，并在分水处置有分水天平。

第二点讲到棚民问题。徽州的棚民大多来自浙、赣、闽、湖广等邻近省份和安徽安庆府、庐州府下辖诸县，以及同属皖南山区的旌德、泾县等地，也包括徽州当地贫民。明后期，棚民进入徽州山区租山搭棚，从事各种营山活动，他们或种植苞芦等粮食作物和青靛、生姜、麻等经济作物，或从事凿石烧灰、开山挖煤、造窑烧砖等手工业。以徽州士绅阶层为主导力量，采取了对宗族内整治，对棚民驱逐的措施。因宗族繁衍扩迁，族产分散，宗族成员的"贪利盗租"可算作是徽州棚民问题的"原罪"。如果说徽州宗族捐族产为公产，是对于族内成员采取的不得已的消极措施，那么对外来棚民则采取了强硬地一致驱逐的态度。宗族除了借助官方的权威驱逐棚民，还利用乡约的方式取得民众的一致行动。总体而言，棚民问题是清中叶以来徽州社会面对的重要社会问题,棚民的被驱赶与被接纳是同时并存的,而在地方政府参与的或调节土棚矛盾、或驱逐棚民的行动中,棚民又往往显示了其不容忽视的势力,从而在徽州地方社会历史中留下了浓重的痕迹。

第三点从林业保护的角度。明清以降,民间对林业的保护力度逐渐加大,规则逐渐细化。民间盗伐者一旦被抓获,真正被送官究治的毕竟是少数,主要是以订立戒约的方式加以解决。不过由于民间林业纠纷频繁,官方也常以布告的形式加以究治。民国时期的林业组织与明清有着显著的不同,虽然从内容上来讲,保护的原则是始终如一的,但林业组织以社会团体的面貌与形象出现,从订立的规章形式到参加组织的人员构成上,都与清代截然不同。

第八章

赈灾个案研究：晚清徽州社会救济体系探微

——光绪三十四年大水灾

徽州长期以来是一个相对独立和封闭的民俗单元。清末，外来新事物和新理念不断冲击着中国传统社会，僻处一隅的徽州当地也被注入了一些新的社会元素，地方社会事务较之晚清以前呈现较大变化，救济体系的嬗变即为其中之一。本章拟以光绪三十四年（1908年）发生在徽州地区的水灾及其灾后赈济为例，从区域社会史的角度对这一偏灾的灾后救助作一区域性观照，以窥探晚清徽州社会的变迁。利用的资料主要有三种：一为上海图书馆藏《徽属义赈征信录》（以下简称《征信录》），洪廷俊辑，清宣统二年（1910年）刻本；①二为清末徽州知府刘汝骥所撰写的文集《陶甓公牍》，共12卷，收在1997年12月黄山书社出版的《官箴书集成》第10册中；三为藏于安徽省婺源县图书馆的光绪时期《新安屯溪公济局征信录》。②

---

① 李文海、夏明方主编的《中国荒政全书》（北京古籍出版社）第四辑第四卷收有此份资料。此处所用为上海图书馆藏版本。
② 共三种，刊刻年代不同，分别为光绪十五年（1889年）、十七年（1891年）和二十七年（1901年），其中前面部分各《告示》、《禀呈》等内容一样，不同在于其后捐输银钱列表不同，故引用征集录中《告示》、《禀品》时不再具体说明是何年刊本。

第一节　灾害的空间分布

　　水灾是徽州历史上发生最为频繁的灾害类型之一,突降暴雨造成山洪暴发是当地水灾的重要表现之一。突如其来的山洪顺江河倾泻而下,冲毁房屋、道路和桥梁,淹毙人口,造成沙压荒地,引起人口流徙,常造成严重损失。光绪三十四年(1908年),徽州各县"自五月十九以后连朝阴雨,二十四、五两日又复大雨倾盆,山洪下注",①此次波及五县的大水灾,被当地人称为"百年来未有之奇灾"。

一、水灾概况

　　徽州当地的士绅以及流寓各地的徽人很快作出反应,组织了一次相当成功的救济。繁琐的水灾赈济之后,形成文本《徽属义赈征信录》,详细记载了领取赈灾款的村庄名称、所属都图及数额、经手人等各项内容。虽然不能排除在发放赈款的过程中,存在由于私交或利益因素而导致的分配不均现象,但大体上可以认为,各村庄所得赈灾款项的多少与其受灾程度呈正比。在目前没有更直接的关于此次水灾的受灾数据资料的情况下,不妨以各村庄所得的赈灾款项为代用资料,②同时结合有关文献记载,对受灾的空间差异及受灾程度作一对比和分析,以尽可能对灾情有一个客观的认识。

　　领取赈款的各村中,得到赈款最多的是4155.5元英洋,最少的仅有2元,可以推知各村灾情差别巨大。将所有赈款数目

---

① (清)刘汝骥:《陶甓公牍》之《票查勘屯溪水灾文》,宣统三年(1911年)安徽印刷局铅印本,《官箴书集成》第10册,合肥:黄山书社,1997年,第544页。
② 关于"代用资料",满志敏教授在《光绪三年(1877年)北方大旱灾气候背景研究》一文中,利用《光绪宣统两朝上谕档》中的李鸿章、曾国荃奏报的村庄成灾分数为代用资料,将成灾分数加权处理为干旱指数来分析干旱的空间差异。此文见复旦大学历史地理研究中心主编的《自然灾害与中国社会历史结构》一书,上海:复旦大学出版社,2001年。

作为一个统计数列的话,其众数为 15.00,均数为 233.54,中位数为 87.00,①也就是说分发最多的赈款数额是 15 元,得到的赈款数额在 87 元以上和以下的村庄数量是一样的,但平均下来每村为 233.54 元,这也说明属于重灾的范围较少。

根据《征信录》中的资料辑出下表:

表 8-1　徽州府受灾村庄及领取赈款表

按赈款多少分组(英洋元)	村庄数目	累计村庄数	村庄比重(%)	累计比重	各村庄所得赈款数目(英洋元)	所得赈款占总数比重(%)	累计赈款比重(%)
100 以下	135	135	54.88	54.88	6332.5	11.02	11.02
100~200	42	177	17.07	71.95	6029.0	10.49	21.52
201~300	21	198	8.54	80.49	5256.5	9.15	30.67
301~500	19	217	7.72	88.21	7333.0	12.76	43.43
501~1000	17	234	6.91	95.12	10770.5	18.75	62.18
1001~2000	8	242	3.25	98.38	9525.0	16.58	78.76
2000 以上	4	246	1.63	100.00	12204.0	21.25	100.00
合计	246		100.00		57450.5	100.00	

将 246 条记载按领取的赈灾款的多少分为 7 组,80.49% 的受灾村庄所得的赈款占总数的 30.67%,其余 19.51% 的村庄得到 69.33% 的赈款。也就是说有 8 成的村庄拿到近 3 成的赈款,其余 2 成的受灾村庄得到的赈款却是近 7 成。进一步来看,受灾最重的 1.63% 的村庄得到 21.24% 的赈款,也就是说,不到 2% 的村庄得到了超过 20% 的赈灾款。由此不难得出这样一个近似的结论:此次水灾的受灾面广,但受灾程度极不平均。

那么到底是哪些地区受灾比较严重呢? 如果我们以县为单位分区重新整理数据,则可得到下表:

表 8-2　受赈村庄分县统计表

受赈县	受赈村庄总数	占受灾村庄总数比重(%)	受赈款总数	占发放赈款总数的比重(%)
休宁	103	42.21	21271.0	37.02
婺源	75	30.74	24119.0	41.98
歙县	27	11.07	5286.5	9.21
黟县	31	12.70	4844.0	8.43
祁门	8	3.28	1930.0	3.36
合计	244	100.00	57450.5	100.00

---

① 众数、均数与中位数均是统计学中表达"集中趋势"的值。"众数"指一个数列中出现次数最多的数值,"均数"即算术平均数,"中位数"指将数列按大小顺序排列,居于中间位置的数。

从所获得的赈灾款所占的比重来看,休宁县和婺源县各占 4 成左右,总额都达到 2 万余元,受灾最为严重,祁门县仅占 3.28%,领到的赈灾款不足 2000 元,受灾最轻,歙县和黟县各为 10% 左右,金额在 5000 元左右。

二、重灾县休宁与婺源的比较

婺源所得赈款总额比休宁多 2000 余元,从直方图分布来看,①休宁县的数据更为分散,即受灾面更广,各种受灾程度的村庄均有,基本上能构成连续分布,而婺源县轻灾区广大,重灾区非常集中,受灾程度相差巨大。

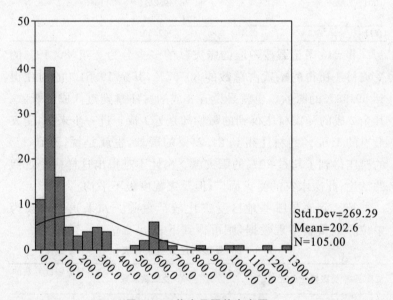

图 8—1　休宁县赈款直方图

---

① 直方图是常用的统计图形之一,可以帮助我们直观地观察某个变量的分布情况。在 SPSS 软件绘制的直方图中,能形成一条当前变量理想状况的正态分布曲线,将数据直方与该曲线相比,便可知道变量的实际分布差异。

第八章 赈灾个案研究:晚清徽州社会救济体系探微——光绪三十四年大水灾

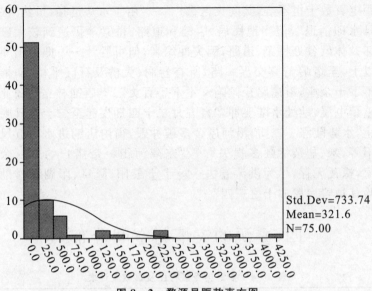

图8-2 婺源县赈款直方图

三、休宁灾情与空间分布

表8-3 休宁县受赈村庄及赈款统计表

按赈款多少分组(英洋元)	村庄数目	村庄比重(%)	各村庄所得赈款数目(英洋元)	所得赈款占总数比重(%)
100以下	61	59.22	2845.5	13.38
100~200	13	12.62	1762.5	8.29
201~300	9	8.74	2439.5	11.47
301~500	6	5.83	2176.5	10.22
501~1000	10	9.71	7510.5	35.31
1001~2000	4	3.88	4536.5	21.33
2000以上				
合计	103	100.00	21271	100.00

从赈款金额来看,休宁县得到1000元以上的村镇有屯溪、浯田岭、渭桥、板桥,得到500元以上的12个村庄,分别是商山、长丰、汪金桥、率口、东流、黎阳、湖边、桃林、岭南、璜川、云溪和珊溪,16个村庄占受灾村庄总数的13.59%,共领到了56.64%的赈灾款。相比之下,赈款在100元以下的村庄有61个之多,占本县受灾村庄总数的59.22%,所得赈款占总数的13.38%。

重灾村庄多沿溪河分布,休宁县"西南一带适当其冲,其水性尤为湍急","查南乡自东流、西溪,东南自桃林、东自万安街,距屯百数十里不等,其间灾区甚广"。① 由于水势迅猛,虽然"次日水即消退",但当地民居、店铺和道路、桥梁等仍遭到较大破坏,"休邑各处桥梁、道路,因灾冲塌者,何可胜计……即由山斗以上,至塔岭与婺交界一路,所有卷洞、大桥及石矼平桥,崩摧不下十余座,沿途路径倾陷又不下千百丈"。② 店铺林立的商业重镇屯溪,地处水陆要冲,"自五月二十四日夜起至二十五日晚止,水势陡涨一二丈,沿河屋舍多被冲毁,街内店铺进水三五尺不等,米、盐杂货颇多损失"。③ "东隅河街一带店户约二百余家,椽瓦无存,尽为洪涛卷去……上下黎阳、隆阜、阳湖各村勘验其被毁房屋亦十之三四"。④

四、婺源的灾情与空间分布

表8-4 婺源县受赈村庄及赈款统计表

按赈款多少分组(英洋元)	村庄数目	村庄比重(%)	各村庄所得赈款数目(英洋元)	所得赈款占总数比重(%)
100以下	47	62.67	1717.5	7.12
100~200	8	10.67	1079.0	4.47
200~300	5	6.67	1121.5	4.65
300~500	4	5.33	1615.0	6.70
500~1000	4	5.33	2435.0	10.10
1000~2000	3	4.00	3947.0	16.36
2000以上	4	5.33	12204.0	50.60
合计	75	100.00	24119.0	100.00

婺源县"五月间,阴雨连绵,乡民以为霉雨之常,均为设备,迨二十五日下午,阴雨四合,迷漫天空,霎时山洪陡发,蛟水奔腾,卷地而来,房屋冲倒,人口淹毙,田地被砂填压,财物随波涛荡尽,哭泣之声,惨不忍闻",其中又以"上东乡为尤甚"。⑤ 婺源县域分东、西、南、北四乡,其中东乡辖一到十都。⑥ 从《征信录》

---

① 《徽属义赈征信录》之《光绪三十四年七月初五日休宁县查赈告示》。
② 《徽属义赈征信录》之《光绪三十四年九月十二日休宁县以工代赈告示》。
③ (清)刘汝骥:《陶甓公牍》之《禀查勘屯溪水灾文》,宣统三年(1911年)安徽印刷局铅印本,《官箴书集成》第10册,合肥:黄山书社,1997年,第544页。
④ (清)刘汝骥:《陶甓公牍》之《禀请续拨赈款文》,宣统三年(1911年)安徽印刷局铅印本,《官箴书集成》第10册,合肥:黄山书社,1997年,第545页。
⑤ 《徽属义赈征信录》之《光绪三十四年七月初九日婺源县正堂魏示》。
⑥ 《民国重修婺源县志》卷三《疆域四》。

后文的赈济记录来看,受灾区集中在一都、二都、七都、八都和十都,也就是说受灾区域集中在东乡。

从赈灾款额的分布上也能看出婺源县受灾集中分布于县东北部。统计数据显示,婺源县得到100元以下赈款的村庄47个,占本县领取赈款村庄总数的62.67%,而款额却只占7.12%。得到千元以上赈款的村庄有下溪头、上溪头、大畈、江湾、里外古蜀地、浯村、汪口,这9.33%的村庄领取了66.96%的赈款,皆处于婺源东部或东北部。

重灾发生在这一区域可从当地的地理微环境中得到合理的解释。休南与婺北相毗邻,以芙蓉、对镜、羊斗、塔岭和新岭,即俗称的"五岭"为界。受灾严重的下溪头、上溪头、大畈、江湾、里外古蜀地、浯村、汪口即散落在婺东北的群山之间。具体而言:上溪头位于下溪头东北的溪曲,两村相距1.5公里,东、北界休宁县,南连江湾,地势由东北向西南徐徐倾斜;大畈位于县东的灵山东南麓,鳙溪西岸的田畈中;江湾位于今婺(源)休(宁)公路南侧、江湾水北岸的平畈上;古蜀地在大畈北7.5公里的山谷中;浯村在大畈西南2.5公里的浯溪北岸;汪口处两河汇合口西岸;霞城口即下城口,在下溪头西南8公里的武溪水北岸田畈中,位于城坦村的水口处,上城口位于武溪水南岸。① 这一区域山峰林立,冈峦起伏,天然水系发育旺盛,山涧小溪形成叶脉状的水网,最易遭受山洪。

五、歙县灾情与空间分布

歙县境内沿率水、渐江和新安江一线,地势低平,村落密集,也是赈济的主要区域之一。该县的柘林、岑山、航埠头等村,王村、上店、杏林、下王村等村作为两个整体领到的赈款均超过500元,受灾程度较重,其中柘林等村领到的赈款超过千元。柘林、岑山、航埠头皆属今歙县雄村乡,位于歙县城南约5公里,渐江自南向北曲折流经该乡中部。王村、上店、杏林、下王村等村今属歙南的王村乡,该乡东南属山区,西北属丘陵,新安江横贯该

---

① 婺源县地名委员会办公室编:《婺源县地名志》,溪头公社、大畈公社、江湾公社、古蜀地、浯村、汪口、下城口、上城口等条,1985年,第53~59、63~65、69~74页。

乡北部,桂溪、濂溪自东南向北流经该乡汇入新安江。①

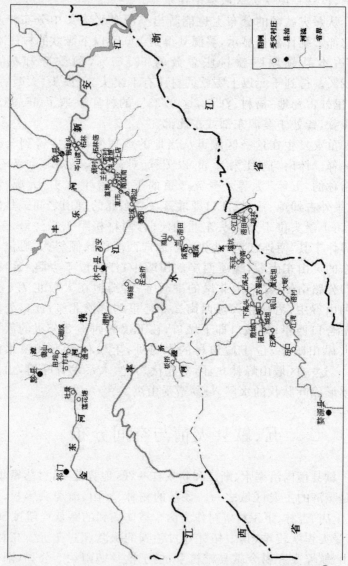

图8-3 光绪三十四年(1908年)徽属水灾重灾村庄分布图②

---

① 歙县地名委员会办公室编:《安徽省歙县地名录》,雄村乡、王村乡相关内容,1987年,第18~19、137~140页。
② 图中所示皆为所得赈款超过400元(英洋)的村庄。

第二节 水灾的赈济机构

一、公济善局

此次作为义赈总局的屯溪公济善局设立于屯溪镇下街,创立于光绪十五年(1889年)。创立之初衷,据创立者当地绅商孙华梁、李维勋、洪廷俊等称:"省会之区向设善堂,施棺施药,俾使死者不暴露,疾者得安全,诚善举也。屯镇为休邑之冠,各行业既备且多,四方穷民来觅衣食者踵相接,竭手足之劳,只以谋口体。一遇疠疫流行,无以医药,殁无以棺敛者所在多有。职等触目伤心,不忍坐视。爰集同人,仿各善堂成规于本镇下街地方设立公济局。"①按夫马进的界定,善会是以推行善举为目的的自由结社,而善会办事机构的所在以及具体实施善举的设施则是善堂。善会、善堂从明末开始出现,此后一直存在于各地的城市或市镇之中。② 明清以降,在徽州,主要的社会保障不是由市镇里市民组织或官方组织来提供,而是由宗族来承担的。宗族不仅具有教化、互济、公益建设等自治职能,而且具有治安、司法、赋役等基层政权的管理职能,从而形成县—宗族—小家庭的格局。③ 也就是说,明清时期,徽州的社会主体在农村,社会救助以宗族保障为主,其救助对象是贫困的族人,经济来源则是族田的收入和族人的捐助。晚清以来,处于水陆之冲的屯溪之经济地位日益重要,屯溪公济善局的成立应该说是屯溪市镇商品经济发展的必然要求。

屯溪公济善局属于综合性善堂,其职责和事务的范围是不断扩展的。最初是延医送棺,"按年五月起至八月止,延请内外

---

① 《新安屯溪公济善局征信录》之《禀呈》,第 2 页。
② [日]夫马进著、伍跃等译:《中国善会善堂史研究》,序论,北京:商务印书馆,2005 年。
③ 唐力行:《徽州宗族社会》,合肥:安徽人民出版社,2005 年,第 248~251 页。

专科,送诊送药;棺则大小悉备,随时给送"。① 到光绪十八年(1892年),又增加了育婴、养疴、种牛痘等善举,"(光绪十八年)春间……上谕行令各省劝办育婴……遵照办理,筹画经费,仍附公济局内兼办"。②

按梁其姿的研究,善堂被界定为民间社会所资助及管理的机构。入清以后,一方面善堂的财务趋于正规化,得到官方许认及官民合资,另一方面,则确立了轮值制与董事制的组织管理形式。③

屯溪公济善局经费来源是稳定并不断增加的:光绪十五年(1889年)初设时,常年经费以茶商箱捐为大宗,"每箱捐钱六文……由茶厘局汇收,永为定例,每年计有六百千文,即以此为正款经费"。④ 光绪十八年(1892年),添设保婴、种牛痘等项后,经费不敷,又于光绪二十二年(1896年)"环请皖抚批准,由厘局月给津贴湘平银二十两"。⑤ 其余则"各户乐输及长生愿捐为之辅"。⑥ 到民国初年时,善局的常年经费须五千金,其主要经济来源并未因中央政权的移换而变化,"向由茶局每月领津贴湘平银六十两,厘局每月领湘平银二十两,即茶业箱捐、引捐,又木业捐等项"。⑦

公济局实行董事制,即数年都由一或二三人管理堂务,这种组织形式便于官方加强对善堂的监督。雍乾时代,官方势力曾积极介入地方慈善事业,但终清一代,善堂没有变成纯粹的官方机构,这主要是因为当时主要管理善堂的绅商与政府相互依赖,政府透过这个阶层的地方领导人可更有效地、节省地治

---

① 《新安屯溪公济善局征信录》之《禀呈》,第2页。
② 《新安屯溪公济善局征信录》之《告示》,第24页。
③ 梁其姿:《施善与教化:明清的慈善组织》,石家庄:河北教育出版社,2001年,第99~112页。
④ 《新安屯溪公济善局征信录》之《禀呈》,第2页。
⑤ 《新安屯溪公济善局征信录》之《呈》,第6页。
⑥ 《新安屯溪公济善局征信录》之《呈》,第6页。
⑦ 《新安屯溪公济善局征信录》之《咨文》,第2页。

理地方。①屯溪公济善局的绅董皆具有官、绅、商的多重身份，例如呈请设立公济局的绅董中大多有功名，"花翎四品封职孙华梁、花翎运同衔李维勋、花翎江西候补知府胡荣琳、花翎四品封职洪廷俊、同知衔胡宗翰、五品封职方邦印、光禄寺署正衔李邦焘"等，还有廪生、附贡生和监生等身份的儒生。②洪廷俊等人同时还是屯溪茶业公所的绅董。也就是说，地方上的绅衿、商人、一般富户、儒生，成为善堂主要的资助者及管理者。不过同时，官方仍保持着对善局的权威。屯溪公济局的设立，除因抽税和茶厘总局协商外，还上呈休宁知县、徽州知府立案并请求得到官方保护，以免使善堂运转时"无知棍徒藉端滋事"。可见，直到清末，县衙门仍是具有一定公信力的机构，也是地方最大权力的来源。

有学者认为善堂在明末清初出现是源于社会贫富良贱观念的变化，以散财行善减少财富所带来的焦虑，明末社会的都市贫穷、被救济穷人的客观需要只不过提供了慈善组织出现所必需的背景和条件。③而从屯溪公济善局的情况看，到了晚清，这种情况有了变化。

在休宁县下发的光绪十五年(1889年)五月初五日的告示中提到："屯镇茶业向无公所，此后遇有茶帮事宜，即于此局公议以归划一"，这似乎可以理解为：公济善局除具有善堂的延医、施药、施棺等功能外，还是屯溪茶业的一个行业组织。屯溪是晚清时期徽州地区最重要的茶业集散地，商铺林立，茶叶是徽商经营的大宗。传统法律中虽有调整市场交易等规定，却没有独立的商律。在百日维新期间，康有为曾奏"请令十八省各开商务局，先在上海、广东善堂中，公举通达时务殷实商人试办，限两月内草定章程，呈总署进呈御览，荐上海泾元善、严作

---

①梁其姿：《施善与教化：明清的慈善组织》，石家庄：河北教育出版社，2001年，第323页。
②《新安屯溪公济善局征信录》之《禀呈》，第2页。
③梁其姿：《施善与教化：明清的慈善组织》，石家庄：河北教育出版社，2001年，第49～82页。

霖为总办,广西龙泽厚副之"。① 泾元善、严作霖正是声势浩大的江南义赈的代表人物,也是康所推荐的商务局首领。不由不使人联想,晚清民间为主导的义赈,其实和商业是密不可分的。在晚清种种不利的社会经济条件下,绅商们致力于保持本身的社会地位,维持一定的地方影响力,从而更有利于商业活动的开展。在光绪大灾不断的社会背景下,江南士绅从日常慈善走向应急义赈是一种必然。而从事于义赈事业的士绅很快获得较高的社会地位,具有非比寻常的社会影响力和号召力。而从屯溪的例子来看,公济局初设之时,本身就兼当屯溪茶业各商的协调场所,调解、仲裁同行业之间的纠纷。在全国兴起的义赈风潮下,绅董们所兼管的慈善机构自然在光绪三十四年(1908年)的大水灾降临之际,演变为救济水灾的义赈大本营,屯溪公济局由此具有多重性质。

清代中期以后,政府尤其注重通过士绅们的积极倡导发挥民间组织在地方公共事务管理和维护地方社会稳定等方面的作用。屯溪作为因茶叶集散而新兴起来的市镇,具有行业的多重性、人员的流动性的新特点,屯溪公济善局作为民间自发性组织,不需要地方政府出资,又弥补了地方政府社会管理中力所未逮的区间,契合了政府对社会稳定的愿望,得到了休宁县和徽州府的大力支持。

此次义赈中,屯溪的公济善局设为赈灾总局,"休之西北两乡……就城设局;东南两乡归屯设局"。② 婺源等县亦设立义赈分局,各选绅董负责。分局绅董须"亲诣各灾区调查,先放急赈,继放加赈、普赈"。分局没有独立决定放赈的权力,"皆与总局再四信商各村应得之款"。具体发放赈款是先给赈票,凭票换钱,"或千洋,或数百洋,或数十洋,悉交各处公正绅耆经发,先贴清单散票"。③ 两江总督下令将政府的赈济款汇入义赈款项之内,体现了晚清政府对义赈的依赖、赞许和支持。

---

① 康有为:《康南海自编年谱》,第56页,载《近代中国史料丛刊》第二辑第11册,台北:文海出版社,1966年。
② 《徽属义赈征信录》之《光绪三十四年七月初五日休宁县正堂刘示》。
③ 《徽属义赈征信录》之《光绪三十四年十月婺源县正堂杨示》。

二、徽州水灾义赈公所

这是一个约在 1908 年 6 月设立的临时义赈机构,"徽郡在沪绅商阅报及由徽赴沪者传说此灾为近百年所未有,爰集同乡公议设立徽州水灾义赈公所,广为劝募"。① 该义赈机构从六月二十始,即"先由各局所报馆筹垫洋五千元汇兑屯溪",之后至十二月二十四,先后 8 次往徽州汇上海流通的九八规银 47500 两,成为此次徽属义赈的重要赈款来源。出身受灾较严重的休宁、婺源的在沪商人,纷纷往屯溪去信询问,嘱以洪廷俊为首的当地绅商尽早查勘灾情进行赈济。

三、江南赈捐总局

作为官方的常设赈济机构,江南赈捐总局负责官方赈济的上报、下发,并与民间赈济组织联系。

光绪三十四年(1908 年)八月二日,光绪朱批"飞咨两江总督遵照。所有该省筹集义赈查放急抚,及此次动拨赈银两,应由该督抚等饬员绅查明灾民户口,核实散放,事竣分析造册,报部核销,至以后应否续筹接济之处,仍由该督抚酌察情形,奏明办理可也"。② 八月底时,度支部漕仓司将此事呈抄内阁。由此可以看出,清中叶以前以中央政府为主导力量的灾后赈济模式已不复存在。中央的职责已退化为给予一笔象征性的赈济款,所有办赈程序全部下放到民间,从查赈到散赈,全部由当地士绅办理,只是在事情完结后,将账目细节等造册上报即可。魏丕信在研究 1743~1744 年的直隶赈灾后认为,明清政府在赈灾中的高效率源于国家机器处于高度的有备状态,官方的救荒理论和规章制度达到了前所未有的系统化程度,当灾荒降临

---

① 《徽属义赈征信录》之《光绪三十四年七月初九日婺源县正堂魏示》。
② 《徽属义赈征信录》之《江南赈捐总局为照会事》。

时,当地官员只需启动这个救灾系统就可以了。① 可是,从光绪末年徽州水灾赈济中可以看出,地方官府只享有名义上的统治地位,中央政府和地方高官只能要求在程序上监控赈济过程,而事实上其监控力的有限是不难想象的。

在这次徽州水灾中,从头至尾起到关键作用的是休宁屯溪公济局绅董洪廷俊等人,②屯溪公济局为赈济总局,不论是官方划拨的救济银,还是外省市侨寓徽人的捐赠,抑或是本地商号捐款,皆经由屯溪公济局,由洪廷俊等人统一调配、散发。

第三节 赈灾程序

一、灾后急赈和专项赈济

水灾初发,休宁、屯溪等处士绅立即着手查赈、劝募赈灾款项。屯溪东隅河街一带"沿河穷民皆搭篷以居",灾民约有 695 人,"公济局洪绅廷俊等劝捐洋二千七百余元,每名放给洋二元米一斗"。③

徽州知府刘汝骥在大约一个月后,也就是六月下旬伊始,接到上级两江总督的命令,不得不由歙城亲往休宁勘查灾情。这是徽州政府官员的介入,事实上这颇类似于视察,而非查勘,因刘在屯溪只呆了几天而已。当刘到达屯溪时,当地的救灾和第一批急赈已经在乡绅洪廷俊的带领下发放完毕。

在徽州知府下来查灾之时,省级政府下令由屯溪厘局垫拨 1000 两赈灾银也差相到位。此时屯溪及附近各村灾民纷纷希冀获得赈济,于是负责赈济的士绅将从厘局拨发的白银千两兑

---

① [法]魏丕信著、徐建青译:《18世纪中国的官僚制度与荒政》,南京:江苏人民出版社,2003年。

② 清末徽州地区推行自治,在《陶甓公牍》第560页所列《复选举当选人、候补当选人名册》中,共选举议员6名,洪廷俊年65,为议员之一,得票亦为最高者之一。

③ (清)刘汝骥:《陶甓公牍》之《禀查勘屯溪水灾文》,宣统三年(1911年)安徽印刷局铅印本,《官箴书集成》第10册,合肥:黄山书社,1997年,第544页。

换成英洋1421.356元,加上洪廷俊等又募得200余元,"共计大小男妇1696口……内有小口139人,减半放给……共放过英洋1626元5角"。①

而后由于灾区广大,安徽省又批准下发湘平银二千两,限于赈款有限,此项专作为抚恤死者之用,笔者归之为专项赈济。②"此议既定,当即由厘局领回湘平银二千两,兑换英洋2842元7角1分2厘……计淹毙者休宁县84人,婺源县67人,歙县15人,共166人。每名各恤英洋12元,有家属亲自具领,妥为掩埋,共用洋1992元"。③

二、查赈和普赈

在发放完屯溪及周边村庄的急赈后,歙县、休宁、婺源各地灾情接踵而至。两江总督端方饬拨的湘平银一万两,上海徽州水灾义赈公所筹集的款项皆源源汇来,此时进一步的查赈显得十分必要。

以往官赈各环节中,从报灾、勘灾,到放赈、放贷、折色、蠲免、蠲缓,弊端无处不有,表现有讳报或捏报灾情;审户弄虚作假,浮开丁口、增造诡姓假名;需索与勒价,勒索册费、票价之风屡禁不止。④清末兴起的义赈大多由义赈人士亲自到灾区查勘灾况。放赈一次,公布一次,到整个赈事结束,即刊行"征信录",公布全部的账单。⑤

---

① (清)刘汝骥:《陶甓公牍》之《禀请续拨赈款文》,宣统三年(1911年)安徽印刷局铅印本,《官箴书集成》第10册,合肥:黄山书社,1997年,第545页。
② (清)刘汝骥:《陶甓公牍》之《禀赈务报销文》:"知府伏思今夏水灾当冲处所,荡析离居者十户而四、五,实以被淹毙命者为尤惨。此次奉拨赈款,若照义绅挨户查赈办法,恐未能每人而济,遂议将此项专作恤款。死者有所归,寡孤者有所养,较之普通赈抚,似为扼要。"宣统三年(1911年)安徽印刷局铅印本,《官箴书集成》第10册,合肥:黄山书社,1997年,第546页。
③ (清)刘汝骥:《陶甓公牍》之《禀赈务报销文》,宣统三年(1911年)安徽印刷局铅印本,《官箴书集成》第10册,合肥:黄山书社,1997年,第546页。
④ 吕美颐:《略论清代灾赈制度中的弊端与防弊措施》,载《郑州大学学报》(哲社版),1995年第4期。
⑤ 杨剑利:《晚清社会灾荒救治功能的演变》,载《清史研究》,2000年第4期。

可此次徽属义赈中,因灾区颇广,由公济善局及各地分局绅董下去查赈,"恒恐耳目难周",而"本地绅衿每有引嫌远避,但凭地保查报"。义赈绅董曾禀请休宁县在各地张贴告示50余份,"严饬各处地保据实查报,如有扶同冒领,情弊一经查出,或被人告发,本户倍罚充赈,地保从重枷责,其灾册应由本地绅衿监造……册中倘有虚冒之名,即祈拈出,俾灾户得沾实惠,地方不启刁风"。① 事实上,张贴告示的行为本身恰恰说明当地查赈过程中同样存在官赈查灾的弊端。而这一点也可以从八月一日,屯溪客民吴士林兄弟在平粜局强行多粜,被局员殴伤的纠纷个案中得到印证。②

普赈除散放货币外,辅之以平粜和发放棉衣。

三、补赈、以工代赈

工赈,即以工代赈,一般作为急赈与普赈之后的赈济,通常是组织灾民疏浚河道、开挖水渠、修复被灾的道路、公共建筑等。工赈有利于避免急赈易养成灾民惰性和依赖性等弊病,且与生产自救和建设恢复相结合,加之利用灾民劳动力可以降低工程投资,并在一定程度上安定社会秩序,缓解灾荒,入清以来不仅受到清政府的重视,更是各种慈善团体义赈青睐的赈灾方式。

此次徽州水灾造成的"道路桥梁冲毁最重,到处艰阻,几断往来",主持义赈的士绅查赈时,"灾民咸来请款兴工,以便往来觅食",同时"雇工负重,哭累不堪,必设工赈,以期两利"。此次整个以工代赈过程长达两年之久,从光绪三十四年(1908年)六、七月赈灾款陆续寄到,急赈、普赈相继下发后,秋去冬来,以"以工代赈"为形式的补赈开始,到宣统二年,即1910年春基本结束。

此次水灾工赈以修路桥为主,"拣紧要处所,筹办工赈"。

---

① 《徽属义赈征信录》之《光绪三十四年七月初五日休宁县正堂刘示》。
② (清)刘汝骥:《陶甓公牍》之《禀查复警委任恒智被控文》,第551页;《休宁县孀妇吴程氏禀批》,第479页;《屯溪巡警局外委任恒智禀批》,第479页。宣统三年(1911年)安徽印刷局铅印本,《官箴书集成》第10册,合肥:黄山书社,1997年。

时间集中在冬季,一是因为农村冬季是闲季,没有庄稼活;二是从路人行路安全角度,"冬令雨雪载途,其危险不可思议",正所谓"修一桥即少一阻隔,修一路即多一坦途"。从清政府告示"灾黎既可觅食,穷民亦能谋生"可知,工赈所招雇工,并不局限于灾民,还包括没有活计的穷民。

举办工赈的义绅面临着种种的问题,一是对雇工的管理,二是所需的修桥铺路的材料。义绅在给地方政府的书信中言"惟恐乡愚无知,如修桥必开石伐木,或业主不愿输助,雇工匠或不遵管束,皆足阻扰善举",为此,"陈乞赏发告示张贴'以工代赈'各处,俾人人皆知事关公益,理宜各尽义务,不准借端滋事,倘有不遵,准由该地绅董商同督修人员指名禀究,以维赈事而儆刁顽"。可以看出对此类问题的处理,是先以理义道德晓之,再由地方政府下发给举办义赈的士绅一定权力,"倘有地棍从中阻拦滋事,准由地方绅董商同督工人员,指名禀县",但最终能够施行处罚措施的仍只能是地方政府,"提案究惩,决不宽贷"。

四、赈灾物资及来源

首先来看赈济款来源及比例。赈济款主要为劝捐,以民间为主。

光绪三十四年(1908年)六月二十四日,在水灾发生后大约一个月时,当时的两江总督端方下发部文,命令江南赈捐总局拨湘平银一万两,由裕宁官银钱庄汇往屯溪,以为倡捐,并嘱这笔钱直接由屯溪公济善局负责人洪廷俊具体接收,汇入民间义赈款内。六月二十七日这笔款项电汇到屯。其后便是民间筹措资金以机构或个人名义,以汇或手交的方式陆续加入其中。

捐款主要来自南京、上海、苏州、杭州、常熟、通州、清江、嘉兴海盐、溧阳、菱湖、玉山、九江、景德镇、汉口、芜湖、安庆、徽州本地等共十七个城市,主要分布在苏南、浙北和江西、安徽、两湖的沿江地区。利用 Mapinfo 软件将各地捐款数目多少按比例制成专题地图,以图中圆点大小表示该城市捐款数目的多少,制成下图:

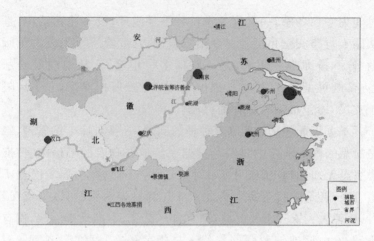

图 8—4　光绪三十四年(1908 年)徽属水灾捐款城市分布及比重图

　　捐款总计英洋 43953.438 元,其中内有龙洋 1930 元,铜洋 1 元;湘平银 10000 两整,九八规元银 53500 两整。

　　这里的"英洋"即指墨西哥银元,①"湘平银"是指以两湖地区的平砝为标准计量的白银,②从征信录后文资料中可知,湘平银10000两折换为英洋 14076.203 元;"龙洋"指光绪年间清政府自铸的银元,因其币幂镶有盘龙纹,又称"光绪龙洋","铜洋"与"龙洋"之间互不相系,但皆为流通"实币";与"实币"相对应,捐款中上海的"九八规元"是五口通商以后国内虚银两中的最主要者,是一个标准计算单位。③ 这次徽属水灾共募得九八

---

① 丁福保编《古钱大辞典·下编》之《银两银元述》:"墨西哥银圆,初称为鹰洋,继讹为英洋。"北京:中华书局,1982 年,第 524 页。

② 丁福保编《古钱大辞典·下编》之《银两银元述》:"银两之秤,轻重不等。在北京户部,所用之秤名曰'库平',凡国库出入度支,悉用之。此外各省各有其秤,有津平、湘平、渝平等,名目轻重各异(秤字省文作平),核算颇难。"北京:中华书局,1982 年,第 524 页。

③ 由于清代各地流通的"实银"(实有其物,流通中现实存在的银货),其名称、形式、重量、成色皆千差万歧,因而白银作为货币流通,在客观上就需要一个标准计算单位,这个标准单位并不需要实有其物,但要具有一定的名称、重量和成色,这就是所谓的"虚银"。从咸丰七年(1857 年)以后,规元逐渐发展成为华洋商人全都采用的记账单位。

规元银 53500 两,约可换为英洋 81171.76 元。①

至此,数量上来看,民间力量所捐的英洋总额为 32445.438 元,九八成色规元总数为 53500 两,即约为英洋 81171.76 元,共得英洋约 113617.198 元,而官方所拨赈款是湘平银一万两,即英洋 14076.203 元,数量仅为民间筹集英洋数目的 12.39%。进一步就民间赈款进行分析,知民间捐款中分组织和个人,民间组织共捐 110351.198 元,个人共捐 3266 元,则组织捐款占到民间捐款总量的 97%。

除赈灾款外,还有米、面、药及棉衣等实物。

棉衣主要来源于上海、杭州和屯溪三地。请看下面关于棉衣的统计表:

表 8—5 赈济棉衣来源及费用统计表

	件数	棉衣费用	运费
浙新坝吴笃生	1009	665.605(英洋元)	
杭州汪侣生、周记庄	2000	1502.36(英洋元)	19.228(英洋元)
屯溪生记、大源衣店	462	424.36(英洋元)	
上海	2020	1642 两(九八规元)	

可见就棉衣单价而言,则杭州汪侣生经手的周记庄衣店的价格最高。

其余米、面之类,从《征信录》可知多是将实物兑换为英洋电汇到屯,再在徽州本地采买。

小 结

传统国家荒政到清代逐渐形成一套严密完备的救灾程序,

---

① 萧清编著《中国近代货币金融史简编》(太原:山西人民出版社,1987年)第 25 页:"上海漕平 50 两重的宝银……得规元银 53 两 8 钱 2 分 6 厘有奇";第 24 页:"上海漕平,1 两……常皆以 565.7 英厘为准";第 62 页:"漕平每百两约合库平 98 两"。则此次所捐的九八规元银 53500 两约相当于 49697 两漕银,折合库银为 48703.06 两。又见丁福保编《古钱大辞典·下编·银两银元述》(北京:中华书局,1982 年,第 524 页);则库银为 48703.06 两,约为关平 54114.51 两,进而得到约为英洋 81171.76 元。

从报灾、勘灾到放赈、放贷、折色、蠲免和蠲缓的一系列赈灾措施,曾对保持全国或区域性灾后社会稳定发挥过重要作用。①清中叶以降,国家荒政功能渐趋衰弱,以上海为中心的江南社会组织的"义赈"成为晚清社会最重要的灾荒救济形式之一。"义赈"是一种"民捐民办",由民间自行组织劝赈、自行募集经费,并自行向灾民直接散发救灾物资的赈济活动。关于晚清义赈的兴起,学界多以为始自光绪初年(1876～1879年)的华北五省大旱灾(丁戊奇荒),以李金镛、谢家福、严作霖和经元善等人为首的一批江南绅商自发动员江南社会资源,掀起"民捐民办"赈济华北灾民的活动,是为义赈之始。②李文海以为,此后义赈迅速发展为一种具有广泛社会影响和强大活动能力的民间赈灾机制,不仅大大突破了传统民间赈灾活动局限于地方空间的状况,而且对国家实施的官赈形成了强烈的冲击。③

光绪三十四年(1908年)五月,地处皖南的徽州地区因梅雨季节的连降暴雨成灾,灾情以休宁和婺源为重。晚清报业的发展和徽州区域社会与当地外出经商族人的密切联系,使得这一灾情很快得以传播,并引起旅外徽人的广泛关注,进而组织了一场颇具影响的义赈。

在这场义赈中,以洪廷俊为首的义绅和屯溪的公济善局担任了重要的角色。对于晚清义赈与善堂的关系及其所体现出来的新特点,李文海曾在《晚清义赈的兴起与发展》一文中进行过精辟的分析:以往的善堂,由于它的分散性和自发性,一般说来,在赈济灾荒中的实际效果和社会影响,是微乎其微的。从光绪年间发展起来的义赈,在性质上比起以往善堂的赈灾活动,产生了一些前所未有的新的特点。以协赈公所、筹赈公所等为名义的义赈机构,把各地善堂联络、组织了起来,还广泛联

---

① [法]魏丕信著、徐建青译《18世纪中国的官僚制度与荒政》(南京:江苏人民出版社,2003年)的主要论点。
② [日]高桥孝助:《公益善举与经元善》(1986);夏明方:《清季"丁戊奇荒"的赈济与善后问题初探》,载《近代史研究》,1993年第2期;杨利剑:《晚清社会灾荒救治功能的演变——以"丁戊奇荒"的两种赈济方式为例》,载《清史研究》,2000年第4期。
③ 李文海:《晚清义赈的兴起与发展》,载《清史研究》,1993年第3期。

系某些新式企业,形成了一个触角伸及全国各地甚至世界一些重要城市的规模巨大的义赈网络。于是,民间的赈灾活动,也就从以往某些乐善好施的"善人"的个人"义举"变成了全社会瞩目的公益慈善事业。① 正是在这种晚清义赈兴起的大背景下,创设于光绪十五年(1889年)的慈善机构屯溪公济局此次扮演了义赈公所的角色,使得原本就具有商业背景的慈善机构在新的社会形势下,显示了对地方事务强大的管理能力,填补了地方政权力所不及的管理区间,官绅之间取得了良好的沟通和互相尊重。② 同时由于当地的县级地方官调动频繁,任期多为半年到一年不等,③对于府级地方政权来说,对地方社会的民间自救也就更为倚重了。而在徽州地区之外,另有设立于上海的临时义赈机构"徽州水灾义赈公所",负责联络和款项中转。配合义赈实施救济的是官方的"江南赈捐总局"。

　　乡绅的活动与清前期相比也有了显著变化。传统的绅商阶层立足于当地农村社会,晚清时期,一些长期参与公共事务、居住在城镇的绅商眼界显然已不局限于自己的村庄。一方面,他们居住在交通便利的商业市镇(如屯溪),比较容易受到外界

---

① 李文海:《晚清义赈的兴起与发展》,载《清史研究》,1993年第3期。
② 水灾义赈期间,光绪三十四年(1908年)六月二十二日,刘奉令往屯溪查灾,在屯溪呆的时间却很短,应不超过七天。(刘二十二日到屯溪,在由屯溪返回徽城给洪廷俊的信中,嘱咐"缴票领洋之期亦勿过缓,二十八、九日均可",由此可知刘在屯不超过七天。此信见于(清)刘汝骥:《陶甓公牍》之《致屯溪公济局洪绅廷俊》,宣统三年(1911年)安徽印刷局铅印本,《官箴书集成》第10册,合肥:黄山书社,1997年,第572页。)回到知府署衙后,刘在给洪的信中写道:"灾区甚广,为日方长,此后调查各处灾情,有无续募巨款,尚祈随时见告,使固人稍赎旷官之咎,不胜大愿。"((清)刘汝骥:《陶甓公牍》之《致屯溪公济局洪绅廷俊》,宣统三年(1911年)安徽印刷局铅印本,《官箴书集成》第10册,合肥:黄山书社,1997年,第572页。)
③ 以黟县县令为例,民国《黟县四志》卷四《职官·县职》载:光绪三十二年(1906年),伍芳榛,湖南附贡,三月任,三十三年(1907年)四月卸;光绪三十三年(1907年),胡汝霖,湖南进士,四月任,十一月卸;罗贺瀛,江西举人,十一月任,宣统元年(1909年)三月卸;宣统元年(1909年),阎希仁,三月任,二年(1910年)九月卸;宣统二年(1910年),沈维翰,江苏监生,九月任,三年(1911年)九月卸。

风气的影响,另一方面他们所处的晚清时代和中西交汇的社会环境也使得他们有别于传统士绅。

较之清前、中期复杂的实物赈灾程序,晚清的徽州义赈程序简化。以货币赈济提高当地灾民的购买力为主要方式,辅之散米急赈、平粜普赈、散发棉衣的冬赈和以工代赈的补赈。由于兴办粥厂,人多混杂,易引发传染病,此次义赈中根本未提及此种形式。从实物赈济向货币赈济的转化,反映了清中后期民间粮食贸易和乡村市场的发展。传统社会里,一般通过宗祠分发物品,此处赈济款和物品的发放依然主要以宗族为单位领取,再各自下发。

总的看来,晚清官场的腐败,频繁的地方官换任,日益动荡的社会,赌博、吸毒等不良社会风气的盛行,使得清前期完备的赈灾措施难以实施,财政匮乏,政令难行,庞大的官僚机构在风雨飘摇中运转。在纷繁复杂的局势前,徽州这个山区社会,在新的社会因素冲击下,显示了其独特的应对能力。延贯于历史的传承,杂糅新的社会思想和经济因素,当地士绅成功借助同乡情谊的感情纽带、现代的报纸、电汇等手段,在维护灾后的社会秩序和稳定方面发挥了重要作用。

结　语

　　本书探讨的是明清时期徽州地区的灾害、社会应对及其相关问题。

　　文章对徽州一府六县范围内明清以来的水灾、旱灾、火灾、虎患、蝗灾、虫灾、冷灾、风灾、雹灾和地震诸种灾害分别进行了数量统计，并作了相关分析。

　　由于水、旱灾害在降水量上具有可比性，故而对水、旱灾害的资料进行了等级量化的处理，得出明清以来水旱灾害等级列表，继而对表中数据进行分析，认为在从洪武元年（1368年）到民国十二年（1923年）共555年间的时间里，水灾的次数多于旱灾，但以一隅偏灾的小范围山洪和偏旱居多，偏旱与大旱的次数相差没有偏涝与大水的次数相差那么悬殊。通过对各县发生的各级别水、旱灾害占本县灾害的总次数进行分析，得出歙县、祁门发生偏涝的比例最高，绩溪发生大旱的比例最高，婺源、休宁发生大水的比例最高，黟县则是发生偏旱的比例最高。又将555年平均分成5段，则每段为111年，对这5个时间段里水旱灾害发生的状况进行统计分析后发现：明初至明中期，旱灾发生远多于水灾；明中后期从发生水、旱灾害的绝对次数上来看，是明清以来灾害发生最频繁的时期，再细分比较，发现水灾的次数与其他阶段相差不多，惟旱灾的次数大大增加；明末清初的动乱年代，水、旱灾发生的比例缩小趋近，但旱灾的发生仍多于水灾；在跨康熙中后期、雍正、乾隆和嘉庆前期四朝的100年里，徽州当地水、旱灾害发生的比例发生了逆转，水灾的发生开始超过旱灾发生的比例；嘉庆中后期至清末，水灾的次数占到本阶段灾害总数的80％，显示了雍乾以降，徽州地区的生态开始发生较为明显的变迁，并有恶化的趋势。水旱灾害是明清以来徽州地区最主要的灾害种类，尤以夏秋大水，秋后复旱最为常见，水旱交错亦时有发生。水旱灾害频发是当地自然地理状况和年内降水分配不均等气候条件下的必然表现形式之一。水灾在绝对次数与比例上超过旱灾的发生，显示了徽州山区人口聚集区生齿日繁，环境受到破坏，对水旱灾害的抗御能力有所弱化。

火灾对当地社会生活的影响是比较明显的。火灾的发生与天气的季节性变化有关，也与祭祀、迎神赛会等民间习俗和聚族、拼屋而居的居住习惯有关。从明迄清，防火、救火的努力体现在民居的防火构造、村落的建筑布局等方面的改进，宗族或社会组织救火职能的增加，以及晚清专业救火组织的成立。

瘟疫对于传统社会人群的打击往往是致命的。徽州人在以朴素的医学措施应对瘟疫的同时，更多的是通过祈神拜佛寻求心理慰藉。虽然明清时期当地没有遭遇过引发社会大动荡的严重瘟疫，但民间习俗中驱逐疠疫的惯例做法，暗示着瘟疫对当地社会的影响是一直存在的。

虽然徽州历史文献中留下了诸多关于老虎的记载，但对于绝大多数老百姓而言，老虎对他们的日常生活没有直接威胁。"虎患"的发生与其他灾害有着相当强的关联度，常常是水、旱引发的饥荒，或是发生地震等异常时期，导致虎违背常性闯入人类生活范围。明清时期，虽然关于虎的迷信盛行，但人虎相逢，不论官方还是民间，人们通常采取的措施是杀虎。其余灾害种类，如蝗灾、虫灾、雹灾、冷灾、风灾与地震都是徽州历史上曾经出现过的灾害种类，不论是从灾害发生的频率、范围，还是危害的大小上来说，对当地社会的进程都未产生显著影响。

当地水旱灾害从危害程度与成灾范围上来说，都不算严重，但因其发生的频繁性而对当地农业生产和社会有着重大影响。水旱灾害造成局部农业生产环境的恶化。徽州地区地形坡度大，河流众多，河道坡陡流急；山地土层浅薄，涵养水分能力差，一遇暴雨，山洪夹泥沙一泻而下；洪峰大而历时短，洪水猛涨猛落,水土流失严重;河床逐年淤积,泄洪能力下降,洪涝灾害严重。由于小型陂塘蓄水量有限,雨后又易在山丘区形成旱灾,尤其是坡耕地遭雨水冲刷,土层变薄,加之部分地区的坡耕旱地一年三季的高强度利用,养分仅靠自然风化提供,本身地力已经消耗严重,在夏季暴雨冲刷下,地力进一步下降,甚至出现土壤沙化的现象。

  针对当地的气候和降水特点,徽州地区长期以来在种植品种与结构上不断调适。盆地与谷地多种植水稻,当地水稻品种丰富,多数人家都会种植籼稻,以避开伏旱和早接口粮,但因其产量低,种植面积并不占水田面积的绝对优势。徽州水田的复种轮作一般为早稻与晚稻、水稻与麦、豆或油菜等夏熟作物的二熟制,但当地的水稻产量是难以维持生活自足的;旱地主要种植麦类和各种杂粮,复种则视地力与生产条件有一年三熟或两熟;豆类等绿肥作物栽培面积有限;在山地则种植苞芦、山芋等高产、耐旱作物。受当地地势所限,作物多种植在分散的小块土地上,产量不高,一般用来自食,不作商品交换。

  当地的食物结构因城乡不同而有所差异,县城食米多于山村,村庄中杂粮在食物中占很大比例,大米在食物中的比例是各区域生活水准的表现之一。当地社会生活中所需食米不足的部分多由外地输入,自古以来,外界的粮食输入对于徽州社会便有着重要的作用,灾荒时期更是如此。

  由于运输不便,对于徽州而言,周边规模稍小的产粮地和粮食集散地是籴买的首选地,如浙江之寿昌、淳安、兰溪、油榨沟、金华,安徽之旌德,江西饶州等处。外界的粮食主要通过水路运进徽州,水路主要有两条:一是由新安江顺流而下至苏州、杭州,二是经饶河至江西。从水路运进的大宗粮食再由水陆交换的方式转销到山间乡间。陆路以肩挑人扛翻越山岭,路况稍好的地方可以借助驴子等畜力。徽州具有航运能力的河流不多,除了少数大河干流常年通航,大多数溪流流短浅涩,落差大、水流急,无法筏运。六县之间并没有形成便利的水运网络,只有个别河段开凿疏通后作一些短途粮食水运网。水路运输较之陆路省力,却要受溪河涨落的影响。

  在粮食运进的过程中,有时会遭遇邻县"遏籴"。对于徽州来说,浙江杭、严二府、江西饶州府是运输粮米的水路咽喉要道。从对歙淳、祁饶的个案分析中,我们可以看到晚清徽州绅商在解决地方事务中的重要地位,他们突破了宗族的界限,在维持地方利益的过程中联合起来,不厌其烦,据理力争,显示了地方绅士在维护地方利益过程中的积极作用。"遏籴"与"禁遏籴"的矛盾反映了特殊情况下不同社会集团在米粮流通问题上的利益冲突。不管是士绅还是官府,"遏籴"与"禁遏籴"的目的都在于维持地方安定,所以不同地域集团和不同社会阶层的利益冲突必须在这一目标下得到调适。但是作为一种反市场行为,遏籴人为地扩大了粮食输入地与输出地间的地区差价,使米粮的贩卖更为有利可图,这样不管是输出地的有粮之家还是输入地的米商,都会由于利润的驱使而冲破人为的阻挠。尽管全社会普遍认为遏籴是一种不合理的行为,但作为一种非经济现象,局部的、暂时的利益需要都可能使这一行为反复出现。

在以渔梁坝为例的徽州本地米市的探讨中,从政府在渔梁坝的勒石禁碑所列内容,得以窥见明末米市诸多混乱之处。而勒碑中八条禁约关于买卖交易过程、脚夫、船户、牙行、米商的规定,又同时显示了明末政府在协调市场方面的调控力。明末崇祯九年(1636年)大旱荒期间,米市存在冒领官府平粜粮、强买、米铺择人而卖种种现象。由于春水未发和牙行强买强留米船等,米粮难以运进,商贩不继,市场严重缺米,梁上牙行、米铺又射利囤积,米价翔涌,贫民枵腹待哺,这种情况下,社会矛盾迅速激化,米骚乱时而发生。官府当时采取了多种措施,有发官银募人往浙江籴买粮食,劝谕米船来歙,保护米船安全,以缓解市场米荒,维持市场秩序,平抑物价,平衡与邻县的关系等。从明末米市的勾勒中,我们看到了一幅生动的市场画面,商品经济日益发展,社会风气日甚浇漓,以利益为驱动,诸种社会人物粉墨登场,地方政府在利益与道义之间维持着社会的运转。

农业歉收引起的饥荒在徽州比较常见,米价的波动在灾荒时期尤为剧烈。明中后期灾荒时的米价有时达到正常年景的3至4倍,进入清代,米价的变动稍平稳些,即便是荒年,也只比正常年景每石高出百文钱左右。清末的粮食价格抬高,但因为水、旱而导致的农业歉收,斗米价格上升只是比整体抬高后的价格高出一到两钱左右。

仓储体系是荒政实施的基础,也是传统中国社会保障的重要形式之一。诸种仓储各司其职,对保障民众生活、维持社会稳定起到了很大作用。

徽州"储蓄之政,预备、廉惠开其先"。预备仓在徽州的建立始于永乐年间,基本按东、西、南、北的方位建于县城,因其官办性质,明中后期以后积弊日深。从预备仓的存谷来源、经管方式、仓储性质等方面而言,其职能和地位相当于前代的常平仓。常平仓在明代也有设立,但一般由地方官和士绅筹设,不属国家定制。在明初,预备仓对于保持地方社会安定起到了一定作用。明代中后期,有地方官自发地在其任所创设了各式各样的储粮备荒制度:正德年间,徽州知府张芹根据徽州多商贾的特点,利用商税在六县建立了廉惠仓系统,该系统前后存在了60余年。万历年间,徽州地方政府又对廉惠仓进行了一些改革,并开启了在乡间里间建立社仓的先河。这些仓储在很大程度上弥补了官仓距离农村太远,发生灾害时反应不及时和不够有效的不足。明末,当地既有的仓储体系在灾荒年份所起到的赈济作用大为减弱,灾荒地救助更多地依赖地方官劝谕下的临时赈济行为和措施,官府出台的赈济捐助激励政策对士绅、富民的影响力也大大降低了。

清代的仓储制度在明代的基础上继续发展并日臻完备,①不仅经营管理制度更加完善,仓储赈济饥荒和保存、重建生产的功能也得到了扩充。清初主要为重建官仓系统,常平仓是这一时段重建的主要对象,士绅捐输是常平仓仓谷的主要来源。经过顺治、康熙朝的经济复苏,社仓成为清中叶以后重要的仓储形式。除了储蓄备荒,社仓还是施行教化和乡村公共活动的场所。民间力量是社仓发展的主动力,但也有不少社仓由知县

---

① 明清两代的仓储并非全不相关,有些是连续发展的,由明至清,实力还会有所增加。嘉庆《绩溪县志》卷三《积贮》记载绩溪县廉惠、仁济二仓在嘉靖末将税收官户改革为宏济仓后,传至清康熙二十二年(1683年),寺产田租共2956石,额价每石折征银三钱七分,即租银至1100两左右,租银增加了300余两。

倡率，绅衿士庶捐建，甚或直接由巡抚授意建立，官方的监督和控制仍比较严格，因此社仓又不是纯粹意义上的民间仓储。社仓体系在创立之初，对于稳定粮价、资助赈贷、救济灾荒发挥了一定的积极作用。但至乾隆中晚期，弊端渐萌，仓制渐趋废弛。到了咸同年间，曾国藩湘军与太平军在皖南长时段的拉锯战，给徽州社会救济体系以摧毁性的打击。战争期间，贫困流离人口增多，社会状况急剧恶化，社会救济需求量大增，原有赈济机构随之有所发展，一些专门的临时性救助机构与措施应运而生。

清代，徽州还存在诸多形形色色的民间仓储。徽州地区素无大灾，却几乎年年偏灾，官仓在动支程序上受限颇多，又多位于县治，受到偏灾的村庄处万山之中，领取赈济道路险阻，这些都要求有经管更为灵活、分布更为广泛的小型仓储。清代的民间仓储散落分布于各处，规模不一，创立时间不一，经营方式亦有差别，一定程度上弥补了官仓在救灾时效性上的局限。乾嘉以后，由于国家财力所限，荒赈救济中国家直接拨谷发银的比例大大降低，民间捐输比重增大，在这种背景下，当地乡绅利用他们特殊的地位，借助家族与地方政权的合力，开始承担起更多的地方社会的救济责任。

徽州方志和文集中关于士绅义行的记载很多，虽然多属个人行为，但足够多的个人力量汇集起来，往往成为一种风气，转而成为基层安定的重要保障。徽州义仓规模一般不大，散落在村间乡间。仓储的运作方式是社会救济的方式，也是士绅阶层所掌握的一种积极的社会控制方式。这种手段带有一定程度的自我调节和再生能力，以谷物供应的方式，缓解特定时期紧张的社会气氛，促使人们遵从社会规范，从而达到维持社会秩序的目的。

徽商对徽州本地的荒赈事业的影响是明显的。歙县惠济仓的设立、运营表明经济的富裕使得乾隆时期士绅阶层有能力来关注贫民的疾苦。另一方面，强有力的中央集权下的地方政府保持有对民间势力收放自如的控制力。

徽州的赈济方式也经历了一个变迁的过程：设糜粥直至康熙年间，仍是必备的赈济手段，但徽州发达的宗族救济和城乡之间道路不便,都使得施粥成为一种辅助性的赈济方式。光绪年间,仓储系统中"储谷十一,储银十九"的仓储现状,昭示了传统的储存实物的救荒机制在光绪末年已名存实亡。

从以上明清以来仓储体系的变迁,可以看出徽州的仓储具有以下特点:一是发展具有连续性,但也具有明显的阶段性。二是转折明显,重大事件、关键人物对仓储发展影响巨大,而地方政治对官仓的影响尤为明显。三是商业运营出现早,手段多样。四是民间力量对仓储体系的发展影响明显。

为了降低水旱等灾害对农业的危害,当地的水利设施有陂、塘、堰、坝、渠、车、斛等,或引水,或蓄水,或自流,或提水灌溉,名目不一,因时因地而异。除了农田灌溉的水利设施,与防洪相关的工程设施也相当普遍。不论是灌溉还是防洪,其设施多具有规模小、兴废无常的特点。

水利工程对于当地的农业发展具有重要的作用和意义,通过对歙西昌堨、吕堨水利设施的个案研讨,认识到在徽州地区,水利设施在长期的使用过程中,由独姓拥有逐渐成为一种地缘性的公共设施,但大姓对渠务有着事实上的决定权与影响力,水利日常管理所需而产生的常设机构在一定程度上是既得利益集团的代表,从明至清,水利管理趋于专门化。随着山区自然生态环境及社会状况的变化,不同时期不同的社会背景,不同的政府官员,不同的民间士绅领导者,不同的用水制度,水利组织因而呈现出阶段性特征。水利设施效益的发挥涉及方方面面,由于相关方面的利益都是和同一水体联系着,互相间往往存在各种各样的矛盾。当不能同时满足各方面的用水需求时,取得最大经济效益特别是稳定社会的需要,是制定水利条例的重要依据。现实矛盾的弱化依赖于强有力的官方权威、有公信威望的地方士绅的共同协调与努力,制定详细而相对公平的条例是这种努力的表现形式之一。在维护既得利益基础之上,保证广大用水户的相对公平。在这两个水利个案中,水利设施从一开始就是以民间化的形式发生和存在,只是随官府控制力的变化,官方与民间力量之间有着此消彼长的动态过程。士绅阶层对水资源实行直接化的管理,只有在必要的场合才借助于官方权威。而官方对士绅阶层保持着一种形式上的领导权,起着督促、倡首、引导的作用。灌溉区沟通了数个村庄,加强了宗族之间的联系,是一种基于宗族的松散的地缘组织,宗族之间是合作与竞争的关系。由于徽州相对闭塞的地理环境,个别士绅作为基层社会的实际操控者,对水利组织的影响往往多于社会大环境的影响。在每年举行的春祈秋报的祭祀中,两堨开凿者都享有后代祭祀,但修建祠祀所要表达的正是由资源占有者确定的利益分配格局,与修祠祭祀相比,水利设施的兴修与维护是水利组织更重要的职能,也得到堨田业主及佃户广泛的重视。

"灾害与城乡生活"这个话题的第一要论述的是应对灾害的公共事务,包括城市排水设施,农田与水利设施,用水矛盾与规则等。明清时期徽州的城市化程度不高,生活污染一般没有超出自然净化的能力,县城中人为的给排水系统并不显著发达。在当地,溪流灌溉、水碓加工与开河路运货三者之间的矛盾一直存在。一般而言,解决原则是订立一定的启闭制度,以保农事为先,其用水次序一般是,灌溉季节要保证灌溉,货物抬运过坝;非灌溉季节,保持正常航运,开动水碾和水磨。通常在遇到水利纠纷时,如果说在个体用水中,个体通过协商,并以契约的形式将解决方案固定下来是主流做法的话,那么在村庄的事务中,不论是兴修应对水旱灾害的水利设施,还是修复在灾害中受损的公共设施,民间自发的相互协作是最重要的运作方式。另外在民间惯例中,村庄之间的分水、天旱时的用水时间,一般都有约定俗成的用水惯例,并在分水处置有分水天平。

棚民问题往往与生态环境相关。徽州的棚民大多来自浙、赣、闽、湖广等邻近省份和安徽安庆府、庐州府下辖诸县,以及同属皖南山区的旌德、泾县等地,也包括徽州当地贫民。明后期以降,棚民进入徽州山区租山搭棚,从事各种营山活动,他们或种植苞芦等粮食作物和青靛、生姜、麻等经济作物,或从事凿石烧灰、开山挖煤、造窑烧砖等手工业。以徽州士绅阶层为主导力量,采取了对宗族内整治,对棚民驱逐的措施。因宗族繁衍扩迁,族产分散,宗族成员的"贪利盗租"可算作是徽州棚民问题的"原罪"。如果说徽州宗族捐族产为公产,是对于族内成员采取的不得已的消极措施,那么对外来棚民则采取了强硬地一致驱逐的态度。宗族除了借助官方的权威驱逐棚民,还利用乡约的方式取得民众的一致行动。总体而言,棚民问题是清中叶以来徽州社会面对的重要社会问题,棚民的被驱赶与被接纳是同时并存的,而在地方政府参与的或调节土棚矛盾、或驱逐棚民的行动中,棚民又往往显示了其不容忽视的势力,从而在徽州地方社会历史中留下了浓重的痕迹。

明清以降,民间对林业的保护力度逐渐加大,规则逐渐细化。民间盗伐者一旦被抓获,真正被送官究治的毕竟是少数,主要是以订立戒约的方式加以解决。不过由于民间林业纠纷频繁,官方也常以布告的形式加以究治。

最后一章是对晚清徽州一次大水灾赈济过程的复原与分析。在晚清义赈兴起的大背景下,创设于光绪十五年(1889年)的慈善机构屯溪公济局在光绪三十四年(1908年)的大水灾中扮演了义赈公所的角色,使得原本就具有商业背景的慈善机构在新的社会形势下,显示出对地方事务强大的管理能力,弥补了地方政权力所不及的管理区间,官绅之间取得了良好的沟通和互相尊重。徽州地区之外,另有设立于上海的临时义赈机构"徽州水灾义赈公所",负责联络和款项中转,同时配合义赈实施救济的是官方的"江南赈捐总局"。这次义赈显示了乡绅的活动在晚清的变化:传统的绅商阶层立足于当地农村社会,晚清时期,长期参与公共事务,居住在交通便利的商业市镇,所处的晚清时代和中西交汇的社会环境,使得他们有别于传统士绅,更专注于社会公共事务。较之清前、中期复杂的实物赈灾程序,晚清的徽州义赈程序简化。以货币赈济提高当地灾民的购买力为主要方式,辅之散米急赈、平粜普赈、散发棉衣的冬赈和以工代赈的补赈。从实物赈济向货币赈济的转化,反映了清中后期民间粮食贸易和乡村市场的发展。总之,在纷繁复杂的局势前,徽州这个山区社会,在新的社会因素冲击下,显示了其独特的应对能力。

附录

明清时期徽州地区一府六县灾害一览表

说明：

1. 表格中灾害史料后"英文字母＋数字"的编码表示该资料的出处，具体含义如下：

S1：康熙《歙县志》卷一《星野·祥异》；

S2：乾隆《歙县志》卷二十《杂志下·祥异》；

S3：民国《歙县志》卷三《恤政志·赈济》；

S4：《沙溪集略》卷二《祥异》；

J：嘉庆《绩溪县志》卷十二《杂志·祥异》；

Q1：道光《祁门县志》卷三十六《杂志·祥异》；

Q2：同治《祁门县志》卷十四《食货志·恤政》；

X1：康熙《休宁县志》卷三《恤政》；

X2：道光《休宁县志》卷六《恤政·赈济》；

Y1：嘉庆《黟县志》卷十一《政事志·祥异蠲赈》；

Y2：同治《黟县三志》卷十一《政事志·蠲赈》；

Y3：民国《黟县四志》卷一《纪事表》；

W1：康熙《婺源县志》卷十二《通考外志·机祥》；

W2：乾隆二十二年《婺源县志》卷十二《食货六·恤政·赈饥》；

W3：乾隆五十二年《婺源县志》卷十《食货志·恤政》；

W4：道光《婺源县志》卷三十八《通考·机祥》；

W5：民国《重修婺源县志》卷七十《杂志·祥异》；

H1：嘉靖《徽州府志》卷二十二《祥异》；

H2：康熙《徽州府通志续编》卷十八《杂志下·祥异》；

H3：康熙《徽州府志》卷十六《杂记·祥异》；

H4：道光《徽州府志》卷十六《杂记·祥异》；

CK4：《中国历代天灾人祸表》；

CK6：《安徽省气候历史记载初步整理》。

　　CK4、CK6皆转引自《近五百年气候历史资料》，见于其中《安徽省徽州地区》，由上海、江苏、安徽、浙江、江西、福建省（市）气象局、中央气象局研究所于1978年编。《清奏折》指中国科学院地理科学与资源研究所、中国第一历史档案馆编《清代奏折汇编——农业·环境》（北京：商务印书馆，2005年）。"洪档"指水利电力部水管司科技司、水利水电科学研究院编写的《"清代江河洪涝档案史料丛书"·清代长江流域西南国际河流洪涝档案史料》（北京：中华书局，1991年）。省3指（清）潘才编纂的《皖典类编》（乾隆三十八年（1773年）刻本，安徽省图书馆藏）。资料较少的《明实录》、《清实录》、《清史稿》、《明史·五行志》和《明史·五行志补》，直接以文字标明于资料之后。《宁国府志》，清嘉庆三十年刻本，鲁铨纂，共36卷。

　　2. 资料的引用原则：灾害资料摘录以最早方志中的记载为准，后来方志与前方志内容雷同者不再在表中赘引；若后者内容更为详细，则录之；若资料在县志中有记载，尽量不用府志，但若是府志编修年代早于县志，则仍以府志为准，必要时将两志同时标出；表中所录文字材料以记载最详细者为准，不以年代先后，年代在前的方志，若记载不够详尽，则标明方志名称，而后别种更为详尽者作内容之补充。

公元纪年	年号纪年	干支纪年	歙县	绩溪	祁门	婺源	休宁	黟县	徽州区	灾型
1369	洪武二年	己酉		蠲本年田租（14卷四恤政志·蠲赋）			蠲本年田租。（X1）	蠲本年田租。（Y1）		
1370	洪武三年	庚戌		蠲本年田租（14卷四恤政志·蠲赋）			蠲本年田租。（X1）			
1376	洪武九年	丙辰		蠲本年田租（14卷四恤政志·蠲赋）			蠲本年田租。（X1）			
1378	洪武十一年	戊午					蠲本年田租。（X1）			
1380	洪武十三年	庚申		蠲本年田租（14卷四恤政志·蠲赋）			蠲本年田租。（X1）			
1382	洪武十五年	壬戌		蠲本年田租（14卷四恤政志·蠲赋）			蠲本年田租。（X1）			
1384	洪武十七年	甲子	八月，郡城火，延烧学门两庑。（S1）		夏，大水。（Q1）					水、火
1386	洪武十九年	丙寅			八月，灾自北隅延南阙及税课局，烧民庐一百五十余家。（Q1）（H1）					火
1390	洪武二十三年	庚午			夏，大旱。（Q1；H1）					旱
1394	洪武二十七年	甲戌			夏，大水。（Q1；H1）					
1396	洪武二十九年	丙子						黟水复旱。（H1；Y1）		水、旱

续表

公元纪年	年号	干支纪年	歙县	绩溪	祁门	婺源	休宁	黟县	徽州区	灾型
1399	建文元年	己卯						蠲田赋。(Y1)		火
1400	建文二年	庚辰			春,祁门灾。火由洗马巷延美俗坊,毁民舍千余同。(Q1);秋八月,郡城火,延学门两庑。(H1)					
1404	永乐二年	甲申	淫雨坏城。(S12 卷十六杂记·祥异)		大水。(Q1)					水
1405	永乐三年	乙酉	府赈饥。(S3)	府赈饥。(J4 卷四 恤政志·赈济)			府赈饥,是年作预备仓。(X1)			饥
1409	永乐七年	乙丑			闰四月甲子,大水,旱人城晡落,民不防。及夜,雷雨骤作,水疾起直昏暗,居人惶忽无所记之,暨登屋,半盈城,人随屋漂,港楼前水高丈余,质明方落,溺死男女六十余人,民房屋三百五十余同,卷粮、学粮俱淹没。(Q1;H1)					水

续表

公元纪年	年号	干支纪年	歙县	绩溪	祁门	婺源	休宁	黟县	徽州区	灾型
1410	永乐八年	庚寅		命户部赈饥。(J4卷四恤政志·赈济)	多虎,近郊哦人。(Q1)据虎豹四十有六。(H1)					兽
1416	永乐十四年	丙申					旱。令贺天顺祷雨于东山。(X4卷八通考·机祥)			旱
1418	永乐十六年	戊戌						旱。(Y1)		旱
1425	洪熙元年	乙巳			五月,大水抵县仪门。(Q1)					水
1432	宣德七年	壬子			大旱。(Q1)					旱
1433	宣德八年	癸丑		大发济农仓赈贷。(J4卷四恤政志·赈济)						
1438	正统三年	戊午			大旱,饥。(Q1)					旱,饥
1440	正统五年	庚申				文公庙宅灾。(W6卷十二食货·赈饥)				火
1445	正统十年	乙丑					夏旱。令虞安祷雨于东山。(X4卷八通考·机祥)			旱
1446	正统十一年	丙寅			大旱。(Q1)					旱

续表

公元纪年	年号	干支纪年	歙县	绩溪	祁门	婺源	休宁	黟县	徽州区	灾型
1448	正统十三年	戊辰	久雨伤稼。(S12卷十六杂记·祥异)						徽州久雨伤稼。《明史·五行志》	水
1452	景泰三年	壬申			八月,大水损田十之七。(Q1;H1)			歙大水涝。(H1;Y1)		水
1455	景泰六年	乙亥						旱。(Y1)		旱
1456	景泰七年	丙子			四月,大水,山崩石裂,漂荡民庐,溺死人畜,复旱,岁大饥。(Q1;H1)					水
1465	成化元年	乙酉		勅抚按官赈济饥民。(J4卷四恤政志·赈济)				免夏秋税粮。(Y1)		
1466	成化二年	丙戌	都御史宋杰劄付赈济。(S3)	都御史宋杰劄付赈济。(J4卷四恤政志·赈济)		奉都御史宋杰劄付赈济。(W2)	巡抚都御使宋杰劄付赈饥,并奏蠲米麦。(X1)			饥
1468	成化四年	戊子	灾伤,免秋粮米,又免户口食盐钞。(S12卷三恤政志·仓储)	旱。(J)灾伤,免粮米,户口食盐钞。(J4卷四恤政志·蠲赋)		灾伤,量免粮米户口食盐钞。(Q2)				旱
1471	成化七年	辛卯	都御史滕昭劄付赈饥。(S3)	都御史滕昭劄付赈饥。(J4卷四恤政志·赈济)		奉都御史滕昭劄付赈饥。(Q2)	奉巡抚都御史滕昭劄付赈饥。(W2)	蠲通赈饥,赐民年八十以上男妇给绢一匹,木棉布一石,绵一斤,米一石。(X1)巡抚都御使滕昭劄付赈饥。(X2)	免征课钞(Y1)		饥

续表

公元纪年	年号	干支纪年	歙县	绩溪	祁门	婺源	休宁	黟县	徽州区	灾型
1472	成化八年	壬辰	大旱。(S1)	旱。(J4,卷十二·祥异)灾伤,知府周正奏免粮米。(J4卷四恤政志·蠲赋)	灾伤,知府周正奏免粮米。(W1)	旱。(W1)	旱,太守周正奏秋粮。(X1)旱,免秋粮。(X2)		六邑旱。(H1)	旱灾
1473	成化九年	癸巳			五月,闾门石崩,九月,火起莽济院一都止,烧民居八百余同又儒学正输车。(Q1;H1)					火
1475	成化十一年	乙未							地震,生白毛。(H2)	地震
1476	成化十二年	丙申				奉巡抚孙弁割付,赈饥。(W2)				饥
1478	成化十四年	戊戌	夏秋旱。(J)灾伤,知府周正奏准免粮粮米。(S12卷·仓储)	夏秋旱。(J)灾伤,知府周正奏免粮米。(Q2)	灾伤,知府周正奏免粮米。(W3卷十二恤政·蠲赋)	夏秋旱。(W1)灾伤,知府周正奏免粮米。(W3卷十二食货六·恤政·蠲赋)		旱灾,免粮米。(Y1)	夏秋六邑旱。(H1)	旱
1479	成化十五年	己亥	郡城火。(S1;H1)						火
1480	成化十六年	庚子	大旱。(S1)灾伤,都御史王恕割付免夏税麦。(S12卷三恤政志·仓储)	旱,(J)灾伤,都御史王恕奏免夏税麦,免夏税铭粮钞史夏铭奏铭米五千七百有奇。(J4卷四恤政志·蠲赋)	旱,灾伤,都御史王恕奏免夏税麦,量夏税麦。(Q2)	旱。(W1)灾伤,免夏税麦。(W3卷十二食货六·蠲赋)		旱,免夏税麦。(Y1)	六邑旱。(H1)	旱

附录　明清时期徽州地区一府六县灾害一览表

公元纪年	年号	干支纪年	歙县	绩溪	祁门	婺源	休宁	黟县	徽州区	灾型
1483	成化十九年	癸卯			五月，大水至县前。(Q1;H1)					水
1484	成化二十年	甲辰	巡按御史孙弁题请赈饥。(S3)	巡按御史孙弁题请赈饥。请抚按双调和恤政志。(Q2)			巡按御史孙弁奏赈饥。(X1)巡抚都御使李嗣剳付赈济。(X2)			饥
1485	成化二十一年	乙巳		夏秋大旱。(J;H1)	七月，火毁民居六百及钟楼察院仪门。(Q1;H1)					旱、火
1486	成化二十二年	丙午	夏水伤麦。(S1)都御史李嗣剳付赈饥。(S3)	都御史李嗣剳付赈饥。(J4卷四恤政志·赈济)	奉都御史李嗣剳付赈饥。(Q2)	奉巡抚李嗣剳付赈饥。(W2)	饥，蠲本年夏税。(X1)巡抚都御使宋杰剳付赈饥，并蠲米麦。(X2)			水、饥
1487	成化二十三年	丁未			大水，平政桥圮。(Q1;H1)					水
1488	弘治元年	戊申					大旱，令张铎祷雨于古城岩。(X4卷八通考·机祥·五)旱。《明·五》	大旱，次年府帖发预备仓赈之。(Y1)		旱、饥
1489	弘治二年	己酉	奉府帖将预备仓各赈济贫民。(S3)	府撒预备仓赈饥。(J4卷四恤政志·赈济)		奉府帖将预备仓粮六千二百九十二石五斗赈贫民七千零八十一名。(W2)				饥

续表

公元纪年	年号	干支纪年	歙县	绩溪	祁门	婺源	休宁	黟县	徽州区	灾型
1490	弘治三年	庚戌	郡城火。(S1;H1)							火
1491	弘治四年	辛亥						夏旱饥。次年复发预备仓谷。(Y1)		旱,饥
1492	弘治五年	壬子	东关火延烧东门城楼及儒学。(S1;H1)节奉府帖发仓济贫如前例。(S3)	府檄预备仓谷赈饥。(J4卷四恤政志·赈济)	四月,火烧民居二百余家。(Q1;H1)	城中民居自城西至牧民坊俱灾。(W1)民居延烧儒学文公祠。(H1)				火
1494	弘治七年	甲寅	节奉府帖发仓济贫如前例。(S3)	府檄预备仓谷赈饥。(J4卷四恤政志·赈济)		节奉府帖,将预备仓粮赈贫民。(W2)				饥
1495	弘治八年	乙卯	节奉府帖发仓济贫如前例。(S3)	府檄预备仓谷赈饥。(J4卷四恤政志·赈济)	儒学灾。(Q1;H1)	节奉府帖,将预备仓粮赈贫民。(W2)		雨,豆味不可食。《明史·五行志》		火,水
1496	弘治九年	丙辰				九月,民火及儒学。(H1)				火
1501	弘治十四年	辛酉	察院火延及税课司东廊。(S1;H1)							火
1503	弘治十六年	癸亥	节奉府帖发仓济贫如前例。(S3)	府檄预备仓谷赈饥。(J4卷四恤政志·赈济)		节奉府帖,将预备仓粮赈贫民。(W2)	旱。CK6			旱,饥

附录 明清时期徽州地区一府六县灾害一览表

续表

公元纪年	年号纪年	干支纪年	歙县	绩溪	祁门	婺源	休宁	黟县	徽州区	灾型
1504	弘治十七年	甲子	节奉府帖发仓济贫如前例。(S3)	府檄预备仓合令赈饥。(J4卷四恤政志·赈济)		节奉府帖,将预备仓粮赈贫民。(W2)				饥
1505	弘治十八年	乙丑						免镳课钞。(Y1)		
1506	正德元年	丙寅						秋旱。CK6	徽州,凤阳诸府七旱月大雨,平地水深五尺,没民居五百余家。CK4	旱,水
1508	正德三年	戊辰			旱饥。(H3)		四月淫雨害麦,秋阴霜杀禾黍。(X4卷八通考·机祥)	秋旱饥。(Y1)		旱,饥,水
1509	正德四年	己巳				大饥。(W1)				饥
1513	正德八年	癸酉				秋大疫。(W1)	火灾频见,县市尤甚。(X4卷八通考·机祥)			疫,火
1515	正德十年	乙亥					九月,火烧数楼及县署阴医学总铺,县署、察院申明亭,浩善外门及民居三百余家。(X4卷八通考·机祥)			火
1517	正德十二年	丁丑						免夏税麦。(Y1)		

续表

公元纪年	年号	干支纪年	歙县	绩溪	祁门	婺源	休宁	黟县	徽州区	灾型
1518	正德十三年	戊寅					火灾。县市延烧三百余家。（X4卷八通考·机祥）			火
1519	正德十四年	己卯			大饥。（Q1）		大旱。斗米一钱二分。（X4卷八通考·机祥）			旱、饥
1520	正德十五年	庚辰					大水。东南乡汤坑田亩民庐不可胜计。（X4卷八通考·机祥）			水
1522	嘉靖元年	壬午							六月丁亥，以旱灾免歙县、休宁、祁门、黟县、绩溪税粮有差。《明实录》	旱
1523	嘉靖二年	癸未	南京户部尚书席书赈饥。（S3）	大旱，发米银赈之。南京户部尚书席书赈饥。（J4卷四恤政志·赈济）		南京户部尚书席书赈饥。（W2）	民饥。斗米一钱五分。（X4卷八通考·机祥）		徽州旱。《明实录》九月南北藏俱旱……徽、池等十四郡……为甚。	旱、饥
1524	嘉靖三年	甲申					大疫。（X4卷八通考·机祥）			疫
1526	嘉靖五年	丙戌							十月以旱灾免徽州、池各卫所屯粮有差。《明实录》	旱

附录　明清时期徽州地区一府六县灾害一览表　301

续表

公元纪年	干支纪年	歙县	绩溪	祁门	婺源	休宁	黟县	徽州区	灾型
1527	丁亥	嘉靖六年				大水,自吉阳溪而下,田畴庐舍桥梁多冲毁,溺死者无算,西市水深八尺。(X4 卷八 通考·机祥)			水
1528	戊子	嘉靖七年					大水。(Y1)		水
1529	乙丑	嘉靖八年			文公庙灾。(W1)				火
1531	辛卯	嘉靖十年	五月蝗至。(J)			饥,斗米一钱五分。南京户部尚书席书赈饥。(X1)			蝗、饥
1532	壬辰	嘉靖十一年	蝗。(H2)		夏五月大有蝗,其飞蔽天。(W1)			蝗	蝗
1534	甲午	嘉靖十三年					夏大水,秋复大旱。(Y1)		水、旱
1535	乙未	嘉靖十三年	无麦。(J)						饥
1538	戊戌	嘉靖十七年			虎群至,伤死男妇二百余,牛畜不可数。焚山逐虎,延伤苗木不啻亿万。久不雨,麦半收。张家失火,延烧民居四百余家。(W1)				兽、火、旱

续表

公元纪年	年号	干支纪年	歙县	绩溪	祁门	婺源	休宁	黟县	徽州区	灾型
1539	嘉靖十八年	己亥		知县赈饥。(J4卷四恤政志·赈济)		夏六月,大水山崩,水高三丈余,死男妇三百余人,溺民庐舍二千余所。(W1)	大水,南乡尤甚。(X4卷八通考·机祥)		十一月以水灾免直隶……徽州粮如故。《清史稿》	水、饥
1541	嘉靖二十年	辛丑					四乡火灾频见。(X4卷八通考·机祥)			火
1543	嘉靖二十二年	癸卯		夏大水。(J)						水
1544	嘉靖二十三年	甲辰		夏大旱大饥。(J)知县甘汝孚尽放仓赈。(J4卷四恤政志·赈济)			大旱饥。(X4卷八通考·机祥)			旱、饥
1545	嘉靖二十四年	乙巳	旱灾,巡抚丁汝夔赈饥。(S3)	春大旱,夏大饥,巡抚丁汝夔欧阳铎赈。(J4卷四恤政志·赈济)	大旱大饥。(Q1)民大饥,巡抚欧阳铎明年赈。(Q2)	大风雨雹。是年又大旱。(W1)巡抚丁汝夔赈饥。(W2)	亢旱,大饥,斗米二钱,民食葛蕨既尽,继以乌蒜树皮,流离饿莩相望。(X4卷八通考·机祥)元旱大饥,斗米一钱……巡抚都御史丁汝夔赈饥。(X1)			旱、饥
1546	嘉靖二十五年	丙午	饥,巡抚欧阳铎赈谷。(S3)	夏旱。(J)巡抚欧阳铎赈赈谷。(J4卷四恤政志·赈济)		巡抚欧阳铎赈谷。(W2)	饥,巡抚都御史欧阳铎赈。(X1)			旱、饥

附录 明清时期徽州地区一府六县灾害一览表 303

续表

公元纪年	年号纪年	干支纪年	歙县	绩溪	祁门	婺源	休宁	黟县	徽州区	灾型
1547	嘉靖二十六年	丁未		夏旱。(J)						旱
1550	嘉靖二十九年	庚戌					旱。巡抚都御使翁大立赈饥。(X2)			旱
1552	嘉靖三十一年	壬子		大无麦,夏秋旱多虎。(J)						旱,兽,饥
1553	嘉靖三十二年	癸丑		春夏旱。(J)						旱
1555	嘉靖三十四年	乙卯		赈谷。(J4卷四恤政志·赈济)	饥,赈谷。(Q2)	赈谷。(W2)	赈饥。(X1)			饥
1560	嘉靖三十九年	庚申	二月甲子申时地震自西而东,巡抚翁大立赈谷。(S1;H2)旱饥,巡抚翁大立赈谷。(S3)	正月十八夜,忠烈庙灾。二十八日,申时地震隐隐有声。(J)二月,巡抚翁大立赈谷。(J4卷四恤政志·赈济)	民饥,都御史翁大立赈谷,明年都御史方濂复赈谷。(Q2)	巡抚翁大立赈谷。(W2)	地震从西而东。(X4卷八通考·机祥;H2)旱饥,巡抚都御史翁大立赈。(X1)夏大旱。CK6			地震,火,旱
1561	嘉靖四十年	辛酉	水饥,巡抚方濂赈谷。(S3)	春,大雨雪,二月十六夜,河东桥水啸。(J)夏五月大水。(J)水,巡抚方濂赈饥。(J4卷四恤政志·赈济)		大水入市,深七尺。(W1)巡抚方濂赈谷。(W2)	大水饥,巡抚都史方濂赈之谷。(X1)大水巡抚都御使方濂赈饥。(X2)			水,饥

续表

公元纪年	年号纪年	干支纪年	歙县	绩溪	祁门	婺源	休宁	黟县	徽州区	灾型
1562	嘉靖四十一年	壬戌		府平粜赈饥。(J4卷四恤政志·赈济)		府赈饥平粜。(W2)	大饥,府赈饥平粜。(X1)郡偷史行教府赈饥平粜。(X2)			饥
1563	嘉靖四十二年	癸亥					雨雹。(X4卷八通考·机祥)			冷
1565	嘉靖四十四年	乙丑	流贼入掠焚烧民舍,其明年复入镇。(S4)	水灾。(J)						水
1567	隆庆元年	丁卯						蠲本年田租之半。(Y1)		
1570	隆庆四年	庚午		二月初八夜,城隍庙灾。(J)署县杨放赈。(J4卷四恤政志·赈济)						火
1572	隆庆六年	壬申					饥,多虎。(X4卷八通考·机祥)			饥、兽
1573	万历元年	癸酉				八月朔夜,水发从东北来,骤起数丈,漂流船只昏雄。(W1)				水
1574	万历二年	甲戌					东南乡大风拔木。(X4卷八通考·机祥)			风

附录　明清时期徽州地区一府六县灾害一览表

续表

公元纪年	年号	干支纪年	歙县	绩溪	祁门	婺源	休宁	黟县	徽州区	灾型
1575	万历三年	乙亥		夏旱。(J)			榆村大风坏屋,六月大旱,令陈履步祷雨于齐云。(X4卷八通考·机祥)			旱、风
1576	万历四年	丙子		夏五月初七日午未时,八都雨雪,顷刻山野皆白,篇学化龙池水腾高三尺许,复大水。(J)			三月雨雹;五月大水。(X4卷八通考·机祥)			冷、水
1579	万历七年	己卯		秋螟,冬木冰。(J)						冷
1580	万历八年	庚辰		夏,大水雷震,雀死万数,多虎。(J)			夏,大水,燋楼坏,值更者死三人。(X4卷八通考·机祥)			水、兽
1581	万历九年	辛巳	赈贫民。(S3)	赈贫民。(J4卷济·赈政志)		秋赈贫民。(W2)	春淫雨二月。(X4卷八通考·机祥)赈贫民,是年,役同左右建义仓。(X1)			水
1582	万历十年	壬午	大饥,斗米一钱,人分。知县彭公好善助赈,里中煮粥赈济。(S4)		夏,大水抵仪门,浸城丈余,城坏数十丈,漂没民居田畴不可胜数。(Q1)水灾,知县张季思申免税粮十分之三。(Q2)	五月大水与癸酉同(1573年)(W1)	五月大水,坏田园庐舍。(X4卷八通考·机祥)		徽州府水灾。(《明实录》)	水

续表

公元纪年	干支纪年	歙县	绩溪	祁门	婺源	休宁	黟县	徽州区	灾型
1586	万历十四年 丙戌					五月,南乡大水。(X4卷四恤政考·祥异)			水
1587	万历十五年 丁亥				春,阴雨两月,贫民无能力作,二麦无收。(W1)				水
1588	万历十六年 戊子	大饥,斗米一钱人分,民大瘟疫,僵死载道,知县彭好古劝民煮粥赈济。(S1)水灾,司令隅都各设糜以食饥者。(S3)		饥。(J)三春淫雨无麦,四月奉道按议发仓稻五十二石,设厂煮粥,活饥民二千五百余,六月知县常道请发征储所仓稻二千九百九十九石,给赈饥民二千九百三十余人。(Q2)	大饥,贫民采土石,集粮粒以食。(W1)夏知县万国钦平粜赈饥。四月各设糜粥。(W2)	春大水,夏复饥,斗米一钱六分,道浮相望,令丁齐步祷于齐云山……物价增倍,道浮相望,司令隅都各设糜赈之。(X1)	水,大疫。	六邑饥,斗米一钱八分,又大疫,死载道。(H2)	水、饥、僵、疫
1589	万历十七年 乙丑	知县申题差给中杨文举发内帑银二千两赈饥。(S3)	饥,斗米百三十,米大疫。(J)给事中杨文举奉勑户科给事奉勑发帑银二千两赈济。(J4卷四恤政志赈济)	大旱,涪饥,斗米钱二十。(Q1)大旱,知县常申题,户科给事中杨奉勑,发帑银二千四百两,零救饥民二千六百二十余人,设粥哺之。(Q2)	大旱,疫疠遍满,道馑相望,孤村几无人烟。(W1)差给事中杨文举发出内帑银二千两赈饥,知县钦之。(W2)	邑饥大疫。(X4卷八通考·饥祥)文举给事中杨金米赈。(Y1)	旱、饥、给事中杨文举以内帑二千金米赈。(Y1)	六邑饥,斗米一钱八分,又大疫,死载道。(H2)	旱、饥、僵、疫
1590	万历十八年 庚寅					虎昼入阳山寺。(X4卷八通考·祥异)			兽

续表

公元纪年	年号纪年	干支纪年	歙县	绩溪	祁门	婺源	休宁	黟县	徽州区	灾型
1592	万历二十年	壬辰			九月,火毁季墩街民居二十家。(Q1)					火
1593	万历二十一年	癸巳				旱。九月初,陨霜伤禾稼。(W1)	临溪民一日杀五虎。(X4 卷八通考·机祥)			旱、兽、冷
1594	万历二十二年	甲午				饥,米价涌腾。(W1)				饥
1595	万历二十三年	乙未				五月,民居失火,延百余家。(W1)	春大雪,路有僵死者,秋冬旱,池井涸,民汲溪水市饮之。(X4 卷八通考·机祥)			火、冷、旱
1596	万历二十四年	丙申						五月大雨。CK6		水
1598	万历二十六年	戊戌			大饥,米价暴腾,民穷甚。知县刘一燝请赈,檄未下,三发仓,尽所储谷,照常价粜米,价因断平。(Q2)	秋旱。(W1)		大水。(Y1)		水、旱
1599	万历二十七年	己亥			多虎。(Q1)		大旱。(X4 卷八通考·机祥)			旱
1600	万历二十八年	庚子								兽

续表

公元纪年	年号	干支纪年	歙县	绩溪	祁门	婺源	休宁	黟县	徽州区	灾型
1602	万历三十年	壬寅	水灾,巡抚曹时聘奏赈。(S3)	水灾,巡抚曹时聘奏赈。(J4卷四邮政志·赈济)		五月,大水涨高数丈,山飞人田,田变为卓,淹溺人畜无算。(W1)巡抚曹时聘奏赈。(W2)	夏五月大水害稼,荡民舍,巡抚都御史曹时聘奏赈。(X1)大水,荡民舍,人畜无算。巡抚都御使曹时聘奏赈。(X2)			水
1604	万历三十二年	甲辰				十一月地震。(W1)				地震
1605	万历三十三年	乙巳					大水。邑令乔岱度荒,祷雩。秋旱,复步祷于齐云山,雨遂注。(X4卷八通考·机祥)			水、旱
1607	万历三十五年	丁未	六月,大水冲没田庐,流亡人畜无算。有司请蠲恤。孔教周请赈,巡抚周孔教奏赈。(S1)水灾,巡抚周孔教奏赈。(J4卷四邮政志·赈济)六月,淫雨不止,大水巨蛟纷出,冲没庐舍,村口二水洲上三元阁乔木、亭台,树木俱漂去。(S4)	水灾,巡抚周孔教奏赈。(J4卷四邮政志·赈济)		十月,大雷电,十二月雪二十余日。(W1)巡抚周孔教奏赈水灾,知县金汝诰差官买稻平粜赈之,六月设糜粥。(W2)	十月朔大水,较四十余年前大,坏田禾三千余苗,坏城舍三千余丈。西市水深六尺,漂没民舍不可数计。(X4卷八通考·机祥)冲没田庐,流亡人畜不可胜计。(H6)巡抚都御史周孔都奏赈。(X1)		《明实录》中有相似记载。	水、冷

附录　明清时期徽州地区一府六县灾害一览表　309

续表

公元纪年	年号	干支纪年	歙县	绩溪	祁门	婺源	休宁	黟县	徽州区	灾型
1608	万历三十六年	戊申	二月,虎入府署,粮署捕之,毙伤九人;五月,大水害稼,灵山崩,压坏庐舍,压死居民三十余人。(S1)		二月有虎人城,三日居民闭户不敢出,至四月始聚众杀死。(补遗见《寄园寄所寄》)	四五月,淫雨弥月不止,平地水深丈余,旋退旋涨,淹沉庐舍,冲损田园。(W1)知县金汝谐差官平粜赈之,六月令各隅设粥,十二月提学杨廷□赈济士。(W2)			兽,水
1609	万历三十七年	己酉	浩饥,斗米一钱三分。知县张辇多所兴作以佐荒政。(S1)浩饥知县张公涛多所兴作以佐荒政。(S4)			岁大祲,六月又复大水,东北为甚,冲损桥梁,漂流民居。(W1)	大风拔木。(H2)			饥,水,风
1610	万历三十八年	庚戌				虎患。(W1)				兽
1613	万历四十一年	癸丑		城北白鹤观内演戏,火灾烧毙一百七人。(J)						火
1614	万历四十二年	甲寅				岁大歉,稻价昂。(W1)				
1615	万历四十三年	乙卯			五月大水,城内高丈余,市上乘船往来,竟日方落,死者甚众。(Q1)		仅口虎人内室,为二妇人拒杀。(X4)卷人通考·祯祥)			水

续表

公元纪年	年号	干支纪年	歙县	绩溪	祁门	婺源	休宁	黟县	徽州区	灾型
1618	万历四十六年	戊午					齐宁门城楼毁。(X4卷八通考·机祥)			
1620	万历四十八年泰昌元年	庚申						免万历三十四年至四十一年(1605~1613年)未完钱粮。(Y1)		
1621	天启元年	辛酉				多虎患,噬人。(W1)		免万历四十二年(1614年)、四十三年(1615年)钱粮。(Y1)		兽
1622	天启二年	壬戌				多虎患,噬人。(W1)				兽
1623	天启三年	癸亥		境内多虎。(J)						兽
1624	天启四年	甲子				五月朔,邑大水,舟浮于市,主簿廨水深三尺,又大水,舟往来城堞,西南城门起,民居多漂毁,溺死者甚众,田皆冲涨。(W1)五月洪水大发,知县化鳌申请赈恤。(W2)				水

附录 明清时期徽州地区一府六县灾害一览表

续表

公元纪年	干支纪年	年号	歙县	绩溪	祁门	婺源	休宁	黟县	徽州区	灾型
1626	丙寅	天启六年				大旱。(H3)				旱
1632	壬申	崇祯五年				火及环带门城楼。(H3)	旱灾,巡按俞史陈孔阳奏鹝通赋十万余两。(X1)			火
1633	癸酉	崇祯六年				明伦堂左廊灾,延烧教谕廨。(H3)				火
1635	乙亥	崇祯八年		知县熊维典粜谷,赈粜济贫。(14卷四恤政志·赈济)		夏淫雨连旬,县堂圮,四乡大水,山崩田涨,民居票荡。(W1)				水
1636	丙子	崇祯九年				五月,大饥,斗米价三钱,民转柔平休,道殍相望。(W1)水灾,晚稻无收,饬河遏来,知县李黄荣平巢预仓捐·按院捐俸赈恤。(W2)	大旱饥,斗米二钱,令王佐步行劝输以赈。(X4卷八机样·大旱通考·机样相望。(H2)	大旱饥。(Y1)道殍相望。(H3)		饥、旱
1638	戊寅	崇祯十一年	旱饥,里人捐米赈济。(S4)							旱、饥
1639	己卯	崇祯十二年					大旱,邑令欧阳步祷祈云,雨立应;正月中旬,雨黄沙,昏翳如雾,屋室积若尘土。(X4卷八通考·机样)			旱

续表

公元纪年	年号	干支纪年	歙县	绩溪	祁门	婺源	休宁	黟县	徽州区	灾型
1640	崇祯十三年	庚辰					大水,自四月至五月弥旬数日复大旱,自六月至七月不雨。(X4卷八通考·机祥)	岁荒。(Y1)		水、旱
1641	崇祯十四年	辛巳	春大雪,僵死相望,又大饥,斗米五钱,人相食。(S12卷十六杂记·祥异)时因春雨自灭,知县蔡世承煮粥赈饥。(J4卷四恤政·赈济)大旱,人皆刘树皮掘地脉以活。(S1)大旱,人相食。米五钱,人相食。同设赈藏粟赈济,乡民多有剥木皮掘地脉以活。(S4)	春大雪,僵死相望,国来境,猾集障天,至雄路临溪止,因春雨自灭。(S12卷十六杂记·祥异)	浮盗阻河,舟楫不通,粮食腾贵,斗米银三钱,俗名观音土以食,食后多有死者。(Q1)	大饥,斗米四钱,民采钰菁叶掘石脂为食。(W1)	大饥,斗米四钱。令未统钰菁募饥民。正月深数尺。道有冻死者。二月中旬至四月又深复大水。四月十九日邑东北延烧一千三百余家,谯楼毁。(X4卷八通考·机祥)		大雪,僵死相望,又大饥,……民多饥,挖土以食,至有人相食者。(H2)	冷、蝗、火、饥
1642	崇祯十五年	壬午	大疫。任子,吴鸭翔施棺数百,不三日而尽。(S1)	七月地震。(J)						地震、疫
1643	崇祯十六年	癸未	霜、松成方枝。(S12卷十六杂记·祥异)							
1644	崇祯十七年顺治元年	甲申	大疫。(H2)	七月地震。(H2)						疫、地震

续表

公元纪年	年号	干支纪年	歙县	绩溪	祁门	婺源	休宁	黟县	徽州区	灾型
1645	顺治二年	乙酉						免本年税粮十分之七,兵饷十分之四。(Y1)		
1646	顺治三年	丙戌			祁门为浮寇阻水道,斗米一金,民多饿死。(H3)	大旱,自五月至七月始雨。(W1)		大饥。(H3)		旱、饥
1647	顺治四年	丁亥	旱,县赈饥。(S3)	旱,县赈饥。(I4卷四恤政志·赈济)		大饥,饥民诸乞粜于休。米每石价至八两儿一月,郊茅山通考·机祥)设糜粥,劝议曹民贸米平粜。(W2)	大荒,斗米六钱坏民东南乡大风坏民庐舍。(X4卷八)时灾至米通考·机祥)旱。(X2)	旱。(Y1)		饥、旱、风
1648	顺治五年	戊子		七月,大水冲起桥梁数处,田千余亩。(J)		疫。(W1)				水、疫
1650	顺治七年	庚寅		五月,大水漂没千余亩。(J)		秋,东乡大疫。(W1)				水、疫
1651	顺治八年	辛卯					大水,五月二十六日商山出蛟二十八条,拜庄有龙绕民家一柱,机祥大水……漂没庐舍。(H6卷十六杂志下·祥异)	免明时加派地亩,钱粮三分之一,并免本年丁徭。(Y1)		水

公元纪年	年号纪年	干支纪年	歙县	绩溪	祁门	婺源	休宁	黟县	徽州区	灾型
1652	顺治九年	壬辰		二月，地震从西而东。(J)		连岁多虎患。(W1)	郡饥。令张天成捐棒赈济。(X4卷八通考·机祥)		六县饥。(H2)	地震、饥、兽
1653	顺治十年	癸巳				连岁多虎患。(W1)夏，大雨雹，鸟巢俱坏。(W6卷十二食货·赈饥)				兽
1654	顺治十一年	甲午	旱，饥民掘蕨根地肤以食。(S12卷十六杂记·祥异)	旱，知县朱国柱煮粥救饥。(J4卷四恤政志·赈济)		冬，奇寒，大木皆槁，河水合，月余不解。(W1)	西乡多虎行。(X4卷八通考·机祥)			旱、饥、冷、兽
1655	顺治十二年	乙未					五月大水，西南城坏十三丈，六月又坏十五丈，张令修复。(X4卷八通考·机祥)			水
1656	顺治十三年	丙申	四月雷电交作，霞山塔心神柱木火自焚。(S1)						四月，雷电交作。H6卷十六杂志下·祥异	
1658	顺治十五年	戊戌				八月，火，民居百余。(H3)				火

附录 明清时期徽州地区一府六县灾害一览表

续表

公元纪年	年号	干支纪年	歙县	绩溪	祁门	婺源	休宁	黟县	徽州区	灾型
1659	顺治十六年	己亥	大水,免十五年以前未完钱粮。(S12卷三恤政志·仓储)		七月十六日,祁门地震声如雷。(H3)	免十五年以前未完钱粮。通志,府志皆云大水也。(W3卷六·恤政·蠲赋)	江南大水,免十五年以前未完钱粮。(X1)			地震,水
1661	顺治十八年	辛丑		秋七月旱。(J)				夏旱。(Y1)		旱
1663	康熙二年	癸卯	以旱荒赈。(S3)	以旱荒赈。(J4卷四恤政志·赈济)		知县周天建设廒粥赈。(W2)	赈饥。(X2)	饥,奉旨赈给。(Y1)		饥
1664	康熙三年	甲辰			四月大风雨,明伦堂古桂高百尺,忽拔。(H3)					风
1665	康熙四年	乙巳					星变地震,钦奉恩赦,免顺治十八年以前钱粮。(X1)			
1668	康熙七年	戊申				六月十七日夕,地震。(W1;W5)	六月地震。(X4卷八通考·机祥)	六月地震。(Y1)	六月十七夜,六邑地震。(H2)	地震
1670	康熙九年	庚戌				十月,明道坊民居灾。(W5)冬大雪,深数尺,有冻死者。(W5)	冬大雪,深数尺,有冻死者。(X4卷八通考·机祥)			火,冷
1671	康熙十年	辛亥		旱。(J)		旱。(W1;W5)十月大雨雹。(W5)		旱。(Y1)	大旱。(H2)	旱

续表

公元纪年	年号	干支纪年	歙县	绩溪	祁门	婺源	休宁	黟县	徽州区	灾型
1672	康熙十一年	壬子	歙县旱荒,民掘蕨根地肤以食,死者载途。(S1)旱荒,民掘地肤蕨根以食,死者载途。知府曹公鼎望运米平粜助赈,知县孙公继佳设糜,全活数郎人,里中亦批消米贱,设粥周济贫人。(S4)以旱荒赈。(S3)	以旱荒赈。(14卷四恤政志·赈济)		旱荒赈饥(府志载,旧志缺)。(W2)	六月东南乡大风拔木,坏民庐舍。(X4卷一机祥)旱蝗,停征九年以前未完钱粮。(X1)旱,赈饥。(X2)	奉旨免灾丁田银及本色米豆。(Y1)		风,旱
1674	康熙十三年	甲寅				七月十三日地震。(W1)				地震
1675	康熙十四年	乙卯	县治谯楼灾。(S1)							火
1678	康熙十七年	戊午				六月,东乡龙头大雨雹禾稼皆损。(W1)				雹
1679	康熙十八年	己未	旱灾,免本年丁地银米。(S12卷三恤政志·仓储志)以旱四政荒赈。(14卷四恤政志·赈济)(S3)	旱灾免本年丁地银米。(14卷四恤政)蠲赈。(14卷四恤政志·赈济)	岁饥,知县裴世荣倶输劝捐,计共买米一百一十石五斗,赈济贫民六百七十八人。(Q2)	六月禾乡龙头大雨雹禾稼皆损。(W1)按府志,是年旱灾,本年丁地银云,九分,十分流者,免十分之四;工分流,免十分之三;五,六分流者免十二食贷六·恤政蠲赈)旱荒赈饥(府志载,旧志缺)。(W2)	旱,免本年地丁银米。(X2)旱,赈饥。	黟县大旱。(H3)		旱,饥

附录 明清时期徽州地区一府六县灾害一览表

续表

公元纪年	年号	干支纪年	歙县	绩溪	祁门	婺源	休宁	黟县	徽州区	灾型
1680	康熙十九年	庚申					虎暴东南乡。（X4卷八通考・机祥）			兽
1683	康熙二十二年	癸亥		大无麦。（J）		夏西南二乡家蹶自生小黑虫，啮稻实一空，民乏食。五月大雨，至二十四日大暴涨浸溢。（W1）				水、饥、虫
1685	康熙二十四年	乙丑	十二月，霾雨四十余日。《清史稿》							水
1686	康熙二十五年	丙寅				八月，明道坊灾，延毁环带城楼及民居五十余家。（W5）				火
1688	康熙二十七年	戊辰		六月地震。（J）六月大水。CK6						地震、水
1690	康熙二十九年	庚午				冬奇寒，大木尽槁。（W5）				冷
1691	康熙三十年	辛未	旱。（S12卷十六杂记・祥异）大水，溪西街上俱冲塌十余丈。漂去房屋十余间，民不能居，里中六续折移嗣足遭水患，令变为沙滩矣。（S4）			三月，淫雨，文庙西边颓。五月，大雨连旬，至二十四日东北两河洪水暴涨，浸没城垣、田庐，漂榻木无算。（W5；H3）	旱。邑令廖力祷雨，即得雨，不出境，人以为异。（X4卷八通考・机祥）		徽州府旱。（H2）	水、旱

续表

公元纪年	年号	干支纪年	歙县	绩溪	祁门	婺源	休宁	黟县	徽州区	灾型
1692	康熙三十一年	壬申					旱。邑令廖登齐云岩，徒走三十里祷，次日雨降，复五里以肉，复辞谢同祷雨者，独发九愿自祷。（X4 卷八通考·机祥）			旱
1693	康熙三十二年	癸酉	旱，饥。（S2）	夏旱，自四月下旬微雨，至六月不雨止。（J）夏旱，本年漕粮应分之一，至蠲三分补之还。（J4 卷四恤政志·蠲赋）		夏，旱。（W1）饶河阻岁，署县事蒋落捕蠡答移粮疏通。（W5）			六邑旱。（H2）	旱，饥
1695	康熙三十四年	乙亥	十二月，大雨四十余日。（S2）	冬十二月，大雨四旬不止。（J）	冬十二月，大雨四旬不止。（Q1）	十二月大雨连旬。（W5）				
1696	康熙三十五年	丙子	五月，大水及城，漂坏庐舍，牧竖无算。（S2）	夏大水。（J）	夏五月，大水漂没庐舍，牧畜。（Q1）	五月大水。（W5）		五月大水。（Y1）	六邑大水浸城，不没版者数版。（H2）	
1697	康熙三十六年	丁丑				岁祲，米价昂。（W3）				
1704	康熙四十三年	甲申				岁饥。（W5）				饥

附录 明清时期徽州地区一府六县灾害一览表

公元纪年	年号	干支纪年	歙县	绩溪	祁门	婺源	休宁	黟县	徽州区	灾型
1705	康熙四十四年	乙酉				冬十一月廿三日,太平坊火,钟故楼、廉惠仓、阴阳学,申明亭俱毁。(W5)				火
1707	康熙四十六年	丁亥		大旱。(J)						旱
1708	康熙四十七年	戊子		大雨水,秋冬疫。(J)旱,免人丁额征银。(J4卷四恤政志·蠲赋)	夏大水。(Q1)			夏大雨,秋虫伤稼,微浸。(Y1)		水、疫
1709	康熙四十八年	乙丑		大旱,饥,大疫,死者无数,且民多举家疫死者。(J)						旱、饥、疫
1714	康熙五十三年	甲午		多虎,山民震恐,且人城。(J)发谷赈饥。(J4卷四恤政志·赈济)						兽
1716	康熙五十五年	丙申		六月,大水漂没田地,(J)虫伤禾稼。(J)旱,免地丁银米、麦、豆。(J4卷四恤政志·蠲赋)动支常平仓及省仓,捐还谷米赈。(J4卷四恤政志·赈济)		秋,旱灾。(W5)秋捐赈康粥,檄行祚捐赈康粥,动支常平仓谷及省仓恤。(W2)		特旨蠲免钱粮。是年春淫雨,麦禾损,夏旱,林可遵详请借赈缓征。(Y1)		水、旱

续表

公元纪年	年号	干支纪年	歙县	绩溪	祁门	婺源	休宁	黟县	徽州区	灾型
1718	康熙五十七年	戊戌	六月二十甲日,淫雨不止,巨蚊纷出,水长数丈大,冲塌民房无数。(J)大水,沿溪民房无数。(S4)六月,山洪暴涨,大雨乡环损田庐,西北乡环损田庐,漂殁人畜以万计。蠲免按分数办理,照题奏赈济。(S2)卷三仓储志·赈济。(S12卷三仓储志·巡抚题奏赈济。(S3)	六月,大雨水漂没民房,田苗无数。(J)大水,按照被灾分数蠲免钱粮。(J4卷四恤政志·巡抚题奏赈济)水灾,照按分数蠲免钱粮。(S12卷三仓储志·仓储·赈济)		六月,洪水暴发,漂庐舍浸田禾。(W5)六月洪水发诸县,徽郡歙县,较同时发,祁溪漴浦、祁门、婺源水势尤甚,总督捐银二百两亦捐银二百两赈恤。(W2)	六月二十五日黎明,徽郡歙县、休宁、绩溪、祁门诸县,较同时发,水势汹涌,溪梁桥尽圮,坏城郭道路。(《宁国府志》)			旱、水
1719	康熙五十八年	己亥	夏大饥。(S12卷十六杂记·祥异)							饥
1720	康熙五十九年	庚子	夏大饥。(S12卷十六杂记·祥异)							饥
1721	康熙六十年	辛丑	夏大饥。(S2)蠲免被灾钱粮,照按分数蠲免。(S12卷三仓储志·仓储)	大旱,按被灾分数蠲粮。(S12卷四恤政志·蠲赋)饥。(J4卷四恤政志·赈济)	夏大旱。(J)旱,照钱粮被灾分数蠲免("按")粮。(Q1)蠲(赈)赈恤。(Q2)	夏秋间,两月不雨,旱灾,米价昂。(W3)被灾钱粮,按分数蠲免。(W3卷十二食货六·恤政·蠲赋)旱灾,撤发常平仓谷,并拨太湖宿松等仓粮运接源协济。(W2)	旱。(X2)	旱灾,奉旨赈饥。(Y1)	江南徽州府歙县……等十二州县旱。CK4	旱、饥

附录 明清时期徽州地区一府六县灾害一览表

续表

公元纪年	年号	干支纪年	歙县	绩溪	祁门	婺源	休宁	黟县	徽州区	灾型
1722	康熙六十一年	壬寅	知县蒋振先申请平粜赈饥。(S3)					春富民输粟助赈,夏秋丰收。(Y1)		饥
1724	雍正二年	甲辰				冬十一月初二日,民居失火延烧朱文公庙。(W4)				火
1726	雍正四年	丙午		夏无麦。(J)				谷有不熟,未成灾。(Y1)		饥
1730	雍正八年	庚戌		多虎患。(J)						兽
1734	雍正十二年	甲寅				城隍庙火。(W5)				火
1735	雍正十三年	乙卯						恩诏蠲免漕项尾欠。(Y1)		
1736	乾隆元年	丙辰	正月冰雹自西向东。(S4)	绩溪县于三月初八日(4月18日)(Q1)风雨雪霰,山中樵人冻伤数口,当已动项赈恤。田间夏麦俱仍有收。(《清奏折》)	夏,大雨水。			奉旨免漕项尾欠。夏五月大水损田亩,缓征,按亩给银开垦。(Y1)		水
1737	乾隆二年	丁巳		三月初七日,大寒风,行人、樵夫冻死多人。(J)				奉旨免漕项尾欠。(Y1)		冷

续表

公元纪年	年号	干支纪年	歙县	绩溪	祁门	婺源	休宁	黟县	徽州区	灾型
1738	乾隆三年	戊午		旱,免。乾隆四年(1739年)以下安属地丁银六十万两。核查粮册,凡五县实征九毫以下户,全免;五钱以上至五两,免三钱九分;五两九毫以下为中户,免五钱五厘不免。又按灾田分数蠲免一切银两应征银米,具著缓征。(J4卷四恤政志·蠲赋)旱,饥。(J4卷四恤政志·赈济)					旱,饥

附录 明清时期徽州地区一府六县灾害一览表 323

续表

公元纪年	年号	干支纪年	歙县	绩溪	祁门	婺源	休宁	黟县	徽州区	灾型
1739	乾隆四年	己未			每省共蠲免本年钱粮六十万两。分为大中小三户,大户五两免;自五钱一两至五两止,每户酌免其五两,为中户,每户酌免银三钱九分六厘五毫二忽零五钱,以下为下户,全免。(Q2)			蠲免五钱以下业户钱粮。(Y1)		旱
1742	乾隆七年	壬戌			夏旱,禾稼。(Q1)			夏旱伤禾,米价涌贵。(Y1)		旱
1743	乾隆八年	癸亥			大旱。(Q1)	春,因饶河漫溢,米价腾涌,至三两一石,民采石脂芋叶竹米又掘石脂粉为食。(W3)因邻省饥,饶河漫溢,米价腾贵。知县平粜仓谷,并劝绅士富户买米平粜以济民食。(W2)				

续表

公元纪年	年号	干支纪年	歙县	绩溪	祁门	婺源	休宁	黟县	徽州区	灾型
1744	乾隆九年	甲子	七月初六日大雨连日，巨蚊尽出，溪、东街水深五尺。(S4) 七月大水。(S2) 水灾，巡抚奏赈。(S3)	秋七月，蚊水徒发，漂没人口、庐舍。(J) 水灾，应征地丁折色米豆按照分数蠲免。(W4 卷四恤政志·蠲赋) 水灾，分饥口放赈。(J4 卷四恤政志·赈济)		洪水骤发人城，浮舟平市，视天启甲子(1624年)高三尺，坏田庐及溺死，流民栖无算。(W4)七月初六日洪水骤发，漂没房屋并济济院、官仓等六千五百余间。溺死男妇大小三百余人，冲坍田地三百余顷，漂流木石桥俱毁，灾甚惨烈。署县张焕曾通详名死，领府库备修葺项，动给修葺房屋，抚恤稍木一万两，埋稻木，又接领府库银一万七千余两，动给赈恤灾民。(W2) 县郭自成领银三万余两，次贫赈恤极贫，次贫灾民。(W2)	大水。(X2)	秋七月，水不为灾。(Y1)	七月初(8月8日)水同连山大雨，或因山水骤涨……近山傍河之处，一时发水宣泄不及，田舍人口间有冲淹。(洪档1744-22) 徽州府属之歙县、绩溪、休宁、婺源，于七月初五(8月12日)夜起水骤发水，……因夜间有漂没，现在水患以歙为重。(洪档 1744-23)	水

续表

公元纪年	年号	干支纪年	歙县	绩溪	祁门	婺源	休宁	黟县	徽州区	灾型
1745	乾隆十年	乙丑				五月间，淫雨连旬，粹被水患，淹没田禾，冲坍房屋，详报各宪，委歙令查勘。知县潘孚薄动用存库耗羡银三百三十余两抚恤极贫饥民，并备给仓粮籽种，劝谕被水之民乘时直泄，补种，幸未成灾。（W2）五月，水灾。（W4）				水

续表

公元纪年	年号	干支纪年	歙县	绩溪	祁门	婺源	休宁	黟县	徽州区	灾型
1747	乾隆十二年	丁卯	五月,水灾。(S12卷十六杂记·祥异)	五月,蛟水陡发二次,漂没人口数百,田庐无算,民饥。(J)		五月十九日复遭水患,北乡尤甚,冲坍民居三千四百余间,淹毙男妇大小九十五口,没坏田禾,知县陈溪详请布政司,委候补知县郑发梦额解(按:押送犯人)银六百物或银七百三十一两,又府库给发备赈银一百一钱,并劝谕庠(按:学校)之民将冲涨被水田地及时挑复禾苗未损,按照解赈钱他银,随库征存。其府库府将本年征存银,俱照数解缴还项,俱于该年耗羡内动支。造册报销。(W2)大水,北乡尤甚,亦人城,市上,以舟往来。(W4)	五月十九日复遭水患,北乡尤甚,冲坍民居三千四百余间,淹毙男妇大小九十五口,没坏田禾,知县陈溪详请布政司,委候补知县郑发梦额解(按:押送犯人)银六百物或银七百三十一两,又府库给发备赈银一百一钱,并劝谕庠之民将冲涨被水田地及时挑复禾苗未损,按照解赈钱他银,随库征存。其府库府将本年征存银,俱照数解缴还项,俱于该年耗羡内动支。造册报销。(W2)大水,北乡亦人城,市上,以舟往来。(W4)	恩旨免全数钱粮。夏五月大水坏田庐。奉旨给饥民口粮,发银,开垦田亩,修理房舍。(Y1)	今据徽州府属之休宁、婺源、绩溪二县国府属之太平、宣城二县俱报称,于五月十八九及二十六七月日(6月25,26,7月3,4日),连降大雨,山溪陡涨,近城乡村,水及沿河田苗、禾苗漂涨数尺反及支余禾等,档更敢冲,以致砂压压田苗,近河房屋亦有倒塌,城墙并有坍卸。因水势一时骤长,居民走避不及,人口亦有淹毙各等情。(洪档:1747—21)	水、饥

附录 明清时期徽州地区一府六县灾害一览表 327

续表

公元纪年	年号	干支纪年	歙县	绩溪	祁门	婺源	休宁	黟县	徽州区	灾型
1748	乾隆十三年	戊辰	四月,大雨雹,伤麦。(S12卷十六杂记·祥异)	四月大雨雹,南连歙界一带田麦尽杀。(J)水灾,照前分别冲倒竭坝,其银修筑,动支帑银饥口赈济。(J4卷四恤政志·赈济)					徽州府属之绩溪,休宁,歙县……堤坝冲损,压伤禾苗,并有倒塌房屋,淹毙人口之外。(《清安录》)	水
1750	乾隆十五年	庚午				奉旨免地丁银十分之三。夏五月,水不成灾。(Y1)			查安省……惟徽州府之休,婺,祁三县,山水陡发,与太平府属之繁昌县出较发水,所幸旋即消退,致不成灾。(洪档:1750-27)	

续表

公元纪年	年号	干支纪年	歙县	绩溪	祁门	婺源	休宁	黟县	徽州区	灾型
1751	乾隆十六年	辛未	夏秋冬三时亢旱,赤地千里,民饥食蕨,斗米五钱。知府何公达善捐赈,王公鸣劝谕捐赈。府中批捐减粜。里中完纳钱粮,其秋旱赈照敌灾分数,赈济族人。(S4)旱,大饥,斗米五钱。民粉稻根为食。	夏、秋、冬大旱三年,百余日,民饥食蕨汲水。斗米三百文至零。(J免元年至十三年未完熟田钱粮。) 雍正颁钱粮二千三百二十两七钱有奇外,应征者分作三年带征。(J4卷四恤政志・祥异)知府何达善劝谕富户购米各乡,富户兵粤秋冬,照前平粜。以济其乡。又劝徽人士之商于淮者输金岁款,又令各典让岁入广絮以备岁寒,全惠赖仓典之设普普惠也。(S3)		五、六、七月大饥,知县陈波平粜常平仓各,并劝绅常平粜,平粜。斗米平粜平四有零,以济民食。(W2)五、六、七月大饥,米价银三钱。(W4)十月,西关外居民失火,延烧百数十家。(W4)	旱,斗米五钱。知府何达善详请常平仓并劝乡粜。(X2)	夏无麦、平粜。(Y1)		旱、饥、火
1753	乾隆十八年	癸酉	大水伤稼,溪东街水深三尺。(S4)	夏秋旱,多虎伤人。(J)						水、旱、兽

续表

公元纪年	干支纪年	年号	歙县	绩溪	祁门	婺源	休宁	黟县	徽州区	灾型
1755	乙亥	乾隆二十年		三月大风，雷电，雨雹。(J)绩溪等七州县被雹水。《《清奏折》》				岁歉。(Y1)		
1756	丙子	乾隆二十一年		春多虎，白昼伤人；冬十月地震。(J)	秋，地震，屋宇皆动。(Q1)	夏大饥，斗米价银三钱。秋有年。十月十六日地震。(W4)		春米涌贵，平粜。奉旨免地丁银四分之四。是年大有秋。(Y1)		兽、地震、饥
1757	丁丑	乾隆二十二年	十一月十六日，戌时地震，次日寅时复小震。(S2)					免以前民欠二十四年。谷生小虫，未成灾。(Y1)		地震

续表

公元纪年	年号	干支纪年	歙县	绩溪	祁门	婺源	休宁	黟县	徽州区	灾型
1759	乾隆二十四年	己卯		夏秋多螟,岁不登,斗米二百八十文。(J)		六月二十一、二二两日,洪水骤发,四乡冲坏房屋一千五百四十家,淹毙大小七十二男妇人。知县胡玉瑚详报,领藩库银一万五千二百三十两六钱四分,赈给板,次二百六卷十三食货·赈饥)		徽州府属婺源一县,于前六月二十二等日(7月15、16日)在雨后山水暴发,冲塌民房一千余间,砂压田地三百余顷,淹毙男妇七十二口。(洪档1759-6)婺源……六县,均因大雨倾注,山水猝发,一时宣泄不及,平地水深数尺及丈余不等。田苗冲压,禾苗损,坍倒房屋,坍塌墙及祠坛、城垣,监耗人口、仓厫、营房以及祠坛、屋宇,仓亦有倒塌。被水浸湿漂没,情形较重。(洪档1759-10)		水、虫
1762	乾隆二十七年	壬午	四月二十一日,冰雹,里中创建六角亭,功将告成,为风雨拆塌无存,至闰五月重建。(S4)							

附录 明清时期徽州地区一府六县灾害一览表

续表

公元纪年	年号	干支纪年	歙县	绩溪	祁门	婺源	休宁	黟县	徽州区	灾型
1763	乾隆二十八年	癸未	三月二十二日大风,拔木僵屋压死人畜无算。自浮梁起至杭州皆瞬息同事。(S12卷十六杂记·祥异)							风
1764	乾隆二十九年	甲申		春,虎夜入城,居民震恐;夏,无麦。(J)						兽、饥
1765	乾隆三十年	乙酉				地生毛,岁饥。(W5)		夏旱,平粮则熟。(Y1)		饥、旱
1766	乾隆三十一年	丙戌		三月大水,登源水灾尤甚。(J)				秋大稔。(Y1)		水
1767	乾隆三十二年	丁亥			地生毛,色分黑白。(Q1)					
1768	乾隆三十三年	戊子		夏旱。(J)						旱
1769	乾隆三十四年	己丑	二月洪水桥屋前,十二月兴工修河旁倒塌数十丈。十二月二日兴工修筑,计费百六金,次年正月告竣。(S4)	十二月地震。(J)						地震
1770	乾隆三十五年	庚寅							恩旨普免钱粮。(Y1)	

331

续表

公元纪年	年号	干支纪年	歙县	绩溪	祁门	婺源	休宁	黟县	徽州区	灾型
1777	乾隆四十二年	丁酉						恩旨普免钱粮。(Y1)		旱
1778	乾隆四十三年	戊戌						输免,是年旱,岁歉。(Y1)		旱
1781	乾隆四十六年	辛丑		夏旱,冬雷。(J)	旱。(Q1)					水、火
1784	乾隆四十九年	甲辰	夏五月大水。(S12卷十六杂记·祥异)	夏大水。(J)	冬十二月初八日,火烧十字街铺舍六十余间,伤人。(Q1)					旱、疫
1785	乾隆五十年	乙巳		麦禾熟,复旱,自五月不雨,至七月始微雨,禾复晚俱不登,斗米三百六十文;秋冬疫。(J)				夏旱。(Y1)		水、饥
1786	乾隆五十一年	丙午		夏大水,蛟发数处。(J)	六月二十一日,大水深丈余,平政桥冲断两啣,城埃圮塌计二十余丈,城厢屋宇损坏甚多。(Q1)	岁大饥,斗米价银四钱。(W5)	春,米价腾贵,知县徐清详请平粜,常平仓劝谕并就四乡各村自行输谷平粜。(X2)	岁大饥。(Y1)		水、饥
1787	乾隆五十二年	丁未						复饥。(Y1)		饥

续表

公元纪年	年号	干支纪年	歙县	绩溪	祁门	婺源	休宁	黟县	徽州区	灾型
1788	乾隆五十三年	戊申			五月祁门大水,溺死六千余人。初六日夜大风雨,初七日清晨东北诸乡蛟齐发,余八日,学官水深二丈八尺余,冲记谯楼,仓廒,民田庐舍,堆堞数处,乡同梁坝皆坏,为从来未有之灾。(H4)水灾,钱粮按分数缓征蠲免。(Q2)水灾,奏奉按允民发赈。(Q2)		大水,伤田四千四百苗有零,民房三千一百余间。(X2)	夏五月大雨水,蛟起十二都,四都,七都,五都,六都,七都,伤人民,损田庐。发银二千一百二十两六钱,抚恤灾民九千二百六十四口。(Y1)	五月初六七等日(6月9,19日),徽州府属祁门,黟县,休宁县之祁门,六都,宁祸被蛟水井淹没,沿溪低处被淹受灾,该四县禾未经被水妨碍所田禾并开下旬……惟五月初二三四(7月5,6,7日)等日,大雨频施。低田间有积水,幸连日晴明,水易消退,现在禾苗尚无妨碍。(洪档1788—49)据府属之祁门县禀报,于五月初六日(6月9日)戌刻,雨势更猛,顷刻至初七日(10日)寅卯刻蛟水涨发,顷刻之间,漫溢县城北门以余,及东西二门,城垣女墙,俱被冲塌,东抵门以西地势较高,北门以西地势较高,并未被水。监房墙垣民居城中,多有冲

续表

公元纪年	年号	干支纪年	歙县	绩溪	祁门	婺源	休宁	黟县	徽州区	灾型
1789	乾隆五十四年	己酉		夏旱,自五月不雨,至七月始雨;冬青。(J)					塌,监犯移置高阜,水仓谷浸湿,同有港毁,没民居间有港冲倒,及房屋亦日未刻,水势渐平。初一日,水已全退。初八日(11日)旱,水已全退。(洪档,1788—39)五月初六七等日(6月9,19日),徽州府属之祁门,黟县,休宁祁溪蛟水,并歙县沿溪四县禾经被水处该四县禾并开丹妨碍……惟五月下旬及六月初一三四(7月5,6,7日)等日,大雨频施。低田间有积水,幸连日晴明水易消退,现在禾苗尚无妨碍。(洪档1788—49票报属之祁门县粟报,于五月初六日(6月9日)戌刻,雷雨交作,至初七日(10日)黄刻,雨势更猛,陡于	水旱

续表

公元纪年	年号	干支纪年	歙县	绩溪	祁门	婺源	休宁	黟县	徽州区	灾型
									卯刻蛟水涨发,顷刻二丈有余,漫溢县城北门之间,水高二丈有东,及及东南二门,城北门以西地势较高,垣女墙,俱被冲塌。并未救水。监房墙排谕居城中,多有冲仓,监犯移置高阜,及合浸毙,间有港淹,没,民居间有港淹,及房屋亦有冲倒,至初七日未刻,水势渐平。初八日,水已全退。(洪档:1788—39)	旱
1790	乾隆五十五年	庚戌		冬木冰,花果竹木多冻死。(J)				恩旨普免钱粮影县输。(Y1)		冷
1792	乾隆五十七年	壬子				五月初七日,洪水骤发,人城视甲子(1744年)低五尺,圻田庐,流尸楂无算,斗米价银四钱。(W5)				水
1793	乾隆五十八年	癸丑		大雨雹无麦。(J)				免兑。(Y1)		饥、风

续表

公元纪年	年号	干支纪年	歙县	绩溪	祁门	婺源	休宁	黟县	徽州区	灾型
1794	乾隆五十九年	甲寅		大无麦。(J)	因灾缓带地丁漕粮正耗银两及出借社谷等项。(Q2)			恩旨普免钱粮。(Y1)		饥
1795	乾隆六十年	乙卯						蠲免五十八年以前积欠丁田正耗钱粮。(Y1)		
1796	嘉庆元年	丙辰			春,霜雪寒冻,麦枯。(Q1)			恩免丁地正项钱粮黟县。(Y1)		冷
1797	嘉庆二年	丁巳						输免。(Y1)		
1799	嘉庆四年	己未			近郭有虎患。(Q1)					兽
1800	嘉庆五年	庚申		正月十五日、五日,大雪连四,平地三尺,山中高至丈余,麋鹿、野豕毙之者无数。(J)	九月蝗至邑西若坊、十八都、十九都、二十都皆有之。(Q1)					冷、蝗
1801	嘉庆六年	辛酉				五月,斗米价银四钱。(W5)				

续表

公元纪年	年号	干支纪年	歙县	绩溪	祁门	婺源	休宁	黟县	徽州区	灾型
1802	嘉庆七年	壬戌	夏大旱,自五月不雨,至七月始雨,岁大饥。(S12卷十六杂记·祥异)	夏,大旱,自五月不雨,至七月地焦草枯,井水尽涸。是岁大歉,斗米四百文。(J)		五六月旱,大饥,知县李金合详禀常平仓谷,并劝绅士富户买米平粜,以济民食。(W6卷十二食货·恤政)五,六月,旱饥,斗米价银四钱。(W5)				旱、饥
1803	嘉庆八年	癸亥				五月,斗米价银四钱。(W5)		旱,岁饥。(Y1)		旱、饥
1805	嘉庆十年	乙丑		六月初四日,大风雨雹,隐有龙声,学宫墙圮。(J)		五月,斗米价银四钱。(W5)				水
1806	嘉庆十一年	丙寅		五月初六日大雨雹,东狱庙西诸司座尽坏,大木拔者无算。(J)	有虎患。(Q1)					风、兽
1808	嘉庆十三年	戊辰				五月米价昂贵,署县封廷相劝绅士富户捐米平粜,以济民食。(W6卷十二食货·恤政)五月,斗米价银四钱。(W5)				

续表

公元纪年	年号	干支纪年	歙县	绩溪	祁门	婺源	休宁	黟县	徽州区	灾型
1809	嘉庆十四年	己巳			立夏后一日大寒雨雪；夏大水；冬十月火毁仁济桥东铺舍二十余家。(Q1)	五月米价昂贵，署县赵由植劝绅士富户捐米平粜，以济民食。恤政。(W6卷十二饥)五月，斗米价银五钱。(W5)		岁饥。(Y1)		冷、饥、火
1812	嘉庆十七年	壬申				四月二十二日夜洪水骤发，入城东河，冲坏田庐淹毙人口，漂流尸椁，委转委于休宁。(W5)				水
1813	嘉庆十八年	癸酉			十九都水。(Q1)					水
1814	嘉庆十九年	甲戌			十一月火毁十字街铺舍四十余家。(Q1)	洪水骤发，舟浮于市，淹毙人口，坏田庐，流尸椁无算。(W5)				火、水
1816	嘉庆二十一年	丙子			八月，火毁三里冈铺舍二十余家。(Q1)					火

续表

公元纪年	年号	干支纪年	歙县	绩溪	祁门	婺源	休宁	黟县	徽州区	灾型
1821	道光元年	辛巳				五月米价昂贵,知县劝敏浦平粜,富户捐米平粜,以济民食。(W6卷十二·恤政·赈饥)五月,斗米价银五钱。(W5)				
1823	道光三年	癸未	夏五月大水。(S12卷十六杂记·祥异)						六邑大水。(H7)五月内雨水较多,近山各处数发洪骤发……其同歙县、休宁、婺源、祁门、绩溪等处地势较高,随即涸退补被水,种齐全。(洪档:1823-24)	水
1824	道光四年	甲申			夏麦枯,贫民掘观音土以食。(Q1)					饥
1826	道光六年	丙戌	三月,郡城试院东街火延烧几二百家。(S12卷十六杂记·祥异)							火

续表

公元纪年	干支纪年	歙县	绩溪	祁门	婺源	休宁	黟县	徽州区灾型
1828	戊子	五月大水，冲没田庐，人畜甚多。（S12 卷十六 杂记・祥异）						据徽州府属之歙县、休宁、婺源、庐州府属之舒城报四月二十八、九及五月初一、二、三、四等日(6月10,11,12~15日)连得大雨，山水陡发，歙县城厢内外沿河一带低洼民房俱有毁塌……初五日(16日)，天色晴霁，因城乡地处高阜，水势消落基易，城厢积水已消，沿河毁塌房屋亦俱涸复。婺源县境仅有溪河一道，因上游水大，宣泄迟缓，以致根坊水浸激，镇南门古庙前塌五丈有余，沿城垣坍塌五丈处，低田亦有毁溃。初六、七(17,18日)晴霁二日，水渐消

续表

公元纪年	年号纪年	干支纪年	歙县	绩溪	祁门	婺源	休宁	黟县	徽州区	灾型
									润……赶紧补种。……（洪档：1828-12）查勘得婺源县东乡，约计砂压田地五十八顷，冲倒民房二百间，桥梁三座，南北二乡砂压田地三十七顷，冲倒民房四十五间，冲倒民房三十一间。该县镇南门城墙被雨淋塌九丈有余，居民并未损伤，惟近城冲翻小船一只，淹毙船户二名。（洪档：1828-6）	水

续表

公元纪年	年号	干支纪年	歙县	绩溪	祁门	婺源	休宁	黟县	徽州区	灾型
1831	道光十一年	辛卯			六月大水,舟行市上,仁济桥倒塌,溺死多人。(Q2)				又据祁门县具报,六月初一日(7月9日)申刻北乡骤水陡发丈余,以致北门、东门、南门一带沿河店铺民房,俱被冲塌,城厢衙署,仓监各有倒塌。北乡口间居舍居民亦有淹毙。四乡沿河田苗间被妙石积压……幸当晚水势平定,于初二日(7月10日)全行消退,惟居民家资漂失,实堪矜恻。(洪档:1831-53徽州府属之歙县等十三州县因春雨过多,淮水盛涨,或因山洪骤发,田地二麦被淹。《清奏折》)	水
1832	道光十二年	壬辰			大饥,民食观音土,多有死者。(Q2)				水。(省3卷三百四十七祥异)	水、饥

附录 明清时期徽州地区一府六县灾害一览表

续表

公元纪年	干支纪年	歙县	绩溪	祁门	婺源	休宁	黟县	徽州区	灾型
1835	乙未	夏大旱。(S12卷十六杂记·祥异)		大旱,自夏至秋禾雨,蝗人十九都,二十二都,饥。(Q2)	五月,大水;秋旱灾,民乏食。(W5)				旱、蝗、饥、水
1837	丁酉	五月大水。(S12卷十六杂记·祥异)							水
1840	庚子	春严霜,麦苗尽萎。复抽叶华,结实如故。(S12卷十六杂记·祥异)							冷
1841	辛丑	冬大雪,次年麦丰收。(S12卷十六杂记·祥异)		冬大雪,月余不止,竹木多冻死。(Q2)					冷
1842	壬寅						冬雨木冰。(省3卷三百四十七祥异)		冷
1845	乙巳	夏秋间两月不雨,大饥。(S12卷十六杂记·祥异)							旱、饥

续表

公元纪年	干支纪年	年号	歙县	绩溪	祁门	婺源	休宁	黟县	徽州区	灾型
1849	己酉	道光二十九年							此外,歙县、休宁、祁门、绩溪等州县下注,或因湖河水涨,并有冲坍城垣民房及低洼田庐被淹,井沙压田地,婺源县等地歉水。……陆续勘覆:歙县、休宁、祁门、婺源县、绩溪、庭德、太平、石埭、广德等州县原报水冲沙压田地,亦已饬令疏消挑复,毋庸查办。(洪档:1849—46)	水不成灾
1850	庚戌	道光三十年				十月,地震,有声如雷。(W5)				地震
1851	辛亥	咸丰元年	三月十二日,大风雹伤麦。(S12卷十六杂记·祥异)		春行秋令,菊圃含英;夏,雨雹。(Q2)	三月,大雨雹,加鸡卵,婺比、龙腾等处多被灾。(W5)			据徽州府属歙县、婺源县先后禀报,三月十二日(4月13日),大雨狂风,并下冰雹,菜麦同有打坏,房屋不无坍损,尚无伤耗人口之事。(洪档:1851—11)	风、雹

附录 明清时期徽州地区一府六县灾害一览表

续表

公元纪年	干支纪年	歙县	绩溪	祁门	婺源	休宁	黟县	徽州区	灾型
1852	咸丰二年			正月大雪,瓦结冰架,三月天雨豆。(Q2)		六月二十八,大水沱川出蛟坏田庐。十一月初二日,城东北乡地震。(W5)	冬大雪,平地二尺许,雨木冰。县署竹生米。(省3卷三百四十七祥异)		冷、水、地震
1853	癸丑			雨豆。(省3卷三百四十七祥异)					
1855	乙卯			夏阴雨,蛟水陡发,西乡二十一都、二十二都汤民居,坏田苗。(Q2)	五月十八日大水。(W5)		无麦,竹生花,冬十月雷。(省3卷三百四十七祥异)		水、饥
1856	丙辰			六、七月大旱,岁饥。(Q2)	六月,大风雷雨,婺南高安等处大木尽拔,太子桥有牧童被风吹人云中。(W5)			江南北州县均大旱。(省3卷三百四十七祥异)	水、旱、饥、风
1857	丁巳				上谕邑经被扰克复,在秋成后着毋庸议征。(W7卷十六食货·恤政·赈饥)				
1859	己未				六月大雨连旬,洪水骤发冲坏田禾。(W5)				水

续表

公元纪年	年号	干支纪年	歙县	绩溪	祁门	婺源	休宁	黟县	徽州区	灾型
1861	咸丰十一年	辛酉	腊月大雪,平地深五尺,时大乱,木已饥寒交迫,死者甚众。(S12卷十六杂记·祥异)		十二月大雪,汁深四尺,鸟兽冻死无算,花果竹木多枯。(Q2)	上谕安徽失陷,郡县明年钱粮恩免,以纾民力。十二月,大雪平地三尺,至春初未消大寒,坚冰可立。(W5) 多恶兽食人。(W5)	郡遭米一概蠲免・加赈・赈贷・恤政。(W7卷十六)			冷
1862	同治元年	壬戌	大疫,全县人口益减。七月十一日大水。(S12卷十六杂记·祥异)		西乡蚊记,山崩,桥积沙田庐。十一月十字街火。(Q2)					疫、水、火、兽
1863	同治二年	癸亥			六七月间,久旱不雨,岁饥,居民多有莱色。(Q2)			久雨,无禾,兽食人。(省3卷三十七祥异)		旱、兽、饥
1864	同治三年	甲子			春近郭有虎。(Q2)	正月初二日雨雪,至十五日乃止。(W5)				兽、冷
1865	同治四年	乙丑		雨豆。(省3卷三百四十七祥异)					皖南……大饥,民相食。CK4	民饥

附录　明清时期徽州地区一府六县灾害一览表

续表

公元纪年	年号	干支纪年	歙县	绩溪	祁门	婺源	休宁	黟县	徽州区	灾型
1866	同治五年	丙寅						本年皖南蛟水陡发,冲没田庐,歙极重。……著缓免同治四年荒歉各款银米以纾民力。(Y2)		水
1867	同治六年	丁卯			二月二十七日夜,秀墩街铺舍火。(Q2)					火
1868	同治七年	戊辰	七月大水,毁桥坏屋基多。(S12卷十六杂记·祥异)		五月二十二日,蛟洪陡发,水由城上扑入城内,水深丈余。试院东文场墙宇俱漂没,城乡毁屋坏桥,溺人畜、坏田亩不可计数,东南两乡较乾隆戊申(1788年)尤惨;八月初八中阜街铺舍火。(Q2)					水、火
1869	同治八年	己巳	无麦。(S12卷十六杂记·祥异)							饥
1870	同治九年	庚午		二月大雨雹。(省3卷三百四十七祥异)						风

公元纪年	干支纪年	歙县	绩溪	祁门	婺源	休宁	黟县	徽州区	灾型
1871	辛未			三月二十二日午后,风雨雷电交作,有龙自西北角过县东南乡,所过之处,拔木坏屋,居民多有伤者。(Q2)					风
1872	壬申						兽食人,兽状似狗而大,尾细穗而长,下垂如穗,钩爪锯牙,凶恶特甚,盖即狼也。被食者至有户籍均尽,仅余头骨,大约田家居多数,邑令谢永泰悬赏猎之,间有所获,害未尽除。(Y3)		兽
1874	甲戌						夏大旱。黟令屈徒步福草履,诣五溪山祷雨。(Y3)		旱

续表

公元纪年	年号	干支纪年	歙县	绩溪	祁门	婺源	休宁	黟县	徽州区	灾型
1878	光绪四年	戊寅				夏水灾,阖邑票报拆充,裕提藩库壹千两截留本邑,晋捐银贰两亲临赈灾。(W7卷十六食货·伽政·赈饥),洪货五月二十五日,学宫前深六尺,正南门五月二十九日复大水;六月十九日复大水。(W5)			徽州府属之婺源县据报五月下旬(6月21~29日),连日大雨,二十五日(6月25日),顷刻之间洪陡发,数丈,势极汹涌,至数丈,幸时在白昼,消退亦速,查勘城乡冲坏田庐不少,并有淹毙人口等情。(洪档:1878—13)	水
1879	光绪五年	己卯				六月十六日雷火焚常平仓;太子桥等处雨雹损禾稼;秋冬大疫。(W5)		夏旱,乡民祈雨。(Y3)		疫、旱、雹
1881	光绪七年	辛巳						秋旱歉收。(Y3)		旱

续表

公元纪年	年号	干支纪年	歙县	绩溪	祁门	婺源	休宁	黟县	徽州区	灾型
1882	光绪八年	壬午	夏大水。（S12 卷十六杂记·祥异）			夏水灾,西南尤甚,县令吴祥报银库存银叁千两,檄提藩库银叁千两,协同邑令吴赈灾。七月二十一日,上谕安徽、浙江、江西三省,著户部拨银六万两以资赈济,将本年中秋节应进宫内款项银贰千两。又爵阁督抚左抚芜祚,合仇榐秋壹千件。是年冬十一月,上谕缓征被水,敛虫田亩下忙钱粮。(W7卷十六食货·恤政·赈饥)五月初四日洪水骤发,西南乡尤甚,敕戊黄高五尺,漂庐舍,流尸梗港,毙人口,山谷堆积,田亩砂积,冲坏无算。二十三日,大水雨雹。(W5)			查明被水地方……婺源西南乡之太白镇等村九千余人,应放赈恤一月口粮,均经放赈。（洪档:1882-16)	水

附录　明清时期徽州地区一府六县灾害一览表　351

续表

公元纪年	年号	干支纪年	歙县	绩溪	祁门	婺源	休宁	黟县	徽州区	灾型
1883	光绪九年	癸未	郡城火延烧税务上店铺五六十家。（S12卷十六杂记·祥异）			正月初四奉上谕，安徽八年被灾十三州县，均著豁免九年上忙钱粮。（W7卷十六食货·恤政·赈饥）				火
1885	光绪十一年	乙酉	大水灾甚巨。（S12卷十六杂记·祥异）					夏五月大雨弥月。（Y3）		水
1887	光绪十三年	丁亥						秋大旱，邑令龚锡板因祷雨勤劳，九月以疾卒官。（Y3）		旱
1888	光绪十四年	戊子						夏大雷雨。雷电交作，麻田江姓粮后有屋，触电儿兆焚如。（Y3）		雷电
1890	光绪十六年	庚寅						春三月大雨雹。渔亭一带受雹者尤甚，大者如鹅卵，房屋倒明无数，麦苗尽折。（Y3）		雹

续表

公元纪年	年号	干支纪年	歙县	绩溪	祁门	婺源	休宁	黟县	徽州区	灾型
1892	光绪十八年	壬辰	夏大水淹没田庐人畜无算。(S12卷十六杂记·祥异)夏大雨水田地淹没不少,秋奉旨赈恤。(S3)					北城城楼灾:北门内店铺失慎,对面延烧十余家,殃及城楼,焚其一角。秋七月大雷电。(Y3)		水、兽、火
1893	光绪十九年	癸巳						无麦。(Y3)		饥
1895	光绪二十一年	乙未						北门内店铺灾,前年敬灾之处未复旧观,兹又接焚七八家。(Y3)		火
1896	光绪二十二年	丙申						秋七月大旱。(Y3)		旱
1897	光绪二十三年	丁酉						春二月大雷雨。二月二十一夜,大雷雨,广安寺内新造之圆通殿柱触电裂如斧劈。(Y3)		
1898	光绪二十四年	戊戌					虎游城下,食人于环村洲。(W5)	秋旱,禾尽枯。赣运粮祁门阻之,票各大宪批准禁止阻遏。(Y3)		旱

附录　明清时期徽州地区一府六县灾害一览表　　353

续表

公元纪年	年号纪年	干支纪年	歙县	绩溪	祁门	婺源	休宁	黟县	徽州区	灾型
1901	光绪二十七年	辛丑	三月郡城火,延烧税务上店铺六七十家。五月初十大水甚巨。(S12卷十六杂记·祥异)							火、水
1906	光绪三十二年	丙午						无麦,赴赣运粮,又被祁阻,声明前案,始通行。(Y3)		旱
1908	光绪三十四年	戊申	冬大雪而雷。(S12卷十六杂记·祥异)			五月,蛟水为灾,大贩漂民房三十六所,岭下十余所,吾村四十余所,淹毙男女二十余人,沙壅石积之田约八百亩,江湾溪头一带水灾亦重。(W5)			安徽各属水。(CK4)	水
1910	宣统二年	庚戌	除夕雪,鸣雷。(S12卷十六杂记·祥异)							
1911	宣统三年	辛亥	除夕大风。(S12卷十六杂记·祥异)						五月份(5月28日~6月25日),安庆、徽州、宁国、池州、太平……等十三府州属雨水过多。(《清奏折》)	风

家谱、文书与相关古籍

(明)汪振:《汪氏世谱》,明成化十七年(1481年)藏溪汪氏刻本,上海图书馆藏。

(明)吴子玉:《茗洲吴氏家记》,12卷,全国图书馆缩微文献复制中心(据抄本拍摄),索书号:胶片DJ0481。

(清)吴翟辑撰,刘梦芙点校:《茗洲吴氏家典》,合肥:黄山书社,2006。

(清)(婺源)《济溪游氏宗谱》,乾隆三十一年(1766年)叙伦堂刻本,上海图书馆藏。

(清)(婺源)《磻溪汪氏家谱》,清同治木活字本,上海图书馆藏。

(清)胡详木:绩溪《上川明经胡氏宗谱》,清宣统三年(1911年)木活字本,上海图书馆藏。

(清)程际隆:《祁门善和程氏仁山门支修宗谱》,清光绪三十三年(1907年)太邑汪锦堂木活字本,上海图书馆藏。

洪业远:《桂林洪氏宗谱》,民国十二年(1923年)木活字本,上海图书馆藏。

(清)邵琳等纂修:绩溪《华阳邵氏宗谱》,清宣统二年(1910年)木活字本,上海图书馆藏。

(清)许登瀛纂修:《重修古歙东门许氏宗谱》,清乾隆十年(1745年)刻本,上海图书馆藏。

王集成纂修:《绩溪庙子山王氏谱》,二十八卷,民国二十四年(1935年)铅印本,上海图书馆藏。

(清)程曷:《新安上溪源程氏乡局记》,清抄本,不分卷,安徽省图书馆藏。

(清)高孝本:《绩溪杂感诗》,同治八年(1869年)刻本,上海图书馆藏。

(清)黄光弟:《祁米案牍》,亦名《祁门县购办饶米定安案纪略》,清光绪年间刻本,安徽省博物馆藏。

(清)黄克吕辑:《重订潭滨集志》,清光绪二年(1876年)归化木活字本,安徽省图书馆藏。

(清)汪麟:《歙县少请通浙米案呈稿》,不分卷,清光绪刻本,一册,安徽省图书馆藏。

(清)《新安屯溪公济善局征信录》,光绪二十七年(1901年)刻本,婺源县图书馆藏。

(清)詹元相:《畏斋日记》,中国社会科学院历史研究所清史研究室编《清史资料》第四辑,中华书局,1983。

(清)郑学樵:《吕堨南北两渠图》,咸丰年间刻本,安徽省图书馆藏。

(三国吴)陆玑:《毛诗草木鸟兽虫鱼疏》,《钦定四库全书》经部第70册。

(三国吴)陆玑撰、(明)毛晋补:《毛诗草木鸟兽虫鱼疏广要》,上下卷,丛书集成初编,商务印书馆,1936。

(后魏)贾思勰原著,缪启愉校释,缪桂龙参校:《齐民要术校释》,中国农业出版社,1982。

(宋)李明复:《春秋集义》卷二十,文渊阁《四库全书》第155册,经部一百四十九,台湾商务印书馆。

(元)陈栎:《新安大族志》,不分卷,影印本,一册,安徽省图书馆藏。

(明)程敏政辑撰:《新安文献志》。载朱万曙、胡益民主编:《徽学研究资料辑刊》,黄山书社,2004。

(明)戴廷明、程尚宽等:《新安名族志》,载朱万曙、胡益民主编:《徽学研究资料辑刊》,黄山书社,2004。

(明)傅岩:《歙纪》,明崇祯新安吴氏刻本,安徽省图书馆古籍部藏,现有陈春秀校点,余国庆、诸伟奇审订本,黄山书社,2006。

(明)计成:《园冶》,民国二十年(1931年)影印本。

(明)陆澄原:《婺游草》,明刻本,上海图书馆藏。

(明)金声:《金正希先生文集辑略》,明末邵鹏程刻本,《四库禁毁书丛刊》集部50册,北京出版社,2000。

(明)俞汝为辑:《荒政要览》,载李文海、夏明方主编:《中国荒政全书》第一辑,北京古籍出版社,2003。

(清)顾炎武:《天下郡国利病书》,第九册《凤宁徽》,"四部丛刊"三编史部第21册。

(清)刘汝骥:《陶甓公牍》,宣统三年(1911年)安徽印刷局铅印本,《官箴书集成》第10册,黄山书社,1997。

(清)赵吉士:《寄园寄所寄》,清康熙三十五年(1696年)刻本,《四库全书存目丛书》,子部第155册,影印本。

(清)俞森:《义仓考》,载李文海、夏明方主编:《中国荒政全书》第二辑第一卷,北京古籍出版社,2004。

(清)倪伟人:《新安竹枝词》,载雷梦水、潘超、孙忠铨、钟山编:《中华竹枝词》第3册,"浙皖闽赣",北京古籍出版社,1997。

(清)胤禛:《世宗宪皇帝朱批谕旨》,文渊阁《四库全书》第417册,史部一百七十五"诏令奏议类",台湾商务印书馆。

(清)《清实录》第十一册,《高宗实录》,中华书局,1985。

许承尧:《歙事闲谭》,黄山书社,2001。

上海书画出版社、浙江省博物馆编:《黄宾虹文集·杂著编》,上海书画出版社,1999。

方志、地名志

(宋)赵不悔修,罗愿纂:《新安志》,宋淳熙二年(1175年)纂,清康熙四十六年(1707年)刻本,清光绪十四年(1888年)重刊本,中华书局编辑部编"宋元方志丛刊"第8册,中华书局,1990。

(明)彭泽修,汪舜民纂:《徽州府志》,明弘治十五年(1502年)刻本,"天一阁藏明代方志选刊"第 21 册,上海书店,1982。

(明)何东序修,汪尚宁等纂:《徽州府志》,明嘉靖刻本,"北京图书馆古籍珍本丛刊",史部·地理类第 29 册,书目文献出版社,2000。

(明)程敏政纂修:《休宁县志》,弘治四年(1491 年)刻本,"北京图书馆古籍珍本丛刊",史部·地理类第 29 册,书目文献出版社,2000。

(清)丁廷楗、卢询修,赵吉士等纂:《徽州府志》,清康熙三十八年(1699 年)万青阁刻本,"中国地方志集成·华中地方",第 237 号,台北成文出版社,1975。

(清)马步蟾:《徽州府志》,清道光七年(1827 年)刻本,"中国地方志集成·安徽府县志辑"48、49、50,江苏古籍出版社,1998。

(清)黄崇惺:《徽州府志辨正》,清同治年间木活字本,"中国地方志丛书·华中地方",第 719 号,台北成文出版社,1975。

(清)苏霍祚修,曹有光等纂:《绩溪县志》,清乾隆二十一年(1756 年)刻本,"中国方志丛书·华中地方",第 723 号,台北成文出版社,1975。

(清)清恺修,席存泰纂:《绩溪县志》,传抄清嘉庆十五年(1810 年)刻本,"中国地方志集成·安徽府县志辑",第 54 册,江苏古籍出版社,1998。

(清)王让修,桂超万纂:《祁门县志》,清道光七年(1827 年)刻本,"中国地方志丛书·华中地方",第 639 号,台北成文出版社,1975。

(清)周溶修,汪韵珊纂:《祁门县志》,清同治十二年(1873 年)刻本,"中国地方志丛书·华中地方",第 240 号,"中国地方志集成·安徽府县志辑",第 55 册,江苏古籍出版社,1998。

(清)程文翰:《善和乡志》,据清光绪七年(1881 年)抄本,"中国地方志集成·乡镇志专辑",第 27 册,江苏古籍出版社,1998。

(清)倪望重:《祁门县志补》,清光绪年间稿本,"中国地方志集成·安徽府县志辑",第55册,江苏古籍出版社,1998。

(清)靳治荆修,吴苑、程滶纂:《歙县志》,清康熙二十九年(1690年)刻本,"中国地方志丛书·华中地方",第713号,台北成文出版社,1975。

(清)张佩芳修,刘大櫆纂:《歙县志》,清乾隆三十六年(1771)刻本,"中国地方志丛书·华中地方",第232号,台北成文出版社,1975。

石国柱、楼文钊修,许承尧纂:民国《歙县志》,民国二十六年(1937年)歙县旅沪同乡会铅印本,"中国地方志集成·安徽府县志辑",第51册,江苏古籍出版社,1998。

(清)劳逢源修,沈伯棠纂:《歙县志》,清道光八年(1828年)刻本,"中国地方志丛书·华中地方",第714号,台北成文出版社,1975。

(清)蒋灿:《婺源县志》,清康熙三十三年(1694年)刻本,"中国地方志丛书·华中地方",第676号,台北成文出版社,1975。

(清)俞云耕、潘继善:《婺源县志》,清乾隆二十二年(1757年)刻本,"中国地方志丛书·华中地方",第677号,台北成文出版社,1975。

(清)彭家桂、张图南:《婺源县志》,清乾隆五十二年(1787年)刻本,"中国地方志丛书·华中地方",第678号,台北成文出版社,1975。

(清)黄应昀、朱元理:《婺源县志》,清道光六年(1826年)刻本,"中国地方志丛书·华中地方",第679号,台北成文出版社,1975。

(清)汪正元、吴鹗:《婺源县志》,清光绪九年(1883年)刻本,"中国地方志丛书·华中地方",第680号,台北成文出版社,1975。

(清)董钟琪、汪廷璋:《婺源乡土志》,清光绪三十四年(1908年)木活字本,"中国地方志丛书·华中地方",第681号,台北成文出版社,1975。

(清)葛韵芬、汪峰青:《重修婺源县志》,民国十四年(1925年)刻本,"中国地方志集成·江西府县志辑",第27、28册,江苏古籍出版社,1996。

（清）廖腾煃修,汪晋征纂:《休宁县志》,清康熙三十二年(1693年)刻本,"中国地方志丛书·华中地方",第90号,台北成文出版社,1970。

（清）何应松修,方崇鼎纂:《休宁县志》,清道光三年(1823年)刻本,"中国地方志集成·安徽府县志辑",第52册,江苏古籍出版社,1998。

（清）吴甸华修,程汝翼、俞正燮纂:嘉庆《黟县志》,"中国地方志集成·安徽府县志辑",第56册,江苏古籍出版社,1998。

（清）吕子珏修,詹锡龄纂:道光《黟县续志》,清同治十年(1871年)据同治五年刻本重刻,"中国地方志集成·安徽府县志辑",第56册,江苏古籍出版社,1998。

（清）谢永泰修,程鸿诏等纂:《黟县三志》,清同治十年(1871年)刻本,"中国地方志集成·安徽府县志辑",第57册,江苏古籍出版社,1998。

（清）吴克俊、许复修,程寿保、舒斯笏纂:《黟县四志》,民国十二年(1923年)黟县藜照堂刻本,"中国地方志集成·安徽府县志辑",第58册,江苏古籍出版社,1998。

（清）佘华瑞:《岩镇志草》,清雍正十二年(1734年)纂,乾隆三年刻本,"中国地方志集成乡镇志专辑",第27册,江苏古籍出版社,1992。

（清）凌应秋辑:《沙溪集略》,清乾隆二十四年(1759年)传抄本,"中国地方志集成·乡镇志专辑",第17册,江苏古籍出版社,1992。

（清）江登云:《橙阳散志》,清乾隆四十年(1775年)修,嘉庆十四年(1809年)刻本,"中国地方志集成"乡镇志专辑,第27册,江苏古籍出版社,1992。

（清）徐卓:《休宁碎事》,清嘉庆十六年(1811年)徐氏海棠书巢刻本,上海图书馆藏。

（清）冯煦主修,陈师礼总纂:《皖政辑要》(安徽历代方志丛书),黄山书社,2005。

胡存庆:《黟县乡土地理》,民国十四年(1925年)铅印本,上海图书馆藏。

许承尧:《西干志》,民国二十六年(1937年),"中国地方志集成·乡镇志专辑"第27册,江苏古籍出版社,1992。

安徽省地方志编纂委员会编:《安徽省志》,方志出版社,1998。

安徽省地方志编纂委员会编:《安徽省志·自然环境志》,方志出版社,1998。

安徽省徽州地区地方志编纂委员会编:《徽州地区简志》,黄山书社,1989。

绩溪县地方志编纂委员会编:《绩溪县志》,安徽教育出版社,1998。

祁门县地方志编纂委员会编:《祁门县志》,安徽教育出版社,1990。

歙县地方志编纂委员会编:《歙县志》,中华书局,1995。

屯溪市地方志编纂委员会编:《屯溪市志》,安徽教育出版社,1990。

休宁县地方志编纂委员会编:《休宁县志》,安徽教育出版社,1990。

绩溪县地名办公室编:《安徽省绩溪县地名录》,内部资料,1988。

歙县地名委员会办公室编:《歙县地名录》,内部资料,1982。

屯溪市地名委员会办公室编:《安徽省屯溪市地名录》,内部资料,1985。

婺源县地名办公室编:《婺源县地名志》,内部资料,1985。

徽州地区交通志编纂委员会编:《徽州地区交通志》,黄山书社,1996。

歙县农牧渔业局:《歙县农业志》,1991。

资料集与工具书

《安徽省农村调查》,"华东农村经济资料"第4分册,华东军政委员会土地改革委员会,1952。

安徽省编纂委员会编,杨纪珂主编:《中华人民共和国地名词典》(安徽省),商务印书馆,1994。

安徽省博物馆:《明清徽州社会经济资料丛编》第一辑,中国社会科学出版社,1988。

安徽省气象局资料室编著:《安徽气候》,安徽科学技术出版社,1983。

安徽省人民政府地震局主编:《安徽地震史料辑注》,安徽科学技术出版社,1983。

鲍传江:《故纸堆》,北京图书馆出版社,2002。

陈智超:《明代徽州方氏亲友手札七百通考释》三册本,安徽大学出版社,2001。

郭强、陈兴民、张立汉:《灾害大百科》,山西人民出版社,1996。

季家宏主编:《黄山旅游文化大辞典》,中国科学技术大学出版社,1994。

蒋元卿编:《皖人书录》,黄山书社,1989。

李文海等:《中国近代灾荒年表》,上海人民出版社,1994。

李文海、夏明方主编:《中国荒政全书》,第一辑,北京古籍出版社,2003。

李文海、夏明方主编:《中国荒政全书》,第二辑(共四卷),北京古籍出版社,2004。

李文治编:《中国近代农业史资料第一辑(1840—1911)》,生活·读书·新知三联书店,1957。

刘伯山主编:《徽州文书》(第一辑,共10卷),广西师范大学出版社,2005。

建设委员会经济调查所统计课《中国经济志——歙县·休宁(1935年8月)》,《民国史料丛刊》第9种第2册,台北传记文学出版社,1971。

孟昭华、彭传荣编:《中国灾荒辞典》,黑龙江科学技术出版社,1989。

欧阳发、洪钢编:《安徽竹枝词》,黄山书社,1993。

《陕山地区水资源与民间社会调查资料集》,中华书局,2003。(共四本,分别为:白尔恒《沟洫佚闻杂录》,秦建明等《尧

山圣母庙与神社》、黄竹三等《洪洞介休水利碑刻集》、董晓萍等《不灌而治》）

上海图书馆编:《上海图书馆馆藏提要》,上海古籍出版社,2000。

宋正海等编:《中国古代自然灾害和异常年表总集》,广东教育出版社,1992。

田涛、[美]宋格文(Hugh T. Scogin, Jr.)、郑秦主编:《田藏契约文书粹编》,中华书局,2001。

吴柏森等:《明实录类纂·自然灾异卷》,武汉出版社,1993。

严桂夫主编:《徽州历史档案总目提要》,黄山书社,1996。

徐连达主编:《中国历代官制大词典》,广东教育出版社,2002。

上海、江苏、安徽、浙江、江西、福建省(市)气象局和中央气象局研究所合编:《近五百年气候历史资料》华东卷,气象出版社,1978。

张传玺主编:《中国历代契约会编考释》,北京大学出版社,1995。

张海鹏、王廷元主编:《明清徽商资料选编》,黄山书社,1985。

中国社会科学院历史研究所资料编纂组主编:《中国历代自然灾害及历代盛世农业政策资料》,中国农业出版社,1988。

中国社会科学院历史研究所徽州文契整理组:《明清徽州社会经济资料丛编》第二辑,中国社会科学出版社,1990。

中国社会科学院历史研究所,王钰欣、周绍泉主编:《徽州千年契约文书·宋元明编》与《徽州千年契约文书·清民国编》(第一编,20卷,第二编,20卷),花山文艺出版社,1991。

中国社会科学院历史研究所收藏编纂,王钰欣等主编:《徽州文书类目》,黄山书社,2000。

中央气象局科学研究院主编:《中国近五百年来旱涝分布图集》,中国地图出版社,1981。

水利电力部水管司科技司,水利水电科学研究院:"清代江河洪涝档案史料丛书"之《清代长江流域西南国际河流洪涝档案史料》,中华书局,1991。

周绍泉、赵亚光:《窦山公家议校注》,黄山书社,1993。

连续出版物与讲座

安徽省文史研究馆自然灾害资料搜集组:

《安徽地区历代旱灾情况》(《史学工作通讯》(《安徽史学通讯》前身)1957年第2期)。

《安徽地区地震历史记载的初步整理》(《安徽史学通讯》总第10期)。

《安徽地区蝗灾历史记载初步整理》(《安徽史学通讯》总第10期)。

《安徽地区风雹雪霜灾害记载初步整理》(《安徽史学通讯》1959年第2期)。

《安徽地区水灾历史记载的初步整理》(《安徽史学通讯》1959年第4、5期合刊)。

阿风:

《历史研究所"徽州学"研究综述》,黄山市社会科学联合会、《徽州社会科学》编辑部:《徽学研究论文集(一)》,内部发行,1994。

《徽州文书研究十年回顾》,《中国史研究动态》1998年第2期。

《1998、1999年徽学研究的最新进展》,《中国史研究动态》2000年第7期。

阿风、许文继:《2002—2004年徽学研究综述》,《中国史研究动态》2005年第12期。

包茂宏:

《环境史:历史、理论和方法》,《史学理论研究》2000年第4期。

《唐纳德·沃斯特与美国环境史研究》,《史学理论研究》2003年第4期。

《中国环境史研究:伊懋可教授访谈》,《中国历史地理论丛》2004年第1期。

卜利：

《明清时期徽州地区堪舆风行及其对社会经济的影响》，《安徽大学学报》1991年第3期。

《明清时期徽州地区堪舆风水的泛溢》，《徽州社会科学》1991年第4期。

《明代中后期至清前期徽州社会变迁中大众心态研究》，《安徽大学学报》（哲学社会科学版）2000年第6期。

《徽学研究的回顾与展望》，《光明日报》2002年2月19日第四版。

《明清时期徽州的乡约简论》，《安徽大学学报》（哲学社会科学版）2002年第6期。

《20世纪徽学研究回顾》，安徽大学徽学研究中心编《徽学》第二卷，安徽大学出版社，2002。

《论明中叶至清前期乡里基层组织的变迁——兼评所谓的"第三领域"问题》，《天津师范大学学报》（社会科学版）2003年第1期。

《明清时期徽州森林保护碑刻初探》，《中国农史》2003年第2期。

《清代中期棚民对徽州山区生态环境和社会秩序的影响》，华南农业大学农史研究室提供，中国经济史论坛于2003年12月3日发布。

《明清徽州村规民约和国家法之间的冲突与整合》，《华中师范大学学报》（人文社会科学版）2006年第1期。

卜风贤：

《中国农业灾害史研究综述》，《中国史研究动态》2001年第2期。

《中国古代救荒书的传承和发展》，《古今农业》2004年第2期。

曹天生：

《本世纪以来国内徽学研究概述》，《中国人民大学学报》1995年第1期。

《本世纪以来国内徽学研究述论》，《史学月刊》1995年第

2 期。

陈关龙:《明代荒政简论》,《中州学刊》1990 年第 6 期。

陈柯云:《略论明清徽州的乡约》,《中国史研究》1990 年第 4 期。

陈瑞:

《明清徽州林业生产发展兴盛原因探论》,《中国农史》2003 年第 4 期。

《清代中期徽州山区生态环境恶化状况研究——以棚民营山活动为中心》,《安徽史学》2003 年第 6 期。

陈伟:《徽州地区自然灾害与防灾技术措施》,《自然辩证法通讯》2000 年第 3 期。

陈学文:

《明清时期硖石、长安二市镇的社会经济结构——兼论江南米市发展的意义》,《浙江学刊》1992 年第 5 期。

《徽学研究刍议》,《黄山高等专科学校学报》2000 年第 4 期。

陈忠平:《明清时期江南市镇的牙人与牙行》,《中国经济史研究》1987 年第 2 期。

樊树志:《明清长江三角洲的粮食业市镇与米市》,《学术月刊》1990 年第 12 期。

方家瑜:《徽州历史上的棚民》,《徽州社会科学》1985 年第 1 期。

冯尔康:《试论清中叶皖南棚民的经营方式》,《南开大学学报》1978 年第 2 期。

冯利华:《灾害等级研究进展》,《灾害学》2000 年第 3 期。

冯贤亮:《清代江南乡村的水利兴替与环境变化——以平湖横桥堰为中心》,《中国历史地理论丛》2007 年第 3 期。

高申兰、陆敬严:《我国连机水碓古今考》,《同济大学学报》(社会科学版)1995 年第 1 期。

顾颖:《明代预备仓积粮问题初探》,《史学集刊》1993 年第 1 期。

洪志成、姚光钰:《徽州古民居防火措施探讨》,《工程建设与档案》2005 年第 1 期。

徽文:《徽州消防文化特色初识》,《黄山学院学报》2003年第1期。

惠富平:《二十世纪中国农书研究综述》,《中国农史》2003年第1期。

佳宏伟:《近十年来环境变迁史研究综述》,《史学月刊》2004年第6期。

贾玉英、赵文东:《略论朱熹的荒政思想与实践》,《河南大学学报》2001年第5期。

蒋祥荣:《略谈徽派建筑中的防灾艺术展现》,《徽州社会科学》2002年第5期。

孔潮丽:《1588~1589年瘟疫流行与徽州社会》,《安徽史学》2002年第4期。

李华瑞、王海鹏:《朱熹禳弭救荒思想述论》,《中国农史》2004年第3期。

李俊:

《徽州古民居消防探源》,《上海消防》2002年第1期。

《从徽州消防文化谈起》,《黄山高等专科学校学报》2002年第2期。

《万安水龙庙会》,《上海消防》2002年第2期。

《千年江村 探踪消防》,《安徽消防》2001年第11~12期。

《徽州消防文献发微》,《徽学》2002年卷,安徽大学出版社。

《大山深处的厨房"活化石"》,《安徽消防》2003年第1期。

《漫步徽州古民居消防历史博物馆(上、下)》,《安徽消防》2003年第2~3期。

李琳琦:《明清徽州粮商述论》,《江淮论坛》1993年第4期。

李文海:《晚清义赈的兴起与发展》,《清史研究》1993年第3期。

李向军:

《清代救灾的制度建设与社会效果》,《历史研究》1995年第5期。

《试论中国古代荒政的产生与发展历程》,《中国社会经济史研究》1994年第2期。

李晓英:《21世纪中国史学学术研讨会纪要》,《史学月刊》2001年第4期。

李自华:《清代婺源的水旱灾害与地方社会自救》,《农业考古》2003年第1期。

梁诸英:《明清时期徽州地区灌溉水利的发展》,《南京农业大学学报》(社会科学版)2006年第1期。

刘伯山:《徽学研究的历史轨迹》,《探索与争鸣》2005年第5期。

刘道胜:

《明代徽州方志述论》,《安徽师范大学学报》(人文社会科学版)2002年第4期。

《论传统方志修纂与官方主流学术的统一——以徽州方志编修为中心》,《安徽师范大学学报》(人文社会科学版)2005年第3期。

《正统化的学术活动与地方性的知识积累——以徽州方志编修为中心》,《历史档案》2005年第4期。

《略论清代徽州方志的发展》,《中国地方志》2005年第7期。

刘秀生:《清代闽浙赣皖的棚民经济》,《中国社会经济史研究》1988年第1期。

刘正刚:

《明清南方沿海地区虎患考述》,《中国社会经济史研究》2001年第2期。

《明清闽粤赣地区虎灾考述》,《清史研究》2001年第2期。

《明清时期广东虎患考述》,《广东史志》2001年第3期。

《明末清初西部虎患考述》,《中国历史地理论丛》2001年第4期。

刘重日:《对"牙人""牙行"的初步探讨》,《文史哲》1957年第8期。

卢茂村:《黄山屯溪区的水碓与水磨》,《农业考古》2003年第3期。

吕美颐:《略论清代灾赈制度中的弊端与防弊措施》,《郑州大学学报》(哲社版)1995年第4期。

栾成显:《徽州文书与历史研究》,《徽学》2000年卷,安徽大学出版社,2001。

罗丽馨:《明代灾荒时期之民生——以长江中下游为中心》,《史学集刊》2000年第1期。

马万明:《试论朱橚的科学成就》,《史学月刊》1995年第3期。

满志敏:

《光绪三年(1877年)北方大旱灾气候背景研究》,载复旦大学历史地理研究中心主编:《自然灾害与中国社会历史结构》,复旦大学出版社,2001。

《历史旱涝灾害资料分布问题的研究》,《历史地理》第16辑,上海人民出版社,2000。

闵宗殿:

《关于清代农业自然灾害的一些统计——以〈清实录〉记载为根据》,《古今农业》2001年第1期。

《明清时期东南地区的虎患及相关问题》,《古今农业》2003年第2期。

彭超:《试论"义田"与"义仓"——兼析祁门奇峰〈郑氏义仓收租簿〉》,《徽州社会科学》1987年第1期。

彭镇华:《徽商兴起与中国传统林业》,《林业科学研究》2002年第2期。

钱杭:《均包湘米——湘湖水利共同体的制度基础》,《浙江社会科学》2004年第6期。

《论湘湖水利集团的秩序规则》,《史林》2007年第6期。

《共同体理论视野下的湘湖水利集团——兼论"库域型"水利社会》,《中国社会科学》2008年第2期。

钱宗麟等:《皖南山区水土流失及其治理途径》,收于南方山区综合科学考察专辑《安徽省南部丘陵山区国土开发与整治研究》论文集,华东师范大学出版社,1987。

邵本武:《徽州崇尚风水之俗的历史考察》,《安徽大学学报》1989年第2期。

邵鸿、黄志繁:

《19世纪40年代徽州小农家庭的生产和生活——介绍一份小农家庭生产活动日记簿》,《华南研究资料中心通讯》第27期,2002年4月15日。

《19世纪40年代徽州小农家庭的生产和生活》,载《经济学家茶座》第11辑,山东人民出版社,2003。

[英]沈艾娣:《道德、权力与晋水水利系统》,《历史人类学刊》2003年第1期。

石峰:《"水利"的社会文化关联——学术史检阅》,《贵州大学学报》(社会科学版)2005年第3期。

汤爱平、谢礼立、陶夏新、文爱花:《自然灾害的概念、等级》,《自然灾害学报》1999年第3期。

唐力行、[美]凯瑟·海泽顿:《明清徽州地理、人口探微》,《中国社会经济史研究》1989年第1期。

唐力行:

《明清徽州的家庭与家族结构》,《历史研究》1991年第1期。

《徽州学研究的态势和前瞻》,《黄山高等专科学校学报》2002年第2期。

《重构乡村基层社会生活的实态——一个值得深入考察的徽州古村落宅坦》,《中国农史》2002年第4期。

《国家民众间的徽州乡绅与基层社会控制》,《上海师范大学学报》(哲学社会科学版)2002年第6期。

《徽州宗族社会生活实态——重构抗战前后(1933—1947)一个古村落的宗族生活》,中山大学历史系、历史人类学研究中心,香港科技大学华南研究中心"近代中国乡村社会权势"国际学术研讨会,2004年7月12日。

唐力行、徐茂明:《明清以来徽州与苏州社会保障的比较研究》,《江海学刊》2004年第3期。

《明清以来徽州与苏州基层社会控制方式的比较研究》,《江海学刊》2006年第1期。

汪双武:《试论黟县古民居的特点、渊源、变迁和保护作用(上、下)》,《徽州社会科学》1986年第3~4期。

王鹤鸣:《上海图书馆馆藏徽州家谱简介》,《安徽史学》

2003年第1期。

王春芳:《论二十世纪前期徽州粮食的输入》,《农业考古》2008年第6期。

王华夫、李微微:《我国古代稻作病虫灾害概述》,《农业考古》2005年第1期。

王华夫:《黏虫考》,《农业考古》1988年第1期。

王建革:

《河北水利学社会分析(1368~1949)》,《中国农业》2000年第2期。

《清代华北的蝗灾与社会控制》,《清史研究》2000年第2期。

《清代华北的灾害与乡村社会：一种周期性调控系统的作用》,载《自然灾害与中国社会历史结构》,复旦大学出版社,2001。

《清末河套地区的水利制度与水利适应》,《近代史研究》2001年第6期。

王加华:《农事的破坏与补救——近代江南地区的水旱灾害与农民群众的技术应对》,《中国农史》2006年第2期。

王利华:《古代华北水力加工兴衰的水环境背景》,《中国经济史研究》2005年第1期。

王社教:

《明代苏皖浙赣地区的水利建设》,《中国历史地理论丛》1994年第3期。

《明代苏皖浙赣地区的水稻生产和分布》,《中国历史地理论丛》1995年第4期。

《明代苏皖浙赣地区的麦类作物的生产和分布》,《中国历史地理论丛》1996年第3期。

《明代苏皖浙赣地区的棉麻生产与蚕桑业分布》,《中国历史地理论丛》1997年第2期。

《明代苏皖浙赣地区的杂粮作物及其分布》,《中国农史》1997年第3期。

《清代安徽农业生产的地区差异》,《中国农史》1999年第4期。

王廷元:《略论徽州商人与吴楚贸易》,《中国社会经济史研究》1987年第4期。

王振忠:

《社会史研究与历史社会地理》,《复旦学报》(社会科学版)1991年第1期。

《徽州家族文书与徽州族谱——黟县史氏家族文书钞本研究》,载上海图书馆编:《中华谱牒研究——迈入新世纪中国族谱国际学术研讨会论文集》,上海科学技术文献出版社。

《徽州文书所见种痘及相关习俗》,《民俗研究》2000年第1期。

《黄宾虹〈新安货殖谈〉的人文地理价值》,《历史教学问题》2000年第5期。

《清代徽州民间的灾害、信仰及相关习俗——以婺源县浙源乡孝悌村文书〈应酬便览〉为中心》,《清史研究》2001年第2期。

《清代一个徽州村落的文化与社会变迁——以〈重订潭滨杂志〉为中心》,载《中国社会变迁:反观与前瞻》,复旦大学出版社,2001。

《清代一个徽州小农家庭的生活状况——对〈天字号阄书〉的考察》,"2005历史档案的国际比较研讨会——档案文书与东亚的家庭、商业及社会"论文,2005年8月25~26日。

《清代前期徽州民间的日常生活——以婺源日用类书〈目录十六条〉为例》,美国哥伦比亚大学:"中央研究院""中国日常生活的论述与实践"国际学术研讨会论文,2002年10月26日。

《徽州民间文献与村落社会史研究——以婺东北的庐坑村为例》,台湾"中央研究院":"历史视野中的中国地方社会比较研究"国际学术研讨会论文,2005年9月。

《从〈应星日记〉看晚明清初的徽州乡土社会》,《社会科学》2006年第12期。

王正军、秦启联等:《我国蝗虫暴发成灾的现状及其持续控制对策》,《昆虫知识》2002年第3期。

吴宏岐:《历史社会地理学的若干理论问题》,《陕西师范大学学报》(哲学社会科学版)2004年第3期。

吴滔：

《建国以来明清农业自然灾害研究综述》，《中国农史》1992年第4期。

《明清雹灾概述》，《古今农业》1997年第4期。

《明清时期虫灾考述》，《农业考古》2000年第3期。

《清代江南地区社区赈济发展简况》，《中国农史》2001年第1期。

《宗族与义仓：清代宜兴荆溪社区赈济实态》，《清史研究》2001年第2期。

《清代江南社区赈济与地方社会》，《中国社会科学》2001年第4期。

伍跃译、[日]松浦章：《徽学在中国史研究中的崛起——明清史研究的新动向》，《中国史研究动态》1998年第5期。

肖国士：《〈救荒本草〉在本草学上的成就》，《江西中医学院学报》1997年第2期。

谢高潮《浅谈同治初年苏浙皖的疫灾》，《历史教学问题》1996年第2期。

谢宏维：

《生态环境的恶化与乡村社会控制——以清代徽州的棚民活动为中心》，《中国农史》2003年第2期。

《清代徽州棚民问题及应对机制》，《清史研究》2003年第5期。

《清代徽州外来棚民与地方社会的反应》，《历史档案》2003年第2期。

谢湜：《利及邻封——明清豫北的灌溉水利开发和县际关系》，《清史研究》2007年第2期。

行龙：《明清以来山西水资源匮乏及水案初步研究》，《科学技术与辩证法》2000年第6期。

《多村庄祭奠中的国家与社会：晋水流域36村水利祭祀系统个案研究》，《史林》2005年第4期。

《明清以来晋水流域的环境与灾害——以"峪水为灾"为中心的田野考察与研究》，《史林》2006年第2期。

许文继：《2000、2001年徽学研究综述》，《中国史研究动态》2003年第2期。

徐进、沈改莲:《黄山市重点小流域治理成效及对当地经济的影响》,《中国水土保持》2004年第7期。

薛贞芳:《徽学研究论著资料索引(1995—1997)》,《大学图书情报学刊》1999年第1期。

杨鹏程:《湖广熟天下足述论——兼及明清时期长江沿岸的米粮流通》,《中国农史》1987年第4期。

杨其民:《买卖中间商"牙人"、"牙行"的历史演变——兼释新发现的〈嘉靖牙帖〉》,《史林》1994年第4期。

叶显恩:《徽州学在海外》,《江淮论坛》1985年第1期。

叶依能:《明代荒政述论》,《中国农史》1996年第4期。

于日锦:《徽州与中国古代社会保障》,《徽州社会科学》2003年第2期。

余新忠:

《清中后期乡绅的社会救济》,《南开学报》(哲学社会科学版)1997年第3期。

《咸同之际江南瘟疫探略——兼论战争与瘟疫的关系》,《近代史研究》2002年第5期。

翟屯建:

《黄山市博物馆藏家谱提要》,连载于《徽州社会科学》1996年第3～4期,1997年第1～4期,1998年第1期。

《徽州私撰家谱与公修族谱的差异》,《安徽史学》2006年第6期。

张爱华:《"进村找庙"之外:水利社会史研究的勃兴》,《史林》2008年第5期。

张家炎:《明清江汉平原的农业开发对商人活动和市镇发展的影响》,《中国农史》1995年第4期。

张建民:

《中国传统社会晚期的减灾救荒思想》,《江汉论坛》1994年第8期。

《论明清时期的水资源利用》,《江汉论坛》1995年第3期。

《碑石所见清代后期陕南地区的水利问题与自然灾害》,《清史研究》2001年第2期。

张俊峰：

《明清时期介休水案与"泉域社会"分析》，《中国社会经济史研究》2006年第1期。

《率由旧章：前近代汾河流域若干泉域水权争端中的行事原则》，《史林》2008年第2期。

《明清中国水利社会史研究的理论视野》，《史学理论研究》2012年第2期。

张全明：《试论朱熹的社仓制》，《华中师大研究生学报》1987年第1期。

张伟兵、史春生：《区域场次特大旱灾划分标准与界定》，第三届中国灾害史学术研讨会论文集。

张文：《中国古代的流行病及其防范》，《光明日报》2003年5月13日。

张秀宝、吴生发：《皖南山区农业气候资源及其评价》，载南方山区综合科学考察专辑《安徽省南部丘陵山区国土开发与整治研究》论文集，华东师范大学出版社，1987。

张雪慧：《徽州历史上的林木经营初探》，《中国史研究》1987年第1期。

赵冈：《生态变迁的统计分析》，《中国农史》1994年第4期。

赵赞：《纳税单位"真实"的一面——以徽州府土地数据考释为中心》，《安徽史学》2003年第5期。

郑云飞：《中国历史上的蝗灾分析》，《中国农史》1990年第4期。

周绍泉：

《明清徽州祁门善和程氏仁山门族产研究》，载中国谱牒学研究会编：《谱牒学研究》第2辑，文化艺术出版社，1991。

《徽州文书与徽学》，《历史研究》2000年第1期。

周晓光：《国内徽学研究的现状和前景》，《黄山高等专科学校学报》2002年第2期。

周致元：

《徽州乡镇志中所见明清民间救荒措施》，《安徽大学学报》（哲学社会科学版）2008年第1期。

《明代徽州官府与宗族的救荒功能》，《安徽大学学报》（哲学社会科学版)2006年第1期。

朱守良:《朱熹民本思想及其实践》,《安庆师范学院学报》(社会科学版)2006年第1期。

专　著

安徽大学徽学研究中心编:《徽学》(第二卷),安徽大学出版社,2002。

安徽大学徽学研究中心编:《徽学》(第三卷),安徽大学出版社,2004。

安徽省气象局资料室编著:《安徽气候》,安徽科学技术出版社,1983。

卞利:《明清徽州社会研究》,安徽大学出版社,2004。

曹树基:《中国移民史》第6卷,福建人民出版社,1997。

常建华:《清代的国家与社会研究》,人民出版社,2006。

陈春声:《市场机制与社会变迁——18世纪广东米价分析》,稻乡出版社,2005。

邓云特:《中国救荒史》,商务印书馆,1993。

杜赞奇:《文化、权力与国家》,江苏人民出版社,2001。

樊树志:《明清江南市镇探微》,复旦大学出版社,1990。

冯柳堂:《中国历史民食政策史》,上海商务印书馆,民国二十三年(1934年)初版。

冯贤亮:《明清江南地区的环境变动与社会控制》,上海人民出版社,2002。

弗里德曼著,刘晓春译:《中国东南的宗族组织》,上海人民出版社,2000。

夫马进:《中国善会善堂史研究》,商务印书馆海外汉学书系,商务印书馆,2005。

复旦大学历史地理研究中心编:《自然灾害与中国社会历史结构》,复旦大学出版社,2001。

韩秀桃:《明清徽州的民间纠纷及其解决》,安徽大学出版社,2004。

高树藩:《正中形音义综合大字典》,台湾正中书局,1971。
黄春长:《环境变迁》,科学出版社,1998。
冀朝鼎:《中国历史上的基本经济区与水利事业的发展》,中国社会科学出版社,1981。
《江淮论坛》编辑部编:《徽商研究论文集》,安徽人民出版社,1985。
金民治主编:《安徽省休宁县综合农业区划》,能源出版社,1984。
李俊:《徽州古民居探幽》,上海科学技术出版社,2003。
李向军:《清代荒政研究》,中国农业出版社,1985。
梁庚尧:《南宋的社仓》,载《宋代社会经济史论集》(下),台湾允晨文化实业股份有限公司,1997。
梁其姿:《施善与教化:明清的慈善组织》,河北教育出版社,2001。
刘翠溶、伊懋可主编:《积渐所止:中国环境史论文集》,台北"中央研究院"经济研究所,1995。
刘淼辑译:《徽州社会经济史研究译文集》,黄山书社,1988。
马世骏等:《中国东亚飞蝗蝗区的研究》,科学出版社,1965。
马宗晋、高庆华、位梦华:《自然灾害与减灾600问答》,地震出版社,1990。
马宗晋、胡嘉海、孙绍骋、陈玉琼、徐好民、高建国主编:《灾害与社会》,地震出版社,1990。
[美]尤金.N.安德森著,马孆、刘东译,刘东审校:《中国食物》,江苏人民出版社,2003。
孟昭华:《中国灾荒史记》,中国社会出版社,1999。
南方山区综合科学考察专辑《安徽省南部丘陵山区国土开发与整治研究》,华东师范大学出版社,1987。
欧阳惠编著:《水旱灾害学》,气象出版社,2001。
唐力行:《商人与文化的双重变奏——徽商与宗族社会的历史考察》,华中理工大学出版社,1997。
唐力行:《明清以来徽州区域社会经济研究》,安徽大学出版社,1999。

唐力行:《徽州宗族社会》,安徽人民出版社,2005。

唐纳德·沃斯特:《尘暴:1930年代的美国南部大平原》,读书·新知·生活三联书店,2002。

王社教:《苏皖浙赣地区明代农业地理研究》,陕西师范大学出版社,1999。

王卫平、黄鸿山:《中国古代传统社会保障与慈善事业》,群言出版社,2004。

王振忠:《徽州社会文化史探微——新发现的16—20世纪民间档案文书研究》,上海社会科学院出版社,2002。

[法]魏丕信著,徐建青译:《18世纪中国的官僚制度与荒政》,江苏人民出版社,2003。

吴浩、任羽中:《徽州人文读本》,中国社会科学出版社,2006。

休宁县地方志办公室,休宁县旅游局编:《休宁旅游》(内部资料)。

延军平编著:《灾害地理学》,陕西师范大学出版社,1990。

杨国桢著:《明清土地契约文书研究》,人民出版社,1988。

叶显恩:《明清徽州社会与佃仆制》,安徽人民出版社,1983。

余新忠:《清代江南的瘟疫与社会》,中国人民大学出版社,2003。

余英时:《中国知识阶层史论》,台北联经出版社,1981。

赵华富:《首届国际徽学学术讨论会文集》,黄山书社,1996。

赵华富:《两驿集》,黄山书社,1999。

章有义:《明清徽州土地关系研究》,中国社会科学出版社,1984。

章有义:《近代徽州租佃关系案例研究》,中国社会科学出版社,1988。

章有义:《明清及近代农业史论集》,中国农业出版社,1997。

张海鹏、王廷元主编:《徽商研究》,安徽人民出版社,1995。

张建民、宋俭:《灾害历史学》,湖南人民出版社,1998。

张丕远:《中国历史气候研究》,山东科学技术出版社,1996。

周魁一:《中国科学技术史·水利卷》,科学出版社,2002。

周绍泉、赵华富主编:《'95国际徽学学术讨论会论文集》,安徽大学出版社,1997。

周绍泉、赵华富:《'98国际徽学学术讨论会文集》,安徽大学出版社,2000。

周祖谟:《尔雅校笺》,江苏教育出版社,1984。

朱万曙、卞利:《戏曲·民俗·徽文化论集》(安徽大学徽学研究中心学术研究丛书),安徽大学出版社,2004。

邹树文:《中国昆虫学史》,科学出版社,1981。

邹逸麟主编:《黄淮海平原历史地理》,安徽教育出版社,1993。

[日]田村专之助:《中国气象学史研究》下卷,中国气象学史研究刊行会,昭和52年(1977年)。

外文类论著

日文论著

刘敦桢著,田中淡、沢谷昭次訳:《歙県西溪南郷·黄卓甫氏の家》,《中国の住宅》,SD选书第107种,东京:鹿岛出版会,1976年。

李桓、重村力:《水系との関わりからみた集落空間の構成に関する研究:中国安徽省徽州集落事例研究》,《日本建筑学会近畿支部研究报告集》第31回·计画系,1991年5月。

长沢基一、重村力、李桓:《水系との関わりから見た集落空間の構成に関する研究:中国安徽省徽州集落事例研究その2》,《日本建筑学会大会学术讲演梗概集E年第农村计画》1991年度,1991年9月。

李桓、重村力:《水系との関わりからみた集落の空間構造に関する研究:中国安徽省徽州集落事例研究》,《神户大学大

学院自然科学研究科纪要・B》第 10B 卷,1992 年 3 月。

小松惠子:《宋代以降の徽州地域発达と宗族社会》,《史学研究》第 201 号,1993 年 9 月。

鹤见尚弘:《徽州千年契约文书/中国社会科学院歴史研究所収蔵整理,王钰欣,周绍泉主编(1991)》,《东洋学报》第 76 卷第 1・2 号,1994 年 10 月。

陈柯云:《中国黄山市徽学学术讨论会述评》,《明代史研究》第 22 号,1994 年。

周绍泉:《明后期祁门胡姓农民家族生活状况剖析》,《东方学报》第 67 册,1995 年 3 月。

涩谷裕子:《清代徽州农村社会における生员のコミュニティについて》,《史学》第 64 卷第 3・4 号,1995 年 4 月。

荒川朱美、大西国太郎等共著:《中国"徽州民居"における集住空間と町并み景観の変化および保存再生手法に関する日中共同研究》,《トヨタ財団研究報告書》,东京:トヨタ財団,1996 年 11 月。

森田明原著,郑栋生译:《清代水利社会史研究》,台北:编译馆,1996。

涩谷裕子:《杉とトウモロコシ——安徽省休宁県の棚民调查——》,《日中文化研究》第 14 号,东京:勉诚出版,1999 年 1 月。

涩谷裕子:《安徽省休宁県龙田郷浯田岭村における山林経営方式の特徴——清嘉庆年間と現在を中心として——》,《史学》第 71 卷第 4 号,2002 年 11 月。

中岛楽章:《明代徽州の小規模同族と山林経営》,明代史研究会编:《明代史研究会创立三十五年记念论集》,东京:汲古书院,2003 年 7 月。

倪琪、菊地成朋:《中国徽州地方の伝统的住居の空間构成とその形態的特徴——安徽省黄山市徽州区"呈坎村"の调查研究その 1——》,《日本建筑学会计画系论文集》第 575 号,2004 年 1 月 30 日。

周懷宇:《"徽州歴史地理学"初探》,《高知大学学术研究报告・人文科学》第 53 号,2004 年 12 月 31 日。

王振忠著,长谷川贤、臼井佐知子訳:《清代徽州におけるある小农家庭の生活状況——〈天字号阄书〉に対する考察——(含质疑应答)》,21世纪 COEプログラム"史资料ハブ地域文化研究拠点"総括班編:《史资料ハブ地域文化研究》第7号,2006年3月。

中岛楽章:《清代徽州山林経営・紛争・宗族形成——祁门凌氏文书研究——》,《社会经济史学》第72卷第1号,2006年。

中岛楽章:《明代郷村の紛争と秩序——徽州文书を史料として——》,东京:汲古书院,2002年2月。

熊远报:《清代徽州地域社会史研究——境界・集団・ネットワークと社会秩序——》,东京:汲古书院,2003年2月。

会议论文及讲座报告

王振忠:《徽州村落文书的形成——以抄本〈新安上溪源程氏乡局记〉二种为中心》,汉城韩国国史编纂委员会:日本国文学研究资料馆、史料馆"歴史档案的多国比较研究"第一次国际学术会议"近世东亚的组织与文书",2004年11月。

韩文论著

김선혜:《명말휘주의소송양상과특징——〈흡기〉의사례분석——》,《명청사연구》제12집,2000년。

金仙憓:《明末徽州诉讼的样相与特征——以〈歙记〉为例》,《明清史研究》第12辑,2000年。

강판권:《清代安徽省徽州府의곡물과잠상농업——沈炼、仲学辂의〈广蚕桑说辑补〉와관련하여——》,《중국사연구》제25집,2003년8월31일。

姜判权:《清代安徽省徽州府的谷物和蚕桑农业——关于沈炼、仲学辂的〈广蚕桑说辑补〉》,《中国史研究》第25期,2003年8月31日。

英文论著

Li Hong, *The Quintessence of Huizhou Temple Architecture: Baolunge Ancestral Shrine*, Orientations, Jan., 1994.

Margarett Loke, Chenkan: *A Ming Village*, Orientations,

Feb.,1999.

Joseph P. Mcdermott, *Emperor, Elites, and Commoners: the Community Pact Ritual of the Late Ming*, Joseph P. Mcdermott ed.,State and Court Ritual in China,Cambridge,U.K.,Cambridge University Press,1999.

Mark Elvin, The Retreat of the Elephants: *An Environmental History of China*, London: YaleUniversity Press,2004. 评述文章见包茂宏:《解释中国历史的新思维:环境史——评述伊懋可教授的新著〈象之退隐:中国环境史〉》,《中国历史地理论丛》第 19 卷第 3 辑 2004 年 9 月。

Pierre-Etienne Will &.R. Bin Wong(魏丕信、王国斌):*Nourish the People: the state civilian granary system in China*,1650—1850,Ann Arbor,Mich.,1991(《养民:中国的国营民仓制度,1650—1850》)。

Robert B. Marks,*Tigers,Rice,Silk,and Silt : Economy in Late Imperial South China*. New York: Cambridge University Press,1998. 评述文章见李德英:《生态环境、乡村社会与农民经济》,《中国经济史研究》,2004. 年第 3 期。

Shan Deqi（单德启）,Hongcun Village,Anhui: *A Place of Rivers and Lakes*, Ronald G Knapp ed., *China's Old Dwellings*,Honolulu, University of Hawaii Press,2000.

William T. Rowe,Hankow: *Conflict and Community in a Chinese City*, 1796 — 1895, Stanford, Calif.: Stanford University Press,1989.

Harriet Thelma Zurndorfer, *Change and Continuity in Chinese Local History: The Development of Hui—chou Prefecture*,800 to 1800,Sinica Leidensia,Vol. 20,Leiden: E. J. Brill, 1989. 相关书评: Michael Marme, "*Review: Change and Continuity in Chinese Local History: The Development of Hui — chou Prefecture*, 800 to 1800 by Harriet T. Zurndorfer", Harvard Journal of Asiatic Studies, Vol. 53, No. 1,Jun.,1993.

相关学位论文

高峰:《北朝灾害史研究》,首都师范大学,2003。

苏新留:《民国时期水旱灾害与河南乡村社会》,复旦大学,2003。

张崇旺:《明清时期自然灾害与江淮地区社会经济》,厦门大学,2004。

李辉:《北朝时期的自然灾害及国家与民间救灾措施研究》,吉林大学,2006。

王韡:《徽州传统聚落生成环境研究》,同济大学,2006。

刘道胜:《徽州旧志研究》,安徽师范大学,2003。

后 记

转眼间，又是一年金桂飘香时，一晃博士毕业有六个年头了。工作后进入一个全新的科研与教学领域，一直无暇顾及博士论文的修订与出版，这次得以加入安徽大学徽学研究中心的徽学博士论文的出版计划，既是徽学研究中心主任卞利教授对后辈晚学在学术上的关怀与提携，同时也给了我一种动力和压力，终于将博士论文作了一次修订与完善，甚感幸之。

与徽州的结缘，第一位要提到的就是卞利老师。卞老师是我十多年前在安徽大学就读时的恩师。卞老师的授课总是座无虚席，老师灿烂亲切的笑容、滔滔不绝的口才、旁征博引的学识令我们崇拜不已，偶尔卞老师会在课堂上展示几张刚搜集的徽州文书，讲讲当地的家谱、宗族、民俗，只见过宏观叙事式的教科书的我们一下子觉得耳目一新，被"轰炸"得目瞪口呆，从那时起我就对徽州有了一种莫名的向往。

从学术的意义上，真正将我引入徽学大门的是我在复旦的导师王振忠教授。王老师博学儒雅，谦谦君子，大多数学界中人初见王老师，都觉得王老师年轻得出人意料。读过王老师文章的人很快会为他钩沉搜隐史料的深厚功力、独到精辟的史料解读以及引人入胜、细腻酣畅的文风所折服。2001年我进入复旦大学历史地理研究中心攻读研究生时，王老师虽然未到不惑，但已然是徽学领域著作等身的大家。这样的一位年轻有为的名校教授，对学生却是非常民主、宽容，给学生充分的学习时间和自由。

记得刚入学时,王老师就布置让我做一个徽学研究的学术史回顾,可那会我的学术基础实在是不好,不太懂搜集资料的方法,也不甚明白何为学术,做了一半,导师没有追问也就自我放松半途而废了。第一个任务就没有完成,心里有些惴惴不安,不久就开始硕士开题了。那时自然也不懂选题,不知如何写学术论文,在老师给出的选题中,选择了"灾害与社会"的大方向。研究生毕业需要发表一篇核心期刊的论文,研二时王老师给了我一个素材,费了番功夫之后,我写成了篇类似人物传记的小文。王老师是个对学生言简意赅的人,记得他当时看后说了句"文章可以写成这样的",唉,令我自愧了很久。以王老师这样少年成名的才子来看,我估计属于"驽钝"型的。之后,王老师又给了我一条学术线索,到安徽博物馆查到资料后,经过一番苦悟和卞利教授、王建革教授的指点迷津,终于写出一篇像点样的东西给导师,在导师的细心修改下,后来得安徽大学周乾教授推荐发表在《安徽史学》,这应该属于我第一篇真正的学术论文。

刚刚找到感觉的我在硕士毕业论文定稿时觉得有太多未竟之功,于是又接着考取了王老师的博士研究生,将"明清徽州灾害与社会应对"的学习深入了下去。博士的生活是紧张而忙碌的,因为知道忙什么,所有的努力都朝着既定的目标。这三年对我而言是个质变,不论是从对学术的理解上还是对人生的感悟上,都有很大的提升。这种专业的训练,尤其是毕业前夕论文结稿之前那段炼狱般的日子,是很难再有的宝贵财富。这种授人以渔的训练,让我有了一种发自内心的底气,不管是什么工作,只要给我时间,给我平台,我相信自己一定能做好。

回过头去看这六年,我要真诚地感谢导师对我系统的学术训练,从研一开始阅读文书,到博三修改厚厚的博士毕业论文,每一点学术成绩的取得都离不开导师的指导。感谢导师以宽容的心态对待在学校时不算十分优秀的学生,给我成长蜕变的时间。

六年的复旦生涯,是我一生的难忘记忆,清贫着、彷徨着、充实着、快乐着,六年的岁月里,除了我的导师王振忠教授,我要感谢的人还有很多。复旦史地所是一个大家庭,所里严谨扎实的学风潜移默化地熏陶着我,先生们资料室里孜孜不倦查阅、写作的背影定格在我脑海中,成为永远催我上进的弦,师兄弟姐妹间真诚友爱的情感成为我一生的宝贵财富。

在博士阶段的学习中,复旦大学历史地理研究中心邹逸麟教授、葛剑雄教授、周振鹤教授、吴松弟教授、满志敏教授、张伟然教授、王建革教授、张晓虹教授、韩肇庆教授,以及当时任教于复旦大学历史系的樊树志教授、姚大力教授、冯筱才教授、巴兆祥教授,社会学系张乐天教授诸位先生的课程使我受益匪浅。当时的博士班辅导员樊如森博士、办公室朱毅主任、邬沪荣老师、赵红老师,资料室徐敏老师、陈伟庆老师,在日常学习和生活中对我诸多关照,深表感激。

在论文的写作过程中,周振鹤教授百忙中解答我对政区变化的疑问;论文中关于粮食运输的漕粜问题、水旱灾害与农业相关问题章节得到王建革教授的详细指点;徽州灾害部分与米价问题安徽大学卞利教授给予了关键性的意见。

同门的何建木、邹怡、陈瑞、陶明选、陈联、王娜、张晓波在论文资料、构思方面都与我有不少有益的交流。这里尤其感谢何建木、邹怡、陈瑞三位。笔者论文最后一章晚清徽州救济体系所使用的主要史料即得赠于同门何建木。何兄与我同岁,却比我高出一届,是王老师第一位毕业的博士生,颇有掌门大师兄的风范。他藏书巨多,风风火火,妙语连珠,常常将各种书籍资料无偿借予我们。何兄毕业后进入"公门",一路升迁,如今已是副处级的他正在新疆挂职支边,祝愿他以后的日子里也顺风顺水,平步青云。邹怡与我在硕士阶段即为同门,他深得导师垂青,清秀聪慧,温文尔雅,谦和大方,在史料搜集、写作文风上很有王老师的风范,我从他那里借阅过诸多徽学资料,答辩时他还义务担任了我与陶明选的答辩秘书。他毕业后留校任教,似他这般厚积薄发,以后定会在学术上有所建树。真诚地祝福他。陈瑞工作单位是安徽省社会科学院,在安徽省图书馆查阅资料时曾偶遇,此后在资料解读与文章写作方面对我也帮助良多,2008年做了导师的博士后而成为同门,亦可谓有缘。

史地所每级的博士生一般数量都不多,我所在的2004级一共也就12人,因复旦北区后门的"武川路"而被我们戏称为

"武川善堂",这是个其乐融融的友爱小集体,在三年的寂寞学术生涯里给大家带来难得的轻松与温情。当然,这里还是要提下他们对我论文写作的帮助:王大学、胡其伟、魏向东、谢湜借给我不少与论文相关的参考书,同级的胡其伟还帮助我进行了论文的文字校对与答辩公告的书写。王大学,在学术上孜孜以求,毕业后留校任教,此刻正在哈佛游学,亦可谓是寒门奋斗的典范。胡其伟被推为善堂"堂主",宛若带头大哥,是凝聚力的核心,毕业后任教于中国矿业大学,活得潇洒,学得不差,今年也拿到国家社科基金的后期资助。魏向东我们一般尊称其"魏老师",和我们混迹于一起时,他已是苏州大学的资深教授,旅游规划的高手,因为是在职读博,所以在学校时间不多,自称"复旦过客"。谢湜,中山大学保送的硕博连读生,少有的聪慧少年,毕业后回中山大学任教,当年便有项目入选国家社科基金项目。潘威、邹怡、方书生对我在 mapinfo 制图软件的使用上碰到的问题给予了无私解答与帮助。潘威是我硕士师弟,作图能力是所里一绝。方书生与我本科即为同校同专业,当时低我一级,因此忝为师姐。方书生人如其名,书生意气,毕业后即读了复旦经院的博士后,学术上亦是后生可畏,国家社科基金项目、学术专著一样不少,如今供职于上海社科院经济研究所。电子资料方面得到徐建平、王国强的帮助,这两位也是搜罗资料的高手,徐建平留校任教,王国强回到河南,二位毕业后不久俱获国家青年社科基金项目立项。同宿舍的姐妹吴轶群、张珊珊、倪文君,吴毕业后回到新疆大学,张、倪留在上海,毕业后竟难一聚,谢谢你们三年的陪伴与理解。因为有太多美好的回忆,絮絮叨叨写了一大段。我亲爱的同学们,谢谢你们!

论文写作期间,多次往安徽、黄山等地查阅资料,要特别感谢安徽省图书馆古籍部,安徽省博物馆古籍部,上海图书馆古籍部、家谱室,歙县档案馆,屯溪档案馆,黄山学院等机构在资料查阅方面给予的方便与帮助。

论文指导小组的成员还有邹逸麟教授、樊树志教授和满志敏教授,感谢各位先生的指导。除论文盲审专家给予的建设性指导意见外,还要感谢答辩专家王家范教授、唐力行教授、马学强教授等在答辩中的中肯建议。

虽说是六年磨一剑，但宥于书稿的整体框架、笔者自身的学术能力、章节的安排，拥有的史料局限，还有出版时间的仓促等原因，本书还存在诸如资料不够详实充分、结构主线不够明晰、结语有待进一步的理论提升等诸多有待拓展和提升的地方，这都将成为我以后努力的方向。

而今，成为一所211高校的教师，因为工作上学科调整的缘故，关注的区域转向苏南，研究的方向转向了文化遗产和企业文化。虽然学术的转向很辛苦，然而新的知识也令人着迷，每一篇文章的发表、每一个课题的结项、每一学期教学评价的提高都令我倍感欣喜。在这里也感谢江南大学提供的催人上进的科研环境，相对宽松的科研氛围，感谢工作以来学院领导对我科研兴趣的宽容，同事们对我的关心和支持。而本书的出版，也要感谢江南大学中央高校基本科研业务费专项资金的资助。

最后我要感谢的是我的家人。感谢我的父母，替我分担了照料孩子、料理家务的重担。父母都是普通工人，谈不上给我什么家学和熏陶，但却十分开明，在家庭经济一直很拮据的情况下始终支持我的学习和工作。他们是我坚定的后方，祝愿父母身体健康，晚年幸福。

还要感谢我的先生，他是一名军人，不能经常回家照顾家庭，甚至都没法参加我的博士毕业典礼，但他一直非常支持我的学业与工作，给了我一片自由的空间，给了我精神上的巨大支持。

这本书特别献给我可爱的儿子。从2009年小生命在肚子里开始孕育，到今年4岁，小家伙带给我无尽的快乐，让我平添无尽的牵挂，给了我做许多事情的勇气和努力工作的动力。

回顾过去，我觉得支撑我走到今天的，是性格里的"韧性"，所以我想成功很多时候就是坚持得比别人更长一点。与君共勉！

著者
2013年7月于无锡